나는 즐라탄이다

나는
즐라탄 이브라히모비치 자서전 ▪

즐라탄이다

즐라탄 이브라히모비치·다비드 라게르크란츠 지음

이주만 옮김 | 한준희 감수

한스미디어

내 가족과 친구, 또 좋을 때나 나쁠 때나 내 곁을 지키고,
오랜 세월 나를 따라준 모든 사람에게 이 책을 바친다.
나는 세상에 사는 모든 아이, 특히 자신이 남들과 다르다고 생각하는 아이들,
사회에 잘 적응하지 못하는 아이들, 이런저런 이유로 남들에게
손가락질 받고 비난 받는 아이들에게 내 생각을 전하고 싶다.
남들과 똑같지 않다는 것은 지극히 정상적인 일이다.
자기 자신을 의심하지 마라. 이 교훈은 적어도 내게는 효과가 있었다.

즐라탄의 축구 스타일을 꼭 빼닮은 자서전!

한준희(KBS 축구해설위원, 아주대학교 겸임교수)

리오넬 메시와 크리스티아누 호날두가 연일 신문의 헤드라인을 장식하는 시대지만 그런 신문들을 보며 싸늘하게 냉소 짓고 있을, 아니 아예 무시해버릴 법한 사나이가 바로 즐라탄 이브라히모비치다. 그의 심장은 분명 "즐라탄 앞에 즐라탄 없고 즐라탄 뒤에 즐라탄 없다"는 박자에 맞춰 뛸 것이다. 이유는 간단하다. 그는 즐라탄이니까.

유망주 시절부터 즐라탄 이브라히모비치는 '제2의 판 바스텐'으로 불리곤 했다. 그는 틀림없이 1980~90년대의 천재 마르코 판 바스텐이 지녔던 여러 특징을 연상시키는데, 신장이 크면서도 수비수를 농락하는 유려한 발기술을 보유한 데다 믿을 수 없는 위치와 각도에서 입이 떡 벌어지는 골들을 종종 터뜨리는 까닭이다. 그러나 판 바스텐이 고전적 우아함과 골문 앞에서의 냉정함을 뽐냈다면, 즐라탄은 21세기에 적합한 더욱 스펙터클한 엔터테이너다. 한마디로 말해 판 바스텐은 판 바스텐이고 즐라탄은 즐라탄이다.

네덜란드, 이탈리아, 스페인, 프랑스를 가리지 않고 가는 클럽마다 리그 우승컵을 들어 올렸던 즐라탄이나, 그의 진열장에는 현대 축구의 가장 큰 우승 메달들이 존재하지 않는다. 월드컵이 없다 해도 메시와 호날두에게는 현대 축구의 중요한 타이틀인 UEFA 챔피언스리그 우승들이 있다. 펠레와 디에고 마라도나에게는 월드컵의 아우라가 영원히 따라다닐 것이다. 월드컵 실적이 없는 판 바스텐에게도 오렌지 군단의 유로 88 우승을 견인했던 업적이 있다.

그러나 한 명의 축구 선수를 평가하는, 그의 능력 전체를 평가하는 기준이 오로지 우승 경력뿐일까? 개인적으로 필자는 이러한 기준에 극렬하게 반대한다. 모든 명배우가 남우주연상 혹은 여우주연상을 거머쥐는 것은 아니다. 우승컵의 문제를 떠나, 만약 즐라탄이 잉글랜드 출신이기라도 했다면 영어권의 요란한 언론들은 연일 '즐라탄 vs. 메시'에 관해 쓰고 있을지도 모르는 일 아닌가? 아니, 분명히 그럴 것이다.

이 책의 가장 흥미로운 국면은 무엇보다 내용과 필치의 솔직함이다. 문학성, 리얼함, 재미 등의 장점과는 별개로, 이 자서전은 처음부터 끝까지 적을 많이 만들 수 있는 내용으로 가득하다. 즐라탄의 입과 펜으로부터 '용서 받지 못한 자'들인 하세 보리, 펩 과르디올라, 루이 판 할 등은 앞으로 결코 즐라탄을 용서할 수 없게 되는지도 모른다. 라르스 라예르바크, 릴리앙 튀랑을 비롯해 이 책의 내용에 언짢은 감정을 지닐 법한 사람들은 실로 부지기수다. 또한 이 책에는 축구 팬들이 동영상을 통해 한 번쯤 접했을 '즐라탄 발차기'의 희생자들도 대거 등장한다. 물론 정반대의 좋은 감정에 휩싸일 사람들도 있다. 조제 무리뉴와 파비오 카펠로는 즐라탄에게 우의를 다지는 전화를 걸었을지도 모른다. 레오 벤하커의 기분도 괜찮았을 법하다.

우리의 기대를 저버리지 않고 즐라탄의 자서전 집필 스타일은 그의 축구 스타일과 꼭 닮아 있다. 한마디로 '즐라탄 스타일'이다.

각설하고, 이제 세상을 향해 '즐라탄 스타일'로 포효해온 사나이, 즐라탄 이브라히모비치의 거칠고도 화려한 인생 항로를 경험해보자.

등장인물

코 아드리안세 Co Adriaanse 아약스에서 만난 첫 번째 감독.

알렉산다르Aleksandar '케키'로 알려진 내 동생. 1986년생.

마시모 암브로시니 Massimo Ambrosini AC 밀란의 주장. 미드필더.

미케 안데르손 Micke Andersson 말뫼 구단 감독. 2부 리그에서 1부 리그로 승격시킴.

롤랜드 안데르손 Roland Andersson 전 스웨덴 국가대표 선수. 내가 말뫼 구단에 입단했을 때
    1군 감독을 역임.

마리오 발로텔리 Mario Balotelli 인터 밀란의 신예 선수. 스트라이커. 나중에 맨체스터 시티로 이적.

마르코 판 바스텐 Marco van Basten 스트라이커. AC 밀란에서 활약하며 많은 득점을 올린 뛰
    어난 선수로 세리에 A를 완전히 지배했음. 1992년에 발롱도르 수상.

레오 벤하커 Leo Beenhakker 축구계의 거물. 레알 마드리드를 비롯한 여러 팀을 감독했으며,
    내가 아약스에 입단했을 때 단장을 역임.

치키 베히리스타인 Txiki Begiristain 내가 바르셀로나 구단에 있을 때 단장을 지내다가 나중에 사임.

실비오 베를루스코니 Silvio Berlusconi AC 밀란 구단주이자 전 이탈리아 총리.

하세 보리 Hasse Borg 스웨덴 국가대표 수비수 출신. 내가 말뫼 구단에 있을 때 단장을 역임.

파비오 칸나바로 Fabio Cannavaro 나와 같은 시기에 유벤투스로 이적함. 수비수. 2006년에 발
    롱도르 수상. 독일 월드컵에서 이탈리아 우승의 주역.

파비오 카펠로 Fabio Capello 악마 같은 감독. 내가 유벤투스에 있을 때 감독을 역임.

안토니오 카사노 Antonio Cassano AC 밀란의 스트라이커. 이탈리아 국가대표 선수.

토니 플라이게어 Tony Flygare 유년 시절 친구. 말뫼 구단에서 활약한 축구 인재.

루이 판 할 Louis van Gaal 축구계의 거물. 여러 팀의 감독을 역임했으며, 내가 아약스에 있을 때
    나중에 단장을 역임.

이탈로 갈비아티 Italo Galbiati 유벤투스에서 카펠로 감독의 오른팔.

아드리아노 갈리아니 Adriano Galliani 축구계의 거물. AC 밀란의 부회장.

젠나로 가투소 Gennaro Gattuso AC 밀란의 미드필더. 몹시 거친 선수. 2006년 월드컵에서 우
    승한 이탈리아 국가대표 선수.

펩 과르디올라 Pep Guardiola FC 바르셀로나에서 활약한 미드필더. 내가 이 구단에 입단했을 때 감독을 역임.

헬레나Helena 내 여자친구이자 동반자. 내 아이들의 엄마.

티에리 앙리 Thierry Henry 바르셀로나 시절의 친구. 프랑스 출신의 슈퍼스타로 아스널에서 활약할 동안 항상 최고 득점자였던 선수. 1998년 프랑스 월드컵과 유로 2000에서 우승을 차지.

안드레스 이니에스타 Andrés Iniesta 바르셀로나의 탁월한 미드필더 겸 윙어. 2010년 월드컵과 유로 2012에서 우승을 차지.

필리포 인자기 Filippo Inzaghi 많은 득점을 올린 뛰어난 스트라이커. AC 밀란의 스타 선수. 나는 토리노의 인자기 아파트에서 지냈음. 2006년 독일 월드컵 우승.

유르카Jurka 내 어머니. 크로아티아 태생. 청소부로 일했다.

카카Kaká 공격형 미드필더. 세계적인 스타. 2007년에 발롱도르 수상. AC 밀란에서 레알 마드리드로 이적.

로날드 쿠만 Ronald Koeman 아약스 시절 후반기에 우리 팀 감독으로 부임.

호안 라포르타 Joan Laporta 내가 바르셀로나에서 있는 동안 바르셀로나의 회장을 역임.

헨리크 '헨케' 라르손 Henrik 'Henke' Larsson 스웨덴 출신의 전설적인 공격수. 셀틱과 바르셀로나에서 활약했으며, 2001년에 유러피언 골든슈를 수상. 내가 축구 선수의 길로 들었을 때 나의 멘토였다.

벵트 마드센 Bengt Madsen 내가 말뫼 구단에 있는 동안 회장을 역임.

다니엘 마이스토로비치 Daniel Majstorović 스웨덴 국가대표 선수로 해외 여러 팀에서 활약했음. 좋은 친구.

로베르토 만치니 Roberto Mancini 인터 밀란에서 보낸 처음 두 해 동안 감독을 역임.

마르코 마테라치 Marco Materazzi 견고한 바위 같은 수비수. 2006년 월드컵 우승의 주역. 인터 밀란에서 나와 함께 뛰었음.

하세 마티손 Hasse Mattisson 내가 말뫼 구단에서 뛸 때 팀의 주장.

막시밀리안Maximilan 내 장남. 2006년생.

막스웰Maxwell 브라질 출신의 축구 선수. 놀라울 정도로 우아한 수비수이며 내 친구.

올로프 멜베리 Olof Mellberg 친구. 스웨덴 국가대표 선수. 수비수. 애스턴 빌라와 유벤투스 등에서 활약.

리오넬 메시 Lionel Messi 세계적인 스타 선수. 바르셀로나 축구의 핵. 13세에 바르셀로나에 입단. 발롱도르 수상(2009년, 2010년, 2011년, 2012년)

구드문데르 메테 Gudmundur Mete 친구. 우리는 말뫼 구단에서 함께 뛰었다.

미도Mido 이집트 출신. 아약스 시절의 좋은 친구.

루치아노 모지 Luciano Moggi 축구계의 전설적인 인물. 내가 유벤투스에 있을 때 단장을 역임.

마시모 모라티 Massimo Moratti 석유업계의 큰손. 인터 밀란의 구단주.

조제 무리뉴 José Mourinh 전설적인 감독. 인터 밀란 시절 우리 감독이었고, 나중에 레알 마드리드로 옮김.

파벨 네드베드 Pavel Nedvĕd 유벤투스에서 나와 함께 활약한 미드필더. 2003년에 발롱도르 수상.

알레산드로 네스타 Alessandro Nesta AC 밀란의 유명한 수비수. 2006년 월드컵 우승의 주역.

알렉산더 파투 Alexandre Pato 브라질 출신. AC 밀란의 뛰어난 스트라이커.

미노 라이올라 Mino Raiola 나의 에이전트. 친구이자 조언자.

호비뉴Robinho 브라질 출신의 놀라운 인재. AC 밀란의 처진 스트라이커. 레알 마드리드와 맨체스터 시티에서도 활약.

호나우지뉴Ronaldinho 슈퍼스타. 발롱도르 수상(2004년, 2005년). AC 밀란에서 함께 활약.

호나우두Ronaldo 영원히 기억될 위대한 선수. 브라질 출신의 스트라이커. 발롱도르 수상(1996년, 1997년, 2002년). 어려서부터 나의 우상이었음.

크리스티아누 호날두 Cristiano Ronaldo 세계적인 스타 선수. 발롱도르 수상(2008년). 맨체스터 유나이티드에서 활약했고, 천문학적인 이적료를 받고 레알 마드리드로 이적했다. (이 책에서는 내 하나뿐인 우상인 '호나우두'와 구별하기 위해 '크리스티아누'로 자주 언급했다.)

산드로 로셀 Sandro Rosell 호안 라포르타를 대체하며 바르셀로나의 신임 회장을 역임.

사넬라Sanela 내 누나. 1979년생.

사프코Sapko 내 형. 1973년생.

토마스 셰베리 Thomas Sjöberg 전 스웨덴 국가대표 선수. 내가 말뫼 구단에 있던 초기에 수석 코치를 역임.

루네 스미스 Rune Smith 나를 처음으로 중요하게 다루는 기사를 작성했던 기자.

욘 스틴 올센 John Steen Olsen 말뫼 구단에 있던 나를 발굴한 에이전트. 나를 아약스로 이적시 킴. 오늘날 매우 친하게 지내고 있는 사람 중 한 명이다.

릴리앙 튀랑 Lilian Thuram 수비수. 유벤투스에서 나와 함께 뛰었다. 프랑스 월드컵 우승과 유 로 2000 우승의 주역.

다비드 트레제게 David Trézéguet 프랑스 출신의 많은 득점을 올린 스타 선수. 유벤투스에서 함께 뛰었다. 프랑스 월드컵 우승과 유로 2000 우승의 주역.

라파엘 판 더 파르트 Rafael van der Vaart 아약스 시절의 미드필더.

파트리크 비에이라 Patrick Vieira 미드필더. 유벤투스와 인터 밀란에서 함께 뛰었음. 슈퍼스타 이자 나의 친구이다. 프랑스 월드컵 우승과 유로 2000 우승의 주역.

크리스티안 빌헬름손('치폰') Christian Wilhelmsson('Chippen') 미드필더. 스웨덴 국가대표 선 수. 친구이다.

빈센트Vincent 우리 둘째 아들. 2008년생.

사비Xavi 바르셀로나 미드필더. 11세에 바르셀로나에 입단. 2010년 월드컵 우승과 유로 2012 우승의 주역.

잔루카 잠브로타 Gianulca Zambrotta 전설적인 수비수. 유벤투스와 AC 밀란에서 함께 뛰었다. 2006년 월드컵 우승의 주역.

알렉산더 외스틀룬트 Alexander Östlund 친구. 스웨덴 국가대표 선수. 사우샘프턴을 비롯한 여 러 구단에서 활약.

차례

1

페라리를 사놓고
피아트처럼 써먹고 있다고

2009~2010년

: :

바르셀로나의 펩 과르디올라 감독은 잿빛 양복 차림에 골똘히 생각에 잠긴 모습으로 내게 다가왔다. 뭔가 못마땅한 얼굴이었다.

그때까지도 그는 좋은 감독이었다. 조제 무리뉴 감독이나 파비오 카펠로 감독만큼은 아니지만 그 정도면 괜찮은 사람이었다. 서로 으르렁대며 대립각을 세우기 시작한 것은 훨씬 뒷날의 얘기다. 2009년 가을, 나는 유년 시절에 품었던 꿈을 실현하고 행복한 나날을 보내고 있었다. 7만여 관중으로부터 환영을 받으며 캄프 누Camp Nou에 입성했고, 세계 최고의 팀에서 뛰고 있었으니 구름 위를 걷는 기분이었다. 물론 마냥 행복하기만 한 것은 아니었다. 각종 언론에 쓰레기 같은 기사들이 적지 않게 올라왔다. 나를 두고 악동이네 뭐네 하면서 다루기 어려운 선수라고 비난하는 기사들이 많았다. 하지만 나는 바르셀로나 선수로 뛰기로 했고, 헬레나Helena와 아이들은 좋아했다. 에스플루게스 데 로브레가트Esplugues de Llobregat에 멋진 집도 한 채 장만했고, 언제든 내 실력을 보여줄 준비가 되어 있었다. 무슨 잘못될 일이 있을까 싶었다.

"이봐! 여기 바르샤에서는 인기 좀 있다고 마음이 들떠 있으면 곤란해"라고 과르디올라 감독이 말했다.

"물론입니다. 알았어요!"

"그러니까 말인데, 우리 선수들은 훈련장에 올 때 페라리나 포르쉐를 끌고 오지는 않는다네."

내가 무슨 차를 타고 오든 그게 대체 무슨 상관일까 싶었지만, 나는 그냥 고개를 끄덕거렸다. 그리고 곰곰이 생각해보았다. 이 양반이 뭘 원하는 거지? 지금 내게 무슨 말을 하고 싶은 거야? 솔직히 나 정도 되면 무게나 잡으려고 번쩍번쩍한 차를 몰고 와서 주차장이나 길가에 떡하니 세워두고 요란을 떨어야 할 이유가 없다. 그런 게 아니다. 나는 차를 좋아할 뿐이다. 차는 내가 열정을 쏟는 대상이었다. 하지만 나는 과르디올라 감독이 그 말을 하는 저의를 알 것 같았다. 말하자면, 내가 특별하다고 생각하지 말라고 경고하는 것이었다.

나는 진작부터 바르셀로나가 무슨 학교 같다는 인상을 받았다. 아약스와 인터 밀란에서 한솥밥을 먹었던 막스웰Maxwell도 있는 데다 바르셀로나 선수들은 다 좋았다. 그들과는 아무 문제가 없었다. 하지만 이 친구들은 누구도 슈퍼스타에 걸맞게 행동하지 않았다. 솔직히 말해 너무 이상한 일이었다. 리오넬 메시나 사비, 안드레스 이니에스타를 비롯해 모든 선수가 학생처럼 얌전하게 굴었다. 세계 일류 선수들이 머리를 숙이고 서서 코치진의 지시를 군말 없이 받드는 모양새를 도무지 이해할 수 없었다. 어이없는 일이었다. 만일 이탈리아에서 스타급 선수들에게 코치들이 점프 훈련을 하라고 지시했다면, 선수들은 어이없는 표정으로 그들을 한 번 쳐다보고 나서 훈련장을 나가버렸을 것이다. 점프를 시키는 게 코치들이 할 일이야? 우리가 왜 점프 훈련을 해야 하는데?

그러나 바르샤에서는 모든 선수가 지시대로 따랐다. 나하고는 전혀 맞지 않았다. 하지만 '나한테 찾아온 기회를 즐겨보자'고 생각했다. 저들이 나에 대한 선입견을 굳히게 할 필요는 없지 않은가. 그래서 나는 성질을 죽이고 바르샤 분위기에 따라 어울리기 시작했다. 나는 지나치다 싶을 정도로 점잖게 굴었다. 정말 미친 짓이었다. 내 에이전트이자 좋은 친구인 미노 라이올라Mino Raiola는 이렇게 말했다.

"즐라탄, 무슨 문제라도 있는 거야? 완전히 딴사람 같아."

하지만 사람들은 내 노력을 알아주지 않았고, 선수들도 그런 나를 받아들이지 못했다. 기분이 가라앉기 시작했다. 스웨덴의 말뫼Malmö FF 구단에서 축구 생활을 시작한 이래로 내 철학은 한 번도 바뀐 적이 없다는 사실을 여러분은 알아야 한다. 무슨 일이든 내 방식대로 하는 것이 내 철학이다. 남들이 뭐라 생각하든 내 주관대로 살았고, 어렸을 때부터 샌님 같은 사람들과는 즐거웠던 적이 없다. 내 말을 이해할 수 있을지 모르겠지만, 이를테면 나는 빨간 신호를 무시하고 달릴 줄 아는 사나이를 좋아한다. 그런데 바르샤에서는 내 할 말을 하지 못하고 살았다.

나는 사람들이 듣고 싶어 할 만한 말만 했다. 한심한 노릇이었다. 학창 시절에도 그렇게 얌전히 지낸 적이 없었는데, 나는 바르셀로나 구단에서 제공한 아우디를 타고 훈련장에 가서 모범생처럼 군말 없이 지냈다. 동료 선수들을 향해 소리를 치지도 않았다. 갑갑했다. 나, 즐라탄은 더 이상 즐라탄이 아니었다. 예전에 돈 있고 힘깨나 쓴다는 사람들이 모여 사는 보르가르스콜란Borgarskolan에 있는 학교에 다닐 때 랄프로렌 스웨터를 입고 다니는 여자애들을 처음 보고 반해서 데이트 좀 하려고 모범생 노릇을 해본 이후로는 처음이었다. 바르샤에 오고 출발은 환상적이었다. 나는 연이어 득점을 올렸고 우리 팀은 유럽축구연맹UEFA 슈퍼컵을 거머쥐었다. 나는 경기를 주도하며 놀라운 활약을 보였다. 하지만 나는 딴사람이었다. 초반에는 그 심각성을 깨닫지 못했지만, 나에게 무슨 일이 생기고 있음은 확실했다. 나는 갈수록 말수가 줄었고, 이는 위험한 징조였다. 정말이다. 나는 경기를 잘하려면 분노를 표출해야 한다. 고함도 지르고 시끄럽게 떠들어대야 기운이 나는 사람이다. 그런데 분노를 내 안에 봉인해두고 있었다. 각종 언론매체에서 지껄이는 기사도 내 안에 자리한 분노와 상관이 없다고는 못 할 것이다.

축구 역사상 두 번째로 비싼 몸값을 받고 이적한 선수에게 신문에서는 온갖 추측 기사를 쏟아냈다. 내가 성격에 결함이 있는 문제아라는 것이었다. 나는 그라운드 안팎에서 압박감을 느꼈다. 바르샤 선수들은 스타의 명성에 걸맞게 자기를 자랑하는 이들이 없었고, 나도 얼마든지 그들처럼 할 수 있음을 보여주고 싶었다. 하지만 이는 내가 저지른 가장 어리석은 실수였다. 나는 그라운드에서는 빛나는 선수로 활약했지만, 더는 즐겁지가 않았다.

오죽하면 은퇴할 생각조차 했을까. 프로 선수답게 처신하느라 계약을 파기하지는 않았지만, 열정은 식어버렸다. 그리고 크리스마스 휴가를 맞았다. 우리 가족은 스웨덴 북부에 있는 스키 리조트에 휴가를 즐기러 갔다. 거기서 나는 스노모바일 한 대를 빌려 신 나게 달렸다. 삶이 지지부

진할 때마다 나는 돌파구를 찾는다. 포르쉐 터보를 몰 때도 미친 듯이 밟는다. 경찰에게 부연 먼지를 휘날리며 시속 325킬로미터로 내달린다. 나는 산속에서 스노모바일을 타고 달리며 생각하기도 싫은 온갖 일을 훌훌 털어버렸다. 덕분에 동상에 걸렸지만 생동하는 생명력을 느낄 수 있었다.

아드레날린이 솟구쳤다. 즐라탄이 다시 옛날 모습을 찾았다. 이러고 살 이유가 뭐란 말인가? 통장에 돈도 있는데 머저리 감독에게 붙들려 노예처럼 살아갈 이유가 뭐지? 그냥 놀면서 가족만 돌봐도 충분하지 않은가? 크리스마스 휴가는 끝내줬다. 하지만 그 기분은 오래가지 않았다. 스페인에 돌아오니 재앙이 기다리고 있었다. 그것이 느닷없이 나를 덮친 것은 아니고 내내 잠복해 있던 불씨가 터졌다고 보는 게 맞다.

하루는 엄청난 눈보라가 쳤다. 내가 사는 언덕배기 동네 곳곳에 자동차가 그대로 주차되어 있는 것을 보니 스페인 사람들은 그런 눈보라는 처음 겪는 모양이었다. 그런데 뚱뚱이(내 말을 혹시나 오해할 사람들이 있을까 봐 표현을 정정하자면, 멋진 뚱뚱이) 미노가 어이없게도 여름 재킷만 걸치고 나와 강아지처럼 추위에 덜덜 떨며 아우디를 몰고 나가도 좋다고 나를 안심시켰다. 이는 끔찍한 사고로 이어졌다. 언덕을 내려오다가 차가 미끄러지는 통에 콘크리트벽을 들이받았고 오른쪽이 완전히 찌그러지고 말았다.

눈보라 속에서 자동차 사고를 낸 선수들은 나 말고도 많았지만, 나처럼 차가 많이 부서진 사람은 없었다. 자기 차량 부수기 대회를 열었다면 그 우승컵은 단연코 내 차지가 될 것이라며 우리는 한바탕 웃음을 터뜨렸다. 휴가가 끝나고 그때까지만 해도 나는 가끔 나다움을 즐기면서 꽤 만족스럽게 지냈다. 그런데 메시가 말썽을 일으키기 시작했다. 리오넬 메시는 굉장한 선수다. 정말이지 놀랍다. 메시를 잘 알지는 못했지만, 그와 나는 비슷한 데가 별로 없었다. 메시는 열세 살에 바르샤에 들어와 그곳에서 성장한 선수라 학교 같은 분위기에 아무 문제를 느끼지 못했다. 바르샤는 메시를 중심으로 경기를 풀어갔다. 실력이 뛰어난 친구였으니 당연히 그랬을 것이다. 하지만 이제 내가 들어왔고, 내가 더 많은 득점을 올리고 있었다. 그런데 메시가 과르디올라 감독을 찾아가 "더 이상 오른쪽 윙어로 뛰고 싶지 않아요. 중앙에서 뛰고 싶어요"라고 말했다.

스트라이커는 나였다. 하지만 과르디올라 감독은 그 사실을 눈곱만큼도 고려하지 않고, 전술을 바꿔버렸다. 메시가 내 뒤에 위치하던 4-5-1 진형을 4-3-3으로 바꾸었고, 결국 나는 메시를 받쳐주는 역할을 맡게 되었다. 모든 공은 메시에게 전달되었고, 나는 내 방식대로 경기를 풀어갈 수가 없었다. 그라운드에서 나는 새처럼 자유롭게 돌아다닐 수 있어야 한다. 스스로 경기를 만들어가고 싶은 놈이란 말이다. 그러나 과르디올라 감독은 나를 제물로 삼았다. 이게 진실이다. 나는 앞에서 갇힌 신세가 되고 말았다. 뭐, 그의 속사정을 전혀 모르는 바는 아니다. 어쨌거나 메시가 스타였으니까.

과르디올라 감독은 메시의 말을 거절하기 어려웠을 것이다. 하지만 생각해보자. 바르샤에서 나는 많은 득점을 올렸고 좋은 활약을 보이고 있었다. 그런데 한 선수에게 팀 전체를 맞추는 게 말이 되는가. 내 말인즉, 그럴 거라면 애당초 나를 왜 데려왔는가? 내 숨통을 조르려고 그렇게 많은 돈을 들인 사람은 아무도 없었다. 과르디올라 감독은 메시와 나, 둘 모두를 염두에 둬야 했고, 구단 경영진 내에서는 긴장감이 돌았다. 바르셀로나 구단에서는 역사상 가장 큰 거금을 들여 나를 영입했다. 하지만 나는 새롭게 구성된 진형에 만족하지 못했고, 나를 불만족한 상태로 내버려두기에는 구단이 들인 돈이 너무 많았다. 치키 베히리스타인Txiki Begiristain 단장은 내가 감독에게 가서 담판을 지어야 한다고 말했다.

"문제를 해결하게!"

감독과 직접 담판을 짓고 싶지는 않았지만 그럴 수밖에 없는 상황이었다. 나는 이렇게 말했다. "좋아요, 제가 하지요." 내 친구 하나는 이런 말을 했다. "즐라탄, 바르샤에서 페라리를 사놓고 피아트처럼 운전하는 격이야." 나는 그 표현이 참으로 적절하다고 생각했다. 과르디올라 감독은 나를 평범한 선수, 아니 형편없는 수준의 선수로 만들어놓았다. 이는 팀 전체에 큰 손실이었다.

나는 과르디올라 감독에게 다가가 말을 걸었다. 구장에서 훈련하던 중이었다. 나는 대화가 말싸움으로 변질하지 않도록 주의를 기울이며 이렇게 말했다.

"싸우고 싶지 않습니다. 전쟁은 원하지 않아요. 그냥 의논하고 싶어요." 감독은 그러자는 듯이 고개를 끄덕였다.

하지만 감독 얼굴에 약간 불안한 기색이 비쳤고, 나는 재차 강조했다.

"내가 말다툼을 하고 싶다고 생각한다면 그냥 가겠습니다. 그냥 대화를 나누고 싶을 뿐입니다."

"좋네. 난 선수들과 대화하는 것을 좋아하니까."

"있잖아요? 감독님은 나를 제대로 써먹고 있지 않아요. 골만 넣어줄 선수를 찾았다면 인자기나 다른 선수들을 구했어야죠. 나는 자유롭게 돌아다닐 수 있는 공간이 필요해요. 경기 내내 위아래로 올라갔다 내려왔다 하는 플레이는 할 수 없어요. 나는 몸무게가 98킬로그램이나 나가요. 그런 스타일의 경기 운영은 무리예요."

그는 골똘히 생각했다. 뭔 놈의 생각을 그리 많이 하는지 그는 항상 뭐든지 상대가 질리도록 따져보는 습성이 있었다.

"난 자네가 이렇게도 경기할 수 있다고 생각하네."

"천만에요. 차라리 벤치에 앉혀두는 편이 더 나을 겁니다. 감독님 입장도 이해하지만, 다른 선수들 좋자고 나를 희생시키고 있어요. 이렇게는 잘 안 될 거예요. 페라리를 사놓고 피아트처럼 써먹고 있다고요."

그는 다시 생각에 잠겼다.

"좋아, 내가 잘못 생각한 모양이군. 이건 내 문제니 내가 해결하지."

그가 문제를 해결하겠다니 기뻤다. 나는 홀가분한 마음으로 집으로 돌아왔다. 하지만 그 뒤로 그에게서 찬바람이 쌩쌩 불기 시작했다. 그는 나와 눈도 마주치지 않았다. 그런다고 내가 위축될 사람은 아니었다. 메시 중심으로 돌아가는 진형으로 바뀐 뒤에도 나는 계속해서 뛰어난 활약을 보였다. 이탈리아에서 세운 기록에는 못 미치지만 꾸준히 득점을 올렸다. 그래도 최전방에 박혀 있다 보니 '이브라카다브라ibracadabra(이브라히모비치 뜻대로 될지어다)' 주문이 예전처럼 잘 통하지는 않았다. 새롭게 개장한 에미리츠 스타디움Emirates Stadium에서 아스널과 치른 챔피언스리그 경기에서는 달랐다. 우리 팀은 초반부터 아스널을 압도했다. 경기는 뜨거웠다. 초반 20분간 우리 팀이 보여준 움직임은 환상적이었다. 이 경기에서 나는 선취골에 이어 추가골까지 넣어 2 대 0을 만들었다. 두 골 모두 흠 잡을 데 없이 아름다웠다. 나는 가슴이 벅차올랐다. '과르디올라 감독이 뭐라 하든 무슨 상관이야? 한번 해보자!'

하지만 나는 교체를 당했고, 아스널은 우리 팀을 바싹 추격해 1 대 2로 따라붙더니 추가골을 터뜨리며 승부를 원점으로 되돌려놓았다. 한심한 결과였다. 그 후 나는 장딴지에 부상을 입었다. 이런 일이 생기면 보통 감독들은 걱정을 많이 한다. 어느 팀이 되었든 '즐라탄' 정도 되는 선수가 부상을 당하면 그것은 심각한 문제다. 하지만 과르디올라 감독은 얼음장 같았다. 내가 3주나 결장했지만 그는 한마디도 하지 않았다. "어떻게 지내나, 즐라탄? 다음 시합에는 뛸 수 있겠어?" 하고 내게 다가와 안부를 물은 적은 한 번도 없었다.

심지어 그는 인사조차 건네지 않았다. 단 한마디도 하지 않았다. 그는 나와 눈을 마주치기를 꺼렸다. 내가 라커룸에 들어가면 그가 나가버렸다. 이게 대체 무슨 일이지? 내가 뭘 잘못했나? 내 표정이 이상한가? 내가 우스운 얘기라도 했나? 이런저런 생각이 머릿속을 맴돌면서 나는 잠도 잘 수 없었다.

나는 이 문제로 내내 고민했다. 과르디올라 감독의 사랑이 필요해서가 아니었다. 선수로서 내게 신경을 써주는 한 그가 나를 미워해도 상관없었다. 아니, 그가 나를 증오하거나 복수하려고 했다면 차라리 더 힘이 났을 것이다. 그러나 나는 어찌해야 할지 몰랐다. 이 문제로 선수들과 얘기를 나누었지만 그들도 뾰족한 수가 없었다. 당시 벤치 신세였던 티에리 앙리에게 물었다. 그는 프랑스 대표팀에서 최다 골을 기록한 선수였다. 그는 뛰어난 선수였고, 여전히 건재했다. 앙리도 과르디올라 감독 밑에서 힘든 시기를 보내고 있었다.

"감독이 나한테 말을 안 걸어요. 눈도 안 마주쳐요. 어떻게 생각해요?" 하고 내가 물었다.

"전혀 모르겠는데." 앙리가 대답했다.

이후로 앙리와 나는 이 문제로 농담을 주고받기 시작했다. "이봐, 즐라탄. 오늘은 감독님이 네 얼굴 좀 쳐다봤어?" "아뇨, 내가 감독님 등을 쳐다보긴 했네요." "그래? 둘 사이가 좀 나아졌나 보네!" 어이없는 대화였지만, 그래도 약간은 위안이 되었다.

하지만 과르디올라 감독의 태도는 내 신경을 긁어놓았고 나는 날마다, 아니 매시간 스스로에게 물었다. 내가 뭘 어떻게 했지? 뭐가 문제지? 하지만 아무리 생각해도 알 수가 없었다. 그가 이렇게 냉담한 이유를 찾자면 내 포지션을 두고 저번에 나눴던 대화밖에 떠오르는 게 없었다. 그것 말고는 달리 설명할 길이 없었다. 하지만 그게 정말 이유라면 참으로 우스운 노릇이었다. 내 포지션에 대해 얘기하기 전에 먼저 심리전을 벌이겠다는 말인가? 나는 그에게 다가가려고 노력했다. 그에게 다가가 그의 눈을 쳐다보았다. 하지만 그는 내 눈길을 피했다. 그는 화가 난 듯 보였다. 약속을 잡고 그에게 도대체 무슨 일이냐고 물어볼 수도 있었겠지만, 그러고 싶어도 그럴 수가 없었다. 어쨌건 나는 그에게 굽실거릴 만큼 굽실거렸으니 이제 그가 해결할 차례였다.

어떤 문제인지 내가 정확히 파악하고 있었다는 얘기가 아니다. 나는 그가 왜 그랬는지 아직도 잘 모르겠다. 다만 주관이 뚜렷하고 개성이 강한 사람을 다룰 줄 몰랐던 게 아닐까 짐작할 뿐이다. 그는 말 잘 듣는 모범생만 원했고, 게다가 자기가 해결할 문제를 놔두고 줄행랑을 쳤다. 그는 개성이 강한 선수들과 정면으로 대면하지 않았고, 이 때문에 문제는 더 꼬였다.

상황은 갈수록 악화되었다.

아이슬란드에서 날아온 화산재 때문에 유럽 전역의 비행기들이 발이 묶였다. 우리는 산시로San Siro에서 인터 밀란과의 경기가 있어 구단 전용 버스를 타고 이동하기로 했다. 성격이 무척이나 밝은 한 선수는 육로로 이동하는 것도 좋겠다고 말했다. 그때는 나도 부상에서 완전히 회복해 있었지만, 그 여행은 끔찍했다. 16시간이나 걸려 밀라노에 도착했을 때 우리는 피곤함에 지쳐 있었다. 챔피언스리그 준결승전은 그때까지 치른 경기 중에서 가장 중요했다. 나는 친정팀 홈팬들로부터 듣게 될 어떤 야유와 욕지거리에도 맞설 준비가 되어 있었다. 그쯤이야 문제 될 게 없었다. 아니, 사실 나는 그런 야유를 들으면 기운이 난다. 진짜 엿 같은 문제는 따로 있었다. 내 생각에 과르디올라 감독은 무리뉴 감독에게 콤플렉스가 있었다.

조제 무리뉴 감독은 거장이었다. 그는 포르투를 이끌고 이미 한 차례 챔피언스리그 우승을 차지했다. 인터 밀란에서 내가 모시던 감독이었는데 정말 좋은 사람이었다. 그는 나와 함께 사는 헬레나를 처음 만났을 때 이렇게 귓속말을 했다. "헬레나, 한 가지만 해주면 돼요. 즐라탄을 잘 먹이고, 푹 재우고, 행복하게 해주세요!" 그는 마음에 담아놓은 말을 솔직하게 내뱉는 사내다. 나는 무리뉴 감독이 좋다. 그는 하나의 군단을 호령하는 지도자였지만 동시에 또 선수들에게는 다정한 사람이다. 인터 밀란에 있을 때 그는 항상 문자메시지를 보내 내가 잘 지내고 있는지 묻곤 했다. 그는 과르디올라 감독과 정반대다. 말하자면 무리뉴 감독은 불을 밝혀 방 안을 환하게 하는 사람이고, 과르디올라 감독은 커튼을 내려 방 안을 어둡게 하는 사람이다. 과르디올라 감독은 무리뉴 감독에 필적하는 감독이 되려고 애를 쓰는 듯 보였다.

"우리가 맞서 싸우는 상대는 인터 밀란이지 무리뉴 감독이 아니다." 말은 이렇게 했지만 과르디올라 감독은 우리가 마치 무리뉴 감독과 싸우는 것 같은 생각이 들게 만들었다. 그러고 나서는 자신의 축구 철학을 길게 떠들기 시작했다.

나는 귓등으로 흘려들었다. 들어야 할 이유가 있나? 그것은 피와 땀과 눈물, 뭐 그런 것들을 세련되게 표현한 헛소리일 뿐이었다. 나는 축구 감독이 그런 식으로 얘기하는 것을 들어본 적이 없다. 완전히 헛소리였다. 그런데 이날 그가 내게 다가왔다. 산시로 경기장에서 훈련하고 있을 때였다. 사람들이 우리 팀이 훈련하는 모습을 구경하고 있었고, 그들은 "이브라가 돌아왔다!"라고 말하는 것 같았다.

"선발로 뛸 수 있겠나?" 과르디올라 감독이 물었다.

"당연하죠. 준비됐습니다."

"그런데 정말 준비가 되었나?"

"물론이죠. 몸 상태는 아무 문제 없습니다."

"그런데 정말 준비가 되었나?"

앵무새처럼 했던 말을 반복하는 그를 보니 왠지 낌새가 좋지 않았다.

"여기까지 차를 타고 오느라 고생은 했지만 지금은 컨디션이 좋아요. 부상도 완쾌되었고 100퍼센트 역량을 보여드리죠."

과르디올라는 미심쩍어하는 표정이었다. 나는 그 사람 속내를 알 수가 없었다. 나중에 나는 미노 라이올라에게 전화를 걸었다. 미노와는 꾸준히 연락을 주고받는 사이다. 스웨덴 기자들은 늘 미노가 이랬다느니 저랬다느니 늘어놓으면서 그가 즐라탄의 이미지를 망쳐놓았다고 비판한다. 하지만 내가 여기서 그에 대해 한마디를 하자면, 미노는 천재다. 그래서 나는 그에게 의견을 구했다. "대체 무슨 꿍꿍이일까?"

아무리 궁리해도 과르디올라의 속내를 알아낼 수 없어 우리 둘은 열을 받았다. 하지만 나는 그날 경기에 선발로 출전했고 우리 팀은 1 대 0으로 앞서나갔다. 그러다가 분위기가 반전되었고, 후반 60분쯤 나는 교체되었다. 우리 팀은 1 대 3으로 패했다. 형편없는 경기였다. 나는 화가 치밀었다. 과거 아약스에서 뛸 때 같았으면 며칠 혹은 몇 주씩 패배감을 곱씹으며 괴로워했을 것이다. 하지만 지금은 헬레나와 아이들 덕분에 예전보다는 빨리 패배의 쓰라림을 잊을 수 있다. 따라서 나는 캄프 누로 돌아가 회복하는 일에 집중했다. 평정심을 찾는 게 중요하지만, 팀 분위기나 여론은 나날이 살벌해졌다.

챔피언스리그를 향한 압박은 도를 넘어섰다. 우리를 질타하는 소리가 내내 귓가에 맴돌았다. 우리가 결승에 진출하려면 2차전에서 대승을 거두어야 했다. 하지만…… 그때 일은 생각하기도 싫지만 잊히지 않는 일이기도 하다. 그 일로 내가 더 강해진 것도 사실이다. 우리는 2차전에서 1 대 0으로 이겼지만 종합 점수에서 뒤져 챔피언스리그에서 탈락하고 말았다. 과르디올라 감독은 이 모든 결과가 내 잘못이라는 듯이 나를 쳐다보았다. 그제야 모든 게 이해가 됐다. 챔피언스리그 준결승이 내게 주어진 최후의 기회였던 것이다. 그 뒤로 나는 더 이상 구단에서 환영받지 못하는 느낌이었고, 그들이 제공한 아우디를 몰고 구장으로 갈 때마다 기분이 씁쓸했다. 라커룸에 앉아 있으면 과르디올라 감독이 나를 성가신 방해물이나 이방인쯤으로 취급하는데 기분이 진짜 더러웠다. 몸은 힘들지 않았지만 마음이 힘들었다. 과르디올라 감독은 벽이었다. 그것도 꽉 막힌 장벽. 그에게서는 인간미라고는 한 톨도 찾아볼 수 없었다. 구단을 나가고 싶다는 생각이 절로 들었다.

나는 더 이상 소속감을 느끼지 못했다. 비야레알 팀과의 원정 경기에서는 5분 뛴 게 전부였다. 5분이라니! 속에서 뜨거운 분노가 들끓었다. 벤치 신세가 된 것 때문이 아니었다. 감독이 사나이답게 "즐라탄, 자네 활약이 신통치 않아. 기대에 못 미쳐" 하고 툭 까놓고 얘기했다면 얼마든지 그 문제는 참을 수 있었다.

하지만 과르디올라 감독은 한마디도 하지 않았다. 눈길도 주지 않았다. 화가 머리끝까지 차올랐고, 나는 온몸으로 분노를 표출했다. 만약 내가 과르디올라 감독 입장이었다면 겁이 났을 것이다. 내가 주먹질을 잘한다는 말이 아니다. 말썽은 많이 피웠지만, 나는 경기 중에 주먹다짐을 한 적은 없다. 물론 그라운드에서 몇몇 선수를 머리로 들이받은 적은 있다. 어쨌거나 내가 화가 나서 폭발할 때는 내 근처에 오지 않는 게 신상에 이롭다.

여기에 그날 얘기를 좀 더 자세히 풀까 한다. 나는 경기가 끝나고 라커룸에 들어갔다. 감독을 어떻게 할 생각은 없었다. 좋게 말해 나는 기분이 별로 좋지 않았고, 원수나 다름없는 인간이 거기 서서 머리를 긁적이고 있었다. 라커룸에는 별로 사람이 없었다.

투레Toure랑 몇몇 선수뿐이었고, 바닥에는 시합을 마친 뒤 유니폼과 축구 장비를 담아놓는 철제 박스가 놓여 있었다. 나는 그 박스를 쳐다보다가 발로 걷어찼다. 한 3미터쯤 나가떨어지며 장비들이 사방으로 흩어졌다. 그래도 분이 풀리지 않았다. 그 정도로는 어림도 없었다. 나는 감독에게 "배알도 없는 인간"이라고 소리를 질렀다. 물론 이보다 더 심한 욕도 했고 마지막에는 이렇게 덧붙였다. "무리뉴 감독 앞에서는 피라미

밖에 안 되는 주제에. 꺼져버려!"

나는 제정신이 아니었다. 이 정도면 과르디올라 감독도 가만있지 않고, "진정해. 감독한테 그런 식으로 말하면 곤란하지!"라고 몇 마디 했을 법하지만 아니었다. 그는 그럴 사람이 아니다. 줏대 없는 겁쟁이였다. 그는 청소나 하는 관리인인 양 흩어진 물건들을 박스에 다시 집어넣더니 입도 뻥긋하지 않고 자리를 떴다. 물론 이 일은 밖으로 새어나갔고, 홈으로 돌아가는 버스 안에서 선수들은 모두 "무슨 일인데? 무슨 일이야?"라고 쑥덕거렸다.

나는 속으로 아무 일도 아니라고 대꾸했다. 그 일에 대해 몇 마디 얘기를 나누기도 했지만 길게 떠들고 싶은 기분이 아니었다. 나는 분통이 터질 지경이었다. 벌써 몇 주 전부터 감독과 회장은 나를 상대하지 않았고, 그 이유도 설명해주지 않았다. 정말 어처구니가 없었다. 예전에도 다른 사람들과 옥신각신한 적은 많지만, 그래도 다음 날이면 뒤끝 없이 문제를 해결하는 편이었다. 그런데 바르샤에서는 그저 침묵만 있고, 소모적인 심리전만 벌이고 있었다. 내 나이가 스물여덟 살인데 말이다. 나는 바르샤에 와서 22골 15도움을 기록했다. 그런데도 없는 사람 취급을 받고 있다. 이대로 가만히 앉아서 참고 있어야 하나? 이런 분위기에 군말 없이 적응해야 한단 말인가? 천만의 말씀이다.

알메리아전에서도 벤치 신세를 면치 못하리라는 사실을 깨달은 나는 감독이 했던 말이 떠올랐다. "우리 선수들은 훈련장에 올 때 페라리나 포르쉐를 끌고 오지는 않는다네." 이것도 다 헛소리다 싶었다. 그래서 내가 타고 싶은 차를 타기로 했다. 저 얼간이들을 약 올리는 일도 나쁘지 않을 테니까. 나는 페라리 엔초에 몸을 싣고 마구 달려 훈련장 바로 정문 앞에 차를 주차했다. 물론 한판 재미난 드라마가 펼쳐졌다. 신문들은 내 스포츠카가 알메리아 선수들의 한 달치 월급을 모두 합친 금액에 육박한다는 기사를 써댔다. 나는 그런 기사에 콧방귀도 뀌지 않았다. 내가 어떤 상황인데 그깟 쓰레기 기사들이 눈에 들어올 턱이 있나. 이제 나는 내 목소리를 낼 작정이었다.

나는 내 신조를 지키기 위해 싸울 것이고, 그런 일이라면 손바닥 보듯 훤하게 알고 있었다. 전에도 이런 싸움을 해보았다. 하지만 싸움에 임해 준비를 소홀히 해서는 안 되었기에 나는 미노와 이 문제를 상의했다. 우리는 늘 함께 전략을 수립한다. 우리 둘 다 영리하고 거칠었다. 나는 친구들에게도 전화를 걸어 의견을 구했다.

나는 여러 가지 관점에서 사태를 바라보고 싶었고, 생각지도 못한 다양한 조언을 들을 수 있었다. 내 고향 로센고드Rosengård 친구들은 구장에 쳐들어가 박살을 내주겠다고 했다. 그 친구들에게 고맙기는 했지만 그리 좋은 전략으로 보이지는 않았다. 물론 헬레나에게도 의견을 물었다. 헬레나는 나와는 딴 세상 사람이다. 그녀는 멋진 여자다. 필요에 따라 공격적으로 나올 때도 있지만, 이번 일에 헬레나는 나를 격려해주었다. "상황이 어찌 됐든 당신은 더 좋은 아버지가 되고 있어. 팀이 당신 맘에 들지 않으면 우리 집에서 하나 만들면 어때?"라는 그녀의 위로 말을 듣고 나니 행복했다.

나는 아이들과 열심히 공놀이하며 놀았고, 가족들 모두 편안하게 지내도록 힘썼다. 게임을 하면서 빈둥거리기도 했다. 나는 비디오게임이라면 사족을 못 쓴다. 게임을 하면 시간 가는 줄 모르고 푹 빠져버렸다. 인터 밀란 시절에는 새벽 3~4시까지 게임을 하다가 두세 시간 눈 붙이고 훈련장으로 가기도 했다. 그러다 이래서는 안 되겠다 싶어 스스로 한계를 그었다. 그때부터 10시 이후로는 엑스박스든 플레이스테이션이든 만지지 않았다.

그즈음 나는 그냥 시간만 축낼 수는 없어서 가족과 함께하는 데 헌신했다. 그리고 정원에서 바람을 쐬거나 코로나 맥주도 한 잔씩 했다. 이게 그 시절의 좋은 기억들이다. 하지만 밤에는 쉬이 잠을 이루지 못했고, 훈련장에서 과르디올라 감독을 쳐다볼 때면 내 안의 어둠이 꿈틀댔다. 속에서 뜨거운 불길이 치솟을 때면 주먹을 불끈 쥐고 기어코 응징하겠다고 다짐했다. 아니, 그때는 이미 되돌릴 길이 없었다. 이제 당당하게 서서 예전의 나를 회복할 때였다.

"로센고드에서 소년을 데려갈 수는 있어도 몸에 밴 근성까지 데려갈 수는 없다"는 말을 나는 잊지 않고 있다.

②
나는 이소룡처럼,
또 무하마드 알리처럼 되는 게 꿈이었다

1981~1998년

: :

어렸을 때 형에게서 BMX 자전거를 선물 받은 적이 있다. 나는 그 자전거에 파이도 다이도Fido Dido라고 이름 붙였다. 파이도 다이도는 꼬불꼬불한 머리에 거칠 것이 없는 성격의 만화 주인공이었다. 당시 내 눈에는 파이도 다이도가 세상에서 제일 멋져 보였다. 하지만 그 자전거는 로센고드 동네의 수영장 밖에서 도둑맞고 말았다. 셔츠 앞섶을 풀어 헤치고 소매를 걷어붙인 아버지가 그곳에 당도했다. 내 아버지로 말하자면, "누가 내 자식들을 건드려! 어떤 놈도 내 자식 물건에는 손도 못 대"라고 호통을 치는 유형이었다. 하지만 아버지처럼 거친 남자도 그 문제는 어쩌지 못하셨다. 파이도 다이도는 사라져버렸다. 나는 실망이 이만저만이 아니었다.

그 후로 나는 자전거를 훔치기 시작했다. 자물쇠를 하나둘 따면서 나는 자물쇠 따기 고수가 되었다. 철컥, 철컥하고 나면 자전거는 내 것이 되었다. 나는 자전거 도둑이었다. 그것이 내가 제일 먼저 한 일이었다. 철없을 때 멋모르고 한 짓이었다. 하지만 이따금 감당할 수 없을 정도로 일이 커졌다. 한번은 람보처럼 온통 시커먼 색으로 차려입고, 커다란 볼트커터를 한 쌍 챙겨서 군용 자전거를 훔치기도 했다. 나는 자전거를 훔치는 게 즐거웠다. 사실 자전거를 손에 넣는 것보다는 그때 느껴지는 짜릿한 쾌감이 더 좋았다. 나는 어둠이 내리면 길거리를 배회하기 시작했고, 자전거를 훔치거나 남의 집 창문에 달걀을 던지기도 했다. 발각된 것은 몇 번 안 된다.

한번은 예게르스로Jägersro 쇼핑센터에 있는 베셀스Wessels 백화점 밖에서 꽤 창피한 일을 당했다. 솔직히 그럴 만했다. 한여름에 두툼한 외투를 걸치고 한 친구 녀석과 같이 백화점에 들어가 멍청하기 그지없는 짓을 했다. 코트 안에 탁구채 네 개와 별 필요도 없는 물건을 몇 가지 숨겨 나오려다 붙잡힌 것이다. 우리를 붙잡은 보안요원은 "이 많은 물건값을 어떻게 지불할 생각이냐?"고 물었다. 나는 호주머니에서 10외레짜리 동전 여섯 개를 꺼내 보였다. 1크로나(한화로 약 150원—옮긴이)도 되지 않는 잔돈이었다. "이것으로 안 될까요?" 하지만 보안요원은 유머 감각이 빵점이었다. 나는 다음번에는 좀 더 프로답게 행동해야겠다고 다짐했다. 내 기억에 나는 결국 숙련된 악동이 되었던 것 같다.

어렸을 때 나는 코가 크고 몸집이 왜소한 편이었다. 그런데 혀짤배기소리를 내서 언어치료사를 만나 치료를 받아야만 했다. 한 여자가 학교에 찾아와 내게 '에스s'를 정확히 발음하는 법을 가르쳤다. 너무 수치스러워서 언젠가 복수해야겠다고 다짐했다. 게다가 나는 온몸에 좀이 쑤셔 한

시라도 가만히 있지를 못하고 사방으로 돌아다녔다. 그렇게 돌아다녀야 나쁜 일이 생기지 않을 것 같은 기분이었다. 우리 가족은 스웨덴 서남부에 있는 말뫼 시 외곽에 있는 로센고드에 살았다. 로센고드에는 스웨덴 사람을 비롯해 소말리아, 터키, 유고, 폴란드 등에서 넘어온 가난한 이민자들이 넘쳤다. 이곳 아이들은 가진 것은 없어도 깡다구로 버티는 녀석들이었다. 밖에 나가면 아이들은 툭하면 성질을 부렸고, 집에 돌아와서도 생활하는 게 쉽지 않았다. 우리에게 만만한 것은 하나도 없었다.

우리 집은 공동주택 4층에 살았다. 가족끼리 서로 안아주거나 애정을 나눈 기억이 없다. "즐라탄, 오늘은 어땠어?"라고 묻는 식구가 없었다. 그런 대화를 주고받은 기억이 없다. 숙제를 도와주거나 무슨 고민이 있는지 묻는 어른도 없었다. 모든 일을 알아서 해결해야 했다. 누군가 나를 못살게 굴어도 칭얼거리는 것은 금물이다. 이를 악물고 견뎌야 했다. 칭얼거려봤자 시끄럽기만 하고 문제는 해결되지 않았다. 따귀를 맞거나 매질을 당하면서 호되게 야단을 맞을 뿐이었다. 물론 이따금 동정을 기대할 수 있는 사건이 터지기도 한다. 하루는 보육원 지붕에서 떨어졌다. 나는 눈두덩이 시퍼렇게 멍이 들어 울고 불며 집으로 뛰어갔다.

오늘은 어머니가 내 머리를 쓰다듬어 주거나, 못해도 상냥하게 위로해주리라 기대했다. 하지만 돌아온 건 귀싸대기였다.

"지붕 위엔 대체 뭘 하러 기어올라 갔어?"

"아이고, 우리 즐라탄 어떡해" 하는 다정한 위로 대신 "머저리 자식, 또 한 번만 더 지붕 위에 올라가면 먼지 나게 패줄 테야" 하는 으름장을 들었다. 나는 얼이 빠져 부리나케 도망을 쳤다. 그 시절 어머니는 아이를 달래고 위로해줄 여유가 없었다. 어머니는 우리를 부양하느라 뼈가 빠지

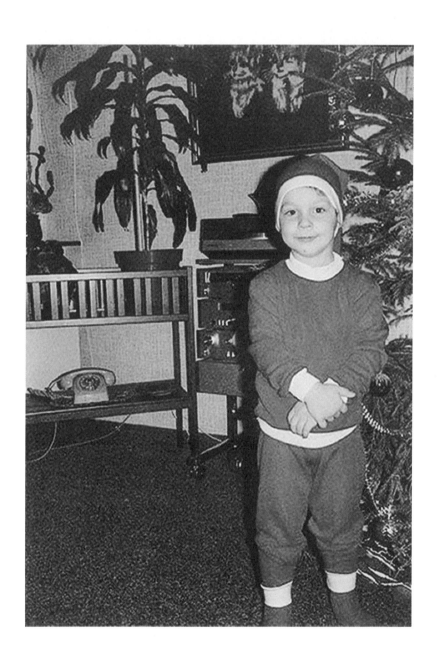

게 일했다. 하루하루 아등바등 살다 보니 어머니는 다른 데 신경 쓸 겨를이 없었다. 다른 식구들도 모두 성질이 고약했다. 집에서 오가는 대화는 교양 있는 스웨덴 사람들의 대화와는 거리가 멀었다. 이를테면 "내 아들, 버터 좀 건네주겠니?"라고 말하기보다는 "머저리 같은 자식, 빨리 우유 가져와!" 하고 소리를 쳤다. 어머니가 문을 꽝하고 닫고 들어가는 날이면 울음소리가 들렸다. 어머니는 많이 울었다. 나는 어머니를 사랑했다. 하루 열네 시간씩 청소 일도 하시는 등 어머니는 평생 힘들게 일하셨다. 간간이 우리 형제자매들도 따라가서 쓰레기통을 비우고 푼돈을 벌기도 했다. 그래도 어머니는 한 번씩 우리에게 분통을 터뜨렸다.

어머니는 나무주걱으로 우리를 때리곤 하셨다. 그러다 주걱이 부러지기라도 하면 나는 부리나케 달려나가 새 주걱을 사 와야 했다. 주걱이 부러진 게 마치 내 잘못처럼 느껴졌다. 지금도 잊히지 않는 일이 하나 있다. 내가 보육원에 있을 때 벽돌을 던졌는데 그게 어쩌다 튀어서 창문이 깨졌다. 어머니는 이 소식을 듣고는 불같이 화를 냈다. 돈이 들어가는 일만 생기면 어머니는 제정신이 아니었다. 이 일로 나는 나무주걱으로 두들겨 맞았다. 퍽, 퍽! 무척 아팠다. 정확히 기억이 나지는 않지만 그때도 나무주걱이 부러졌던 것 같다. 주걱이 집에 없을 때도 있었는데, 한번은 어머니가 반죽할 때 쓰는 밀방망이를 들고 나를 쫓아왔다. 나는 가까스로 위기를 모면한 뒤에 사넬라Sanela 누나에게 그 사실을 얘기했다.

나보다 두 살이 많은 사넬라 누나는 나와 유일하게 어머니와 아버지가 같은 남매다. 당찬 소녀였던 사넬라 누나는 우리가 어머니를 골려주어야 한다고 생각했다. 세상에, 우리 머리를 그런 방망이로 두들겨 패겠다고? 말도 안 되지. 그래서 우리는 당장 슈퍼마켓으로 가서 나무주걱을 구입했다. 10크로나를 주고 한 세 개쯤 샀던 것 같다. 그것을 크리스마스 선물로 어머니에게 드렸다.

어머니가 그 선물에 담긴 반어를 이해하신 것 같지는 않다. 어머니는 그런 데 신경 쓸 마음의 여유가 없었다. 식구들 입에 풀칠하는 일, 어머니는 온통 그 생각뿐이었다. 집에는 먹여야 할 식구가 많았다. 나중에 가출해 우리와 연락을 끊었지만 누나들도 있었고, 케키Keki로 불리던 어린 동생 알렉산다르Aleksandar도 있었다. 우리 집은 돈이 부족했고, 뭐 하나 풍족한 게 없어서 형과 누나가 우리 동생들을 보살폈다. 그러지 않았다면 버티지 못했을 것이다. 스파게티 대신에 인스턴트 면에다 케첩을 비벼 먹는 날이 숱했고, 그게 아니면 친구 집에서 얻어먹거나 하니페Hanife 이모 집에서 끼니를 해결하곤 했다. 이모는 같은 거리에 있는 공동주택에서 살았는데, 우리 식구 중에서 제일 먼저 스웨덴으로 넘어와 정착한 분이었다.

어머니와 아버지가 이혼한 것은 내가 두 살이 채 되기도 전의 일이라서 그때 일은 하나도 기억이 안 난다. 하지만 이혼한 것을 다행으로 생각한다. 내가 알기로 두 분의 결혼 생활은 평탄치 않았다. 서로 다른 사람에게 한눈을 팔고 부부싸움도 잦았다고 한다. 두 분이 결혼하면서 아버지는 영주권을 얻을 수 있었지만, 나중에 우리 양육권이 어머니에게 돌아간 것은 자연스러운 결과였다. 하지만 나는 아버지가 그리웠다. 아버지가 더 형편이 좋았고, 함께 있으면 재밋거리도 더 많았다. 나는 사넬라 누나랑 격주로 주말에 아버지를 만나곤 했다. 아버지가 오래된 파란색 오펠 카데트Opel Kadett를 몰고 나타나면 우리는 필담 공원Pildamm Park이나 말뫼 연안에 있는 왼Ön 섬에 놀러 갔고, 거기서 햄버거와 아이스크림을 먹었다. 한번은 아버지가 크게 한턱을 낸다며 우리에게 끝내주는 나이키 에어맥스 운동화를 한 컬레씩 사주셨다. 못해도 1000크로나는 들었을 것이다. 내 신발은 녹색, 누나 신발은 분홍색이었다. 로센고드 동네아이 가운데 그런 운동화를 신는 애는 아무도 없었다. 우리는 좋아 죽을지경이었다. 아버지 쪽은 사정이 좋아서 우리는 용돈도 받았다. 50크로나를 받으면 누나와 나는 피자와 코카콜라를 사 먹었다. 아버지는 안정된 직장도 있었고, 큰형인 사프코Sapko와 단둘이서 살았다. 누나와 나에게는 주말용 아버지였지만 아버지랑 함께 있으면 즐거웠다.

하지만 불길한 기운이 덮쳤다. 사넬라 누나는 달리기에 소질이 있었다. 스코네Skåne 주를 통틀어 누나 또래 중에서는 60미터를 가장 빨리주파하는 주인공이었다. 아버지는 누나를 무척 대견스럽게 여겼고, 차로 훈련장까지 데려다 주곤 했다. 아버지는 마치 감독처럼 늘 이렇게 말하곤 했다 "사넬라, 잘하고 있어. 하지만 더 잘할 수 있어. 발전, 또 발전해야 해. 절대 안주하면 안 돼." 사건의 전말이 밝혀질 당시 나도 차 안에함께 있었다. 어쨌든 그날 아버지 말로는 누나에게 무슨 일이 있음을 바로 알아차렸다고 한다. 누나는 아무 말도 없이 가만히 앉아서 눈물을 꾹참고 있었다.

"무슨 일이니?" 하고 아버지가 물었다.

"아무것도 아니에요." 누나가 대답했다. 아버지가 거듭해서 묻자 누나는 자초지종을 털어놓기 시작했다. 그 이야기를 여기에 자세히 풀지는않겠다. 그것은 어디까지나 사넬라 누나의 사생활이다. 내 아버지는 무서운 분이었다. 자식들에게 무슨 일이 일어나면 물불을 가리지 않았는데, 특히 하나뿐인 딸인 사넬라 누나에 관한 일이라면 더욱 그랬다. 사회복지국에서 공무원이 나와 실태조사를 하고, 심의를 하고, 양육권 분쟁

이니 뭐니 해서 떠들썩한 나날들이 계속됐다. 어른들이 하는 말은 나로서는 알아들을 수 없는 내용이 태반이었다. 아홉 살 생일을 코앞에 두고 있다지만 그때 나는 겨우 여덟 살이었다.

그때가 1990년 가을이었다. 어른들은 쉬쉬하며 말을 아꼈지만 나는 큰일이 닥쳤음을 감지했다. 집안 분위기도 흉흉했다. 물론 처음 있는 일은 아니었다. 이부異父누나 중 하나는 독한 마약에 손을 댔고 집에 마약을 숨겨두기도 했다. 그 누나 때문에 집안이 발칵 뒤집히기도 여러 번이었고, 불량기 다분한 사람들한테서 수시로 전화가 걸려 오곤 했다. 그 누나를 보면 언제고 큰일이 일어날 것처럼 불안했다. 한번은 훔친 물건을 소지한 죄로 경찰이 어머니를 체포했다. 몇몇 지인이 목걸이를 좀 보관해달라고 부탁해서 어머니는 그들의 청을 들어줬을 뿐, 그것들이 훔친 물건인 줄은 몰랐다. 하지만 그 목걸이들은 장물이었고 경찰이 우리 집에 들이닥쳐 어머니를 체포해 갔다. 그때 기억은 가물가물하지만 어머니가 어디로 사라졌는지, 왜 사라졌는지 이상한 기분이 들었다.

그러고 나서 사넬라 누나 일이 터지자 어머니는 또 울면서 지내기 시작했다. 나는 그런 집안 분위기가 싫어 밖으로 나돌았다. 동네를 뛰어다니거나 축구공을 차며 놀았다. 나는 몸도 마음도 불안정했고, 축구 선수로 성공할 싹수가 보이는 아이는 절대 아니었다. 나는 그냥 공 좀 차는 시건방진 아이 중 하나였을 뿐, 축구를 잘하는 축에도 끼지 못했다. 나는 경기 중에 분을 주체하지 못할 때가 많았다. 사람들을 머리로 들이받고 동료 선수에게 욕설을 퍼붓기도 했다. 그래도 축구를 계속했다. 나는 축구가 좋았다. 안마당에서든 축구장에서든 쉬는 시간이면 늘 축구를 했다. 당시 사넬라 누나와 나는 베르네르 뤼덴Värner Rydén 학교에 다니고 있었는데, 누나는 5학년이고 나는 3학년이었다. 우리 두 사람 중에 누가 더 의젓했는지는 말 안 해도 잘 알 것이다. 사넬라 누나는 철이 빨리 들 수밖에 없었다. 막냇동생 케키에게는 제2의 어머니 역할을 해야 했고, 손위 누나들이 떠난 뒤에는 가족을 돌봐야 했다. 사넬라 누나는 그 나이에 벌써 어른 몫을 해냈고, 행실이 발랐다. 누나는 꾸지람을 들으러 교장실에 불려다니는 학생이 아니었다. 그래서 누나랑 같이 교장실로 오라는 지시를 받았을 때 덜컥 겁이 났다. 나만 불려 갔다면 하나도 이상할 게 없었다. 그거야 일상다반사니까. 하지만 이번에는 사넬라 누나도 같이 오라고 한 것이다. 누가 죽기라도 했을까? 도대체 무슨 일일까?

학교 복도를 걸어가는데 배가 살살 아팠다. 그때가 늦가을인가, 겨울인가 그랬다. 나는 조바심이 났다. 교장실에 들어섰는데 아버지가 눈에 들어왔다. 반가웠다. 아버지라면 기분 좋은 일이 기다리고 있다는 뜻이었다. 하지만 이번에는 아니었다. 오가는 모든 대화는 딱딱하기 그지없었고 긴박했다. 나는 온몸이 오싹해졌다. 솔직히 말해 그때 두 분이 무슨 얘기를 나누는지 제대로 이해하지는 못했다. 다만 어머니와 아버지에 대한 얘기라는 것, 그리고 별로 좋은 내용이 아니라는 것만은 분명했다. 오랜 세월이 흐른 지금에야 이 책을 쓰면서 나는 이해되지 않았던 조각들을 맞추고 있다.

1990년 11월, 사회복지국은 실태조사를 실행한 후 사넬라 누나와 나에 대한 양육권을 아버지에게 넘겼다. 어머니가 처한 환경은 아이를 기르기에 부적합하다고 판단을 내린 것이다. 여기서 내가 하고 싶은 말은, 세상은 어머니를 부적합한 부모로 판정했지만 그것이 꼭 어머니 잘못만은 아니고 다른 이유도 컸다는 것이다. 이 일로 어머니는 엄청난 충격을 받았다. 그러면 어머니는 우리를 잃게 되는 것일까? 그것은 어머니에게 끔찍한 불행이었다. 어머니는 비통한 심정으로 울고 또 울었다. 어머니가 우리를 나무주걱으로 때리고, 귀싸대기를 올리고, 우리 얘기를 무시한 것은 사실이다. 남자들과의 관계도 잘 풀리지 않았고, 뭐 하나 제대로 되는 일이 없었다. 하지만 어머니는 우리를 사랑했다. 어머니 역시 어려운 환경에서 자라 힘들었던 것이다. 내 생각에 아버지도 그 점을 잘 알고 있었다. 그래서 그날 오후 아버지는 어머니 집으로 찾아갔다.

"유르카Jurka, 당신이 아이들을 잃게 되는 건 나도 바라지 않아." 아버지는 이렇게 말했다.

아버지는 어머니에게 정신을 똑바로 차리라고 충고했다. 아버지는 그런 상황에서 농담을 하면서 분위기를 누그러뜨리는 사람이 아니었다. 어머니의 가슴을 쓰리게 했을 게 뻔하다. "당신이 변하지 않으면 다시는 아이들을 못 보게 된다" 하는 식으로 얘기했을 것이다. 일이 어떻게 전개되었는지 정확하게 기억나지는 않는다. 어쨌든 사넬라 누나는 아버지 집으로 가서 살게 되었고, 그 난리에도 결국 나는 어머니와 함께 살게 되었다. 하지만 썩 좋은 해결책은 아니었다. 사넬라 누나는 아버지와 살게 된 것을 좋아하지 않았다. 하루는 아버지가 거실 바닥에 누워 잠들어 있는 것을 누나와 내가 발견했다. 탁자에는 맥주 캔과 술병이 즐비했다. "아버지, 일어나세요! 일어나요!" 우리는 소리를 쳤지만 아버지는 좀처럼 잠에서 깨어나지 않았다. 왜 저러고 계시지? 나는 이상한 생각이 들었다. 뭘 어떻게 해야 할지는 몰랐지만 아버지를 돕고 싶었다. 감기에 걸린 것일까? 몸을 따뜻하게 해야겠다 싶어 이불과 욕실에 있는 수건을 가져와 아버지를 덮어주었다. 나는 그때 아버지가 왜 그러고 있는지 잘 몰랐지만 사넬라 누나는 잘 알고 있었을 게 틀림없다. 아버지의 기분이 항상 좋은 게 아니라 벼락같이 화를 내기도 한다는 사실을 알게 되었을 테고, 그래서 누나는 겁이 났던 것 같다. 누나는 막냇동생을 그리워했고, 어머니가 있는 집으로 돌아오고 싶어 했다. 나는 누나와 반대로 아버지가 보고 싶었다. 하루는 저녁에 아버지에게 전화를 걸었다. 아마 애절한 목소리로 간청했을 것이다. 사넬라 누나도 없어 외로울 때였다.

"여기 있기 싫어요. 아버지랑 함께 살고 싶어요."

"이리 오려무나. 내가 택시를 보내마."

사회복지국에서 나와 실태조사를 좀 더 진행했고, 1991년 3월 어머니는 사넬라에 대한 양육권을, 아버지는 나에 대한 양육권을 인정받았다. 누나와 나는 그렇게 갈라졌지만, 우리는 항상 붙어 다녔다. 늘 사이가 좋지는 않았어도 우리는 정말 친하게 지냈다. 지금 사넬라 누나는 미용사 일을 하고 있다. 손님들은 미용실에서 누나를 보면 "세상에, 즐라탄하고 똑 닮았어요!"라고 말하곤 한다. 그러면 누나는 항상 이렇게 대꾸한다. "말도 안 돼요. 그 녀석이 날 닮은 거예요." 누나는 정말 멋진 사람이다. 어쨌든 우리 두 사람은 순탄치 않은 성장기를 보냈다. 아버지 에픽Šefik은 로센고드를 떠나 말뫼의 베른헴스토르게트Värnhemstorget에 멋진 집을 장만해 그곳으로 이사했다. 아버지는 자식들에게 너그러운 분이었고 우리를 위해서라면 죽음도 마다치 않을 분이었다. 하지만 아버지와의 생활은 내가 기대했던 방향으로 전개되지 않았다. 그동안 나는 주말에 햄버거와 아이스크림을 사주시던 다정한 아버지만 알고 있었다.

날마다 함께 생활하면서 보는 아버지는 달랐다. 아버지 집에는 살림이 별로 없었다. 아버지에게는 뭔가 결핍되어 있었다. 여자가 없는 게 문제였을까? 집에는 텔레비전 한 대와 소파 하나, 책장 하나 그리고 침대 두 개가 있을 뿐, 재미난 것은 하나도 없었다. 탁자에는 맥주 캔이 여러 개 놓여 있었고, 바닥에는 쓰레기가 나뒹굴었다. 아버지는 충동적인 분이었다. 가령 불현듯 벽지를 바르다가 한쪽 벽만 도배를 마치고는 이렇게 말씀하셨다. "나머진 내일 해야겠구나!" 하지만 그런 일은 일어나지 않았다. 우리는 자주 이사를 했고, 한곳에 정착하지 못했다. 아버지 집에 비어 있는 것은 살림만이 아니었다.

아버지는 시설 관리인이라 이동이 빈번했다. 일을 마치고 집에 오면 주머니마다 드라이버며 못이며 온갖 장비를 쑤셔 넣은 작업복을 그대로 입은 채 전화기나 텔레비전 옆에 꼼짝도 않고 앉아서 아무에게도 방해받고 싶어 하지 않았다. 당신만의 작은 세계에 빠져 살았던 아버지는 헤드폰을 쓰고 유고슬라비아 포크 음악을 자주 들었다. 아버지는 유고슬라비아 노래에 푹 빠져 있었다. 직접 부른 노래를 녹음한 카세트테이프도 여러 개였다. 기분이 내킬 때는 누구보다 멋지게 재미를 즐길 줄 알았다. 하지만 대개는 당신만의 세계에 빠져 살았다. 내 친구들이 전화를 걸면 "여기로 전화하지 말거라!" 하고 경고를 줬다.

나는 집에 친구를 데려올 수 없었고, 친구가 집에 전화를 걸어도 아버지는 나를 바꿔주지 않았다. 집 전화로도 얘기할 수 없었으니 집에 있으면 대화할 상대가 없었다. 물론 심각한 문제가 생기면 그때는 아버지와 얘기할 수 있었다. 그런 일에는 아버지가 발 벗고 나섰기 때문이다. 아버지는 그런 문제라면 어떤 일도 마다치 않았고, 당당하게 시내에 나가서 할 수 있는 모든 일을 강구했다.

아버지가 일 처리를 하실 때면 그 모습이 어찌나 당당한지 '대체 저 사람이 누군데'라며 사람들이 모두 궁금해했다. 하지만 평소 내 일에는 별관심이 없었다. 학교생활은 어떤지, 축구 시합은 어땠는지, 친구들이랑은 잘 지내는지 물어보는 일이 없었다. 나는 혼잣말을 중얼거리거나, 아니면 밖에 나가 놀았다. 처음 얼마 동안은 이복형 사프코와 함께 살았기 때문에 이따금 형과 대화를 나눴다. 그때 형의 나이가 열일곱 살이었을 것이다. 하지만 내가 오고 얼마 있지 않아 아버지가 형을 내쫓았다. 그 일에 관해서는 기억나는 것이 별로 없다. 두 사람이 몇 번 심하게 말다툼을 한 기억은 난다. 서글픈 일이었다. 결국 아버지와 나만 남았다. 우리는 각자 자기 공간에서 외롭게 지냈다. 이상하게도 아버지는 어울리는 친구가 한 명도 없었다. 그냥 방에 혼자 앉아서 술을 마실 뿐이었다. 찾아오는 사람도 없었다. 그보다 더 큰 문제는 냉장고에 먹을 게 없다는 것이었다.

나는 항상 밖으로 나가 축구를 하거나 훔친 자전거를 타고 돌아다니다가 굶주린 늑대처럼 허기가 져야 집에 돌아오곤 했다. 집에 오면 찬장문을 열어젖히면서 속으로 제발 먹음직한 음식이 있기를 간절히 빌었다. 하지만 늘 그랬듯이 그럴듯한 먹을거리는 없었다. 언제나처럼 우유와 버터, 빵 한 덩이뿐이었다. 운이 좋은 날에는 주스도 있었다. 4리터짜리 종합비타민 주스였는데, 아버지는 이 주스가 제일 값이 싸다는 이유로 미들 이스턴Middle Eastern 상점에서 가끔 사다 놓곤 했다. 물론 맥주는 떨어지지 않았다. 프립스 블로와 칼스버그 맥주 6개 묶음이 찬장을 차지하고 있었다. 맥주 말고 아무것도 없을 때도 있었는데, 그럴 때면 배에서 천둥

47

소리가 났다. 그때의 배고픔은 절대 잊지 못한다. 헬레나에게 물어보면 잘 안다. 우리 집 냉장고는 항상 가득 채워놓으라고 나는 늘 헬레나에게 신신당부한다. 나는 굶주림의 기억을 죽어도 떨쳐내지 못할 것이다. 최근 내 아들놈인 빈센트Vincent가 파스타를 당장 내놓지 않는다고 울면서 떼를 썼다. 국수가 익어가는 중이었는데도 음식이 빨리 안 나온다고 투정을 부린 것이다. 그날 나는 "야, 이놈아! 배부른 투정 하지 마라"라고 소리치고 싶은 걸 꾹 참았다.

나는 주방 서랍이란 서랍은 죄다 열어보면서 혹시 파스타나 미트볼 같은 게 없는지 샅샅이 뒤졌다. 하지만 결국 구운 식빵으로 배를 채우기 일쑤였다. 그냥 통째로 빵 한 덩이를 먹어치우거나, 아니면 어머니를 찾아가기도 했다. 어머니는 두 팔 벌려 나를 반겨주지는 않았다. "썩을 놈, 또 왔네. 에픽이 밥도 안 챙겨주더냐?" 하는 식이었다. 가끔 어머니는 잔소리도 잔뜩 늘어놓았다. "우리가 땅 파서 돈 만들어내는 줄 아느냐?" "우리 집 살림을 네 녀석이 거덜 내는구나" 하면서. 하지만 어머니는 그러면서도 나를 도와주었다. 아버지 집에서 나는 맥주와 작은 전쟁을 벌였다. 너무 많이 버리면 들통이 날 테니까 맥주를 조금씩 쏟아버리기 시작했다.

아버지는 아무것도 눈치채지 못했다. 탁자 위든 선반 위든 맥주는 어느 곳에나 있었기 때문이다. 나는 검은 쓰레기봉투에 빈 맥주 캔을 거두어 가져가 돈으로 환급받곤 했다. 맥주 캔 하나당 50오레를 받았다. 푼돈이지만 이따금 50크로나 혹은 100크로나까지 모으기도 했다. 맥주 캔은 많았고, 나는 돈을 모을 수 있어서 좋았다. 그렇다고 그 일이 재미있었다는 소리는 아니다. 그런 처지에 있는 아이들이 대개 그렇지만, 나도 아버지의 기분을 간파할 수 있게 되었다. 말을 걸어봐야 아무 소용이 없는 때가 언제인지도 알았다. 아버지가 술을 마신 다음 날은 비교적 평온하게 넘어갔다. 그 이튿날에는 영 분위기가 좋지 않아서 불같이 화를 낼 때도 있었다. 그렇지 않고 아버지가 기분이 좋을 때는 불쑥 500크로나를 용돈으로 주기도 했다. 어릴 때 나는 축구 카드를 모았다. 껌 한 통을 사면 카드 세 장이 들어 있는 작은 팩을 받았다. 포장을 뜯을 때마다 이번에는 어느 선수 사진이 들어 있을까 잔뜩 기대감에 부풀었다. 마라도나 같은 유명 선수를 기대하지만 실망하기 일쑤였다. 특히나 알지도 못하는 스웨덴 선수 사진이 들어 있을 때면 실망감이 이만저만이 아니었다. 하루는 아버지가 껌 한 박스를 통째로 사 가지고 들어왔다. 그날 밤 나는 포장지를 죄다 뜯으며 신 나게 잔치를 벌였고, 유명 브라질 선수들의 카드를 잔뜩 손에 넣었다. 이따금 아버지와 텔레비전을 함께 보며 잡담을 나누기도 했다. 그럴 때면 정말 행복했다.

하지만 아버지는 술에 취해 있는 날이 많았다. 나는 머리가 굵어지면서 아버지와 자주 말다툼을 했다. 지금 생각해도 지긋지긋하다. 아버지랑 싸울 때면 나도 형처럼 물러서지 않고 받아쳤다. 내가 아버지에게 술 좀 줄이라고 충고를 하면 으레 치열한 싸움이 시작됐다. 솔직히 말해 때로는 정말 몰상식하게 싸우기도 했다. "이놈 자식, 쫓아내버릴 거야"라며 욕이나 한 바가지 들을 것을 알면서도 나는 주장을 굽히지 않았다. 하지만 나도 나름대로 생각이 있음을 보여주고 싶었고, 가끔은 아버지가 술 마시고 피우는 소란을 참기가 어려웠다.

아버지는 내게 한 번도 손찌검은 하지 않았다. 아니, 딱 한 번 아버지가 끔찍이 아끼는 사넬라 누나에게 내가 못되게 굴었을 때 나를 번쩍 들어 침대 위로 패대기를 친 적은 있었다. 우리 아버지는 천성적으로 정말 좋은 사람이다. 지금은 아버지가 살아온 인생이 얼마나 힘들었는지 모두 이해한다. "아버지는 술로 슬픔을 달랜다"고 형이 말한 적이 있다. 내가 모르는 일이 많겠지만, 전쟁이 아버지에게 크나큰 상처를 남긴 것은 분명하다.

전쟁은 내가 상상할 수 없는 세계의 일이었다. 나는 전쟁 같은 것은 모르고 자랐다. 어른들은 그 진실로부터 철저하게 나를 보호했다. 어머니와 누나들이 다들 검은색 옷을 입고 있을 때에도 나는 그 이유를 알지 못했다. 그저 괴상한 패션이 유행하는 줄로만 생각했는데, 사실은 크로아티아 내전 때 폭격으로 할머니가 돌아가신 것이었다. 가족들은 나를 제외하고 모두 슬피 울었다. 사람들은 나에게 무슨 일이 일어났는지 알려주지 않았고, 나는 세르비아 사람이고 보스니아 사람이고 통 관심이 없었다. 그러나 아버지는 내전의 직격탄을 맞았다.

아버지는 보스니아의 비옐리나Bijelina 지방 출신이었다. 그곳에서 아버지는 벽돌공으로 일했고, 가족과 친지들도 모두 그 지방에 살았다. 그런데 갑자기 전쟁이 발발한 것이다. 비옐리나 지방은 유린당한 것이나 다름없었다. 아버지가 자신을 다시 무슬림이라고 부르기 시작한 것도 당연한 일이었다. 세르비아인들은 도시에 쳐들어가 수백 명의 무슬림을 살육했다. 아버지가 알고 지내던 많은 사람이 그때 죽임을 당했고, 아버지 가족과 친지들은 고향을 두고 떠나야만 했다. 비옐리나는 완전히 세르비아인들의 세상이 되었다. 그들은 비옐리나로 넘어와 빈집들을 차지하고 살았다. 아버지가 살았던 집도 예외는 아니었다. 생판 모르는 사람이 아버지 집에 쳐들어와 주인이 된 것이다. 인제 와서 생각해보면 아버지가 나한테 신경 쓰지 않았던 이유도 이해가 간다. 아버지는 저녁 내내 텔레비전 앞에서 고향 소식이 들려오거나 고향에서 전화가 걸려 오기만을 기다렸던 것이다. 전쟁은 아버지를 집어삼켜 버렸고, 아버지는 내전의 추이를 지켜보는 데 집착했다. 아버지는 의자에 꼼짝없이 앉아서 술을 마시며 비통해했고, 유고슬라비아 노래를 들었다. 그런 날 나는 집 밖에서 시간을 보내거나 어머니를 찾아갔다. 어머니 집은 또 다른 세계였다.

아버지 집에는 나와 아버지뿐이었지만, 어머니 집은 도떼기시장 같았다. 이런저런 사람들이 들락거렸고, 시끌벅적하고 어수선했다. 어머니는 크론만스 베그Cronmans Väg 5A에 있는 공동주택 5층으로 이사했다. 예전 집과 같은 거리에 있는 집으로 하니페 이모 집 바로 윗집이었다(나는 한나Hanna 이모라고 불렀다). 케키와 사넬라와 나는 정말이지 사이가 좋았다. 우리는 서로 돕고 살기로 약속했다. 어머니 집에서도 한심한 일들이 벌어졌다. 이부누나 한 명은 점점 더 약물에 찌들어갔고, 어머니는 전화벨이 울리거나 누군가 문을 두드릴 때마다 또 무슨 일인가 싶어 화들짝 놀랐다. 그만할 때도 됐는데, 또 무슨 문제를 일으켰느냐며 화를 냈다. 어머니는 부쩍 주름살이 늘었고, 약물처럼 생긴 것만 봐도 넌더리를 쳤다. 그리 오래된 일도 아니다. 그러니까 바로 얼마 전에도 어머니는 내게 전화를 걸어 몹시 신경질적으로 내뱉었다. "냉장고에 마약이 있어."

"세상에, 마약이라니요!" 나도 화가 났다. 두 번 다시는 안 돼. 나는 케키에게 전화를 걸어 거세게 따져 물었다. "도대체 냉장고에 마약이라니!" 동생은 내가 무슨 말을 하는지 도무지 감을 잡지 못하다가 이윽고 실마리를 찾았다. 어머니가 얘기하고 있는 것은 마약이 아니라 스웨덴의 씹는담배인 스누스였다.

"진정해요, 어머니. 스누스예요."

"그거나 마약이나"라고 어머니는 말했다.

그 시절의 괴로웠던 기억은 지금도 끈덕지게 어머니에게 달라붙어 있다. 그때 우리가 서로를 좀 더 다정하게 대했으면 좋았을 것이다. 하지만 우린 그런 것들을 배우지 못했다. 우리는 세상을 그저 거칠게 대하는 법만 익혔을 뿐이다. 마약 문제가 있던 누나는 일찌감치 집을 나갔고 재활센터에 들락거렸지만 끝내 마약을 손에서 놓지 못했다. 결국 어머니가 연락을 끊었다. 아니, 서로 간에 연락을 끊었다고 보는 게 맞을 것이다. 뒷얘기까지 자세히는 모르지만 서로 간에 매정했던 것은 사실이다. 우리 식구들 기질이 그랬다. 우리 식구들은 감정에 치우쳐 서로를 원망하면서 "다시는 꼴도 보기 싫다!"고 쏘아붙이곤 했다.

한번은 마약 문제가 있던 누나가 사는 작은 아파트에 찾아간 적이 있다. 내 생일이었을 것이다. 내 기억으론 그렇다. 누나는 내게 생일 선물도 줬다. 지나치게 친절해서 탈이 날 지경이었다. 화장실에 가려고 일어나니 누나가 화들짝 놀라며 나를 제지했다. "안 돼, 안 돼" 하고 소리를 치면서 뛰어들어 가더니 화장실을 청소하기 시작했다. 낌새가 이상했다. 뭔가 감추려고 한 게 틀림없었다. 우리 가족들끼리는 비밀이 많았다. 말했다시피, 우리 가족들은 내게 많은 것을 숨겼고 나 또한 가족들에게 말하지 못한 비밀이 있었다. 내가 훔친 자전거들이며 축구 얘기, 또 내 꿈이 무엇인지 가족들은 몰랐다. 나는 이소룡처럼, 또 무하마드 알리처럼 되는 게 꿈이었다.

아버지에게는 유고슬라비아에 형제가 한 분 있었다. 삼촌 이름은 사바후딘Sabahudin인데 그냥 사프코Sapko라고 불렀다. 우리 형 이름은 삼촌 이름을 딴 것이었다. 사바후딘 삼촌은 정말 재능 있는 권투 선수였다. 크라구예바츠Kragujevac 시의 라드니치키Radnički 복싱 클럽에서 뛰었고, 클럽 대표로 출전해 유고슬라비아 챔피언십을 차지하며 국가대표 선수로 선발되었다. 하지만 1967년 새신랑이었던 삼촌은 네레트바Neretva 강에서 수영을 하다가 급류에 휩쓸렸다. 그렇게 영영 물속으로 빨려 들어가고 말았다. 스물세 살의 나이였다. 심장인가 폐에 문제가 있었던 것 같다. 뒷이야기는 쉽게 상상이 될 것이다. 가족은 충격에 휩싸였고, 아버지는 한동안 미친 사람처럼 지냈다. 아버지는 유명한 권투 시합은 모조리 녹화를 해두었는데, 사바후딘 삼촌의 시합뿐만 아니라 알리, 조지 포먼, 타이슨 같은 선수들의 시합도 있었다. 그리고 이소룡과 성룡 영화들도 있었다.

아버지와 나는 텔레비전 앞에서 시간을 보낼 때면 그 비디오테이프들을 돌려 보곤 했다. 스웨덴 텔레비전 방송에 대해서는 언급할 것이 없다. 내 머릿속에 들어 있는 게 없기 때문이다. 스웨덴 영화를 처음 본 것은 스무 살이 다 되어서였다. 스웨덴의 영웅, 이를테면 전설적인 스키 선수 잉게마르 스텐마르크Ingemar Stenmark 같은 선수에 대해서는 전혀 아는 바가 없었다. 하지만 권투 선수 무하마드 알리에 대해서는 알고 있었다. 그는 전설적인 선수였다. 다른 사람이 뭐라고 지껄이든 알리는 자기 방식대로 일을 처리했다. 그는 절대 변명하는 법이 없었고, 그 모습은 절대로 잊히지 않는다. 진짜 멋진 남자였다. 나도 알리처럼 살고 싶었다. 그래서 '내가 최고다'고 자부하는 알리의 당당한 태도를 흉내 냈다. 로센고드에서는 만만하게 보이면 살기가 어려웠다. 어떤 녀석이 헛소리를 지껄이면—가장 심한 욕은 계집애 같은 놈이라고 놀림 받는 것인데— 맞받아쳐야 한다.

로센고드에 살면서 사람들과 많이도 싸웠지만, 그래도 싸우지 않고 넘어가는 날이 훨씬 많았다. 제 발등을 찍지 말라는 말도 있지 않은가. 로센고드에 사는 사람들에게는 다른 지역 사람들과의 관계가 더 큰 문제였다. 매년 11월 30일이면 '위대한 전사로 추앙받는 스웨덴 왕 칼 12세 Charles XII의 죽음을 기념해 인종차별주의자들이 모여 행진을 하는데, 나는 그들을 향해 욕을 퍼붓곤 했다. 한번은 말뫼 축제에서 200명 가까이 보이는 로센고드 사람들이 한 남자를 쫓아가는 광경을 목격했다. 솔직히 그런 모습이 좋아 보이지는 않았지만, 우리 동네 사람들이라 나도 그들 대열에 합류했다. 그 남자는 자신이 현명하게 처신하지 못했음을 후회했을 것이다. 로센고드 사람들은 모두 고개를 빳빳이 쳐들고 으르렁거리며 살아가야만 했다. 하지만 늘 세상에 각을 세우고 살아가는 일이 쉽지는 않았다.

아버지와 내가 스텐쿨라Stenkula 학교 근처에 살 때 나는 밤늦게까지 어머니 집에서 시간을 보내곤 했다. 그러면 어두컴컴한 터널을 지나 집까지 걸어가야 했다. 여러 해 전에 아버지는 그곳에서 강도를 만나 심하게 얻어맞고 폐를 다쳐 병원 신세를 졌다. 그때 일을 떠올리고 싶지는 않았지만 집으로 돌아갈 때면 자꾸 생각이 났다. 내가 억누를수록 그 기억은 더욱 나를 괴롭혔다. 터널 주변에는 철길과 대로가 나 있었다. 험악한 골목길이 하나 있고 덤불이 군데군데 있고, 가로등이 두 개 있었다. 하나는 터널에 들어가기 전에, 그리고 다른 하나는 터널 반대편에 있었다. 가로등마저 없었다면 소름 끼치게 어두운 터널을 지나야 했을 것이다. 그러니까 가로등은 내겐 이정표와 같았다. 나는 멀리 보이는 가로등을 향해 터널 속을 미친 듯이 내달렸다. 심장이 벌렁거렸다. 터널 안에 아버지를 공격했던 불량배들이 꼭 있을 것만 같았다. 나는 부리나케 달려가면 별일 없을 거라고 주문을 외우면서 달렸고, 그러면 숨이 턱 끝까지 차서 집에 도착하곤 했다. 내 영웅 무하마드 알리와 비슷한 구석은 눈곱만큼도 찾아볼 수 없는 모습이었다.

아버지가 사넬라 누나와 나를 데리고 아를뢰브Arlöv에 수영하러 갔던 날이 기억난다. 그 후에 내가 친구 집에서 놀다가 집으로 돌아가려는데 비가 내리기 시작했다. 이내 폭우가 쏟아졌고 나는 자전거를 타고 집으로 가다가 머저리처럼 웅덩이에 빠져 몸이 흠뻑 젖은 채로 집에 도착했다. 그때는 로센고드에서 상당히 떨어져 있는 제니트가탄Zenitgatan에 살고 있었다. 집에 돌아왔는데 몸 상태가 심상치 않았다. 온몸이 덜덜 떨리고 배가 아팠다. 너무 아파서 꼼짝도 할 수가 없었다. 나는 침대에 웅크리고 누웠다. 먹은 것을 토해내고, 발작에 환각 증세까지 보였다.

아버지가 집에 들어왔다. 평소랑 다름없는 내 아버지였다. 냉장고는 비어 있고, 늘 술을 많이 마셨다. 하지만 중요한 일이 닥치면 아버지 같은 분도 없다. 아버지는 나를 보더니 곧바로 전화를 걸어 택시를 불렀고, 한 마리 작은 새우처럼 웅크리고 있는 나를 그대로 안아 들고 집 밖으로 나가 택시에 탔다. 그 시절에 나는 깃털처럼 가벼웠다. 크고 힘센 내 아버지는 그날 제정신이 아니었다. 아버지는 용맹스러운 사자로 돌변해서 여자 운전사에게 소리를 쳤다. "내 아들놈이요. 이 아이가 내 전부요. 그깟 교통신호 무시하고 밟아요. 과태료가 나오면 내가 낼 테고, 경찰을 상대하는 것도 내가 해결할 테니, 어서요." 그 여자 운전사는 아버지가 시키는 대로 따랐다. 빨간 신호등 두 개를 무시하고 달려서 말뫼 종합병원의 소아과 병동에 도착했다. 내가 알기로 상황은 매우 급하게 돌아갔다.

나는 등에 주사를 맞아야 했는데, 척추 주사를 맞고 마비증상을 보이는 사람들이 있다는 직원의 고지를 들은 아버지가 병원 직원에게 죽일 듯이 달려들었던 것 같다. 내가 혹시 잘못되기라도 했다면 아버지는 아마 성이 나서 온 도시를 휘젓고 돌아다녔을 것이다.

하지만 아버지는 평정심을 되찾았고, 나는 배를 깔고 누워 흐느껴 울면서 주사를 맞았다. 수막염이었다. 간호사는 창문의 블라인드를 내리고 실내의 불을 모두 껐다. 나는 약을 먹고 칠흑 같은 어둠 속에 누워 있어야 했다. 아버지는 밤새 내 곁을 지켰다. 다음 날 아침 5시에 나는 눈을 떴고, 위기를 넘겼다. 어쩌다 그 병에 걸렸는지는 모르겠다. 내 몸을 제대로 돌보지 못한 탓일 게다.

나는 자라면서 음식을 골고루 먹지 못했고, 작고 연약했다. 그래도 아주 약골은 아니었던지 병이 다 낫자 언제 그랬냐는 듯 활기차게 움직였다. 집에 가만히 앉아 지내기보다는 뭔가 신 나는 일을 찾아 나섰다. 나는 끊임없이 밖으로 나돌았다. 내 안에는 불덩이가 있었고, 아버지를 닮았는지 네깟 놈들이 다 무어냐는 식으로 감정이 폭발하기도 했다. 지금 생각해보면 참 힘겨운 시절이었다. 아버지는 감정의 기복이 심했다. 완전히 넋이 나가 있거나, 아니면 불같이 화를 내는 경우가 많았다. 몇 시 몇 분까지 집에 들어와 있으라거나, 염병할 말도 더럽게 안 듣는다고 호통을 쳤다.

아버지들의 세계에서 사는 남자라면, 나쁜 일이 일어났을 때 사나이처럼 당당히 맞서야 한다. 그 세계에서는 이른바 신세대 남성들의 유약함은 통하지 않는다. 배가 아플 수도 있고 우울할 수도 있지만, 그딴 것은 아무것도 아니었다.

나는 아버지를 보면서 이를 악물고 상황을 헤쳐나가는 법뿐만 아니라 자신을 희생하는 법에 대해서도 배웠다. 이케아IKEA에서 내가 쓸 침대를 새로 샀던 날, 아버지는 운송비까지 지불할 여유가 없었다. 그러려면 500크로나인가를 더 써야 했다. 우리가 어떻게 했을까? 간단하다. 아버지는 매트리스를 등에 짊어지고, 이케아 매장에서 집까지 순전히 정신력으로 버티며 걷고 또 걸었다. 나는 조립식 다리를 들고 아버지 뒤를 졸졸 따랐다. 내가 들고 간 물건은 하나도 무겁지 않았다. 그럼에도 나는 아버지 속도를 따라가지 못했다.

"좀 쉬었다 가요, 아버지."

하지만 아버지는 쉬지 않고 걸었다. 내 아버지는 마초였고, 학교에서 학부모의 밤을 개최할 때면 머리부터 발끝까지 카우보이 복장을 하고 나타나곤 했다. 사람들은 저 사람이 누구인가, 궁금한 눈길로 아버지를 쳐다봤고 다들 아버지에게 주목했다. 내 아버지를 함부로 대할 수 있는 사람은 없었다. 내 문제를 말하려고 마음먹었던 교사들도 아버지 앞에서는 쉽게 입을 떼지 못했다. 말하자면, 입조심하는 게 좋겠다는 분위기였다.

축구 선수가 되지 않았다면 무슨 일을 했겠느냐는 질문을 자주 받는다. 글쎄, 모르겠다. 범죄자가 되었을지도 모른다. 아버지와 살면서 나는 나쁜 짓을 많이 했다. 도둑질 때문에 하는 얘기가 아니다. 자전거도 훔쳤지만 그것 말고도 문제가 많았다. 나는 친구들과 백화점에 들락거리며 물건을 훔쳤고, 그 일이 재미있었다. 나는 물건을 슬쩍하는 데서 짜릿한 흥분을 맛봤고, 그런 사실이 아버지에게 발각되지 않은 것이 기쁠 따름이었다. 내 아버지는 술을 많이 마셨지만 규율이 엄격했다. 착하게 살아야 하고, 당연히 도둑질은 안 된다. 절대로! 내가 물건을 훔친 사실을 아버지가 알았다면 지옥문이 열렸을 게 뻔하다.

베셀스 백화점에서 두툼한 외투에 물건을 숨겨 나오다 붙잡혔던 날, 나는 운이 좋았다. 친구와 나는 1400크로나 상당의 물건을 훔쳤다. 아이들 사탕값치고는 너무 많은 금액이었다. 하지만 친구 아버지가 와서 대신 돈을 지불하고 우리를 데려갔다. 나중에 집으로 편지 한 통이 왔다. '즐라탄 이브라히모비치 군이 가게에서 물건을 훔치다 붙잡혔고, 어쩌고 저쩌고하는' 편지가 도착했을 때 다행히 아버지 눈에 띄기 전에 내가 먼저 보고 찢어버릴 수 있었다. 어쩌다 도둑질에 맛을 들렸는지는 모르지만 나는 계속해서 물건을 훔쳤다. 그러니까 나는 얼마든지 나쁜 길로 빠질 수도 있었다.

한 가지는 자신 있게 말할 수 있다. 마약에는 손을 대지 않았다는 것이다. 마약은 쳐다보지도 않았다. 아버지 맥주만 쏟아버린 게 아니다. 어머니 담배도 던져버렸다. 중독성이 있는 마약이며 독한 술은 모두 멀리했다. 열일곱인가 열여덟 살에 처음으로 술을 먹고 취해서 여느 10대 아이들처럼 토악질을 한 적이 있는데, 그 후로는 술 먹고 취한 일이 별로 없다. 유벤투스에 들어가 처음으로 세리에 A 우승을 차지하고 술을 먹고 욕조에서 완전히 뻗었던 기억은 난다. 사건의 원흉은 다비드 트레제게였다. 그 교활한 녀석이 나를 부추겨 연거푸 술을 마시게 했다.

사넬라 누나와 나는 케키에게 엄격하게 굴었다. 담배도, 술도 금물이었고, 말을 듣지 않으면 우리가 혼내주었다. 동생은 우리에게 특별한 존재였다.

우리는 동생을 보살폈다. 섬세한 관리가 필요한 문제가 생기면 동생은 사넬라 누나를 찾았고, 힘쓰는 문제가 필요하면 나를 찾았다. 그러면 나는 동생을 위해 형으로서 책임을 졌다. 나는 동생 일에는 성인군자 노릇을 했지만 친구와 동료에게는 그렇지 않았다. 과격한 말과 행동도 많이 했다. 만약 누군가 내 자식인 맥시와 빈센트에게 그런 언동을 보였다면 몹시 화를 냈을 것이다. 그게 나란 놈이다. 나는 어릴 때도 양면적인 데가 있었다.

나는 규율이 잡혀 있지만, 사나운 야성도 지니고 있었다. 여기에 대해 나름대로 정립한 내 신조가 있다. 말과 행동이 달라서는 안 된다는 것이다. "네까짓 게 뭐야, 나야말로 대단한 놈이야" 하고 말만 뱉으면 곤란하다. 당연히 그만한 실력이 뒷받침되어야만 한다. 같은 맥락에서 잘나가는 몇몇 스웨덴 선수들의 겉 다르고 속 다른 행태 역시 마음에 들지 않았다. 나는 위대한 선수가 되고 싶었고, 또 그에 걸맞게 우쭐대며 살고 싶었다. 내가 정말로 이름난 스타가 되리라고 믿었다는 뜻이 아니다. 그럴 리가 있는가. 난 로센고드 출신이다! 어쩌면 그래서 남다른 면모를 지녔을지도 모르겠다.

나는 거칠고 기가 셌지만, 망나니는 아니었다. 날마다 제시간에 등교하는 모범생은 아니었어도 학교는 열심히 다녔다. 지금도 그렇지만 아침에 일어나는 일은 고역이었다. 꼬박꼬박 한 것은 아니지만 숙제도 해 갔다. 특히 수학은 식은 죽 먹기였다. 문제를 보면 척척 답이 나왔다. 축구장에 있을 때도 그랬다. 해결책이 금세 머릿속으로 떠올랐다. 하지만 어떤 과정을 거쳐 문제를 풀었는지 정리하는 소질은 없어서 교사들은 내가 남의 답안을 보고 베꼈으려니 생각했다. 교사들 입장에서 공부 잘할 것처럼 보이는 학생은 아니고, 수업 중에 쫓겨날 가능성이 높은 학생이었다. 하지만 나는 진짜로 공부를 했다. 벼락치기라도 시험 때마다 공부했고, 시험 다음 날엔 모두 잊어버렸다. 따지고 보면, 불량학생은 아니었다. 하지만 수업 시간에 가만히 앉아 있지를 못해서 지우개를 던지든가 자꾸 움직이는 편이었다. 가만히 있으면 좀이 쑤셨다.

사는 게 만만치 않았다. 우리는 툭하면 이사를 다녔는데 그 이유는 나도 잘 모른다. 한 장소에 1년 넘게 살았던 적이 거의 없었고, 교사들은 그 기회를 잘 써먹었다. 교사들은 내가 거주하고 있는 지역의 학교로 전학을 가야 한다고 조언했다. 규칙을 준수하려는 것이 아니라 나를 학교에서 내보낼 수 있는 절호의 기회로 여겼기 때문이었다. 나는 전학을 자주 다녔고, 친구를 사귀는 데 애를 먹었다. 아버지는 호출이 오면 언제든 나가야 하는 근로자였고, 술로 슬픔을 달래며 자신만의 전쟁을 치렀다. 아버지는 이명증을 심하게 앓았다. 이명증은 머릿속에서 계속해서 소음이 울리는 병이다. 상황이 이렇다 보니 내 할 일은 스스로 알아서 하는 법을 익혔고, 우리 집안의 복잡한 문제에 대해서는 신경 쓰지 않으려고 애썼다. 문제는 끊이지 않았다. 발칸반도 출신 사람들은 한 번 뒤틀리면 아무도 못 말린다. 마약에 중독된 우리 누나는 어머니는 물론이고 다른 식구들하고도 연락을 끊고 살았다. 마약이나 재활치료 문제로 말다툼이 끊이지 않았던 걸 생각하면 그럴 만도 했다. 그런데 또 한 명의 이부누나도 가족을 떠나갔다. 어머니는 그 누나와도 인연을 끊어버렸다. 유고슬라비아 출신의 누나 남자친구와 관련한 일이었는데 정확히 무슨 연유였는지는 모른다. 누나가 남자친구와 말다툼을 했는데 어떤 이유로 어머니가 그 남자 편을 들었고, 이에 누나가 폭발해서 어머니와 심한 욕설을 주고받으며 싸웠다. 심각한 싸움이었던 것은 맞지만 그렇다고 의절

할 만큼 대단한 일은 아니었다.

우리 가족이 심한 말다툼을 벌인 게 어제오늘 일은 아니었다. 하지만 어머니는 누나 일에 자존심을 세웠고, 누나도 마찬가지여서 서로 화해의 실마리를 찾지 못한 채 시간이 흘러버린 게 아닌가 싶다. 나도 뒤끝이 긴 편이다. 악의적인 태클을 당한 일은 몇 년이고 잊지 않았다. 나한테 엿 같은 짓을 한 사람들은 두고두고 기억한다. 하지만 누나의 경우는 어머니가 너무 심했다고 생각한다.

누나가 또 한 명 떠나고 나와 사넬라, 알렉산다르 이렇게 세 명만 남게 되었다. 돌에 새긴 계명을 바꿀 수 없듯이 우리가 다시 옛날로 돌아갈 수는 없었다. 그렇게 많은 세월이 흘렀다. 누나랑 인연이 완전히 끊어진 것이다. 그런데 15년 뒤에 누나의 아들이 어머니에게 전화를 걸었다. 누나에게 아들이 생긴 것이다. 그러니까 어머니에게는 손자였다.

"안녕하세요, 할머니?" 하고 손자가 인사를 했지만 어머니는 말을 섞으려고 하지 않았다.

"미안하구나" 하고 어머니는 그냥 전화를 끊어버렸다.

순간 나는 내 귀를 의심했다. 마음이 너무 아팠다. 그때 심정을 뭐라 표현해야 할지 모르겠다. 나는 쥐구멍에라도 숨고 싶었다. 어떻게 그럴 수가 있단 말인가! 절대 그러면 안 되는 일이었다. 하지만 우리 식구는 쓸데없는 오기를 부리느라 일을 그르치곤 했다. 다행히 나에게는 축구라는 위안거리가 있었다.

③
중요한 것은 이기는 것이 아니라,
멋진 플레이를 보여주는 것이다
1987~1998년

: :

로센고드에는 주거단지가 여럿 있는데 다들 고만고만했다. 다만 우리가 집시 주거단지라고 부르는 동네는 사람들이 무시하는 편이었다. 한 단지에 알바니아인만 모여 살거나 터키인만 모여 살거나 하지는 않았다. 따라서 부모가 어느 나라 출신인가보다는 어느 동네에 사는지가 중요했다. 사람들은 어느 동네에 사는지 꼭 물었는데, 어머니가 살았던 동네는 들장미를 뜻하는 퇴른로센Törnrosen 단지였다. 그곳에는 그네도 있고, 놀이터도 있고, 깃대도 있고, 축구장도 있어서 우리는 날마다 거기서 놀았다. 이따금 친구들은 나를 놀이에 끼워주지 않았다. 내가 너무 왜소했기 때문이다. 그러면 나는 친구들에게 그 자리에서 분통을 터뜨리곤 했다.

놀이에 끼지 못하고 남겨지는 것이 싫었다. 경기에 지는 것도 싫었다. 하지만 이기는 게 대수가 아니었다. 진짜 중요한 것은 멋진 플레이를 보여주는 것이었다. 그러면 여기저기서 "이야, 멋지다! 저것 좀 봐!" 하는 탄성이 쏟아져 나왔다. 나는 멋진 트릭 플레이로 아이들을 놀래주고 싶었고, 그러려면 그 동작이 몸에 익을 때까지 반복해서 연습해야 했다. 늦도록 놀고 있으면 어머니들은 창문을 열고 소리를 지르곤 했다.

"늦었다. 저녁 먹을 시간이야. 어서 들어오너라."

"곧 갈게요" 하고 우리는 계속해서 놀았다. 그러다 시간이 너무 지나거나 비라도 떨어지기 시작하면 심하게 꾸중을 듣기도 했지만, 우리는 시합을 멈추지 않았다.

우리는 지치는 법이 없었다. 물론 축구장이 작기도 했다. 두뇌 회전과 발이 빨라야 인정을 받았다. 특히 키가 작고 몸집이 빈약한 나는 쉽게 태클로 저지당할 수 있었기 때문에 항상 새로운 기술을 익혔다. 그럴 수밖에 없었다. 안 그러면 아이들의 탄성 소리를 듣지도 못할 것이고, 나를 시합에 끼워주지도 않았을 것이다. 나는 축구공을 껴안고 잠드는 날이 많았고, 잠자리에 누워 이튿날 보여줄 묘기를 궁리했다. 영화의 한 장면을 몇 번이고 돌려 보듯 반복해서 그 동작을 머릿속에서 그렸다.

내가 처음 인연을 맺은 구단은 MBI Malmö Ball and Sporting Association라는 곳이었다. 거기서 축구를 처음 시작했을 때 나이가 여섯 살이었다. 우리는 녹색 판잣집 건물 뒤에 있는 자갈밭 축구장에서 경기를 했다. 나는 훔친 자전거를 타고 훈련장에 갔고, 거기에서도 그리 예의 바른 아이는 아니었다. 코치들은 여러 차례 나를 집으로 돌려보냈고, 그럴 때마다 나는 뒤에서 욕설을 날리며 소리를 지르곤 했다. 그들은 귀가 따갑도록 "즐라탄, 패스를 해야지!" 하고 외쳤다. 나는 짜증이 났다. 뭍으로 나온 물고기처럼 자유롭지가 않았다. MBI에는 이민자 아이들뿐 아니라 스웨덴

아이들도 있었는데, 다수의 스웨덴 학부모들은 공동주택에 사는 내가 현란한 개인기를 부리는 것을 보고 불만이 많았다. 나는 그 사람들을 향해 벼락이나 맞아 뒈지라고 욕을 해주고 나왔다. 그렇게 여러 차례 구단을 바꾸다가 FBK 발칸 구단에 정착했다. 그곳은 여느 구단과는 달랐다.

MBI에서는 스웨덴 아버지들이 주변에 서서 "애야, 그렇지. 잘한다!" 하고 소리를 지른다.

발칸 구단에서는 이런 식이었다. "똑바로 안 하면 네 어머니 엉덩이가 남아나지 않을 거다." 여기 아버지들은 유고슬라비아 출신으로 엄청난 골초에 신발도 아무 데나 벗어 던져놓고 걸핏하면 발끈하고 성질을 냈다. 꼭 우리 집에 있는 것 같아서 나는 발칸 구단이 마음에 쏙 들었다. 감독은 보스니아 사람이었다. 유고슬라비아에서 꽤 잘나가는 선수였고, 우리에게는 아버지나 다름없는 존재가 되었다. 집까지 우리를 직접 데려다 주기도 하고, 아이스크림이나 간식을 사 먹으라고 내게 용돈을 쥐여주곤 했다.

한동안 골문을 지킨 적도 있었다. 정확히 기억은 안 나지만 골키퍼에게 달려들어 이렇게 퍼부었던 것 같다. "쓸모없는 자식. 내가 해도 그보다는 낫겠다." 골키퍼를 하다가 한번은 연신 골을 얻어먹고 꼭지가 돌았다. 나는 다들 머저리 같다고 모두에게 욕을 퍼부었다. 염병할 축구. 감독이고 선수들이고 다들 한심하기 짝이 없는 축구를 하느니 아이스하키를 하겠다고 다짐했다.

"하키가 낫겠어, 머저리들! 난 하키 선수가 될 테야. 다 꺼져버려."

나는 결론을 내리고, 아이스하키에 관한 자료는 죄다 모아 살펴보았다. 그런데 더럽게도 필요한 장비가 많았다. 제대로 된 보호 장비를 갖추려면 돈이 엄청나게 들었다. 결국 그 염병할 축구를 계속해서 열심히 하는 수밖에 없었다. 하지만 골키퍼는 그만두고 공격수가 되었고 차차 멋진 활약을 보일 수 있었다.

하루는 시합을 했는데, 내가 보이지 않자 다들 즐라탄은 어디 있느냐고, 즐라탄이 안 보인다고 소리를 쳤다. 경기 시작 몇 분 전의 일이었다. 감독과 동료 선수들 모두 내 목을 조르고 싶은 심정이 아니었을까. "그 자식은 어디 있는 거야? 어떻게 이렇게 중요한 시합에 코빼기도 안 보여?" 그때 훔친 자전거의 페달을 미친 듯 밟으며 감독을 향해 곧장 달려오는 한 사람이 그들 눈에 들어왔다. 저 미친 자식이 감독이랑 부딪칠 작정이야? 물론, 아니다. 나는 감독 바로 앞에서 흙먼지를 휘날리며 자전거를 세우고, 곧장 경기장에 뛰어들어 갔다. 감독은 분명 화가 머리끝까지 났을 것이다.

내 덕분에 감독은 흙먼지를 온몸에 뒤집어쓰고 축구장의 자갈이 그의 눈에 튀었다. 하지만 감독은 내가 뛰는 것을 허락했고, 내 기억에 우리 팀이 이겼다. 우리는 실력이 좋은 팀이었다. 언젠가 한번은 또 말썽을 피워서 야단을 맞고, 전반전에 벤치를 지킨 적이 있었다. 그날 우리 팀은 벨링게Vellinge에서 온 고상한 녀석들을 상대로 0 대 4로 지고 있었다. 이 시합은 땟물이 줄줄 흐르는 촌놈들과 희멀건 부잣집 자제들의 대결이었고, 서로에 대한 적대심은 고조되고 있었다. 나는 화가 났고 폭발 일보 직전이었다. 머저리 같은 감독, 어떻게 나를 벤치에 앉혀둘 수가 있지?

"감독님, 제정신이에요?" 나는 감독에게 따졌다.

"진정해. 곧 들어가게 될 거야."

나는 후반전에 들어가 무려 여덟 골을 넣었다. 우리는 8 대 5로 이겼고 그 부잣집 녀석들을 속 시원히 비웃어주었다. 당연히 나는 실력을 뽐냈다. 나는 발재간이 좋았고 어디에서나 득점 기회를 포착할 수 있었다. 어머니 동네 축구장이 워낙 비좁아 나는 자연스레 좁은 공간에서 상대의 허를 찌르는 움직임을 익힐 수 있었다. 하지만 "즐라탄을 보자마자 뭐가 돼도 될 줄 알았다" "그가 아는 것은 모두 실질적으로 내가 가르쳤다" "즐라탄은 최고의 동료였다" 어쩌고저쩌고하며 떠벌이는 사람들은 넌더리가 난다. 죄다 헛소리다.

나를 알아봐준 사람은 없었다. 이랬느니 저랬느니 나중에 말들이 많았지만 그런 말들은 사실이 아니다. 빅클럽에서 나를 찾아와 우리 집 문을 두드린 적도 없었다. 그들에게 나는 그저 허세 가득한 아이일 뿐이었다. "타고난 소질이 있는 놈이니 지금부터 잘 보이자" 하고 말하는 사람은 없었다. 그보다는 '누가 이 촌놈을 받아준 거야?' 하는 분위기였다. 당시 나는 경기력이 들쭉날쭉했다. 한 경기에 여덟 골을 몰아치다가 다음 경기에서는 이렇다 할 움직임을 전혀 보여주지 못했다.

나는 토니 플라이게어Tony Flygare라는 녀석과 주로 어울려 다녔다. 우리는 동네 언어교실에서 같은 반이었다. 토니의 부모님도 모두 발칸반도 출신이었고, 그 녀석도 얌전한 아이는 아니었다. 토니는 로센고드에 살지는 않았고, 비테묄레가탄Vitemöllegatan 거리 근처에 살았다. 그 녀석과 나는 동갑이었는데, 그가 1월생이고 나는 10월생이었다. 개월 수 차이는 겉으로도 드러났다. 토니는 키도 더 크고 힘도 좋아서 나보다 더 유망한 축구 인재로 평가받았다. 토니를 눈여겨보는 이들이 한둘이 아니었다. "저 녀석 좀 봐, 굉장하지?" 나는 그에게 가려 별로 주목받지 못했다. 하지만 그것도 나쁘지 않았던 듯싶다. 나는 약자인 만큼 이를 악물고 연습

하고 분투했다. 이미 말했지만, 그때 나는 아무것도 아니었다.

　나는 골칫거리 악동이었고, 내 성질을 이기지 못했다. 걸핏하면 선수들과 주심에게 화를 냈고, 여기저기 구단을 옮겨 다녔다. 발칸 구단에서 뛰다가 MBI로 돌아갔고, 다시 발칸으로 갔다가 BK 플라그_{BK Flagg} 구단으로 옮겼다. 한마디로 엉망이었다. 훈련할 때도 옆에서 나를 응원해주는 사람은 없었다. 나는 훈련하다가 이따금 사이드라인에 서 있는 부모들을 쳐다보곤 했다.

　내 아버지는 거기에 없었다. 유고슬라비아 부모들이 서 있는 곳에도, 스웨덴 부모들이 서 있는 곳에도 아버지는 보이지 않았다. 그때 내가 무슨 기분이었는지는 잘 모르겠다. 그냥 늘 그랬다. 내 일은 내가 알아서 하는 편이었고 그런 생활에 익숙해졌다. 마음이 아팠는지 어땠는지도 잘 기억나지 않는다. 살려면 자신이 처한 환경에 적응해야 했고, 나는 내 처지에 대해 그리 깊이 생각하지 않았다. 아버지는 무기력했고 또 한편으로 감탄을 자아내는 사람이었다. 아버지의 모습은 극과 극으로 달랐다. 나는 여느 아이들이 부모한테 기대는 것들을 내 아버지에게 기댈 수 없었다. 물론 가끔은 기대를 품기도 했다. 브라질 선수들처럼 내가 멋지게 속임동작을 하는 모습을 아버지가 봐준다면 좋겠다는, 뭐 그런 생각 말이다. 나에게 전심전력을 다할 때도 있는 아버지였으니까. 하지만 아버지는 내가 변호사가 되기를 바랐다.

　변호사가 되는 것에 대해 내가 진지하게 고민해봤다고 말하기는 어렵다. 내 주변에서 변호사가 된 사람은 하나도 없었다. 친구들이나 나나 앞뒤 분간 못 하고 놀았고, 그저 센 놈이 되기만을 바랐다. 부모들도 우리 공부에 별로 개의치 않았다. "스웨덴 역사를 공부해볼까?"라고 말해주는 부모는 없었다는 얘기다. 내 아버지의 삶에는 맥주 캔과 유고슬라비아 음악, 텅 빈 냉장고, 그리고 발칸반도의 내전만이 있을 뿐이었다. 하지만 가끔은 아버지도 시간을 내서 나와·함께 축구를 하며 잡담을 나누었다. 그럴 때마다 기분이 날아갈 것 같았고, 아버지의 정을 느꼈다. 그러던 어느 날 아버지가 와서 이렇게 말했다. 나는 그날을 결코 잊지 못한다. 뭔가 작심한 듯 심각한 분위기가 느껴졌다.

"즐라탄, 이제 너도 빅클럽에서 뛰어야 할 때다."

"빅클럽이라뇨? 무슨 빅클럽이요?"

"명문 구단 말이다, 즐라탄. 최고 선수들이 뛰는 구단, 바로 말뫼 구단처럼!"

나는 무슨 말인지 이해를 하지 못했다.

말뫼 구단이 그렇게 대단한가? 뭐가 명문이고 뭐가 훌륭하다는 것인지, 그런 것에 대해서는 아는 바가 없었지만 말뫼 구단이라면 이름은 들어 알고 있었다. 발칸 구단에 있을 때 상대해본 적이 있었기 때문이다. 아버지 말씀도 있고 해서 나는 말뫼 구단도 나쁘지 않겠다고 생각했다. 하지만 말뫼 구단 홈구장이 어디에 붙어 있는지도 몰랐고, 말뫼 시에 대해서도 도통 아는 게 없었다. 지리적으로는 그리 멀지 않았을지 몰라도 말뫼는 내게 전혀 다른 세계였다. 내 생활 영역이 도심으로 이동한 것은 열일곱이 다 되어서였고 그전까지 도시 생활에 대해서는 하나도 몰랐다. 나는 트레이닝 세션에 참가하는 법을 알아내 슈퍼마켓 비닐봉지에 축구 장비를 챙겨 넣고 30분 정도 자전거를 달려서 그곳에 도착했다. 나는 바짝 긴장했다. 말뫼 구단 공기는 무거웠다. 예전에 다니던 구단처럼 어린 애들이 노는 분위기가 아니었다. 말뫼 구단에서 뛰려면 입단 테스트를 통과해 자격을 입증해야만 했다. 나는 훈련장에 들어서자마자 내가 다른 애들과는 전혀 다른 부류임을 깨달았고, 언제든 짐을 챙겨 집에 돌아갈 채비를 마쳤다. 하지만 이튿날 닐스Nils 코치에게 이런 말을 들었다.

"팀에 들어온 것을 환영한다."

"정말요?" 그때 나는 열세 살이었다. 토니랑 몇몇 외국인을 빼고는 스웨덴 아이들이 많았다. 그중에는 상류층 동네에서 온 아이들도 있었다. 나 혼자 외계인 같았다. 아버지가 근사한 저택의 주인도 아니고, 시합 때 나를 보러 오지 않기 때문만은 아니었다. 나는 말투부터 그들과 달랐고, 드리블하기를 즐겼다. 또 욱하는 성질 때문에 경기장에서 큰 손해를 보곤 했다. 한번은 시합 중에 동료 선수들에게 고함을 질렀다고 경고를 받았다.

"그러면 안 돼!" 하고 주심이 말했다.

나는 "벼락이나 맞아 뒈져라" 하고 욕을 퍼붓고는 경기장을 박차고 나가버렸다.

스웨덴 선수들이 모종의 모의를 꾸미기 시작했다. 스웨덴 학부모들은 나를 구단에서 쫓아내고 싶어 했다. 나는 그들이 어떻게 나오든 눈 하나 깜짝하지 않겠다고 수천 번도 더 다짐했다. 일이 잘못되면 다른 팀으로 옮기면 될 일이었다. 아니면 태권도를 배울 생각이었다. 축구보다 태권도가 훨씬 멋져 보였다. 축구는 엿 같았다. 한 선수의 아둔한 부친이 진정서를 들고 돌아다녔다. 사람들은 "즐라탄을 구단에서 내보내야 합니다" 라고 쓰인 진정서에 서명했다. "즐라탄은 여기 어울리지 않아요. 쫓아내야 합니다! 여기에 서명해주세요" 어쩌고저쩌고하면서 사람들은 진정서를 돌렸다.

정말 열 받는 상황이었다. 나는 그 사람의 아들과 틈만 나면 맞붙었다. 그 자식한테 소리를 지르고 훈련 중에 거칠게 태클을 걸었다. 솔직히 말하면 그 자식 머리를 들이받았다. 하지만 그래놓고 나니 후회가 되었다. 나는 자전거를 타고 병원으로 가서 용서를 구했다. 박치기는 정말 어리석은 짓이었다. 하지만 그놈의 진정서만 생각하면 피가 끓어올랐다. 각설하고, 오케 칼렌베리Åke Kallenberg 감독은 진정서를 보고 나서 "이게 다 무슨 한심한 짓이냐"고 역정을 냈다.

오케 감독은 그 서류를 갈기갈기 찢어버렸다. 그는 좋은 사람이었다. 물론 모든 면에서 마음에 들었다는 말은 아니다. 주니어팀 시절에 그는 거의 1년 동안이나 나를 벤치에 앉혀두었다. 다른 사람들도 그랬지만 그 역시 내가 드리블을 너무 많이 하고, 동료 선수들에게 소리도 너무 많이 지르고, 태도나 사고방식이 불량하다고 여겼다. 나는 그 시절에 한 가지 중요한 교훈을 배웠다. 나 같은 놈이 존중을 받으려면 다른 애들보다 다섯 배는 더 잘해야 한다는 것이다. 아니, 열 배는 더 열심히 노력해야 했다. 그렇지 않으면 기회조차 없다는 사실을 깨달았다. 실력도 없는데 나같은 놈에게 기회라니 어림도 없는 일이었다. 더구나 자전거 도둑이라면 더더욱.

진정서 사건 이후로 나는 달라져야 했다. 정말 그럴 생각이었다. 나도 생각이 있는 놈이었다. 하지만 연습장까지 가는 길은 너무 멀었고(6킬로미터가 넘었다), 그 거리를 걸어가다 보면 이따금 유혹을 견디기가 어려웠다. 특히 멋진 자전거라도 눈에 들어오면 너무 힘들었다. 한번은 커다란 수납가방이 달린 노란 자전거가 눈에 들어왔다. 까짓 거, 하는 생각이 들었다. 나는 자전거에 올라 페달을 밟기 시작했다. 자전거는 부드럽게

잘 나갔다. 하지만 곧 이상한 생각이 들었다. 수납가방이 여느 가방과 달라서 눈여겨보니 집배원의 자전거였다. 나는 동네 집배원 아저씨의 자전거를 몰고 있었던 것이다. 재빨리 뛰어내린 나는 자전거를 원래 있던 곳에서 조금 떨어진 장소에 놔두었다. 다른 사람들의 우편물까지 훔치고 싶지는 않았다.

최근에 훔친 자전거를 또 웬 놈에게 도둑맞았던 적이 있었다. 나는 경기장 밖에 우두커니 서서 고민했다. 집까지 가야 할 길은 먼데 배가 고파서 참을 수가 없었다. 그래서 라커룸 밖에 세워져 있는 또 다른 자전거를 훔쳤다. 늘 하던 대로 자물쇠를 땄다. 짜릿한 기분이 되살아났다. 고급 자전거였다. 그리고 나서 전 주인 눈에 띄지 않도록 조금 떨어진 장소에 세워두었다. 하지만 사흘 뒤 회의가 소집되었다. 나는 이미 그런 일로 말썽을 일으킨 전적이 있었다. 이런 일로 회의를 하면 으레 시비를 가리다가 꾸지람을 듣기 마련이었다. 나는 적당한 변명거리를 생각해두기 시작했다. 이를테면 "제가 안 그랬어요. 제 동생이 그랬나 봐요" 같은. 내 짐작대로 그 회의는 수석 코치의 자전거와 관련한 것이었다.

"자전거 본 사람 없어?"

그 자전거를 본 사람은 아무도 없었다. 물론 나도 못 봤다. 그런 상황에서는 모르는 척하는 게 상책이다. 그럴 때는 아무것도 모르는 놈처럼 "안 되셨네요. 저도 자전거를 도둑맞은 적이 있어요" 하고 말하면 된다.

하지만 나는 속이 탔다. 내가 무슨 짓을 한 거지? 재수도 없지! 하필 수석 코치 자전거라니. 코치들은 존중받아야 마땅하다는 것이 내 판단이었다. 더 정확히 말하자면, 코치들의 말을 듣고 부분 전술과 전략 등 필요한 축구 기술을 모두 배워야 한다. 하지만 코치들의 말을 무시할 줄도 알아야 한다. 내가 드리블을 계속하고 발재간을 부리는 것은 그럴 필요가 있기 때문이다. 코치들의 말에 귀를 기울이되 무시할 줄도 알아야 한다. 그게 내 신조였다. 하지만 코치들의 자전거를 슬쩍하는 것은? 아무리 봐도 그것은 내 방침에 어울리지 않았다. 나는 바짝 긴장해서 수석 코치에게 갔다.

"에름_{Erm} 코치님, 실은요. 제가 코치님 자전거를 잠깐 빌렸어요. 긴급한 상황이었거든요. 이번 딱 한 번이었어요! 내일 돌려드릴게요."

나는 겸연쩍은 미소를 한껏 지어 보였고, 그걸로 효과를 본 것 같다. 나는 난처한 상황에서도 농담을 할 수 있었고 예의 그 미소 덕을 톡톡히 봤다. 하지만 그게 쉬운 일은 아니었다. 나는 막무가내로 말썽만 피우지는 않았다. 하지만 운동복이 하나라도 없어지면 모두 나를 탓했다. 마침 내가 그 조건에 딱 들어맞기도 했다. 말썽꾸러기로 찍힌 데다 무일푼이었기 때문이다. 다른 아이들은 캥거루 가죽으로 만든 최신 아디다스 축구화나 푸마 축구화를 신었다. 하지만 나는 할인매장에서 토마토와 채소 옆에 잔뜩 쌓아놓은 59.9크로나짜리 축구화를 사서 신었다. 그나마 그것도 내 생애 최초의 축구화였다. 축구화뿐만 아니라 다른 것도 그런 식이었다. 나는 그 아이들 앞에서 뽐낼 만한 물건이 하나도 없었다.

해외에 경기가 있어 나갔을 때도 다른 애들은 대부분 2000크로나 정도의 용돈을 들고 왔지만, 내 수중에는 20크로나 정도뿐이었다. 그 돈도 아버지가 한 달치 월세를 내지 않고 마련한 돈이었다. 아버지는 차라리 주인에게 쫓겨날지언정 내가 집에 남는 것을 볼 수 없다고 했다. 참 고마운 일이었지만 아이들과 어울릴 수는 없었다.

아이들은 수시로 "즐라탄, 함께 가서 피자 먹자" "햄버거 사 먹자"라고 이거 하자, 저거 사자면서 나를 불렀다.

그럼 나는 "아니, 나중에. 지금은 배가 안 고파. 그냥 머리나 식힐래"라고 대답했다.

나는 도도하게 앉아서 그 상황을 모면하려고 애썼다. 별 재미는 없었지만 어려운 일은 아니었다. 있는 집 아이들의 문화는 내게는 전혀 새로운 것이었고, 한동안 기가 죽어서 지내기도 했다. 그 아이들처럼 되고 싶어서가 아니었다. 아니, 그런 마음이 전혀 없었다고는 못 하겠다. 게네들의 예의범절 같은 것은 배우고 싶기도 했다. 하지만 대개는 내 방식대로 행동했다. 그것이 내 무기였다고 할 수 있다. 나처럼 허름한 공동주택 단지에 사는 녀석들이 도련님 흉내를 내는 걸 지켜봤지만, 게네들이 아무리 발악을 해도 도련님이 될 수는 없었다. 그래서 나는 아예 정반대로 행동하기로 작정했다. 내 방식을 더 세게 밀고 나가기로 한 것이다. "20크로나밖에 없는데"라고 말하는 대신에 "땡전 한 푼 없어"라고 대답했다. 그러는 편이 훨씬 멋져 보였다. 덕분에 갈수록 아웃사이더가 되었다. 나는 로센고드 출신의 불량아였고, 보통 아이들과 달랐다. 그게 나였고 나도 차츰 나다움을 즐길 줄 알게 되었다. 스웨덴 사람들에게 칭찬받는 모범적 태도가 무엇인지 알지도 못했고, 전혀 신경 쓰지도 않았다.

가끔 우리는 1군 선수들이 시합을 치를 때 볼보이를 맡았다. 한번은 말뫼 팀이 스웨덴의 명문 구단인 IFK 예테보리와 시합을 치렀다. 그러니까 굉장히 중요한 시합에서 볼보이를 맡게 된 것이다. 그 소식에 애들은 모두 스타 선수들의 사인을 받을 수 있다는 생각에 환호성을 질렀다. 특히 월드컵에서 페널티킥 여러 개를 막아내 국가 영웅으로 떠오른 토마스 라벨리Thomas Ravelli라는 선수의 사인을 받으려고 안달이었다. 나는 생전 처음 들어보는 이름이었다. 물론 그 선수를 모른다는 티는 내지 않았다. 내가 그런 티를 낼 만큼 쪼다는 아니었다. 나도 월드컵 대회는 잘 알고 있었다. 하지만 나는 이민자들이 모여 사는 로센고드 출신이어서 스웨덴 팀에 대해서는 관심이 하나도 없었다. 그 대신 호마리우와 베베토 등 브라질 선수들이 나오는 경기를 챙겨 봤다. 라벨리와 관련해서 유일하게 내 관심을 끌었던 것은 그가 입고 있는 반바지였다. 어디를 가면 저런 옷을 슬쩍할 수 있을지 알고 싶었다.

구단에서는 돈을 벌기 위해 우리에게 빙고로또BingoLotto 복권을 팔게 했다. 나는 빙고로또가 뭔지도 몰랐고, 텔레비전 방송에서 로또 프로그램을 진행하는 로켓Loket이라는 사람에 대해서도 들어보지 못했다. 하지만 나도 남의 집 문을 두드리며 우리 동네를 돌아다녔다. "안녕하세요, 저는 즐라탄입니다. 불쑥 찾아와서 죄송하지만, 복권 하나 구입하지 않으실래요?"

솔직히 나는 그런 일에는 젬병이었다. 한 장이나 겨우 팔까 말까 한 수준이었다. 복권이랑 함께 받은 대림절 달력(12월 1일부터 24일까지 상자 형태로 문을 만들어 달고 그 안에 초콜릿이나 사탕 등 깜짝 선물을 넣어두는 크리스마스 달력—옮긴이)보다도 더 적게 팔았다. 이 말은 복권을 한 장도 못 팔아서 결국 아버지가 모두 사야 했던 경우도 많았다는 소리다. 그것은 부당했다. 우리 집은 그럴 만한 여유도 없거니와 그런 쓰레기는 우리 집에 필요치 않았기 때문이다. 대림절 달력을 11월에 일찌감치 받아들고 칸마다 모두 열어볼 수 있었지만 그것도 그리 기쁘지가 않았다. 한심한 일이었다. 어떻게 어른들이 아이들을 내보내 구걸이나 다름없는 일을 시키는지 이해할 수가 없었다.

1980년생과 1981년생으로 구성된 우리 팀은 특히 실력이 뛰어났다. 여기에는 토니 플라이게어, 구드문데르 메테Gudmunder Mete, 마티아스 콘차Matias Concha, 지미 타만디Jimmy Tamandi, 마르쿠스 로젠베리Markus Rosenberg, 그리고 내가 있었다. 다들 머리 회전이 빠른 편이었다. 나는 꾸준히 실력이 향상되었지만, 나에 대한 불만은 끊이지 않았다. 스웨덴 학부모들이 문제였다. 그들은 포기할 생각이 없었다.

"저 녀석, 또 드리블 시작이네. 쟤는 우리 팀에 맞지 않는다니까!" 그런 말을 들을 때면 화가 치밀었다. 당신들이 누군데 나를 판단해? 그즈음 내가 축구를 그만둘 생각을 하고 있다는 말도 돌았다. 그것은 사실이 아니었다. 한동안 다른 구단으로 옮길까 하는 고민은 했었다. 내 곁에는 나를 변호해주거나 비싼 옷을 사줄 아버지가 없었다. 나는 스스로를 지켜야 했다. 잘난 척하는 아들놈들을 둔 그 스웨덴 학부모들은 사방에서 나를 공격했다. 당연히 나는 기분이 더러웠다! 한시도 마음이 편치가 않았다. 진정서를 받아주지 않는 것으로는 충분치 않았다. 내게는 그 이상의 조치가 필요했다.

유소년팀 요니 윌렌셰Johnny Gyllensjö 코치가 심상치 않은 낌새를 채고 구단과 함께 이 문제를 논했다. "머릿기름 바르고 말쑥한 차림으로 구단에 나올 형편이 안 되는 아이도 있는 겁니다. 이런 식으로 가면 소중한 인재를 잃게 돼요!" 구단에서는 나를 유소년팀 선수로 정식 계약하기로 했다. 아버지는 계약서에 서명했고 나는 매달 1500크로나를 받게 되었다. 나는 날아갈 듯 기분이 좋았고 더 열심히 노력했다. 말했잖은가, 나도 생각이 있는 놈이라고. '남의 말은 귀담아듣지 않는다'도 내 신조였지만 '남의 말을 귀담아들을 줄 알아야 한다'는 것 또한 내 신조였다.

나는 공을 받을 때 가능한 한 단번에 처리할 수 있도록 열심히 훈련했다. 그래도 관심을 한 몸에 받지는 못했다. 토니가 있기 때문이었다. 나도 토니만큼 좋은 선수가 되고 싶어서 가르쳐주는 대로 지식을 흡수했다. 말뫼에 살던 우리 세대 아이들은 브라질 선수들의 개인기에 매료되어 있었다. 토니와 나는 그들의 발재간을 흉내 내며 서로를 자극했다. 어머니가 살던 동네 축구장에서 친구들이랑 놀던 때가 생각났다. 컴퓨터를 쓰고부터는 호나우두와 호마리우가 하는 속임동작이나 발재간이 담긴 영상을 족족 내려받은 뒤 그 기술이 몸에 밸 때까지 연습했다. 우리는 영상을 수도 없이 돌려 보며 동작을 확인했다. 어떻게 한 거지? 어떻게 저런 동작을 할 수 있지?

우리도 터치 동작을 익히기는 했지만, 브라질 선수들은 차원이 달랐다. 그들은 발로 공을 툭툭 건드리며 깃털처럼 가볍게 발재간을 부렸다. 우리는 그런 동작이 몸에 익을 때까지 연습을 거듭했고, 됐다 싶으면 실전에서 써먹기도 했다. 토니와 나뿐만 아니라 다른 애들도 마찬가지였다. 하지만 나는 거기서 한 단계 더 나갔다. 나는 동작을 더 세분해 더욱 정교하게 기술을 재현했다. 사실 나는 미친 듯이 거기에만 매달렸다.

그런 발재간은 늘 사람들의 이목을 끌었고, 학부모들과 코치들은 불만을 쏟아냈다. 하지만 나는 그들이 뭐라고 해도 드리블을 계속했다. 나는 그 분위기에 적응하지 못했다. 아니, 엄밀히 말해 내가 적응한 측면도 있고 적응하지 못한 측면도 있었다. 나는 남다른 선수가 되고 싶었다. 나는 코치들의 가르침도 실천하려고 노력했고, 덕분에 날이 갈수록 실력이 향상되었다. 하지만 쉽지만은 않았다. 마음 상하는 일도 많았다. 우리 집 문제도 분명 악영향을 끼쳤을 것이다. 구단에서 겪는 문제 말고도 내게는 골치 아픈 문제가 많았다.

학교에서는 나를 전담하는 특수교사를 고용했다. 나는 이 일로 화가 머리끝까지 났다. 내가 성질이 고약하기는 했다. 아마 학교에서 제일 고약했을 것이다. 그래도 특수교사라니! 제발 나를 좀 가만 내버려두란 말이다. 나는 미술 과목은 A, 영어와 화학, 물리는 B를 받았다. 나는 약쟁이도 아니고 담배도 피우지 않았다. 내 문제는 그저 가만히 앉아 있질 못하고 쪼다 같은 짓을 좀 한다는 것뿐이었다. 그런데 사람들은 한술 더 떠 나를 특수학교에 집어넣는 방안에 관해서도 얘기했다. 그들은 나를 떼어내버리고 싶어 했다. 나는 그들과 함께할 수 없는 외계인처럼 느껴졌다. 내 안에서 분노의 시한폭탄이 째깍거렸다. 체육 과목 점수도 좋았다는 얘기는 할 필요도 없을 것이다. 수업 시간에 산만하고, 가만히 책을 보는 게 힘들긴 했지만 공이든 달걀이든 둥근 물체를 굴리는 일이라면 얼마든지 집중력을 발휘할 수 있었다.

어느 날 축구를 하고 있을 때였다. 특수교사는 따개비처럼 달라붙어 내 일거수일투족을 지켜봤다. 나는 열불이 나서 세계 정상급 축구 선수의 정확도로 그 여자 머리를 축구공으로 명중시켰다. 그 여자는 기겁했지만 나를 빤히 쳐다보기만 했다. 그 일이 있은 후 학교에서는 아버지에게 전화를 걸어 정신과 상담이나 특수학교 입학 건에 관해 얘기를 꺼냈다. 독자 여러분은 이미 사태를 짐작하겠지만, 내 아버지 앞에서 입에 담기에는 적절치 못한 주제였다. 누구도 아버지 앞에서는 당신 자식을 나쁘게 말할 수 없었다. 더구나 자기 자식을 괴롭히는 교사라니 있을 수 없는 일이었다. 아버지는 예의 그 카우보이 복장을 하고 학교에 들이닥쳤다. "당신이 대체 뭔데? 내 아이에게 정신병자 운운하는 거요? 정신병원에 들어가야 할 쪽은 바로 당신네요. 내 아들은 멀쩡하단 말이지. 그 애는 착한 애라고. 천벌 받을 놈들!"

아버지는 성난 유고슬라비아 사람이 어떤지 확실하게 보여줬다. 그러고 얼마 있지 않아 그 교사는 그만두었다. 당연한 얘기지만 그 덕분에 상황은 훨씬 나아졌다. 나는 자신감을 회복했다. 다행히 일은 정리되었지만 애당초 터무니없는 생각 아닌가! 나 한 사람만 담당하는 특수교사라니! 생각만 해도 분노가 치민다. 물론 나는 천사처럼 착한 아이는 아니었다. 그렇다고 한 아이만 별종 취급을 하는 게 말이 되는가! 그럴 수는 없는 일이다.

우리 맥시나 빈센트를 누가 별종 취급했다면, 나도 불같이 화를 냈을 것이다. 장담컨대 나는 아버지보다 더 길길이 날뛰었을 것이다. 그 특수교사 건에 대한 기억은 지금도 씁쓸하게 남아 있다. 물론 장기적으로 보면 그 사건으로 내가 더 강해졌다고 말할 수도 있다. 어쨌거나 더 치열한 투사가 되었으니까. 하지만 그 당시에는 자존심에 심하게 상처를 입었다. 여자애와 데이트가 잡혀 있던 날이 생각난다. 그즈음 나는 부쩍 여자애들 앞에서 기를 펴지 못하고 있었다. 특수교사가 따로 관리하는 아이라니 내가 생각해도 머저리 같았다. 여자애의 전화번호를 묻는 일에도 식은땀이 흘렀다. 내 앞에는 끝내주는 여자애가 서 있었고, 나는 더듬거리며 겨우 말을 꺼냈다.

"학교 끝나고 이따금 만날 수 있을까?"

"물론이지" 하고 그 애는 대답했다.

"○○일 ○○시에 구스타브에서 만날까?"

구스타브라 하면 구스타브 아돌프 광장 Gustav Adolf Square 을 말한다. 트리앙겔른 쇼핑센터Triangeln Shopping Centre와 말뫼 시 중심에 있는 스토르토르겟 광장Stortorget Square 사이에 있었다. 여자애는 내 제안이 흡족한 듯 보였다. 하지만 내가 약속 장소에 갔을 때 여자애는 보이지 않았다. 나는 불안하고 초조했다. 그런 일에는 초짜라서 어찌해야 할지 감이 잡히지도 않았다. 왜 안 나왔지? 내가 싫어졌나? 1분, 2분, 3분, 10분이 지났다. 나는 더 이상 기다릴 수가 없었다. 너무 굴욕적이었다.

나는 바람맞았다고 생각했다. 나 같은 놈이랑 누가 데이트를 하겠어? 나는 그냥 자리를 떴다. 그딴 여자애가 뭐라고. 나는 축구 스타가 될 몸이야. 하지만 진짜 머저리 같은 짓이었다. 그날 여자애가 나타나지 않은 것은 버스가 지체되어서였다. 버스 기사가 담배를 피우고 잠시 딴짓을 하느라 늦었던 것이다. 여자애는 내가 자리를 뜬 후에 그곳에 도착했고, 나만큼이나 화를 냈다.

4

어느 날 1군 훈련에 참가하게 되었다.
나는 주저하지 않았다

1999년

: :

　나는 보르가르스콜란에 들어가 중등 과정을 시작했다. 축구를 특기로 하면서 사회과학 과정을 들었다. 새로운 학교에 들어가 나는 기대에 부풀었다. 모든 게 달라질 것이다. 나는 멋지게 다시 태어나고 싶었다. 하지만 새로운 환경은 모든 게 충격이었다. 나는 전혀 준비되어 있지 않았다.

　림함Limhamn에 사는 부잣집 도련님들이야 새로울 게 없었지만 이번에는 여자아이들도 있었고, 최신 유행 옷을 걸치고 구석에서 담배나 피우며 세상사에 관심 끊고 사는 녀석들도 있었다. 나는 아디다스나 나이키 운동화에 운동복을 입고 다녔다. 내 생각에는 그렇게 입는 게 제일 멋졌다. 그래서 매일 그렇게 하고 돌아다녔다. 하지만 알고 보니 그런 차림으로 다니는 건 로센고드 출신이라고 떠벌리는 것이었다. 나는 걸어 다니는 광고판이었고, 특수교사가 내내 달라붙어 있는 것이나 다름없었다.

보르가르스콜란 학교에 다니는 아이들은 칼라가 달린 셔츠에 랄프로 렌 스웨터를 입고 팀버랜드 부츠를 신었다. 생각해보라. 그전까지 나는 단추가 달리고 목에 칼라가 달린 셔츠를 입은 아이를 본 적이 없었다. 나 는 전면적으로 패션에 변화를 줄 필요가 있었다. 학교에는 끝내주는 여 자애들이 많았다. 그런데 빈민가 공동주택에 사는 티를 풀풀 내며 여자 애들에게 다가가 말을 걸 수는 없지 않은가. 나는 그 문제로 아버지와 얘 기를 나누다가 입씨름을 벌였다. 당시 우리는 정부로부터 한 달에 795크 로나씩 학비를 지원받았다. 아버지는 당신이 내 양육을 책임지고 있으니 까 구단에서 받는 돈 말고 그 돈도 당신이 관리하는 게 당연하다고 말했 다. 나는 이렇게 주장했다. "내가 제일 후진 꼴로 학교에 다니고 싶지는 않다고요!"

아버지는 결국 내 주장을 받아들였다. 보조금을 내가 쓰기로 하고 은 행 계좌를 만들었고, 나무 그림이 찍혀 있는 은행 카드도 받았다. 학자 금은 매월 20일에 들어왔다. 19일 밤 11시 59분이면 나뿐만 아니라 많은 애들이 현금지급기 곁에서 12시가 오기만을 손꼽아 기다렸다. 흥분의 도가니였다. 10, 9, 8……. 카운트다운을 하며 나는 흥분을 가라앉혔다. 나는 꽤 거금을 찾아 들고 다음 날 시내로 가서 데이비스 청바지를 하나 샀다.

데이비스 청바지가 299크로나로 가장 저렴했다. 폴로 셔츠도 99크로 나에 세 벌 구입했다. 이런저런 스타일을 시도해보았다. 그런데 뭘 입어 도 별로였다. 로센고드 출신이라는 사실은 감추려야 감출 수가 없었다. 아무리 봐도 이상했다. 나는 어렸을 때부터 몸이 홀쭉했는데 그해 여름에는 10센티미터가 넘게 자라 키만 큰 멀대처럼 보였다. 그러니까 나는 별 장식이나 무늬 없는 단순한 옷차림으로 꾸며야 했다. 그리고 나는 생전 처음으로 릴라 토리Lilla Torg 광장 쇼핑몰에 있는 버거킹에 들락거리며 놀기 시작했다.

중학교에 올라가서도 나쁜 짓은 계속되었다. 재미도 재미지만 뭔가 강력하게 나를 내세울 거리가 필요했다. 그러지 않으면 나 같은 놈은 애들에게 주목을 받을 기회가 없었다. 나는 한 녀석의 뮤직 플레이어를 슬쩍했다. 끝내주게 생긴 소니 미니디스크였다. 우리 학교에는 교실 밖에 사물함이 있었다. 물론 아이들은 자물쇠로 잠가놓았지만 한 친구에게서 그 녀석의 비밀번호를 알아냈다. 나는 그 녀석이 안 보일 때 사물함에 다가가서 오른쪽으로 다섯 칸, 왼쪽으로 세 칸, 이런 식으로 번호를 맞춘 뒤 미니디스크 플레이어를 꺼내 가지고 튀었다. 그 안에 들어 있는 노래를 듣고 있으면 기분이 좋아졌다. 물론 그것만으로는 부족했다.

애들 사이에서 인정받기에는 부족한 게 많았다. 공동주택 단지 아이라는 딱지는 쉽게 떼낼 수가 없었다. 반면 내 단짝 친구는 머리를 잘 썼다. 그 녀석은 부잣집 여자친구를 사귄 다음, 그 애 오빠와 얘기해서 수를 냈다. 그 오빠에게 옷을 빌리기 시작한 것이다. 완벽한 해결책은 아니었지만 그래도 쓸 만한 방법이었다. 공동주택 단지 아이들은 그런 옷을 입어도 왠지 어울리지가 않았다. 우리는 어딘가 달랐다. 하지만 이 친구는 잘 빠진 여자친구에 근사한 브랜드 옷을 차려입고 다니면서 최고로 잘난 녀석처럼 거들먹거리기 시작했다. 나 같은 경우에는 신 나는 일이 하나도 없었다.

축구를 계속했지만 그것도 내 맘 같지 않았다. 나는 주니어팀 선수로 정식 계약을 하고 한 학년 높은 선수들과 함께 뛰었다. 그 자체로는 상당한 성취였다. 우리 팀은 실력이 좋았다. 우리 나이 또래에서는 스웨덴에서도 알아주는 팀 중 하나였다. 하지만 나는 벤치 신세였다. 오케 칼렌베리 감독의 결정이었다. 감독은 물론 어떤 선수든 자기 마음대로 벤치에 앉혀둘 수 있다. 하지만 나 같은 경우 그 이유가 순전히 축구 때문은 아니었다고 본다. 교체되어 들어가면 득점률이 높은 편이었기 때문이다. 내 실력은 절대 나쁘지 않았다. 하지만 축구 외적인 측면에서 문제가 있다고 그들은 판단했다.

사람들은 내가 팀에 별로 도움이 되지 않는다고 말했다. "네가 드리블만 하니까 공격을 전개하지 못하잖아!" 나는 이런 말을 수도 없이 들었다. 그리고 대놓고 말하지는 않았지만 '즐라탄 저 친구는 정신적으로 문제가 많다'고 비난하는 분위기였다. 유소년팀에서처럼 학부모들이 진정서를 낸다고 나서지는 않았지만 그보다 더 나을 것도 없었다. 내가 동료 선수들에게 공격적인 건 사실이었다. 나는 그라운드에서 말이 많았고, 소리도 많이 질렀다. 관중하고 말싸움을 벌이기도 했다. 하지만 그리 심각한 정도는 아니었다. 성깔이 좀 있고 나만의 경기 방식이 있을 뿐이었다. 하지만 다른 선수들에게 나는 별종이었고, 걸핏하면 화를 내는 아이였다. 사람들은 내가 말뫼 구단에는 영 어울리지 않는 선수라고 여겼다. 스웨덴 주니어 챔피언십은 지금도 생각난다. 우리 팀은 결승전에 진출했고, 그것은 굉장한 사건이었다.

하지만 오케 칼렌베리 감독은 나를 출전 명단에서 제외했다. 아예 벤치에도 앉을 기회가 없었다. "즐라탄은 부상입니다." 그는 모든 사람에게 이렇게 설명했고, 나는 펄쩍 뛰었다. 무슨 말인가, 부상이라니? 나는 감독에게 따졌다.

"무슨 말을 하시는 겁니까? 어떻게 그런 말을 하실 수 있어요?"

"넌 부상이야." 감독은 그 말만 되풀이했고, 나는 믿을 수가 없었다. 어째서 감독은 우리 팀이 결승전에 나가는 마당에 그딴 헛소리를 하는 것일까?

"저를 내보내기 싫으니까 그렇게 말씀하는 겁니다."

하지만 아니었다. 그는 실제로 내가 부상당했다고 '인식'했고, 그 때문에 나는 화가 치밀었다. 분명 이상한 기류가 감돌았지만, 아무도 그것에 관해 얘기하지 않았다. 사나이답게 나서는 이는 누구도 없었다. 그해 말뫼 구단은 스웨덴 주니어 챔피언십 타이틀을 차지했다. 나는 경기에서 뛰지 못했으니까 그 우승으로 내 자존감이 올라갈 일은 없었다. 물론 다른 사람들 앞에서는 잘난 척을 했지만. 이를테면 이탈리아어 교사가 나를 교실에서 내쫓을 때 나는 이렇게 말했다. "당신이 뭔데 그래요? 나중에 이탈리아에서 프로 선수가 되면 어차피 다 배울 거라고요." 이때는 그저 허풍이었지만 나중 일을 생각해보면 참 재미있는 일이다. 정말로 그렇게 될 줄은 몰랐다. 주니어팀에서 제대로 출전 기회도 잡지 못한 내가 어떻게 그런 꿈을 꿀 수 있었겠는가?

그즈음 1군 팀은 문제가 많았다. 말뫼 1군 팀은 스웨덴에서 가장 우수한 팀이라고 봐도 무방했다. 아버지가 1970년대에 스웨덴으로 넘어왔는데, 당시 말뫼는 스웨덴 리그를 호령했다. 챔피언스리그, 그러니까 당시 명칭으로 유러피언컵 결승에 진출하기도 했고 주니어팀에서 1군으로 발탁되는 선수는 거의 없었다. 경영진은 다른 팀에서 선수들을 영입했다. 하지만 내가 주니어팀에 입단했던 해에는 사정이 달랐다. 왜 그랬는지는 몰라도 구단 상황이 급격히 나빠졌다. 알스벤스칸 리그Allsvenskan League(스웨덴 1부 리그)에서 늘 정상을 달렸던 말뫼 구단은 강등 위기에 처했다. 1군 선수들의 경기력은 참담한 수준이었다. 구단 재정 상태 역시 최악이었다. 다른 팀에서 선수들을 영입할 여력이 되지 않았다. 덕분에 우리 어린 선수들에게 기회가 왔다. 우리가 이 주제로 얼마나 시끄러웠을지 그림이 그려지지 않는가. 누가 발탁되어 올라갈까? 저 친구, 아니면 저 친구?

토니 플라이게어를 비롯해 구드문데르 메테, 지미 타만디가 거론되었다. 하지만 나는 고려 대상도 아니었다. 절대로 뽑힐 것 같지 않은 선수가 있다면 바로 나였다. 내 생각도 그랬고, 다른 사람들도 대개는 그렇게 생각했다. 솔직히 말해 기댈 구석이 하나도 없었다. 주니어팀 감독도 나를 벤치에 앉혀두고 있었다. 1군 팀에서 나를 데려갈 이유가 있겠는가? 내가 발탁될 가능성은 없었다. 하지만 실력으로 따지면 나도 토니나 메테, 지미 못지않았다. 벤치에 있다가 교체되어 들어가면 나는 어김없이 실력을 입증해 보였다. 무엇이 문제였을까? 코치들은 무슨 꿍꿍이일까? 이런저런 생각이 내 머릿속을 어지럽혔지만 결국 정치적 속셈이 깔려 있다는 생각을 굳히게 되었다.

남들보다 센 척하고 남들과 다르게 행동하는 게 어린 맘에는 멋져 보였지만, 그런 태도는 장기적으로 보면 득 될 게 없었다. 정말 중요한 자리에는 틈만 나면 브라질 선수처럼 개인기를 부리는 다혈질 악동이나 이민자 출신을 원하지 않았다. 말뫼 구단은 명예를 중시하는 고상한 구단이었다. 한창 영광을 구가하던 시절에는 보세 라르손Bosse Larsson 선수처럼 모든 선수가 점잖고 세련된 말만 했으며, 이민자 출신 선수들도 거의 영입하지 않아서 모두가 금발이었다. 뭐, 윅셀 오스마노프스키Yksel Osmanovski 선수를 영입하긴 했었다. 윅셀 선수의 부모님은 마케도니아 사람이었다.

윅셀 선수도 나처럼 로센고드 출신으로 당시에는 바리Bari 구단에서 프로 생활을 했다. 하지만 윅셀은 나와 달리 점잖은 사람이었다. 그러니 나에게는 1군에서 뛸 기회가 없을 것으로 생각했다. 나는 말뫼 주니어팀과 정식 계약을 맺고, 21세 이하 팀 명단에 내 이름을 올린 것으로 만족해야겠다고 생각했다. 말뫼 구단은 보르가르스콜란에 축구아카데미를 설립할 때 21세 이하 팀도 함께 조직했다. 주니어팀에는 18세까지만 등록할 수 있기 때문이다. 하지만 21세 이하 팀으로 차출될 애들이 많지 않아서 한 팀을 구성하기에는 수가 부족했다. 기본적으로는 구단 이탈을 막으려는 조치였는데, 나는 2군 선수들과 함께 3부 리그 팀들을 상대로 자주 경기를 치르곤 했다. 대단찮은 일이었지만 그래도 사람들의 이목을 끌 수 있는 기회였다.

이따금 1군 선수들과 훈련경기를 치렀는데, 거기서도 나는 튀었다. 보통 그런 상황에서 주니어 선수들은 선배들을 끌고 다니며 드리블하지 않는다. 근접해서 태클을 시도하지도 않고 "걷어내라고요!" 하고 소리를 지르지도 않는다. 선배들 앞에서는 다들 얌전하게 군다. 하지만 나는 드리블이나 태클을 안 할 이유가 없다고 생각했다. 나는 잃을 게 없었다. 그래서 내 실력을 최대한 발휘했다. 나는 내 방식대로 밀고 나갔고, 당연히 사람들은 나에 대해 쑥덕거렸다. "저 녀석은 지가 뭐라도 되는 줄 아나봐"라고 손가락질하는 사람들을 보며 나는 "멋대로 지껄여라!"라고 중얼거리면서 하고 싶은 대로 했다. 나는 계속해서 발재간을 부렸고, 선배들을 거칠게 밀어붙였다. 이따금 1군 팀의 롤랜드 안데르손Roland Andersson 감독이 와서 경기를 지켜봤다.

처음에는 '1군 감독님이 나를 좋게 보실 수도 있겠지' 하는 희망을 품었다. 하지만 내 주변에서 일어나는 한심한 짓거리를 보면 그런 기대는 싹 사라졌다. 하루는 감독이 사이드라인에 서 있었는데, 나를 보며 늘 손가락질하는 사람들이 그 주변에 서 있는 게 보였다. 안데르손 감독이 그들이 불만을 토로하는 소리를 옆에서 다 듣고 있었을 거라는 생각이 들었다. 그맘때쯤 축구에 대한 실망감은 더욱더 커졌다. 축구뿐 아니라 다른 일도 잘 풀리지 않았다. 특히 학교생활이 좋지 않았다. 학교에서 나는 여전히 기를 펴지 못했고 수줍음이 많았다. 점심 먹는 거 말고는 학교생활이 의미가 없었다. 나는 학교에 가면 돼지처럼 많이 먹었다. 사실 축구 말고 다른 일에는 별로 관심이 없었다. 숙제를 해 가는 날도 갈수록 줄었고, 그러다 결국 학업을 포기하고 말았다. 집에서는 이 문제로 숱하게 입씨름이 오갔다.

날마다 지뢰밭을 걷는 기분이었다. 나는 싸움을 피하려고 운동장에서 개인기 연습에 몰입했다. 나는 방에 호나우두 선수 사진을 걸어놓았다. 호나우두는 사나이 중의 사나이였다. 화려한 개인기와 월드컵에서 넣은 골도 멋지지만 그는 모든 면에서 탁월했다. 나는 호나우두처럼 되고 싶었다. 그는 경기 판도를 바꿀 수 있는 선수였다. 하지만 스웨덴 국가대표 선수 중에 세계적으로 언급되는 슈퍼스타는 한 명도 없었다. 내 영웅은 호나우두였다. 나는 인터넷으로 그를 연구하며 그의 동작을 익히려고 애썼다. 나는 멋진 선수가 되는 꿈을 꾸며 훈련장에서 춤을 추듯 공을 갖고 놀았다.

내가 더 이상 뭘 어떻게 해야 한단 말인가? 내가 보여줄 것이 더는 없었다. 하지만 세상은 불공평했다. 나 같은 애들에게는 기회가 오지 않을 것이고, 내가 아무리 노력해도 스타 선수가 될 수 없는 세상이었다. 나는 끝났다. 내 기대는 틀려먹은 것이었다. 다른 길을 찾아보기도 했지만 거기에 뛰어들 기운이 없었다. 하릴없이 축구를 계속할 뿐이었다. 롤랜드 안데르손 감독이 눈을 반짝이며 경기를 지켜보고 있던 어느 날, 나는 1번 구장에서 21세 이하 팀 경기를 뛰고 있었다. 지금은 1번 구장이 없어졌는데, 잔디 구장으로 말뫼 스타디움 바로 오른편에 있었다. 경기가 끝나고 롤랜드 안데르손 감독이 나를 호출했다는 말을 전해 들었다. 그 외에 다른 말은 없었다. 솔직히 조금 당혹스러웠다. 별생각이 다 들었다.

요즘 내가 누구 자전거를 훔쳤던가? 누구한테 박치기를 했던가? 나는 내가 저질렀을 법한 나쁜 짓들을 떠올렸다. 한두 가지가 아니었다. 어떻게 그런 일들이 안데르손 감독 귀에까지 들어갔는지는 알 수 없었지만 어쨌든 나는 그럴듯한 변명거리를 찾기 시작했다.

안데르손 감독은 목소리가 굵고 쩌렁쩌렁했으며 자상하면서도 엄격했다. 나는 그에게 제압당하는 기분이었고 심장이 두근거렸다.

내가 듣기로 롤랜드 안데르손 감독은 아르헨티나 월드컵에서 뛴 경력이 있었다. 그는 말뫼 구단 황금기에 활약했던 선수 중 한 명일 뿐 아니라 국가대표 선수 출신으로 사람들에게 인정을 받고 있었다. 그는 웃음기 하나 없는 얼굴로 책상에 앉아 있었다. 나를 꾸짖을 만반의 태세를 갖춘 듯 보였다.

"안데르손 감독님, 안녕하세요? 저한테 하실 말씀 있으세요?"

나는 누구 앞에서나 강인한 척했다. 어릴 때부터 내 몸에 붙은 습성이었다. 약한 모습을 보일 수는 없었다.

"앉아라."

"왜 그렇게 심각하세요, 감독님? 누구 죽은 사람도 없는데요."

"즐라탄, 이제 애들하고는 그만 뛰어야지."

애들하고? 도대체 무슨 말을 하는 거지? 내가 애들한테 무슨 나쁜 짓을 했다는 소리인가?

"무슨 말씀이세요? 지금 누구에 대해 얘기하시는 건가요?"

"이젠 어른들하고 뛸 때가 되었다."

그때까지도 나는 전혀 감을 잡지 못했다.

"예?"

"1군 팀에 들어온 것을 환영한다." 안데르손 감독은 이렇게 인사를 건네더니 계속 이야기를 이어갔다. 지금도 나는 그때의 기분을 어떻게 말로 설명해야 할지 모르겠다. 아마 앞으로도 그럴 것이다.

공중으로 10미터는 붕 떠오른 기분이었다. 사무실에서 나가자마자 새 자전거를 훔쳐 타고 달리면서 이 도시에서 가장 멋진 사나이가 된 기분을 맘껏 느끼고 싶었다.

5

"호나우두처럼 이탈리아에서 뛰고 싶다"라고
내 꿈도 이야기했다

1999~2001년

: :

말뫼 구단 선수들이 마일Mile이라고 부르는 것이 있었다.

마일은 징글맞게 길었던 조깅 코스를 가리키는 말이다. 선수들은 홈 구장에서 출발해 워터타워Water Tower를 향해 조깅을 시작했다. 림함스베 겐Limhamnsvägen 거리를 따라 내려갈 때면 백만장자들이 사는 저택들을 지나는데, 그 가운데 분홍색 건물은 지금도 기억에 선명하다. 바다가 내려다보이는 근사한 그들의 주택을 지날 때 우리는 저런 곳에는 어떤 사람들이 사는지, 저런 사람들은 도대체 은행에 얼마나 많은 돈이 있는지 궁금했다.

우리는 쿵스파르켄Kungsparken 공원을 지나 터널을 통과한 뒤, 내가 다니던 학교 근처까지 뛰어갔다. 학교 여자애들과 부잣집 녀석들이 한눈에 들어왔다. 그럴 때면 기분이 째졌다! 마치 복수라도 한 기분이었다. 여자애 앞에서 말도 잘 걸지 못하던 로센고드 촌놈이 마츠 릴리엔베리Mats Lilienberg 같은 말뫼 구단 최고 선수들과 함께 조깅을 하고 있었다. 그것은 굉장한 기회였고 나는 그 기회를 십분 활용했다.

처음에는 무리를 그대로 따라갔다. 1군에 들어온 신참인 만큼 그만한 훈련도 거뜬하게 해낼 수 있다는 사실을 보여주고 싶었다. 그러다가 여자애들한테 잘 보이는 게 더 중요하다는 생각이 들었다. 그래서 나는 토니랑 메테와 함께 이런저런 방법으로 요령을 피우기 시작했다. 조깅을 나가면 초반 4킬로미터까지는 함께 뛰었다. 하지만 림함스베겐에 들어가면 버스 정류장 부근에서 슬쩍 빠져나왔다. 대열 후미에서 달리고 있었으니까 아무도 알아채지 못했다. 우리는 조용히 서서 버스를 기다렸다. 버스에 올라타고 나면 우리는 배꼽을 잡고 웃었다. 교활한 짓이었다. 신나게 웃다가 다른 선수들을 지나쳐 갈 때면 화들짝 놀라서 몸을 낮췄다. 나쁜 짓을 하고 있었으니 당연히 그럴 수밖에. 우리는 도로가 끝나는 지점에서 내려 한참 뒤에 오고 있는 선수들을 모퉁이에 숨어서 기다렸다. 다른 선수들이 다 지나가면 우리는 뒤에서 속도를 올리며 따라붙었고, 중간에 땡땡이쳤으니까 학교 앞에서도 기운이 펄펄 넘치는 모습을 보일 수 있었다. 여자애들은 그런 우리를 보면서 뭐든 해낼 수 있는 녀석들이라고 감탄의 눈길을 보내는 게 틀림없었다.

또 한번은 조깅을 하면서 토니와 메테에게 말했다. "이렇게 뛰는 거 진짜 머저리 같지 않아? 자전거를 훔쳐서 타고 가자." 둘은 머뭇머뭇했다. 두 녀석은 이 분야에서 나만큼 경험이 많지는 않았다. 하지만 나는 두 녀석을 설득해 자전거를 훔쳐서 뒤에 태우고 달렸다. 아예 조깅을 하지 않은 날도 있었다. 나도 철부지였지만, 토니도 멍청하기는 마찬가지였다.

그 녀석은 포르노 영화에 맛을 들였다. 토니는 가게에 들어가 포르노 비디오를 하나 빌리고 초콜릿을 사 왔다. 다른 선수들이 기나긴 마일을 달리는 동안 우리는 함께 앉아서 초콜릿을 까먹었다.

우리가 말썽을 피울 때마다 안데르손 감독이 우리 변명을 믿어서, 아니 믿어준 것을 고맙게 생각한다. 안데르손 감독은 좋은 분이었다. 그는 혈기 왕성한 어린 선수들의 마음을 읽을 줄 알았다. 또 유머 감각도 있었다. 나는 1군 팀에 올라가서도 곳곳에서 나를 욕하는 소리를 들었다. "즐라탄이란 녀석은 왜 저러는 거야? 왜 저렇게 뻔뻔해?" 어릴 때부터 죽 듣던 헛소리도 여전했다. "저 자식은 드리블을 너무 많이 해. 도대체가 팀을 생각하질 않아." 개중에는, 물론 맞는 말도 있었다. 나는 아직 배울 게 많았다. 하지만 질투심에서 나온 불만도 적지 않았다. 나는 결코 빈 수레가 아니었고 선수들은 서로 경쟁의식이 있었으니까.

조깅 시간에는 이따금 해찰했지만, 말뫼 구단 트레이닝 세션에는 단순히 참여하는 수준이 아니라 전심전력을 다했다. 그뿐 아니라 어머니 동네에 있는 축구장에 가서 하루에도 몇 시간이고 기술 훈련을 했다. 내가 즐겨 쓰는 수법이 하나 있었다. 로센고드 동네로 가서 아이들에게 "나한테서 공을 빼앗는 놈 있으면 지폐 한 장 줄게" 하고 외치는 것이다. 겉모습은 놀이였지만 내게는 기술을 단련하는 시간이었다. 공을 지키기 위해 몸을 어떻게 써야 하는지 터득할 수 있었다.

동네 애들을 데리고 노닥거리지 않을 때는 축구 비디오게임을 하곤 했다. 한 번 앉으면 10시간까지 게임에 몰두한 적도 있었고, 게임을 하면서 해결책을 찾아내 실제 경기에서 써먹는 일도 많았다. 거의 온종일 축구를 하며 지낸 셈이다. 말뫼 구단 트레이닝 세션은 순탄하게 진행되지만은 않았다. 그들에게는 내가 밥맛없는 놈이었을지도 모르겠다. 자기네 가치관으로는 도무지 이해할 수가 없는지, 자기네 구단에 당치도 않은 녀석이 들어왔다는 분위기였다. 말인즉, 제대로 생각이 박인 녀석이라면 패스할 때 되면 패스를 해야 하고, 상황에 따라 말을 골라서 해야하는데, 나는 별종이라는 것이었다. 내 모든 말투나 몸짓에는 로센고드의 거친 습성이 깊이 배 있었다.

구단에서는 선참 선수들과 신참 선수들 간의 대립이 빈번했다. 신참들은 당연히 선참 선수들의 가방을 드는 등 시중을 들어야 했다. 머저리같은 일이었다. 게다가 시즌 초반부터 구단 분위기는 끔찍하게 흘러갔다. 토미 쇠데르베리Tommy Söderberg 단장은 시즌을 시작하면서 말뫼 구단이 리그 우승을 차지할 거라고 큰소리를 땅땅 쳤다. 하지만 갈수록 일이꼬이더니 결국에는 2부 리그로 강등당할 위기에 놓이고 말았다. 60여년 만에 처음 겪는 위기라고들 했다. 서포터들은 분노했고, 선참 선수들은 선수들대로 중압감이 말이 아니었다.

선참 선수들은 팀이 1부 리그에 잔류하지 못하는 것이 말뫼 시민들에게 어떤 의미인지, 그것이 얼마나 큰 참사인지 잘 알았다. 여유 있게 경기를 즐기거나 브라질 선수 같은 묘기를 부릴 여유가 그들에게는 없었다. 하지만 나는 1군 팀에 들어온 것에 한껏 들떠 있었고, 사람들에게 내 존재감을 드러내고 싶었다. 그리고 이는 적절하지 못한 태도로 비쳤을 것이다.

나는 그렇게 생겨먹었고, 또 아직 멋모르는 신참이었다. 나는 사람들이 벌떡 일어서서 내 활약에 주목하도록 만들고 싶었고, 선배들에게 굽실거리고 싶지도 않았다. 훈련 첫날 요니 페델Jonnie Fedel 골키퍼가 "대체 왜 공이 안 보여?" 하고 소리를 치고, 다들 내가 달려가서 공을 가져오기를 기다리는 표정으로 내 얼굴만 쳐다보고 있었을 때도 그들은 당황했겠지만 나는 그딴 요구는 싹 무시했다. 곱게 말한다면 모를까 그런 식이라면 어림도 없는 일이었다.

"공이 필요하면 직접 가져오면 되잖아요!" 나는 퉁명스럽게 쏘아붙였다. 말뫼 구단에서 그런 식으로 얘기하는 후배 선수는 없었다.

로센고드 이민자 출신다운 껄렁한 말투를 달갑게 받아들이는 사람은 없었다. 하지만 나는 안데르손 감독과 토마스 셰베리Thomas Sjöberg 코치의 신뢰를 받고 있었다. 물론 나보다는 토니가 더 깊은 신뢰를 받고 있었다. 토니는 이미 데뷔전을 치르면서 골까지 넣었지만, 나는 아직 벤치 신세여서 훈련 중에라도 기를 쓰고 골을 넣으려고 했다. 하지만 그 같은 태도는 결코 도움이 되지 못했다. 조급하게 굴지 말고 내 할 일을 다 하는게 올바른 태도였을지 모른다. 하지만 나는 그런 성격이 아니었다. 나는당장에라도 경기에 나가 내 실력을 보여주고 싶었다. 하지만 그라운드에서 내 실력을 펼칠 기회는 요원해 보였다. 9월 19일, 우리는 외리안스 발Örjans Vall 경기장에서 할름스타드Halmstad를 상대로 원정 경기를 치르게되었다.

그 시합은 우리 구단의 운명을 가를 중요한 경기였다. 이기거나 비기면 1부 리그에 잔류하지만, 그러지 못하면 강등 플레이오프전에서 살아남아야 했다. 구단의 모든 관계자가 불안하고 조마조마한 마음으로 경기를 지켜보았다. 경기는 동점 상태에서 팽팽하게 진행되고 있었다. 그런데 후반전이 시작되고 얼마 되지 않아 우리 팀 공격수인 니클라스 구드문드손Niklas Gudmundsson이 들것에 실려 나왔다. 나는 교체되어 들어가고 싶었다. 하지만 그런 일은 일어나지 않았다. 안데르손 감독은 내 쪽으로 눈길도 돌리지 않았고 시간은 계속 흘렀다. 별다른 일은 생기지 않았다. 점수는 1 대 1이었고, 우리 팀은 그 점수를 지켜야 했다. 하지만 경기 종료 15분이 남은 상황에서 우리 팀 주장인 하세 마티손Hasse Mattisson도 부상을 당하는 바람에 할름스타드가 2 대 1로 경기를 앞서나갔다. 우리 팀 선수들의 얼굴에서 핏기가 사라졌다.

그때 안데르손 감독이 나를 투입했다. 다른 이들은 모두 충격으로 정신이 나갈 지경이었지만 나는 오히려 희열이 솟구치는 것을 느꼈다. 그때 나는 열일곱이었다. 1만 명의 관중이 들어선 경기장에서 1부 리그에 드디어 출전하게 된 것이다. 유니폼에는 이브라히모비치라는 내 이름이 적혀 있었다. 저절로 탄성이 터져 나왔다. 나는 아무것도 거칠 것이 없는 기분으로 그라운드를 휘저으며 들어가자마자 골문을 향해 슈팅을 날렸다. 공은 아쉽게도 크로스바를 살짝 스치며 빗나갔다. 하지만 곧 기회가 찾아왔다. 경기 막판에 패널티킥을 얻어낸 것이다. 그것이 무엇을 의미하는지 말 안 해도 잘 알 것이다. 생사의 갈림길에 선 기분이었다. 패널티킥에 성공하면 구단의 명예는 온전할 터이고, 실패하면 대참사를 부르는 것이었다. 선참 선수들은 다들 주저했다. 기꺼이 나서서 공을 차려는 사람이 아무도 없었다. 중압감이 너무나 컸다. 그러자 토니 녀석이 배짱 좋게 나섰다.

"내가 찰게요!"

어지간한 배짱이 아니면 힘든 일이었다. 발칸반도 출신답게 이런 데서 물러설 수는 없다는 태도였다. 지금 돌이켜 생각해보면 누군가 토니를 말렸어야 했다. 그만한 일을 감당하기에는 너무 어린 나이였다. 토니가 공을 내려놓고 찰 준비를 하는 동안 모든 선수가 숨을 죽이고 이를 지켜봤다. 차마 똑바로 쳐다보지 못하고 눈길을 돌린 선수도 있었다. 그리고 끔찍한 순간이 찾아왔다. 골키퍼가 토니의 슛을 막아낸 것이다. 골키퍼의 속임동작에 토니가 당한 것으로 보였다. 우리는 시합에 졌고, 토니는 그 자리에서 얼음처럼 굳어버렸다. 토니가 가여웠다. 일부 기자들은 그 사건을 하나의 상징적인 계기로 평가했다. 그 경기를 기점으로 나는 토니를 앞지르기 시작했다. 토니는 이전 수준을 회복하지 못했고, 나는 더 많이 그라운드를 누볐다. 남은 알스벤스칸 경기에서 나는 여섯 차례나 후보 선수로 기용되었고, 기자들과의 인터뷰에서 안데르손 감독은 나를 지칭해 "다듬어지지 않은 다이아몬드"라고 칭찬했다. 내 이름이 알려지면서 시합이 끝나고 꼬마들이 내 사인을 받으려고 달려오기 시작했다. 대단한 스타가 된 것은 아니지만, '더 정교하게 플레이해서 이 꼬마들을 절대로 실망시키지 않겠다'는 결의가 솟구쳤다.

나는 그 아이들에게 이것 좀 보라며 세상에서 제일 멋진 기술을 선보이고 싶었다. 아이들이 나한테 사인을 받으려고 모여드는 것은 어찌 보면 이상한 일이었다. 아직 주전도 아니고 이렇다 할 업적도 없었기 때문이다. 그런데도 꼬마 팬들은 여기저기서 나타났고, 그럴수록 나는 멋진 개인기를 더 많이 선사하고 싶었다. 그 꼬마 녀석들 덕분에 내 방식대로 경기해야 한다는 신념은 더욱 굳건해졌다. 내가 재미없는 플레이를 펼쳤다면 그 아이들이 내게 몰려왔을 리가 없지 않은가! 나는 꼬마 팬들을 위해 경기하기 시작했고, 아이들의 사인 요청에는 빠짐없이 응했다. 나는 어떤 아이도 거절하지 않았다. 다른 친구들은 사인을 받았는데 혼자 받지 못하면 어떤 기분이 드는지 신참인 나도 잘 알고 있었기 때문이다.

"못 받은 사람 없지?" 나는 자리를 뜨기 전에 이렇게 물으며 빠진 사람은 없는지 확인했다. 나는 생각지도 못한 일들을 겪고 있었고, 강등 위기를 겪고 있는 우리 팀에 대해서는 별로 걱정하지 않았다.

기이하게도 우리 구단이 역사상 가장 큰 위기를 겪고 있는 동안 나는 내 이름을 알리고 있었다. 홈구장에서 트렐레보리Trelleborg 팀에게 패했을 때 말뫼 팬들은 눈물을 삼키며 안데르손 감독에게 "사임하라!"고 외쳤다. 경찰이 투입되어 감독을 보호했다. 사람들은 트렐레보리 선수단 버스를 향해 돌을 던졌고, 팬들 사이에 폭동이 일어났다. 며칠 뒤 강등의 악몽은 현실로 다가왔다. 우리 팀이 AIK 팀에게도 무릎을 꿇은 것이다.

우리는 2부 리그로 강등당했다. 64년 만에 처음으로 말뫼 구단이 1부 리그에서 더 이상 뛰지 못하게 된 것이다. 선수들은 수건을 머리에 뒤집어쓴 채 라커룸에서 슬픔에 잠겨 있었고, 경영진은 어떻게든 상황을 긍정적으로 해석할 여지를 찾으려고 애썼다. 도시 전체가 좌절감과 수치심으로 가득 찼다. 일각에서는 나를 두고 강등을 다투는 팀들과의 중요한 경기에서 멋진 기술을 선보이며 확실하게 눈도장을 찍었다고 평가했다. 하지만 남들이 뭐라고 평가하든 솔직히 별로 신경 쓰이지 않았다. 다른 일에 더 정신이 팔려 있었기 때문이다. 나한테는 경이로운 일이 일어나고 있었다.

그 일이 생긴 것은 내가 1군에 차출된 직후였다. 나는 말뫼 1군 선수들과 1번 구장에서 훈련하고 있었다. 나중에 사정이 달라지긴 했지만 말뫼 구단은 말뫼 시의 긍지였다. 하지만 선수들을 보려고 훈련장을 찾는 사람은 많지 않다. 강등권을 다투고 있던 때라 더더욱 사람이 뜸했다. 어느 날 오후 갈색 머리의 한 중년 남자가 구장에 나타났다. 누구인지 알아보지는 못했지만 멀리 떨어져 있는 그 남자가 유독 눈에 들어왔다. 그 남자는 나무 근처에서 우리를 지켜보고 있었다. 왠지 기분이 묘했다. 특별한 뭔가를 감지한 나는 평소보다 더 많은 기교를 부리기 시작했다. 무슨 일이 벌어지고 있는지 이해하기까지는 시간이 좀 걸렸다.

나는 어릴 때부터 스스로 앞가림을 해야 했고, 부모로부터 그리 많은 지원은 받지 못했다. 물론 때로는 슈퍼맨 같은 힘을 발휘할 때도 있었지만 내 아버지는 보통의 아버지들과는 달랐다. 내가 시합하는 것을 보러 오지도 않았고, 공부하는 것을 지켜봐주지도 않았다. 내 아버지는 술을 마시고, 전쟁 소식에만 귀를 기울이며, 유고슬라비아 노래를 들었다. 그런데 믿을 수 없는 일이 일어났다. 그 남자는 바로 내 아버지였다. 내 모습을 지켜보려고 온 것이었다. 나는 날아갈 듯이 기뻤다. 꿈인가 싶으면서도 나도 모르게 기운이 불끈 솟아 달리기 시작했다. 아, 제기랄 아버지가 오셨다! 나는 정신을 차릴 수가 없었다. "아버지, 여기예요! 저 하는 것 좀 보세요"라고 소리치고 싶었다. 당신 아들이 멋진 선수가 되었어요!

정말로 그날은 내 생애 최고의 날로 손꼽힌다. 아버지가 돌아왔다. 아버지가 없었다고 말하는 게 아니다. 무슨 일이 생기면 만화에 나오는 영웅 헐크처럼 돌변해서 내게 달려오곤 했었다. 하지만 이번에는 완전히 새로운 경험이었다. 훈련을 끝내고 나는 아버지에게 달려가 늘 하던 일인 것처럼 아무렇지 않게 얘기를 나눴다.

"어떻게 지내세요?"

"오늘 잘했다, 즐라탄."

신기한 일이었다. 아버지는 새로운 취미에 맛을 들였다. 말하자면, 나한테 중독된 것이다. 아버지는 내가 하는 모든 활동을 따라다니기 시작했고, 트레이닝 세션 때마다 나를 지켜보았다. 아버지가 사는 집은 내 이력을 한눈에 살필 수 있는 신전으로 변했다. 아버지는 나와 관련한 모든 기사와 보도를 보관했다. 내가 치른 시합에 대해 궁금한 게 있으면 아버지께 물어보라. 아버지는 모든 시합을 기록해두었고, 보도된 내용이라면 한 글자도 빼지 않고 보관해두었을 것이다. 내가 착용했던 유니폼과 축구화, 우승컵 그리고 스웨덴 최우수선수 상도 모두 보관하고 있다. 필요한 정보가 있다면 말만 하라. 아버지 집에는 모든 관련 자료가 보관되어 있다. 그냥 처박아둔 게 아니라 체계적으로 정리되어 있어서 무슨 정보든 금방 찾아낼 수 있다. 나에 대한 거라면 줄줄 꿰뚫고 있는 것이다.

1번 구장에서 내 훈련을 지켜보던 그날부터 아버지는 나와 내 축구 인생을 위해 살기 시작했고 덕분에 건강도 호전되는 것 같았다. 아버지는 그동안 힘들게 살았고, 외로운 분이었다. 술을 많이 마시고, 성질이 고약하고, 어머니에게 험한 말을 한다는 이유로 사넬라 누나는 아버지와 연락을 끊고 살았다. 누나가 떠나고 아버지는 고통스러워했다. 사넬라 누나는 아버지에게 눈에 넣어도 아프지 않은 딸이었고, 그 사실은 변함없었다. 하지만 누나는 아버지 곁에 없었다. 아버지와 완전히 연을 끊은 것이다. 누나의 빈자리는 우리 가족에게 또 다른 고통을 안겨주었다. 새로운 돌출구가 필요했던 아버지는 이제 내게서 그 방법을 찾았다. 나는 아버지랑 매일 대화를 나누기 시작했다. 그것은 내게도 새로운 자극제가 되었다. 축구가 얼마나 대단한 역할을 할 수 있는지 나는 새삼 감탄했고, 더욱더 축구에 매진했다. 아버지가 내 가장 열렬한 팬이 된 마당에 팀이 2부 리그로 강등당한 것쯤이야 아무것도 아니었다.

팀이 강등된 이후에 나는 어떻게 해야 좋을지 고민이었다. 수페레탄 Superettan(스웨덴 2부 리그를 가리키는 말인데 그 뜻은 우습게도 'Super One'이라는 의미다)에서 선수 생활을 계속해야 할까, 아니면 더 높은 목표를 추구해야 할까? 스톡홀름을 연고로 한 구단 중 하나인 AIK에서 나를 영입할 의사가 있다는 얘기가 들렸다. 하지만 나는 그 말이 진짜인지 확신할 수가 없었다. 내가 장래성이 있는 건지, 있다면 어느 정도인지 전혀 아는 바가 없었다. 그도 그럴 것이 나는 말뫼에서 교체 선수에 불과했다. 어쨌든 열여덟 살이 되었으니 1군 팀과 계약을 맺어야 했지만 나는 계약을 미루었다. 롤랜드 안데르손 감독과 토마스 셰베리 코치가 경질된 후로는 모든 게 공중에 붕 떠버린 기분이었다. 두 사람은 모든 이들이 나를 손가락질할 때 나를 믿어준 분들이었다. 계속 팀에 머물면 뛸 수는 있으려나? 구단 돌아가는 사정에도 어두웠고 뭐 하나 제대로 아는 게 없었다. 아버지와 나는 어찌해야 좋을지 알 수 없었고, 내 실력이 정확히 어느 정도인지 몰랐다.

모르는 것투성이였다. 몇몇 아이들에게 사인을 해주곤 했지만, 그것만으로는 별 의미가 없었다. 내 자신감은 오르락내리락했다. 주니어팀 소속으로 1군 팀에 차출되었을 때 느꼈던 기쁨은 차츰 희미해졌다. 그 무렵 트리니다드 토바고 출신의 한 녀석을 만났다. 프리시즌 기간이었다. 화끈하고 멋진 녀석이었다. 나랑 입단 테스트를 받고 있던 녀석이었는데 나중에 나한테 와서는 이렇게 말했다.

"어이, 친구."

"왜 그래?"

"네가 만약 3년 안에 프로 선수가 되지 못하면, 그건 네 잘못이야."

"무슨 말이야?"

"방금 들었잖아!"

그래, 나는 분명하게 들었다.

하지만 그 말을 제대로 이해하기까지는 시간이 걸렸다. 정말일까? 다른 사람이 그런 말을 했다면 믿기지 않았겠지만 이 녀석은 뭔가 아는 눈치였다. 축구라면 빠삭해 보이는 녀석의 말은 내 뒤통수를 강타했다. 내가 정말로 프로 선수가 될 만한 재목인지 확신할 수 없었지만 그날 이후로는 내 가능성을 믿기 시작했다. 그 후로는 본격적으로 프로 선수가 되기 위해 힘을 쏟았다.

하세 보리Hasse Borg는 스웨덴 국가대표 수비수 출신으로 말뫼 구단의 단장이었다. 보리 단장은 처음부터 나를 제대로 평가해준 인물이다. 내 재능을 알아본 보리 단장은 기자들을 만나면 우리 구단에 즐라탄이라는 녀석이 있는데, 다들 눈여겨보라는 식으로 자주 나를 언급했다. 그리고 2월에 지역 타블로이드 신문 중 하나인 〈크벨스포스텐Kvällsposten〉 지의 루네 스미스Rune Smith 기자가 훈련 모습을 보러 왔다. 루네는 좋은 사람이었고 나중에는 친구처럼 지내게 되었다. 훈련하는 모습을 지켜보고 나서 루네는 나와 이런저런 얘기를 나눴다. 별로 특이한 내용은 없었다.

나는 구단과 수페레탄 리그, 그리고 내 꿈에 대해 얘기했다. 나는 "호나우두 선수처럼 이탈리아에서 프로 선수가 되는 게 꿈"이라고 말했다. 루네는 미소 띤 얼굴로 수첩에 열심히 뭔가를 끼적거렸는데, 그게 무엇을 의미하는지 그때는 잘 몰랐다. 그 시절에는 기자들에 대해서도 문외한이었다. 하지만 이 사소한 대화가 기사화되니 파급력이 엄청났다. 루네는 이렇게 썼다. "즐라탄, 이 이름을 기억하라. 머리기사에서 곧 만나게 될 것이다. 그의 이름은 흥미롭다. 실제로 그는 흥미로운 선수다. 기존의 선수들과는 전혀 다른 종류의 선수로서 다이너마이트와 같은 공격력을 지니고 있다." 그는 이어서 내가 다듬어지지 않은 다이아몬드라는 평가를 받았다는 얘기를 덧붙였다. 또 거기에는 점잖은 스웨덴 사람과는 거리가 먼 껄렁한 말투로 내가 했던 얘기도 몇 가지 인용되어 있었다.

사람들은 그 기사를 보고 뭔가를 읽어냈던 게 틀림없다. 기사가 나간 후로 훈련이 끝나고 경기장을 나서면 더 많은 사람이 몰려들기 시작했다. 꼬마들은 물론이고 10대 소녀들에, 어른들까지 내게 다가왔다. 사람들은 열광적으로 "즐라탄, 즐라탄!"을 연호하기 시작했다. 처음에는 이게 대체 무슨 일인가, 사람들이 지금 나에 대한 얘기를 하는 건가 어리둥절하고 모든 게 꿈이 아닌가 싶었지만, 이는 곧 내 삶이 되었다.

사람들의 환호가 별것 아니었다고 말한다면 이는 거짓말일 것이다. 생각해보라. 그동안 사람들의 관심을 받고 싶어서 그토록 노력했는데, 내게 매료당한 사람들이 사인해달라고 사방에서 나타났으니 당연히 기분 좋은 일이었다. 신바람 나는 일이었다. 나는 심장이 뛰고 아드레날린이 솟구쳤다. 하늘을 나는 기분이었다. 사람들은 내 사인을 받고 싶어 했고, 버스 창문 밖에서 나를 향해 환호하는 사람들을 보면 마치 그동안 얼마나 고생했느냐며 나를 위로해주는 듯했다. 말도 안 되는 일이 벌어지고 있었다.

사람은 그 같은 환호를 받으면 들뜨기 마련이다. 특히 나처럼 가진 것 없이 천덕꾸러기로 자란 사람들은 더욱 흥분할 수밖에 없다. 마치 온 세상 빛이 나를 비추고 있는 것 같은 기분이었다. 하지만 아직 어렸던 탓에 이해하지 못할 일도 벌어졌다. 그러니까 사람들의 시기와 질투심이라든지 비틀린 심리에 대해 모르는 부분이 많았다. 이를테면 누군가 잘나갈 때 옆에서 끄집어 내리고 싶어 하는 사람들이 얼마나 많은지, 특히나 그 주인공이 곱게 자란 스웨덴 아이와는 달리 예의범절과 담쌓고 사는 별종이라면 말이다. 나는 칭찬도 받았지만 "넌 순전히 운이 좋았을 뿐이야!" "네까짓 게 뭔데?" 하는 공격도 받았다.

나는 그럴수록 더 건방지게 굴었다. 그 방법 말고는 할 줄 아는 게 없었다. 나는 자라면서 사과하는 법을 배우지 못했다. 우리 집 식구들은 "잘못했어. 화나게 해서 미안해!" 하고 말하는 법이 없었다. 우리는 당한 만큼 갚아주는 사람들이었다. 사람들을 믿지 않았고, 필요하다면 몸싸움도 마다치 않았다. 우리 식구들은 모두 각자의 고달픔을 안고 살았다. 아버지는 내게 항상 "뭐든 조급하게 결정하지 마라. 사람들은 널 등쳐먹을 생각만 해"라고 말씀하셨다. 나는 아버지 말을 떠올리며 곰곰이 진로 문제를 생각했다. 하지만 진로를 결정하는 일은 쉽지 않았다. 늘 정장을 빼입는 하세 보리 단장은 그 무렵 나를 위해 동분서주하면서 1군 팀과의 계약서에 도장을 찍게 하려고 애썼다.

보리 단장은 나를 영입하려고 몹시도 공을 들였고, 나는 거기에 으쓱해졌다. 내가 대단한 사람처럼 느껴졌다. 하지만 새로 부임한 미케 안데르손Micke Andersson 감독 밑에서 내가 얼마나 경기에 출전할 수 있을지 불확실했다. 미케 안데르손 감독이라면 니클라스 킨드발Niclas Kindvall과 마츠 릴리엔베리를 공격수로 중용하고, 나는 후보 선수로 앉힐 것이라고 사람들은 예상했다. 나는 2부 리그에서 벤치나 지키고 싶은 마음은 없었다. 이 문제로 하세 보리 단장과 의논을 했다. 그분에 대한 얘기라면 할 얘기가 많지만, 몇 가지만 말하자면 그저 운이 좋아서 성공한 사업가는 아니라는 것이다. 그는 절대 에둘러서 말하지 않는다. 보리 단장은 사람을 설득하는 데 일가견이 있었다. 그 과정에서 선수로서 얻은 경험을 활용할 줄 알았으며 일사천리로 일을 해치웠다.

"좋은 기회가 될 거다. 우린 너한테 투자할 생각이야. 2부 리그는 어린 선수에게는 더없이 좋은 환경이야. 크게 성장할 수 있는 기회를 잡는 거지. 서명만 하면 돼."

나는 그의 말에 공감했고 그에게 믿음이 갔다. 그는 내게 전화를 자주 걸어 조언을 해주었고 나는 도장을 못 찍을 것도 없다고 생각했다. 그 사람이라면 이런 사정에 훤할 거라고 믿었다. 독일에서 프로 선수로 활약했던 사람이고 경험도 많고, 나를 정말로 아끼는 것 같았다. 그는 "에이전트는 다 사기꾼들"이라고 말했고, 나는 그 말을 믿었다.

당시 로저 융Roger Ljung이라는 사람이 접촉했었다. 로저 융은 에이전트였는데, 나와 계약을 맺고 싶어 했다. 하지만 아버지는 회의적인 반응을 보였고, 나 역시 에이전트에 대해 아는 게 없었다. 에이전트가 뭐 하는 사람인지 몰랐던 나는 그들이 사기꾼이라는 하세 보리 단장의 말을 곧이곧대로 믿었다. 나는 1999년에 보리 단장이 내민 계약서에 서명했고, 말뫼 시 로렌스베리Lorensberg 거리에 있는 원룸과 휴대전화 한 대를 제공받았다. 원룸은 구장에서 그리 멀지 않은 곳에 있었다. 아버지랑 살 때는 전화를 쓸 수가 없었기 때문에 이는 내게 무척 큰 변화였다. 그리고 급여는 매월 1만 6000크로나를 받기로 했다.

나는 한번 해보자고 각오를 다졌다. 하지만 출발부터 좋지 않았다. 2부 리그 첫 경기는 군닐세Gunnilse와의 원정 경기였다. 상대가 워낙 약체였던 만큼 우리는 당연히 대승을 거두었어야만 했다. 하지만 우리 팀 내에는 나에 대한 해묵은 반감이 있었고, 나는 주전으로 뛰지 못하고 오랜 시간 벤치를 지켰다. 뭐야, 고작 이렇게 되는 거였어? 관중석도 썰렁하니 찬바람만 불었다. 한참 뒤에야 교체되어 들어갔는데 상대 선수가 비열하게 팔꿈치로 내 뒤통수를 가격했다. 나는 상대 선수에게 똑같이 되돌려주었고, 내게 경고 카드를 내민 심판에게 불만을 표시했다. 이 사건을 두고 경기장에서나 신문에서나 말들이 많았다. 우리 팀의 하세 마티손 주장은 내가 팀 분위기를 흐려놓고 있다고 나를 비난했다.

"물을 흐리다니요? 전 그냥 전투력을 다지는 것뿐인데요."

"얌전히 지켜볼 줄도 알아야지." 그리고 말 같지 않은 설교가 이어졌다. "너는 네가 생각하는 것만큼 대단한 스타도 아니고, 다른 선수들도 모두 너만큼 공을 다룰 줄 안다." "그래도 차세대 마라도나가 된 것인 양 맨날 개인기를 뽐내지는 않는다." 나는 돌아가는 상황에 실망했다. 신문에는 군닐세에서 잔뜩 화난 표정으로 버스 옆에 서 있는 내 사진이 실렸다.

하지만 그런 불만은 차차 잦아들었다. 나는 갈수록 실력이 향상되었고, 하세 보리 단장의 말은 진짜였다. 2부 리그에서 나는 출전 기회를 얻었고 덕분에 발전할 수 있었다. 어찌 보면 우리 팀이 강등당한 게 고마울 정도였다. 그리고 얼마 있지 않아 일이 벌어지기 시작했다.

이성적으로 이해가 잘되지 않는 일이었다. 내가 아직 호나우두 선수 같은 수준도 아니고, 스웨덴 신문들은 원래 2부 리그에는 별 관심이 없었기 때문이다. 그런데 여러 타블로이드 신문에서 '2부 리그의 숨은 보석' 등과 같은 제목으로 기사를 쏟아냈고, 말뫼 서포터스 클럽에는 갑자기 젊은 여성 회원들의 수가 부쩍 늘었다. 구단의 선참 선수들은 '이게 다 무슨 일이야?' 하며 어리둥절한 표정을 지었다. 사실 당사자인 나도 이해하기가 쉽지 않았다. 사람들은 "즐라탄 최고"라고 적힌 배너를 흔들며 관중석에 앉아 내가 드리블을 할 때면 무슨 록 스타라도 보는 양 환호성을 질렀다. 이게 다 무슨 일인가 싶었다. 지금도 정확히는 모르겠다.

내 개인기와 멋진 움직임에 감탄한 게 아닐까 하고 그저 짐작만 할 뿐이었다. 예전에 어머니가 살던 동네 근처에서 연습할 때 자주 들렸던 그 소리, "저것 좀 보라"며 사람들이 내뱉는 '감탄사'가 다시 들려오기 시작했다. 나는 신바람이 났다. 시내에서 사람들이 나를 알아볼 때, 소녀들이 좋아서 비명을 지르거나 아이들이 사인을 받으려고 달려올 때면 거물이 된 기분이었다. 그래서 나는 더 열심히 축구를 했다. 물론 더러는 약간 흥분해서 사고를 치기도 했다. 그만한 현금을 내 손에 쥔 것은 평생 처음이었다. 나는 첫 월급으로 운전면허 속성 과정을 끊었다. 로센고드 사람이라면 자동차는 필수였다.

로센고드 사람들은 멋진 아파트나 해변이 보이는 주택은 별로 알아주지 않았다. 우리 동네 사람들에게 먹히려면 번쩍번쩍한 자동차가 있어야 했다. 잘 빠진 차를 끌고 가는 것이야말로 자신이 잘나간다는 확실한 증거였다. 로센고드에서는 면허증이 있든 없든 다들 차를 몰고 다닌다. 도요타 셀리카를 임대했을 때 나는 친구와 함께 날이면 날마다 차를 몰고 나갔다. 그맘때에는 나도 어느 정도 마음을 가라앉혔을 즈음이다. 언론에서 나를 놓고 요란하게 칭찬을 해대니 몸을 사릴 필요가 있었다. 그래서 친구들이 자동차를 훔치기 시작했을 때 "이제 나는 그런 일에서 손뗐어" 하고 선을 그었다.

그래도 가끔은 소소하게 재미를 봐야 기분이 풀렸다. 한번은 친구를 데리고 인두스트리가탄Industrigatan 거리로 차를 몰았다. 말뫼의 창녀들이 손님들을 기다리는 거리였다. 로센고드에서 멀지 않아서 어릴 때도 말썽 피울 궁리를 하며 뻔질나게 드나들었던 곳이다. 한 여자에게 달걀을 던져 머리에 정통으로 맞춘 적도 있었다. 솔직히 나쁜 짓이었다. 하지만 그때는 철이 없었다. 친구 녀석과 도요타를 타고 거기에 갔더니 창녀 하나가 한 차량에 기대서서 누군가와 얘기를 하고 있었다. 손님으로 보였다. 나는 "우리 저기 손님 좀 골려주자" 하고 말하고는 그 남자 바로 앞에서 급브레이크를 밟고 뛰어나오며 소리를 질렀다. "경찰이다. 손들어!"

정신 나간 짓이었다. 나는 총을 든 것처럼 꾸미려고 샴푸 병을 들고 있었다. 나이가 지긋해 보이는 남자였는데 놀란 나머지 부리나케 그곳을 도망쳤다. 그렇게만 하고 말았다. 그 이상 다른 장난은 치지 않았다. 그러고 나서 차를 타고 가는데 사이렌 소리가 들렸다. 조금 전에 인두스트리가탄에서 보았던 그 노인네가 경찰차에 타고 있었다. 무슨 일일까? 사실 우리는 얼마든지 그 자리를 벗어날 수도 있었다. 경찰을 따돌리는 일이라면 익숙했으니까. 하지만 우리는 안전벨트를 착용했고, 어떤 나쁜 짓도 저지르지 않았다. 그래서 우리는 얌전하게 차를 세웠다.

"그냥 장난이었어요. 경찰 흉내 좀 낸 거라고요. 큰 사고 친 거 아니잖아요? 죄송합니다." 경찰들도 별일 아니라는 듯 웃음을 터뜨렸다.

그런데 쥐새끼 같은 놈이 나타났다. 경찰 무전기를 항시 염탐하는 사진기자 하나가 와서 사진을 찍은 것이다. 그때만 해도 언론매체에 문외한이었던 나는 쪼다같이 환하게 미소를 지어 보였다. 멋진 골을 넣어서 신문에 나든, 경찰에게 검문을 당해서 신문에 나든 어쨌든 신문에 나온다는 건 대단한 일이었다. 그래서 나는 천치처럼 방긋 웃었고, 내 친구는 한술 더 떠 나중에 신문 기사를 액자에 넣어 자랑스럽게 벽에 걸어놓았다. 그 영감탱이는 무슨 짓을 했는지 아는가? 그는 기자들과 인터뷰를 했고, 자기는 부끄러울 게 없는 교인으로 창녀들을 도와주고 있었을 뿐이라고 말했다. 그런데 맙소사! 그의 말은 진짜였다. 그 사건은 사람들 입에서 쉽게 떠나지 않았고, 몇몇 빅클럽에서 그 사건 때문에 나를 영입하려던 계획까지 취소했다는 말이 돌기도 했다. 십중팔구 근거 없는 소문이었을 것이다.

하지만 그 후로 언론은 더욱 열광적으로 나에 대한 기사를 쏟아냈다. 몇몇 선수들은 나에게 대놓고 화를 내거나, 아니면 뒤에서 이렇게 수군덕거렸다. "걔는 한참 더 배워야 해." "막돼먹었어." 그들의 심정을 이해하지 못할 바도 아니다. 내가 잘나가는 꼴을 가만히 두고 볼 수 없었을 것이다. 나를 조금이라도 깎아내려야 속이 편했을 것이다. 근본도 없는 녀석이 난데없이 등장해 경기장을 휘젓고 다니더니, 단 일주일 만에 그들이 선수 생활 내내 받았던 관심보다 더 열광적으로 언론의 주목을 받았으니 그럴 만도 했다. 설상가상으로 최신 유행하는 고급 양복에 값비싼 시계를 착용한 사내들이 2부 리그 첫 시즌을 치르는 동안 썰렁한 경기장에 자주 모습을 드러냈다. 말뫼 지역 인사들도 아니었고, 모두 나를 지켜보고 있었다.

그 사람들에 대해 내가 언제부터 인지했는지 혹은 진지하게 고민했는지 정확히 기억은 나지 않는다. 들리는 말로는, 유럽의 여러 구단에서 파견된 스카우트들이고 나의 기량을 확인하려고 왔다고 했다. 예전에 트리니다드 토바고 출신 녀석이 이런 일을 알려주긴 했지만, 막상 닥치니 뭐가 뭔지 알 수가 없었다. 나는 하세 보리 단장과 그 문제를 논의하려고 찾아갔다. 하지만 그는 그 주제를 피하려고 들었다. 아니, 전혀 얘기하고 싶지 않은 눈치였다.

"정말이에요, 보리 단장님? 저에게 관심을 보이는 외국 구단이 있는 거예요?"

"이 녀석아, 진정해."

"어느 구단들인데요?"

"신경 쓸 거 없어. 우리는 너를 팔 생각이 없다."

나는 생각했다. '그래, 좋아. 서둘 것 없지.' 이것저것 생각하다가 그 대신 내 계약을 재협상하기로 마음먹었다.

"다섯 경기 연속 좋은 모습을 보여주면 계약을 갱신하도록 하자." 하세 보리 단장은 이렇게 말했고, 나는 그의 말대로 했다. 나는 다섯 경기가 아니라 일곱 경기 연속으로 멋진 활약을 보였다. 우리는 협상 테이블에 앉아 조건을 논의했다.

나는 월급을 1만 크로나 이상 인상했고, 나중에 1만 크로나를 추가하기로 했다. 그 정도면 충분하다고 생각했다. 계약에 대해 아는 바가 전혀 없었다. 나는 아버지를 찾아가 자랑스럽게 내 계약서를 보여주었다. 하지만 아버지는 별일 아니라는 듯이 받아들였다. 그 무렵 아버지는 완전히 딴사람이 되어 있었다. 아버지는 이제 나를 가장 열렬히 지지하는 후원자였다. 전쟁이나 그 어떤 일도 제쳐놓고 종일 축구와 관련한 정보들을 조사하며 시간을 보냈다. 아버지는 계약서를 들춰 보며 외국 구단 이적 조항을 살피다가 갑자기 멈췄다.

"이게 뭐야? 네가 얼마나 받는지 아무 소리가 없네."

"제가 얼마나 받는 건데요?"

"이적할 경우 이적료의 10퍼센트는 받아야지. 그거 안 챙겨주면 너를 이용해먹는 거야." 나는 속으로 생각했다. 이적료의 10~20퍼센트라면 적지 않은 돈이었다. 하지만 어떻게 이 문제를 풀어야 할지 생각이 나지 않았다. 그런 일이 가능했다면 하세 보리 단장이 진즉 말해주지 않았겠는가.

어쨌든 보리 단장에게 물어보기로 했다. 만만하게 보이기는 싫었다. "보리 단장님, 저는 이적료를 분배받을 수 없나요?" 당연히 내가 예상했던 답변이 나왔다. "미안하구나. 그렇게는 안 돼." 나는 통화 내용을 아버지에게 말했다. 아버지도 이쯤 되면 현실을 받아들일 것으로 생각했다. 안 된다고 하는데 어쩌겠는가. 하지만 아버지는 수긍하지 않았다. 아버지는 분통을 터뜨리며 하세 보리 단장의 전화번호를 달라고 했다. 아버지가 전화를 걸었다. 한 번, 두 번, 세 번, 드디어 통화가 되었다. 역시 '안 된다'는 답변을 들었지만 아버지는 거기서 포기하지 않았다. 아버지는 면담을 요구했고, 우리는 이튿날 사무실에서 하세 보리 단장과 만나기로 약속을 잡았다. 나는 바짝 긴장했다. 아버지는 역시 아버지였고, 나는 일이 걷잡을 수 없이 커질까 봐 걱정했다. 솔직히 면담은 조용하게 진행되지 않았다. 아버지는 버럭 소리를 질렀다. 그리고 책상을 주먹으로 내리치면서 침을 튀기며 말하기 시작했다.

"내 아들이 당신네 타고 다니는 말이오?"

하세 보리 단장은, 물론 그건 아니라고 말했다.

"그런데 왜 내 아들을 말처럼 부려먹는 거요?"

"우리는 그렇게 대한 적이 없습니다만……."

면담은 계속되었다. 아버지는 말뫼 구단이 내게 그 어떤 사실도 숨겨서는 안 된다고 요구했다. 그리고 계약서를 다시 쓰지 않으면 내가 경기장에서 단 1초도 뛰지 않을 것이라고 엄포를 놓았다. 하세 보리 단장은 얼굴이 하얗게 질리기 시작했다. 보리 단장이 어떤 심정이었을지 십분 이해할 수 있었다. 내 아버지는 만만한 상대가 아니었다. 새끼를 지키는 호랑이 같은 분이었다. 우리는 계약서에 이적료의 10퍼센트인가를 받기로 명시했다. 이는 차후에 엄청난 영향력을 발휘하게 된다. 아버지가 하신 일을 보면서 생각이라는 것을 하고, 교훈을 얻어야 했지만 나는 그러지 못했다. 에이전트를 사기꾼으로만 알고 있었던 나는 하세 보리 단장에게 계속 일을 맡겼다. 그는 내게 멘토이자 제2의 아버지나 다름없었다. 보리 단장은 블렌타르프Blentarp에 있는 자기네 별장에 나를 초대했다. 튜더 왕조 시대의 목재 골조식 주택이었다. 그곳에서 그의 아내와 아이들, 그리고 그가 키우는 개들과 여러 동물을 만나볼 수 있었다. 나는 메르세데스 컨버터블을 할부로 구입할 때도 그에게 조언을 구했다.

하지만 경쟁이 심화되었다고 할까? 구단 생활은 여전히 쉽지 않았다. 나는 자신감이 오르면서 더욱 대담하게 경기에 임했다. 멋진 골도 여러 차례 넣었고, 오랜 시간 연마했던 브라질의 축구 기술도 실전에서 제대로 먹혀들었다. 꾸준히 기술을 연마한 보람이 있었다. 주니어팀에서는 그런 동작을 선보이면 학부모들이 으레 혀를 끌끌 찼고, "저 녀석 또 드리블하네" "쟤는 팀플레이를 할 줄 모르네" 등등 온갖 허튼소리를 들어야 했다. 하지만 이제는 관중석에서 함성과 박수 소리가 들려왔다. 드디어 기회를 잡았다는 사실이 실감 났다. 물론 뒤에서는 여전히 많은 이들이 나를 헐뜯고 있었을 것이다. 하지만 시합에서 이기고 있고, 팬들이 나를 좋아하는 만큼 대놓고 나를 비난하기는 쉽지 않았다.

사인을 받으려고 달려드는 사람들이나 관중석에서 흩날리는 응원 깃발과 팬들의 함성은 내게 힘이 되었다. 나는 맘껏 기운을 발산할 수 있었다. 베스테로스Västerås와 원정 경기를 치렀던 날의 얘기다. 나는 하세 마티손에게서 패스를 이어받았다. 인저리 타임이었다. 경기는 막판으로 치닫고 있었지만 나는 공간을 찾아냈다. 키는 작지만 탄탄한 수비력을 자랑하는 다니엘 마이스토로비치Daniel Majstorović 등을 비롯해 상대 선수 두세 명 사이에서 공을 살짝 띄운 다음 슈팅까지 성공시켰다.

나는 2부 리그에서 첫 시즌에 모두 12골을 넣어 팀 내 1위를 차지했으며, 우리 팀은 다시 1부 리그로 복귀했다. 나는 팀 내에서 주전 선수로 확실히 자리매김했다. 개인기는 부렸지만 일각에서 비난하듯 혼자 따로 노는 선수는 아니었다. 나는 경기 흐름을 바꾸는 선수로 성장했고, 나를 향한 팬들의 환호와 열정은 갈수록 커졌다. 나는 여느 선수들처럼 따분하기만 하고 재미없는 헛소리는 지껄이지 않았다.

그때는 아직 기자들과 입씨름을 하던 시절이 아니었다. 기본적으로 나는 기자들을 만날 때도 평소랑 다름이 없었다. 내가 무슨 차를 좋아하고, 어떤 비디오게임을 즐기는지 솔직하게 얘기했다. 또 소감을 물으면 이렇게 대답했다. "즐라탄은 나 하나예요." "즐라탄은 즐라탄이죠." 겸손과는 거리가 먼 태도였으니까 기자들에게는 전혀 새로운 부류의 선수로 비쳤을 것이다. 보통 선수들은 "공은 둥그니까요. 운이 좋았을 뿐이에요" 하면서 겸손을 떨었기 때문이다.

나는 마음속에서 우러나오는 대로 자유분방하게 말했다. 그냥 집에서 말하던 대로 얘기했을 뿐인데 대중에게 인기를 얻었다. 내 인기가 치솟고 여러 축구 스카우트들이 관심을 보이고 있음을 보리 단장도 인정했다. 하지만 그는 이렇게 조언했다. "너무 들뜨지 마."

나중에야 알았지만, 말뫼가 다시 1부 리그에 복귀한 후로 그는 하루에 한 번꼴로 에이전트들로부터 전화 연락을 받았다. 나는 그만큼 유망한 선수였고, 보리 단장은 내가 구단의 열악한 재정을 해결할 수 있는 구세주임을 진즉 알고 있었던 것이다. 나중에 언론에서도 표현했듯이, 그에게 나는 노다지였던 셈이다. 그러던 어느 날 그가 나를 찾아와서 "짧게 여행을 다녀오는 것은 어떨까?" 하고 물었다.

당연히 나는 좋다고 대답했다.

나를 영입하는 데 관심을 보인 구단들을 돌아보자고 보리 단장은 설명했다. 그 말을 들으니, 이제 드디어 시작이구나 하는 생각이 들었다.

⑥

나는 기록적인 가격에 팔리고 싶다.
역사에 이름을 남기고 싶다

2000~2001년

: :

어찌 보면 나한테 일어나는 일들을 따라가기조차 벅찰 정도였다. 너무나 많은 일이 벌어졌다. 얼마 전까지 주니어팀에서 골칫거리였던 나에게 연이어 짜릿한 일들이 일어나고 있었다. 하세 보리 단장과 나는 세인트 알반스St Albans에 있는 아스널의 훈련장으로 향했다. 어떤 경험을 했을지 쉽게 상상할 수 있을 것이다.

훈련장에 사람은 많지 않았다. 파트리크 비에이라와 티에리 앙리, 데니스 베르캄프 선수가 눈에 들어왔다. 하지만 정말 놀라운 것은 내가 아르센 벵거 감독을 만났다는 것이다. 이때는 벵거 감독이 아스널의 사령탑을 이리 오래 지키리라고는 아무도 생각지 못하던 때였다. 그는 아스널 감독으로 부임한 최초의 외국인으로 그의 부임 소식에 잉글랜드 신문들은 일제히 '아르센은 누구?'라는 식으로 제목을 달고 기사를 쏟아냈다. 도대체 아르센 벵거가 뭐 하는 사람인지 모르겠다는 비판 기사였다. 하지만 벵거 감독은 부임하고 두 해 만에 더블(리그 타이틀과 FA컵)을 달성하며 엄청난 인기를 얻었다. 벵거 감독의 사무실에 들어서자 왜소해지는 기분이었다.

거기에는 나와 하세 보리 단장 그리고 이름은 까먹었지만 에이전트가 한 사람 있었다. 벵거 감독이 나를 가만히 쳐다보자 몸이 떨리기까지 했다. 폐부를 꿰뚫을 듯 날카로운 눈길로 나를 평가하는 듯했다. 벵거 감독은 정서적으로 얼마나 안정된 선수인지 등을 살펴 심리 프로필도 작성하는 사람이었다. 훌륭한 감독이라면 당연히 그렇겠지만, 그는 철저했다. 나는 조용히 앉아 있었다.

초반에는 쑥스럽기도 해서 별 말없이 앉아 있었는데 이윽고 인내심을 잃고 말았다. 벵거 감독 때문이었다. 그는 얘기하는 도중에도 툭하면 일어나서 창밖에 누가 있는지 살피곤 했다. 주변에서 일어나는 일이라면 어느 것 하나도 놓치지 않으려는 듯 보였다. 그러면서 계속 테스트 문제만 물고 늘어졌다.

벵거 감독은 이렇게 말했다. "우리 쪽에서 입단 테스트 받아보는 것이 어때? 테스트는 받을 수 있어." 나는 예의 바르게 행동하고 싶었지만, 이 말에는 발끈하지 않을 수 없었다. 내가 지닌 역량을 확실히 보여주고 싶었다.

"축구화만 빌려주세요. 테스트 받죠. 지금 당장 할게요." 내가 이렇게 말하자 하세 보리 단장이 끼어들었다. "그만, 그만. 넌 절대 여기에 입단 테스트를 받으려고 온 게 아니야." 여기까지만 듣고도 나는 보리 단장의 의중을 충분히 짐작할 수 있었다. 문제는 아스널 구단에서 나를 영입할 의사가 있느냐, 없느냐 하는 것이었다. 입단 테스트를 요구하는 것은 그쪽에서 우리를 과소평가한다는 뜻이었다. 우리는 불리한 상황에서 협상하기는 싫어서 "벵거 감독님, 미안합니다만 우린 관심이 없습니다" 하고 거절했다. 물론 이를 두고 뒷말이 무성했다.

하지만 나는 그때 올바로 결정했다고 확신한다. 그다음에는 몬테카를로에 갔다. AS 모나코 구단은 적극적으로 관심을 보였지만, 우리는 그쪽 조건도 거절했다. 그리고 이탈리아로 건너가 AS 로마의 자매구단인 베로나 구단을 방문하고 집으로 돌아왔다. 비록 구체적으로 결정된 것은 없었지만 굉장한 여행이었다. 애초에 확실한 소득을 바라고 떠난 여행은 아니었다. 그보다는 유럽 구단이 어떻게 돌아가는지 내가 이해하는 것이 목적이었다. 말뫼로 돌아오니 매서운 한파가 몰아쳐 감기에 걸리고 말았다.

2001년 21세 이하 국가대표팀에 선발되어 데뷔전을 치를 예정이었지만 나가지 못했고, 나를 보러 왔던 스카우트들은 실망한 채 발길을 돌려야 했다. 당시에는 제대로 몰랐지만, 어디를 가나 스카우트들이 나를 따라다녔다. 내가 안면을 튼 스카우트는 한 사람밖에 없었다. 욘 스틴 올센John Steen Olsen이라는 덴마크 사람이었다. 올센은 오래전부터 아약스 팀을 위해 나를 지켜보고 있었고 얼굴이 익숙했던 터라 그를 만나면 인사를 건네기 시작했다. 그렇다고 거기에 특별한 의미를 두지는 않았다. 내게는 그저 유망주를 탐색하러 다니는 수많은 스카우트 중 한 명일 뿐이었다. 게다가 나는 그들이 하는 말이 그저 인사치레인지, 아니면 진짜로 관심이 있어서 하는 말인지 구분할 수가 없었다. 물론 보리 단장과 여행을 다녀온 후로는 좀 더 실감이 나기는 했지만 아직 이적에 대한 확신은 없었다. 나는 이 문제가 어떻게 풀릴지 생각하지 않으려 애썼다. 그 무렵 해외 전지훈련이 예정되어 있어 거기에 들떠 있었던 것 같다.

우리는 라 망가La Manga로 전지훈련을 떠났다. 이른 3월이었다. 몸은 날아갈 듯 가벼웠고, 날은 화창했다. 라 망가는 스페인 남동쪽 해안선과 떨어져서 바다를 끼고 좁다랗고 길게 형성된 휴양지로 모래사장과 술집들이 즐비했다. 인접한 본토에 스포츠 시설이 갖춰져 있어 유명 빅클럽들은 프리시즌에 이곳을 찾아 훈련하곤 했다. 나는 아이슬란드 출신의 구드문데르 메테와 한방을 썼다. 유소년 시절부터 함께한 동료로 둘 다 해외 전지훈련은 처음이었다. 규칙을 알지 못했던 우리는 첫날 저녁 시간에 지각한 탓에 벌금을 물어야 했다. 우리는 웃으면서 그 일을 넘겼고 이튿날 훈련 과정에 참여하러 훈련장으로 향했다. 막상 와보니 전지훈련도 별것 아니었다.

구장에 들어서니 낯익은 사람이 보였다. 나는 깜짝 놀랐다. 욘 스틴 올센이었다. 저 사람도 여기 있는 거야? 나는 그에게 간단하게 인사를 건네고 지나쳤다. 흥분할 일이 아니라고 생각했다. 스카우트야 어딜 가나 있는 법이니까 그러려니 했다. 하지만 이튿날 또 다른 남자가 보였다. 그는 아약스의 수석 스카우트였고, 하세 보리 단장은 무척 긴장한 듯 보였다.

보리 단장은 이렇게 말했다. "이제 진짜 일이 되려나 보다. 되려나 봐!"

"그래요? 그거 잘됐네요!"

나는 하던 연습을 계속했다. 하지만 마음을 가라앉히고 훈련에 집중하기가 쉽지만은 않았다. 아약스 쪽 인사가 세 사람이나 와 있었다. 이번에는 수석 코치도 함께였다. 하세 보리 단장은 협상에 진전이 있다는 말을 전해주었다. 이튿날 노르웨이 팀인 모스Moss와 친선 경기를 치를 예정이었는데 갑자기 누군가에게 침략이라도 당한 것처럼 분위기가 어수선했다. 아약스 구단의 코 아드리안세Co Adriaanse 감독과 레오 벤하커Leo Beenhakker 단장도 왔다.

나는 벤하커 단장에 대해 전혀 아는 바가 없었다. 그때는 유럽 축구계 인사에 대해 아무것도 몰랐다. 하지만 한눈에 봐도 거물급 인사였다. 그는 햇볕을 가리려고 모자를 쓰고 사이드라인에 서서 시가를 피우고 있었다. 곱슬곱슬한 흰 머리에 눈길은 날카롭게 번득였다. 사람들은 그가 〈백 투 더 퓨처〉에 나오는 미친 교수를 닮았다고 했지만, 내 눈에는 벤하커 단장이 훨씬 인상적이었다. 그는 매력적이었고 상대를 압도하는 강렬한 기운을 풍겼다. 어찌 보면 마피아 단원을 연상케도 하는 그 모습이 나는 마음에 들었다. 어려서부터 자주 접하던 부류였기 때문이다. 그래서 벤하커 단장이 한때 레알 마드리드를 이끌고 리그 우승과 국왕컵을 차지했다는 말을 들었을 때도 전혀 놀라지 않았다. 선수들을 휘어잡는 지도력과 과감한 결단력이 있어 보였다. 또한 그는 다른 이들은 보지 못하는 어린 선수들의 가능성을 알아보는 데 탁월한 감각이 있다고 했다. '와, 이건 진짜다!'라는 생각이 들었다. 물론 그간에 내가 몰랐던 일들이 많았다. 벤하커 단장은 이미 수차례 하세 보리 단장에게 내 몸값을 타진했었고, 보리 단장은 거절했다. 몸값을 고정하고 싶지 않았던 것이다.

보리 단장은 "저 아이는 팔지 않아요"라고만 대답했다. 그것은 영리한 전략이었지만 그만큼 위험 부담도 컸다.

벤하커 단장은 "몸값도 듣지 못한 채로 라 망가까지 가지는 않을 겁니다" 하고 통고했다. "그거야 그쪽 사정이고요. 그러면 없던 일로 치세요"라고 하세 보리 단장은 대답했다. 정말 이렇게 말했는지는 확실치 않다.

나중에 보리 단장에게 들은 바에 의하면 그렇다는 얘기다. 어쨌거나 보리 단장이 이렇게 나오자 벤하커 단장도 하는 수 없이 기세가 누그러졌다.

벤하커 단장은 결국 스페인으로 날아왔다. 도착해서 제일 먼저 할 일은 우리 팀이 모스와 치른 친선 경기를 지켜보는 것이었을 텐데, 경기 내내 사이드라인에서 그의 모습은 볼 수 없었다. 모스 팀 골문 너머로 욘스틴 올센과 코 아드리안세 감독은 보였는데 벤하커 단장은 보이지 않았다. 경기장을 한눈에 내려다볼 수 있도록 골라인 너머에 있는 지붕에 올라간 게 틀림없었다. 벤하커 단장이 크게 기대를 했다고 보기는 어렵다. 유망주를 보려고 먼 길을 왔지만 기대에 못 미쳐 허탕을 친 적도 많았을 테고 또 이번 경기는 중요한 시합도 아니었기 때문이다. 친선 경기에서는 선수들이 제 기량을 다 발휘하지는 않으니까 어쩌면 괜한 고생을 사서 한다고 생각했을 수도 있다. 하지만 어찌 될지는 알 수 없는 일이었다. 아약스 인사들은 자기들끼리 얘기를 나누고 있었고, 나는 약간 긴장했다. 아무래도 평정심을 유지하기가 어려웠다.

전반전 초반에 페널티 지역 바로 바깥에 있다가 오른쪽에서 넘어오는 공을 받았다. 유튜브 영상으로 본다면 옅은 파란색 유니폼을 입고 있는 쪽이 우리 팀이고, 시간은 15시 37분이다. 날씨는 따뜻했고 해안에서는 기분 좋은 바람이 불어왔다. 그 상황만 놓고 보면 위기처럼 보이지는 않았을 것이다. 상대는 조심스럽게 나왔다. 하지만 나는 상대 수비의 허점을 찾아냈다. 득점 기회였다. 축구를 하다 보면 그런 순간이 찾아온다. 어떻게 표현해야 좋을지 모르겠는데, 마치 섬광이 터지는 것처럼 눈앞에 골을 넣는 장면이 그려진다. 그날도 마찬가지였다. 축구는 계획대로 굴러가지 않는다. 무슨 일이 벌어질지 알 수 없다. 나는 공을 받는 즉시 툭

123

차서 수비수 키를 넘겼다. 화면을 보면 여러분도 바로 알겠지만, 공은 완벽한 포물선을 그리며 앞쪽으로 날아갔고, 나는 그 공을 다시 차지하려고 곧바로 쇄도해 들어갔다. 나는 순식간에 두 수비수를 지나쳐 페널티 지역 안으로 들어가 떨어진 공이 다시 튀어 오르는 순간 공을 받기 딱 좋은 위치를 차지했다.

거기서 공을 발뒤꿈치로 차올려 또 다른 수비수의 키를 넘긴 나는 앞으로 달려가며 왼발로 발리슛을 날렸다. 찰나의 순간이지만 그 순간에도 선수들은 결과가 어떨지 생각을 한다. 골일까? 아니면 빗나갔을까? 공은 그물 안으로 빨려 들어갔다. 그 골은 내가 넣은 환상적인 골 중 하나로 손꼽는다. 나는 경기장을 가로지르며 두 팔을 활짝 벌리고 소리를 질렀다. 거기에 있던 기자들은 내가 "즐라탄, 즐라탄!" 하고 외쳤다고 하는데, 내가 왜 거기서 내 이름을 외친다는 말인가? 나는 "쇼타임, 쇼타임!"이라고 외쳤다.

그것은 '쇼타임'에 어울리는 골이었다. 나는 벤하커 단장이 무슨 생각을 할지 예상이 갔다. 그는 십중팔구 기분 좋은 의미에서 깜짝 놀랐을 것이다. 어린 선수가 그런 골을 넣는 것은 어쩌면 처음 봤을지도 모른다. 나중에 알고 보니, 그 골 때문에 협상을 걱정했다고도 한다. 그는 자신이 원하던 선수를 찾았다. 개인기가 출중하고 골문 주위에서 위협적인 플레이를 구사하는 장신 선수를 찾고 있었기 때문이다. 그 선수가 자신의 주문을 이행하듯 방금 엄청난 골을 넣은 것이다. 하지만 이 같은 활약 때문에 내 몸값이 급상승할 것이라는 점을 그는 모르지 않았다. 게다가 다른 구단에서 보낸 스카우트가 같은 장면을 목격했다면 입찰 경쟁은 더 치열해질 게 분명했다. 레오 벤하커 단장은 당장 협상을 끝내야겠다고 마음먹었다. 그는 지붕에서 내려와 하세 보리 단장을 찾아갔다.

"지금 당장 저 선수와 얘기하고 싶소." 여러분도 알겠지만, 축구계는 선수의 실력만 중요한 게 아니다. 그 사람의 됨됨이도 중요한 판단 요소다. 실력이 뛰어나도 정신 자세가 틀려먹었으면 소용이 없다. 그러니까 실력뿐 아니라 그 사람을 통째로 영입하는 것이다.

"글쎄요. 곤란합니다" 하고 하세 보리 단장이 말했다.

"곤란하다니, 그게 무슨 말이오?"

"시간이 없을 것 같아요. 일정이 바쁘거든요."

돌아가는 상황이 뻔히 보이는 벤하커 단장은 약이 올랐다.

일정은 무슨 일정, 그런 게 있을 리 없었다. 하세 보리 단장은 유리한 상황을 맘껏 즐기고 있는 게 분명했다. 모든 비장의 카드를 손에 쥐게 되었으니, 자기 패를 한 장씩 다 써먹을 때까지 상대를 몰아붙이려는 심보였다.

"아니, 무슨 소리요? 걔는 아직 애송이고, 당신들 지금 전지훈련 캠프에 와 있는데. 당연히 시간이 있지."

여기에 하세 보리 단장은 "그럼, 시간을 조금 내보죠"라고 대답했고, 아약스 관계자들이 묵고 있는 호텔에서 서로 만나기로 합의했다. 호텔은 훈련장에서 좀 떨어져 있었다.

우리는 차를 타고 호텔로 향했다. 차 안에서 하세 보리 단장은 내가 긍정적이고 바람직한 자세를 보여주는 것이 중요하다고 당부했다. 하지만 나는 느긋했다. 아약스가 나를 영입할지도 모른다는 생각이 들었고, 그렇게 된다면 엄청난 사건이 될 터였다. 다른 때라면 분명 긴장했겠지만 그날은 달랐다.

당시 나는 해외의 거물급 인사들을 만난 적도 없었고, 큰 거래가 오가는 자리도 낯설었다. 하지만 일생일대의 골을 넣은 뒤인지라 두려울 게 없었다. 그런 상황에서는 아무래도 매력을 발산하기가 수월했다. 하세보리 단장과 나는 호텔에 들어가 참석자들과 악수를 하고, 통상적인 인사말을 건넨 뒤에 이런저런 얘기를 나눴다. 나는 시종일관 웃는 얼굴로, 오로지 축구에 전념하고 있으며 이 일이 쉬운 일이 아님을 잘 알고 있다는 등등의 말을 전했다. 호텔 방은 말하자면 연극 무대였고, 참석자들은 모두 상대방에게 좋은 인상을 심어주려고 연기를 펼치고 있었다. 하지만 주고받는 대화는 전혀 가볍지 않았고 서로의 의중을 살피는 탐색전이 내내 오갔다. 아약스 인사들은 내가 진짜 어떤 놈인지 가늠하고 있었다. 레오 벤하커 단장이 유독 기억에 남는다. 그는 내게 다가오더니 이렇게 말했다. "네 녀석이 나를 엿 먹이면 너는 두 배로 엿을 먹게 될 거야." 난 그의 말투가 마음에 들었다.

벤하커 단장은 내 귀에 익숙한 언어를 구사했고, 눈빛은 형형했다. 그들은 사전에 공부하고 온 게 틀림없었다. 인두스트리가탄에서 벌어진 사건을 비롯해 그들은 나에 대해 모르는 게 없어 보였다. 나조차 까맣게 잊고 지냈던 사건이었다. 그 사건을 언급한 것은 경고로도 읽힐 수 있었다. 내 기억으로 면담을 마치고 우리는 곧바로 숙소로 돌아왔고, 나는 쉽사리 마음이 진정되지 않았다.

그라운드에서 벌어지는 게임이 있다.

그리고 축구에는 이적시장에서 벌어지는 또 다른 게임이 있다. 나는 두 가지 게임을 모두 좋아하고, 이제는 꽤 많은 요령을 터득했다. 언제 입을 다물어야 하고, 언제 맞서 싸워야 하는지 나는 알고 있다. 하지만 그것을 터득하기까지의 과정은 절대 쉽지 않았다. 처음에는 아무것도 몰랐다. 그저 축구가 하고 싶은 어린아이에 불과했다. 라 망가에서 가진 회동 이후로 아약스와 관련해 한동안 나는 아무런 소식도 듣지 못했다.

스웨덴으로 돌아왔다. 당시 메르세데스 컨버터블을 몰고 다녔는데, 내가 주문한 차를 기다리는 동안 제공받은 렌터카였다. 나는 특별한 목적지 없이 그냥 돌아다니는 것을 즐겼다. 멋진 차를 몰고 다니며 한껏 기분을 내고 싶었다. 갑자기 개인기를 연습하고 싶을 때를 대비해 뒷좌석에는 작은 축구공을 놔두었다. 그러니까 경기가 없을 때 말뫼에서는 주로 이렇게 하루를 보냈다.

1부 리그 시즌 개막까지는 몇 주가 남아 있었다. 나는 보로스Borås 시에서 치를 21세 이하 국가대표팀 경기에 출전할 예정이었고, 그 외에는 특별한 일이 없는 한가한 나날의 연속이었다. 나는 대표팀 훈련에 참여하기 위해 선수단이 머물고 있는 숙소로 갔고, 동료들과 어울려 돌아다니거나 비디오게임을 즐겼다. 그러던 어느 날 전화벨이 울렸다. 하세 보리 단장이었다. 전화는 평소에도 자주 주고받기 때문에 전화를 받은 게 특별한 일은 아니었다. 하지만 이번에는 그의 목소리가 달랐다.

"바쁘니?" 하고 그가 물었다. 확실히 바쁜 것은 아니었기에 그렇지 않다고 대답했다.

"그럼 준비되었니? 컨디션은 좋아?"

"물론이죠. 무슨 일이세요?"

"그 사람들이 여기 와 있다."

"누구요?"

"아약스 사람들 말이야. 세인트 외르겐St Jörgen 호텔로 오너라. 기다리

마" 하고 그가 전화를 끊었다.

나는 그 호텔로 차를 몰았다. 호텔 밖에 주차하고 들어서는 내 심장이 두근거렸다. 드디어 일이 성사되는 것이었다. 나는 하세 보리 단장에게 이적하게 되면 기록적인 금액을 받고 싶다고 말해두었다. 나는 역사에 기록되고 싶었다. 스웨덴 선수로는 당시로는 엄청난 금액이었던 4000만 크로나에 아스널 구단에 간 선수가 있었고, 노르웨이 선수로는 발렌시아가 7000만 크로나를 지불하고 욘 카레브John Carew를 영입했었다. 스칸디나비아에서는 이 정도가 기록으로 남아 있었는데, 나는 이 기록을 깨고 싶었다. 하지만 그때 내 나이는 겨우 열아홉 살이었다.

궁지에 몰리면서도 센 척하는 일은 쉽지 않았다. 빈민가 공동주택 단지에 살며 운동복만 입고 돌아다니던 게 엊그제 일만 같았다. 물론 보르가르스콜란 시절에는 있어 보이려고 나름 외모에 신경도 썼지만, 다시 나이키 운동화에 작은 야구 모자를 쓰는 촌놈으로 돌아갔다. 이 같은 회담 자리에는 전혀 어울리지 않는 패션이었다. 세인트 외르겐 호텔에 들어서니 욘 스틴 올센이 마중 나와 있었다. 우리는 서로 인사를 나눴다. 알고 보니 이날의 회담 내용은 극비 사항이었다. 아약스는 주식시장에 상장된 기업이므로 여기서 주고받는 얘기는 내부자 정보에 해당했다. 그런데 그때 세실리아 페르손Cecilia Persson을 발견하고 발걸음을 멈추었다. 세실리아가 여기서 뭘 하고 있는 거지? 세인트 외르겐 호텔에서 로센고드 출신과 마주치리라고는 예상하지 못했다. 이곳은 부자들만의 세상이었다. 빈민가 공동주택 단지와는 동떨어진 세계였다. 그런데 그녀가 거기에 있었다.

그녀와 나는 같은 골목에서 자랐다. 세실리아의 어머니는 내 어머니와 제일 친한 사이였다. 순간 세실리아가 호텔 청소부로 일한다는 사실이 떠올랐다. 그녀는 내 어머니처럼 청소부로 일하고 있었다. 세실리아도 나를 보더니 수상하다는 표정을 지었다. 즐라탄이 저 사람들과 대체 무슨 볼일일까? 나는 손가락을 입술에 대고 쉿 하고 말했다. 우리는 엘리베이터를 타고 올라가 회의실에 들어갔다. 그곳에는 정장 차림의 사내들이 많이 모여 있었다. 벤하커 단장과 그의 재무 담당자 그리고 하세 보리 단장이 보였다. 회의실에 들어서자 왠지 모르게 미심쩍은 기운이 느껴졌다.

보리 단장은 몹시 초조해하면서도 기분이 들뜰 대로 들떠 있었다. 하지만 짐짓 태연한 모습을 보였다. "그래, 왔구나. 이 협상과 관련해서는 입도 뻥긋해서는 안 돼. 그것쯤은 너도 알고 있겠지. 그나저나 아약스에 가고 싶어? 저들은 너를 원한다는구나." 수상한 낌새가 느껴지긴 했지만, 어쨌든 그 말을 듣고 나니 기분이 날아갈 듯 좋았다.

"그럼요! 아약스는 분명 저를 한층 성장시켜줄 구단입니다." 그러자 모두 고개를 끄덕였고, 생글생글 웃는 사람들도 보였다.

하지만 여전히 뭔가 개운하지 않은 기분이었다. 나는 관계자들과 악수를 했고, 곧 나와 개별 계약 조건을 두고 협상을 벌이게 될 것이라는 말을 들었다. 왠지 모르지만 그 시점에서 벤하커 단장과 그의 수행원들은 나와 하세 보리 단장만 남겨두고 자리를 비웠다. 보리 단장은 대체 무슨 꿍꿍이였을까? 그는 커다란 스누스 담배를 입에 물고는 내게 서류뭉치를 내밀었다.

"살펴봐. 내가 너를 위해 작성한 서류야." 나는 서류를 내려다보았다. 거기에는 16만 크로나라는 엄청난 돈을 매월 지급한다고 적혀 있었다. 세상에, 내가 저 돈을 받는 거야? 하지만 그 금액이 시장가격에 견줘 좋은 조건인지 아닌지 가늠할 수가 없어서 이렇게 물었다.

"이게 좋은 조건인가요?"

"물론, 좋고말고." 보리 단장이 대답했다. "자그마치 네가 지금 받는 금액의 네 배다." 그는 잔뜩 긴장하고 있었지만 나는 그의 말이 틀림이 없다고 생각했다. 정말 큰돈이었다.

"그럼, 계약하시죠" 하고 내가 말했다.

"좋았어, 즐라탄. 축하한다!" 그러고는 조금 더 협상할 거리가 있다며 밖으로 나갔고, 조금 뒤 만면에 환하게 미소를 띤 채 돌아왔다. 세상에서 가장 위대한 계약을 성사시킨 표정이었다.

"그곳에서 새 메르세데스를 제공할 거야. 물론 비용은 그쪽이 지불할 테고." 그는 이렇게 덧붙여 말했다. 그 역시 기분 좋은 소식이었고, 나는 "와, 멋지네요" 하고 대답했다.

하지만 나는 매달 받는 급여와 자동차 말고는 계약 내용에 관해 구체적으로 아는 바가 없었고, 자동차만 해도 저쪽 사람들에게는 그저 푼돈에 지나지 않는다는 사실을 짐작도 못 했다. 과연 나는 저런 협상에 임할 만한 준비가 되어 있었을까?

아니, 나는 이런 계약에 대해 아는 게 쥐뿔도 없었다. 네덜란드에서 축구 선수들이 한 달에 얼마나 버는지 또 세금을 얼마나 떼는지 아무것도 몰랐다. 내 입장을 대변하거나 나를 위해 협상에 나서줄 사람이 한 사람도 없었던 것이다. 하기야 나는 열아홉 살이었고, 로센고드 출신이었다. 나는 세상을 몰랐다. 내가 가진 정보라고 해봤자 호텔 청소부로 일하는 세실리아보다 나을 게 없는 수준이었고, 알다시피 나는 하세 보리 단장을 친구처럼 또 아버지처럼 믿고 따랐다. 그가 오로지 구단 입장에서 돈벌 궁리만 하고 있는 줄은 미처 깨닫지 못했다. 게다가 회의실을 가득 채우고 있던 기분 나쁜 공기의 정체가 무엇인지 알아낸 것도 그로부터 한참 뒤였다. 정장 차림의 사내들은 자기들끼리 본격적인 협상을 벌이고 있었던 것이다.

그들은 아직 내 몸값을 결정하지 못한 상태였고 보리 단장이 나를 그곳으로 부른 이유는 나를 위한 게 아니었다. 일단 선수 연봉을 결정하고 서명을 받아내면 구단끼리 합의를 도출하기가 훨씬 쉬웠기 때문이다. 그렇게 되면 협상 금액을 정확히 파악할 수 있고, 또 혀를 잘 놀려서 선수가 최저 연봉에 서명하도록 만들 경우 두둑한 이적료를 챙길 수도 있었다. 요컨대 그들은 나를 희생 제물로 삼아 전략적으로 게임을 한 것이다. 하지만 그때는 아무것도 몰랐다. 기억하기로, 나는 가벼운 발걸음으로 호텔 로비를 나가며 기쁨의 환호성 같은 것을 내질렀고, 착한 아이답게 입을 꼭 다물고 있었다. 내가 그 비밀을 공유한 사람은 아버지뿐이었다. 아버지는 그 모든 진행 상황이 의문스럽다는 것 정도는 알 만큼 현명했다. 사실 아버지는 사람들을 믿지 않았다. 하지만 나는 일이 돌아가는 대로 그냥 내버려두자는 주의였다. 이튿날에는 보로스에서 마케도니아 팀을 상대로 21세 이하 국가대표팀 경기가 있었다. UEFA 유럽축구선수권대회 예선전이었고, 나로서는 데뷔전인 만큼 중요한 경기였지만 내 신경은 다른 데 쏠려 있었다. 나는 하세 보리 단장 및 레오 벤하커 단장을 다시 만나 계약서에 서명했다. 양측에서 협상을 마무리한 것이다.

그날 오후 2시에 네덜란드 방송에서 협상 타결 소식을 발표할 때까지는 비밀로 지켜야 했다. 해외에서 여러 에이전트가 나를 살피러 와 있었지만 그들은 너무 늦었다. 난 아약스행을 결정했다. 홀가분한 기분으로 하세 보리 단장에게 물었다. "그런데 제가 얼마에 팔린 거예요?" 그리고 돌아온 대답을 나는 영영 잊지 못할 것이다.

그는 재차 답변해야 했다. 처음에는 네덜란드 화폐 단위인 '길더'로 들어서 그런지 몰라도 도무지 감이 잡히지 않았다. 하지만 얼마인지 알고 기절할 뻔했다.

물론 기록적인 금액을 받고 싶었다. 욘 카레브 선수보다 더 많이 받았으면 하고 바랐다. 하지만 실제로 눈앞에서 확인하는 기분은 상상 이상이었다. 믿기지 않는 금액이었다. 8500만 크로나(당시 780만 유로―옮긴이)! 어떤 스웨덴 선수도, 스칸디나비아의 그 어떤 선수도 이런 금액을 받고 이적한 적은 없었다. 헨리크 '헨케' 라르손Henrik 'Henke' Larsson이나 욘 카레브도 이 금액에는 한참 못 미쳤다. 이제 이 사실은 전국에 대서특필될 예정이었다. 말뢰라면 몰라도 전 국민이 알아보는 사람이 된다는 것은 어떤 것일까 상상하기 어려웠다.

다음 날 여러 신문을 샀다. 완전 난리가 아니었다. 여기저기 온통 즐라탄 기사로 도배됐다. 돈방석에 앉은 사나이, 기적의 사나이 즐라탄, 즐라탄이 이랬네 저랬네. 나는 모든 기사를 하나하나 음미했다. 보로스에서 청소년대표팀 동료인 치픈Chippen과 케네디 바키르시오글뤼Kennedy Bakircioglü와 함께 요기하려고 숙소 밖으로 나간 적이 있었다. 한 카페에 앉아 청량음료와 패스트리를 먹고 있었는데, 갑자기 우리 또래 여자애들이 다가오더니 그중 한 아이가 수줍어하면서 말했다. "네가 그 8500만 크로나의 주인공이야?" 내가 뭐라고 답해야 했을까? "응, 그게 나야."

내 휴대전화는 끊임없이 울려댔다.

대다수 사람은 나를 부러워했다. 개중에는 진짜로 기뻐해주는 사람들도 있고, 내게 알랑거리는 사람들도 있었다. 그런데 딱 한 사람은 예외였다. 바로 내 어머니 얘기다. 어머니는 제정신이 아니었다. "아이고, 즐라탄. 얘야, 무슨 일이 생긴 거냐?" 어머니는 울부짖으며 말을 이었다. "유괴당했니? 죽지 않고 살아 있는 거야?" 어머니는 텔레비전에서 내 소식을 들었고, 그들이 무슨 말을 하는지 전혀 이해하지 못했다. 로센고드 출신이 자주 텔레비전에 등장하기는 하지만, 좋은 소식으로 소개되는 경우는 거의 없었기 때문이다.

"괜찮아요. 제가 아약스 구단에 팔린 것뿐이에요." 내가 이렇게 설명하자, 이번에는 역정을 냈다. "그러면 진즉 귀띔을 해줬어야지. 이놈아! 어째서 우리가 이런 소식을 뉴스에서 봐야 해?"

어머니는 곧 마음을 진정시켰다. 지금 생각해도 가슴이 뭉클하다. 이튿날 욘 스틴 올센과 나는 네덜란드로 향했다. 분홍색 스웨터에 밝은 갈색 가죽 재킷을 입었다. 내 옷 중에서 제일 좋은 옷으로 골랐다. 암스테르담에서 기자회견을 했다. 회견장에는 기자들과 카메라맨들이 구름같이 몰려와 북새통을 이루었다. 나는 환하게 웃으며 그들을 내려다보았다. 행복했지만 막연한 불안감도 있었다. 나는 위대함과 초라함을 동시에 느꼈다. 머리털 나고 처음으로 샴페인을 마실 때는 '오, 이게 다 뭐야?' 하는 표정을 지었다. 벤하커 단장은 마르코 판 바스텐의 등번호인 9번이 달린 유니폼을 내게 건넸다.

정말 난리가 아니었다. 이 와중에 '블로도라르Blådårar(지독한 미치광이)'라는 제목으로 나와 말뫼 구단을 소재로 다큐멘터리를 찍고 있는 사람들도 있었다. 스웨덴에서부터 암스테르담까지 따라온 그들은 아약스 구단의 후원 기업인 미쓰비시 자동차 전시장에서 이벤트에 참여하는 나를 촬영했다. 밝은 갈색 가죽 재킷을 입은 나는 전시장을 걸어 다니며 그곳에 전시된 차량을 모두 살펴보았다.

다큐멘터리 영상을 보면 "여기서 아무거나 하나 고르면 된다니 기분이 진짜 이상하네요. 차차 익숙해지겠지요" 하고 말하면서 내가 씩 웃는 장면이 나온다.

못 할 게 없어 보였다. 그런 기분은 태어나서 처음이었다. 동화 같은 얘기가 눈앞에 펼쳐졌다. 완연한 봄기운을 느끼며 나는 아약스 홈구장을 방문했다. 텅 빈 관중석에서 막대사탕을 입에 물고 나는 잠시 생각에 잠겼다. 그리고 기자들은 온갖 기사를 쏟아냈다. 빈민가 출신 소년이 마침내 손에 넣은 기회에 대해, 또 그다음 날에는 프로축구 선수인 즐라탄과 그가 누릴 호화로운 생활에 대해 시끄럽게 떠들었다. 이 모든 게 알스벤스칸 리그가 시작되기 직전에 생긴 일이었다(스웨덴 1부 리그는 3월에 시작해 11월에 끝나고, 네덜란드 리그는 8월에 시작해 이듬해 5월에 끝난다—옮긴이). 하세 보리 단장은 앞으로 내가 6개월간 말뫼 구단에서 더 뛰는 것으로 계약을 체결했다. 따라서 나는 암스테르담에서 말뫼 훈련장으로 즉시 복귀했다. 귀국하던 날은 좀 쌀쌀했다.

머리를 상쾌하게 자르고 기분 좋게 훈련장으로 향했다. 오랜만에 동료 선수들을 보는 자리였다. 라커룸에 들어가 보니 동료들이 죄다 무릎 위에 신문을 펼쳐놓은 채 나의 '호화로운 생활'에 대한 기사를 읽고 있었다. 앞서 말한 다큐멘터리에도 이 장면이 찍혀 있지만, 나는 웃으며 성큼성큼 걸어 들어가 재킷을 벗어 던지고 인사도 할 겸 "이야" 하고 짧게 기쁨의 환호성을 내질렀다. 나를 올려다보는 선수들 표정을 보니 안쓰럽다는 생각이 들 지경이었다.

모두 처량해 보였다. 동료들은 나를 몹시 부러워했다. 군닐세에서 나와 싸운 적도 있던 하세 마티손 선수가 특히 배가 아픈 눈치였다. 표정은 참담했지만, 나쁜 친구는 아니었다. 그는 팀의 주장으로서 호의를 보였다. 마티손 주장은 나를 축하해주려고 애썼다. "축하해주고 싶어. 멋진 일이야! 기회는 붙잡아야지." 말이야 이렇게 했지만 그의 말에 누가 속을까. 특히 카메라를 속이기는 어려웠다.

카메라는 그의 슬픈 눈동자를 들여다보고 나서 나에게 시선을 옮겼다. 나는 즐거운 아이처럼 환한 미소를 지으며 라커룸 의자에 앉아 있었다. 말뫼에서 지냈던 시절을 생각해보면, 뭐랄까 약간 조증躁症이라고 해야 하나? 나는 아무 일도 일어나지 않으면 견딜 수가 없었다. 늘 뭔가 신나는 사건을 만들어내고 싶었다. 날마다 흥미진진한 드라마를 이어가고 싶은 마음이었다. 그래서 멍청한 짓도 많이 저질렀다. 머리를 금발로 부분 염색한 적도 있었고, 약혼한 적도 있었다. 미아Mia와 약혼한 게 멍청한 짓이었다는 말은 아니다. 미아는 좋은 여자였다. 웹디자인을 전공하는 미아는 금발이었고 예뻤다. 미아는 여행을 즐겨 했는데, 우리가 만난 것도 2000년도 여름 키프로스에서였다. 미아는 그곳에 있는 한 바에서 아르바이트하고 있었다. 우리는 서로 전화번호를 교환했고, 나중에 스웨덴에서 데이트를 즐기며 함께 즐거운 시간을 보냈다. 하지만 약혼과 파혼은 번갯불에 콩 구워 먹듯이 치러졌다. 아직 언론을 상대하는 일에 미숙했던 나는 당시 〈크벨스포스텐〉 타블로이드지의 루네 스미스 기자에게 약혼 얘기를 했고, 여기서 그는 이렇게 물었다. "약혼 선물은 무엇으로 했습니까?"

"무슨 선물이요? 즐라탄을 받았잖아요."

그녀는 즐라탄을 받았다!

그냥 순간적으로 떠오른 말이었는데, 언론에서 만들어낸 내 이미지인 유아독존 캐릭터와 딱 일치하는 말이었다. 이 일화는 아직도 사람들 입에 오르내리곤 한다. 문제는 그로부터 몇 주 뒤에 미아가 아무것도 얻지 못했다는 사실이다. 약혼을 하고 나면 1년 이내에 반드시 결혼해야 한다고 한 친구가 강력하게 주장하는 바람에 나는 그만 파혼을 결정하고 말았다. 그 시절에는 그렇게 충동적으로 저지르는 일들이 많았다. 앞으로 감기 버튼을 누른 것처럼 내 주변에서는 너무나 많은 일이 일어났다. 알스벤스칸 리그 시즌 개막이 다가오고 있었다. 모든 시선은 나에게 쏠려 있었고, 나는 1부 리그에서 8500만 크로나의 가치가 있는지를 입증해 보여야 했다. 우리 팀 개막 경기가 있기 전날, 안데르스 스벤손Anders Svensson과 킴 셸슬트룀Kim Källström 선수는 소속 팀 경기에서 각각 두 골씩을 기록했다. 하지만 사람들은 깜짝 스타로 떠오른 내가 그만한 역량을 보여주지는 못할 것이라고 떠들었다. 과대평가된 10대 선수가 아니냐는 지적이었다. 그 무렵에는 부쩍 나를 두고 언론에서 키운 거품 스타라는 지적이 많았다. 따라서 나는 실력을 확실하게 입증해 보여야만 했다. 이 같은 중압감을 안고 나는 경기장에 들어섰다. 1부 리그에 복귀하고 처음 치르는 경기인 만큼 말뫼 팬들은 극도로 흥분해 있었다. 개막전은 2001년 4월 9일이었다.

루네 스미스 기자와 개막 경기 전에 인터뷰했다. 그날 나는 파란색 메르세데스 컨버터블을 몰았는데, 그런 차를 몬다는 게 자랑스럽긴 했지만 그 차와 함께 서 있는 모습이 사진에 찍히는 것은 싫었다. 거들먹거리는 인상을 주고 싶지 않았다. 언론에 그런 모습이 비치면 또 사람들에게 물어뜯기며 공격을 받을 것 같았다. 리그 개막을 앞두고 그렇지 않아도 나에 대해 우려를 나타내는 기사들이 여럿 나왔다. 잘해야 한다는 압박감과 팬들의 기대가 너무 커서 나 같은 어린 선수가 대처하기는 쉽지 않을 것이라고 했다. 내 나이가 열아홉이고 모든 일이 순식간에 일어났으니 사람들이 걱정할 만도 했다. 하지만 나는 그런 상황을 은근히 즐겼다. 물론 1부 리그는 차원이 달랐다. 하지만 나를 무시하던 사람들, 또 나를 쫓아내려고 진정서를 돌리던 사람들에게 나는 오래전부터 복수하겠다는 마음을 품고 있었다. 축구를 처음 시작할 때부터 세상을 향한 분노와 복수심은 내 원동력이었다. 그리고 사람들은 개막전을 앞두고 기대와 우려 섞인 시선을 내게 보내고 있었다. 우리는 AIK를 상대로 경기를 치를 예정이었다. 절대 만만한 상대가 아니었다.

지난번에 그 팀과 경기했을 때 우리는 참패를 당하면서 2부 리그로 강등을 당했다. 사람들은 새 시즌을 맞아 AIK를 강력한 리그 우승 후보로 점치고 있었다. 그렇다면 우리 팀은? 우리는 2부 리그에서도 우승컵을 들지 못하고 1부 리그에 탑승한 팀이었다. 하지만 8500만 크로나를 받고 이적시킨 선수가 있는 팀이니만큼 경기에 부담감을 느끼지 않겠느냐는 것이 사람들의 생각이었다. 말뫼 스타디움에는 2만여 명의 관중이 빼곡히 들어서 있었다. 그라운드로 향하는 긴 터널을 빠져나가는데 입구 너머에서 우렁찬 함성이 들려왔다. 몹시 중요한 경기였다. 1부 리그 복귀전이었고, 결과는 전혀 예측할 수 없었다.

관중석에는 깃발과 현수막이 물결치고 있었다. 우리 팀이 일렬로 늘어서자 관중석에서 구호가 들려왔다. 처음에는 무슨 말인지 알아듣지 못했지만, "우리는 말뫼를 사랑한다"는 구호였고, 내 이름을 연호하는 소리도 들렸다. 웅장한 합창을 연상케 하는 응원이 계속되었고, "즐라탄, 행운을 빈다"고 적힌 깃발들이 날렸다. 나는 그 소리에 흡족한 표정을 지으며 좀 더 크게, 좀 더 길게 외치라는 의미로 손을 귀에다 갖다 대는 시늉을 해 보였다. 나를 믿지 못하는 사람들은 적어도 한 가지는 생각이 같았다. 이 개막전이 나의 실패 무대가 되기를 바랐다는 것이다. 그 부담감은 엄청났다.

9시 15분 전에 주심이 경기 시작을 알리는 휘슬을 불었고, 함성은 한층 커졌다. 말뫼 시절에 나한테 가장 중요한 것은 득점을 올리는 것보다도 내가 수없이 연습했던 멋진 개인기를 팬들에게 선보이는 것이었다. 나는 초반부터 AIK 수비수의 다리 사이로 공을 빼내는 등 여러 차례 드리블을 구사했다. 그러나 내가 힘을 잃는 사이에 AIK는 경기 주도권을 쥐고 위협적인 공격을 퍼붓기 시작했고, 우리 팀은 계속 수세에 몰렸다. 나중에 생각해보면 내가 과욕을 부렸던 게 아닌가 싶다. 욕심이 지나치면 오히려 공격을 풀어나가기 어려워진다.

나는 마음을 가라앉히려고 노력했고, 전반 30분께 페널티 외각에서 페테르 쇠렌센Peter Sörensen이 넘겨준 공을 받았다. 그리 좋은 기회로 보이지는 않지만, 한 차례 속임동작을 쓰고 공을 발뒤꿈치로 차올리며 수비수를 따돌렸다. 그리고 곧바로 앞으로 쇄도하면서 골문을 향해 슈팅을 날렸다. 세상에, 그 공이 골문으로 빨려 들어가다니! 내가 차놓고도 뒤통수를 한 대 얻어맞은 듯 얼얼했다. 가슴이 벅차올랐다. 드디어 게임이 풀리기 시작한 것이다. 나는 무릎을 꿇고 미끄러지며 골 세리머니를 했고, 경기장을 가득 메운 사람들은 "즐라탄, 즐라탄, 슈퍼 즐라탄"을 연호했다. 득점을 올린 뒤 나는 하늘을 나는 듯 몸이 가벼웠다.

나는 연이어 멋진 개인기를 선보였고, 후반 9분께 또다시 쇠렌센에게서 좋은 패스를 이어받았다. 오른쪽 측면에 있던 나는 골문을 향해 달려들어갔다. 슈팅하기에는 절대 좋은 위치가 아니어서 사람들은 내가 패스를 해서 결정적인 도움을 줄 거라고 예상했겠지만 나는 슈팅을 날렸다. 불가능해 보이는 각도에서 내가 골을 넣자 관중은 미친 듯이 열광했다. 나는 두 팔을 활짝 펼치고, 내가 해냈다는 표정으로 천천히 경기장을 가로질러 걸어갔다. 그것이 진짜 힘이고 능력이다. 나는 이렇게 외치고 싶었다. "온갖 험담을 하며 내가 축구를 포기하도록 괴롭히던 이 염병할 자식들아, 내가 여기 있다."

나는 꿈꾸던 복수를 달성했고, 내가 자랑스러웠다. 8500만 크로나가 내 실력에 비해 지나치게 높은 몸값이라고 판단했던 모든 이들이 자기 말을 도로 취소하는 모습이 그려졌다. 그날 시합 후 만났던 기자들의 모습은 절대 잊지 못할 것이다. 회견장은 흥분 상태였고, 한 기자는 이렇게 말했다. "제가 지금 안데르스 스벤손과 킴 셸스트룀 선수에 대해 언급한다면 뭐라 하시겠습니까?"

"즐라탄, 즐라탄이라고만 해두죠." 사람들은 내 대답에 크게 웃었고, 나는 회견장을 빠져나왔다. 내가 세워놓은 메르세데스 컨버터블이 눈에 들어왔다. 끝내주는 봄날 저녁이었다.

내 차에 오르기까지는 적지 않은 시간이 걸렸다. 사인을 받으러 나온 아이들이 곳곳에서 몰려왔기 때문에 일일이 사인을 해주려면 시간이 오래 걸렸다. 한 명도 빼먹지 않고 사인을 해주자는 것이 내 철학이었다. 나는 그들의 사랑에 보답해야 했고, 사인을 모두 마친 뒤에야 차에 오를 수가 있었다. 팬들이 사인받은 수첩을 흔들어 보이며 환호하는 모습을 뒤로한 채 나는 빠르게 그곳을 벗어났다. 그 정도 열광이면 충분하다고 생각했다. 하지만 그게 아니었다. 그것은 시작에 불과했다. 이튿날 언론은 어땠을까? 그들은 나에 관해 무슨 기사를 썼을까?

언론은 우리 팀의 개막전과 나에 관한 기사를 쏟아냈다.

예전에 우리 팀이 2부 리그로 강등당했을 때 내가 이런 말을 했었다. "사람들이 나를 잊었으면 해요. 아예 없는 사람 취급했으면 좋겠어요. 그러면 우리가 복귀했을 때 천둥·번개 같은 충격을 안길 테니까요." 여러 신문은 이 말을 인용해 기사를 냈다.

나는 그라운드를 충격에 빠뜨린 천둥·번개 같은 사나이였다. 나는 경이로운 존재였고, 스웨덴 사람들은 즐라탄 열병에 빠졌다고 말하기 시작했다. 어디를 가든지 내 얘기였다. 모든 언론방송에서 나를 다루었고, 내 기사를 읽는 사람들은 어린아이나 10대들만이 아니었다. 우체국에 앉은 할머니들도, 주류 판매점을 찾은 할아버지들도 내 기사를 읽었다. "그래, 어떻게 지내?"라고 묻는 말에 "요즘 즐라탄 열병에 걸린 것 같아" 하고 농담을 던지는 사람들도 목격했다. 하늘을 나는 기분이었다. 믿기지 않는 현실이었다. 나를 응원하는 어떤 친구들이 녹음한 노래 한 곡은 전국적으로 인기를 얻었다. 어디를 가나 그 노래가 들렸고, 사람들은 그 노래를 벨소리로 쓰기도 했다. 그들은 이렇게 노래했다. "안녕, 즐라탄과 난 같은 동네 출신이야." 사람들이 당신에 대해 노래를 만들어 부른다면 기분이 어떻겠는가? 물론 우리를 상대하는 팀 쪽에서는 반응이 달랐는데, 1부 리그 세 번째 경기를 치를 때 나는 이를 똑똑히 목격했다. 4월 21일, 우리는 스톡홀름에서 유르고르덴Djurgården을 상대로 원정 경기를 치를 예정이었다.

유르고르덴은 우리와 함께 2부 리그로 강등되었다가 역시 우리와 함께 승격한 팀이었다. 유르고르덴은 2부 리그 우승을 차지했고, 우리가 2위였다. 사실 2부 리그 전적만 보면 우리는 그들에게 완패당했다. 1차전에서 2 대 0으로, 2차전에서 4 대 0으로 깨졌기 때문이다. 그런 점에서 유르고르덴은 확실히 우리 팀보다 심리적으로 우위에 서 있었다. 하지만 우리는 1부 리그를 시작하고 AIK와 엘프스보리Elfsborg를 각각 2 대 0으로 이겼고, 무엇보다 말뫼 구단에는 내가 있었다. 우리 팬들은 "즐라탄, 즐라탄!"을 연호했다. 내 마음은 용암보다 더 뜨거웠다. 그즈음 스웨덴 국가대표팀의 라르스 라예르바크Lars Lagerbäck 감독이 나의 실력을 확인하려고 경기를 관람하고 있다는 말도 들렸다.

상대 팀들은 본때를 보여준다며 벼르고 있었다. 저 자식이 대체 뭐가 특별하다는 거야? 한 타블로이드 신문은 유르고르덴 수비수 전부를 만나 기사를 썼다. 내 기억으로는 '거품 스타 즐라탄, 우리가 저지한다'라는 제목 아래 체격 건장한 수비수 세 명이 팔짱을 끼고 버티고 있는 사진이 중앙을 떡 차지하고 있었다. 경기장 분위기가 험악할 거라는 생각이 들었다. 유르고르덴 구단은 그들대로, 또 나는 나대로 서로의 명예가 걸린 한판 대결이었기 때문에 서로에 대한 욕설과 비방이 난무하는 경기가 될 터였다. 스톡홀름 경기장에 들어설 때 나는 오싹한 기운을 느꼈고 그 떨림은 아직도 생생하다.

유르고르덴 팬들은 우리에 대한 증오심으로 부글부글 끓고 있었다. 설령 증오심이 아니라 쳐도 내가 경험했던 최악의 심리전이었다. "우린 즐라탄이 싫어요, 즐라탄이 싫어요!"라는 외침이 내 귓가에 천둥처럼 울렸다. 경기장 전체가 나를 잡아먹을 듯이 으르렁거렸다. 상대 팀 관중은 수

많은 적대적인 구호는 물론이고 나와 내 어머니를 모욕하는 언사를 서슴지 않았다.

그런 일은 처음이었다. 그래, 이해 못 할 일은 아니었다. 팬들이 직접 내려와 공을 찰 수는 없는 노릇이니 그들이 달리 무엇을 하겠는가? 당연히 그들은 상대 팀에서 가장 잘하는 선수를 공격 목표로 삼았고, 따라서 나의 평정심을 깨뜨리려고 한 것이다. 축구에서는 으레 있는 일이다. 하지만 이번에는 도가 지나쳤고, 나는 분노가 치밀었다. 나는 저들에게 내 실력을 보여주겠다고 이를 악물었다. 선수들이 아니라 상대 팀 관중과 대결을 벌이는 심정이었다. 하지만 AIK전과 마찬가지로 내가 주도권을 찾기까지는 좀 시간이 걸렸다.

상대의 밀착수비로 나는 초반에 힘을 쓰기가 어려웠다. 신문에 나왔던 그 수비수들이 찰거머리처럼 붙어 다녔고, 유르고르덴은 초반 20분간 경기를 주도했다. 우리 팀에는 나이지리아에서 새로 영입한 선수가 한 명 있었다. 피터 이제Peter Ijeh였다. 이제는 득점 능력이 탁월한 공격수라는 평을 얻고 있었으며, 다음 해에 골 득점 부문에서 리그 선두를 달리게 된다. 하지만 아직은 나 때문에 빛을 보지 못하고 있었다. 뭐, 당연한 일 아닌가? 이제는 21분에 우리 팀의 중앙 수비수이자 나중에 나랑 절친한 친구가 되는 다니엘 마이스토로비치로부터 결정적인 패스를 이어받았다.

피터 이제는 패스를 골로 연결시켜 경기를 1 대 0으로 만들었고, 이어 68분에는 역시 새로 영입한 아프리카 출신 조셉 엘랑가Joseph Elanga에게 멋진 스루패스를 연결했다. 엘랑가는 수비수를 제치며 슈팅을 날려 경기를 2 대 0으로 만들었다. 유르고르덴 팬들은 미친 듯이 야유하고, 욕설을 퍼부었다. 나는 두 골에 아무런 기여도 하지 못했다. 무용지물이었다. 상대 수비수들이 내가 골을 넣지 못하게 막겠다고 하더니 과연 그 말대로 되고 있었다. 그때까지 나는 이렇다 할 활약을 하지 못했다.

코너 깃발 근처에서 힐패스를 하고 몇 가지 개인기를 보여주기도 했지만, 그것 빼고는 이제와 마이스토로비치가 만들어가는 경기나 마찬가지였다. 두 번째 골이 터지고 2분 뒤에 내가 미드필드에서 공을 받았을 때도 내 발에서 마법 같은 일이 발생할 분위기는 아니었다. 하지만 분위기는 순식간에 바뀌었다. 한 명을 제치고 난 뒤로는 일이 술술 풀리기 시작했다. '야, 이거 쉬운데.' 나는 한 선수에 이어서 또 한 선수를 제쳤고, 내 맘대로 공을 컨트롤하면서 전진했다.

마치 춤을 추는 것 같았다. 사실 그 순간에는 전혀 의식하지 못했지만, 나중에 신문 기사를 보니 나는 드리블하면서 수비수들을 모두 제치고 왼쪽 발끝으로 공을 차 넣었다. 솔직히 현장에서는 골을 넣어서 기쁜 것도 있었지만 그보다는 통쾌하게 복수했다는 즐거움이 컸다. 나를 비웃던 사람들 모두에게 한 방 먹인 것이었고, 저들의 악담과 증오에 대한 내 일갈이었다. 그리고 종료 휘슬이 울린 뒤에도 그들과의 전쟁은 끝나지 않을 것으로 생각했다.

우리 팀은 유르고르덴에 굴욕을 안겨주었다. 최종 스코어 4 대 0이었다. 경기가 끝나고 나는 유르고르덴 팬들에게 둘러싸였다. 무슨 일이 일어났을까? 내 생각과 달리 그들은 더 이상 내게 덤비거나 싸우려 하지 않았다.

그들은 내게 사인을 받고 싶어 했다. 상대 팬들도 나한테 열광한 것이다. 생각해보면 멋진 골이나 개인기로 이렇게 상황을 반전시킨 경우가 꽤 많았다. 당시 내가 가장 좋아했던 영화가 〈글래디에이터〉였는데, 이 장면은 모르는 사람이 없을 것이다. 황제가 원형경기장에 내려와 검투사더러 가면을 벗으라고 지시한다. 주인공은 가면을 벗으면서 이렇게 말한다. "내 이름은 막시무스 데시무스 메리디우스⋯⋯. 반드시 복수하겠다. 살아서 안 되면 죽어서라도."

내 심정이 바로 그랬다. 나도 꼭 그처럼 하고 싶었다. 나는 세상을 향해, 또 내 실력을 의심했던 모든 이들에게 진짜 내 실력을 보여주고 싶었다. 나를 막을 수 있는 사람은 아무도 없었다.

7

나는 누구와도 닮지 않았다.
즐라탄은 오직 하나다
2000~2001년

: :

이 시절 나는 마구 권총을 휘두르던 서부 영화 주인공이었다고 할까? 나는 앞뒤 분간 못 하고 맥락 없이 입을 멍청하게 놀리곤 했다. 이를테면 내가 있다면 스웨덴 국가대표팀이 유로 2000 대회에서 우승을 차지했을 것이라는 말도 했다. 그 당시엔 그렇게 말하는 게 남자답고 멋있어 보였는데, 정작 대표팀에 소집되고 나니 사정이 달라졌다.

그때가 4월이었다. 유르고르덴을 상대로 멋진 골을 넣은 직후여서 신문에서는 연일 내 기사를 쏟아냈다. 당시 주요 뉴스에 오르내리던 내 인터뷰 내용만 봐도 사람들이 나를 겸손한 선수로 보기는 어려웠다. 나는 슬슬 걱정되었다. 패트릭 안데르손Patrik Andersson과 스테판 슈바르츠 Stefan Schwarz 같은 대표팀 선참들이 내가 시건방진 자식이라고 생각하지 않을까?

145

말뫼 구단에서 스타가 되는 일과 국가대표팀에서 스타가 되는 일은 전혀 다른 차원의 일이었다. 대표팀에는 월드컵에서 브론즈슈(월드컵에서 득점 3위에게 주어지는 상이 브론즈슈이다. 1994년 월드컵에서 스웨덴의 케네트 안데르손이 브론즈슈를 수상—감수자)를 차지한 선수도 있었다. 믿거나 말거나 나 역시 교양 있는 행동이 무엇인지 잘 알고 있었다. 특히 신참이 조직 생활을 원활하게 하려면 튀는 짓을 하면 좋지 않다는 것을 나 역시 모르는 바가 아니었다. 말뫼 유소년팀 시절에 그런 행동으로 수없는 비난을 샀던 터라 이번에는 사람들에게 호감을 얻고 싶었다.

국가대표팀 선수들과 잘 지내고 싶었는데, 출발부터 내 마음 같지가 않았다. 우리 대표팀이 스위스로 전지훈련을 떠났는데, 기자들이 쫓아와 훈련 내내 나를 따라다니며 수선스럽게 움직였다. 난처할 지경이었다. 입 밖으로 꺼내지는 못했지만 "저기 헨리크 라르손 선수가 있잖아요, 나 말고 저기 가서 인터뷰하세요"라고 소리치고 싶었다. 제네바에서 열린 기자회견에서 나는 세계적인 선수 중에 자신이 누구와 비슷하다고 생각하느냐는 질문을 받았다.

"아무도 없습니다. 즐라탄은 한 사람뿐이니까요"라고 대답하고 말았다. 내 발언이 얼마나 겸손한지 1점부터 10점까지 점수를 매긴다면, 결코 좋은 점수를 받을 수 없는 대답이었다. 나는 그 말을 뱉자마자 다시 주워 담고 싶었다. 그 후로 나는 몸을 낮추려고 노력했다. 솔직히 그리 힘든 일은 아니었다. 쟁쟁한 선수들 옆에서는 저절로 부끄럼을 탔다. 마르쿠스 올바크Marcus Allbäck 선수 같은 경우는 함께 방을 써서 그나마 말을 붙였지만, 다수의 선참 선수들에게는 말도 붙이지 못했다. 나는 사이드라인에 혼자 우두커니 서 있었다.

그러면 기자들은 "그는 혼자 있기를 좋아한다, 그리고 자기만의 길을 간다!"라는 식으로 기사를 썼다. 확실히 그쪽이 더 그럴듯해 보이기는 했다. 언론에서는 즐라탄을 무척 흥미로운 예능인으로 포장하고 싶어 했다.

하지만 나는 난처했고, 특히 헨리크 라르손 같은 선수들의 심기를 불편하게 만들고 싶지 않았다. 지금은 '헨케'라고 친근하게 부르지만, 당시에 그는 내게 신과 같은 존재였다. 당시 그는 셀틱에서 뛰고 있었는데, 2001년에는 유러피언 골든슈(유럽 리그에서 활약하는 선수 가운데 한 시즌에 가장 많은 득점을 올린 선수에게 수여하는 상—옮긴이)를 수상할 만큼 환상적인 선수였다. 내가 그와 함께 스위스전에서 선발로 뛰게 되리라는 소식을 접했을 때 나는 가슴이 벅차올랐다.

또 한 번 꿈만 같은 일이 일어나고 있었다. 여러 신문은 대표 선수로 선발된 나에 대한 특집 기사를 많이 다뤘다. 국가대표 데뷔전을 앞두고 있는 나를 제대로 조명하고 싶었던 것이다. 개중에는 소르겐프리Sorgenfri 학교, 그러니까 나한테 특수교사를 파견했던 곳까지 가서 심층 취재를 한 언론사도 있었다. 그 여교사는 33년 교사 생활을 하면서 나처럼 다루기 어려운 학생은 없었다고 말했다. 소르겐프리 학교 시절 내가 깡패였다는 증언이었다. 혼자 북 치고 장구 치는 격이었다. 그 기사는 일방적으로 온갖 헛소리를 늘어놨다. 물론 다른 관점의 기사도 적지 않았다. 여러 언론에서는 내가 국가대표 선수로 크나큰 활약을 보여줄 것이라는 기대감을 내비쳤다. 그러니까 사람들은 내가 망나니면서 동시에 스타이기를 바랐고, 나는 이런 상반된 기대가 부담스러웠다.

하지만 나는 데뷔전에서 별로 인상적인 활약을 보여주지 못했다. 나는 전반전에 교체되었고, 같은 해 슬로베키아와 몰도바와 치른 월드컵 예선전에도 선발되지 못했다. 라예르바크와 쇠데르베리 공동 사령탑 체제에서는 라르손과 올바크 같은 공격수에게 전방을 맡겼고, 덕분에 나는 대표팀에서 무명의 세월을 좀 더 보내야만 했다. 그러니까 주전은 고사하고 출전 기회도 잘 얻지 못했다는 말이다.

대표팀도 그렇고 뭔가 일이 잘 풀리지가 않았다. 2001년 10월 7일에 스톡홀름에서 치렀던 월드컵 예선전이야말로 내가 처음으로 국가대표로서 중요한 경기를 치렀던 경기다. 그 얘기를 해보자. 우리는 로순다Råsunda 스타디온에서 아제르바이잔 팀과 시합을 벌였다. 대표팀 내에서 나는 여전히 꿔다놓은 보릿자루 같았고, 스톡홀름은 내게 신세계였다. 말하자면 뉴욕처럼 느껴졌다. 휘황찬란한 도시에 가니 모든 게 낯설고 정신이 없었다. 쭉쭉 빠진 아가씨들은 물론이고 온갖 것에 눈이 핑핑 돌아갔다.

이날 나는 후보 선수로 경기장에 들어갔다. 잘은 모르지만 로순다 스타디온에는 최대 수용에 버금가는 관중이 입장해 있었다. 3만 3000여 명이 들어찼는데, 유명 선수들은 모두 이런 상황에 익숙한 듯 자신감을 내비쳤다. 그에 비해 나는 잔뜩 위축되어 벤치에 앉아 있었다.

경기가 시작되고 15분쯤 지났는데 이상한 일이 벌어졌다. 군중이 소리를 지르기 시작했는데, 내 이름을 연호하는 것이 아닌가. 뭐라 설명할 수 없을 정도로 짜릿한 흥분을 느꼈다. 온몸에 소름이 돋았다. 그라운드에는 유명 선수들이 즐비했다. 헨케 라르손이 있었고, 올로프 멜베리Olof Mellberg가 있었고, 스테판 슈바르츠와 패트릭 안데르손이 있었다. 그런데 사람들이 그들의 이름을 외치는 게 아니라, 벤치에 앉아 있는 내 이름을 외쳤던 것이다. 그것은 정말 가슴 벅찬 일이었고, 이해할 수 없는 일이었다. 도대체 내가 뭘 했는가?

2001년에 나는 1부 리그에서 고작 몇 경기를 치른 게 다였다. 그런데도 나는 중요한 유럽 대회에서 활약하고, 월드컵에서 브론즈슈를 수상하기도 했던 선수보다 더 인기가 있었다. 이 말도 안 되는 상황에서 팀 내의 모든 사람이 나를 쳐다보았다. 그들이 즐거워했는지 뭐 씹은 기분이었는지 나로서는 알 수가 없었다. 내가 아는 것이라고는 그들도 그 상황을 이해하지 못했다는 것뿐이다. 이는 전에 없던 새로운 경험이었다. 얼마 후 관중은 다시 일상적인 응원가를 부르기 시작했다. "힘내라, 스웨덴. 힘내라!" 그리고 나는 긴장이 되기도 했고 가만히 있기가 어색해서 몸을 숙여 축구화 끈을 다시 묶었다. 그때 나는 또다시 전기에 감전된 듯 매우 놀랐다.

관중이 내가 몸을 푸는 줄로 알고는 다시 "즐라탄, 즐라탄"을 연호한 것이다. 정말 미칠 지경이었다. 나는 축구화에서 얼른 손을 뗐다. 내 말인즉 후보 선수로 벤치에 앉아 있으면서 저런 응원을 만끽하는 것은 도리가 아닌 듯해서 쥐죽은 듯 조용히 있고 싶었다는 얘기다.

은근히 반가운 마음이 들었던 건 사실이다. 가슴이 벅차올랐다. 그리고 드디어 라르스 라예르바크 감독으로부터 몸을 풀라는 지시가 떨어졌다. 트랙 위를 달려나가는데 아드레날린이 솟구쳤다. 나는 사기가 오를 대로 올랐다. 관중석에서는 "즐라탄, 즐라탄" 하고 우렁찬 소리가 들려왔고, 우리 팀은 2 대 0으로 앞서 있었다. 경기에 투입된 나는 얼마 후 패스를 받아 발뒤꿈치로 공을 띄웠고(그것은 빈민가에 살 때부터 몸에 익혔던 동작이었다), 곧바로 공을 받아내 골문 안으로 힘차게 차 넣었다. 그날 저녁

로순다 스타디온을 채운 모든 관중이 일제히 환호를 터뜨렸다. 스톡홀름이 마치 내 고향이라도 되는 것만 같았다.

문제는 내가 로센고드 친구들을 함께 데리고 다녔다는 것이다. 국가 대표팀과 스톡홀름에 갔을 때도 나는 고향 친구들을 만났다. 우리는 토마스 브롤린Thomas Brolin이 운영하는 나이트클럽인 운디시Undici로 가서 쉬고 있었다. 그때 고향 친구 녀석 하나가 이렇게 말했다.

"즐라탄, 즐라탄. 네 호텔 열쇠 좀 줘봐."

"무슨 일인데?"

"그냥 줘봐!"

"알았어, 알았다고."

나는 그에게 열쇠를 쥐여주고는 그 일을 잊어버렸다. 그날 저녁 호텔로 돌아와 보니 친구 녀석이 옷장 문을 닫고 있었다. 그런데 뭔가 숨기다가 걸린 사람처럼 안절부절못했다.

"거기에 뭐가 있는데?" 하고 내가 물었다.

"별거 아니야. 그러니 손대지 마."

"뭐라고?"

"저걸로 돈 좀 벌 수 있을 거야, 즐라탄!"

그게 무엇이었는지 아는가? 또라이 같은 자식. 그 자식은 운디시 클럽에서 손님들의 캐나다 구스다운 코트를 잔뜩 훔쳐 왔던 것이다. 내 친구 중에 껄렁껄렁한 애들이 있었다는 것은 사실이다. 그즈음 말뫼 구단에서도 일이 좋게 흘러가지만은 않았다. 이미 다른 구단에 팔린 상황에서 말뫼에서 계속 뛰는 것도 웃긴 일이었고, 잘 알듯이 내가 감정적으로 균형 잡힌 사람은 아니었다. 나는 누군가에게 버럭 화를 내고는 했다.

물론 이따금 폭발하고 화를 내는 일이야 이상할 게 없는데, 이번에는 나를 둘러싼 상황이 문제였다. '악동' 이미지가 나를 물어뜯기 시작했다. 말뫼 구단에서 헤켄Häcken을 상대로 원정 경기를 펼칠 때였다. 나는 이전 시합에서 주심에게 소리를 지른 일로 경고가 하나 있었는데, 그날따라 분위기가 불쾌했다. 오늘은 저 미친 즐라탄이 또 무슨 짓을 하는지 지켜보자고 기대하는 눈빛이랄까?

헤켄을 이끌고 있던 감독은 한때 스타 선수였던 토르비외른 닐손 Torbjörn Nilsson이었고, 그 팀에는 21세 이하 국가대표팀 동료였던 킴 셀스트룀이 뛰고 있었다. 경기는 초반부터 거칠게 흘렀고, 얼마 후 나는 킴 셀스트룀을 향해 백태클을 감행했다. 그리고 또 다른 선수를 팔꿈치로 밀어서 퇴장을 당하고 말았다. 진짜 폭발한 것은 그라운드를 나가서였다. 나는 라커룸으로 향해 가다가 홧김에 스피커와 마이크를 발로 찼고, 그 장비를 설치했던 담당자는 이를 탐탁지 않게 여겨 머저리 같은 놈이라고 나에게 욕을 했다. 나는 가던 길을 돌려 그에게 다가가, 네까짓 게 뭔데 나한테 욕을 하느냐며 윽박질렀다.

우리 팀 장비 관리자가 달려와서 우리 두 사람을 떼어놓았다. 한바탕 소동이 있었고, 이 이야기는 신문 머리기사를 장식했다. 각계각층에서 무려 700만 건에 이르는 조언이 쏟아졌다. 내 행동거지에 문제에 있으니 처신을 잘해야 한다는 것, 그러지 않을 경우 아약스에 가면 상황이 더 나빠질 수 있다나 뭐라나. 모두 헛소리였다. 헛소리! 타블로이드지인 〈엑스프레센Expressen〉에서는 심지어 한 심리학자와의 인터뷰를 통해 내가 도움을 받을 필요가 있다는 말까지 했다. 물론 나는 기사를 보자마자 이렇게 중얼거렸다. '이 자식은 누군데? 네놈이 뭘 알아?'

나는 심리학자의 도움 따위는 필요치 않았다. 다만 평화롭고 고요한 환경이 필요했을 뿐이다. 하지만 IFK 예테보리에게 우리 팀이 6 대 0으로 참패하는 결과를 벤치에 앉아 가만히 지켜보는 일이 전혀 즐겁지 않았다. 시즌 개막전부터 이어지던 상승세가 꺾이고, 우리 팀의 미케 안데르손 감독에게도 비난의 화살이 쏟아졌다. 안데르손 감독과는 별문제가 없었고, 우리는 교류도 많지 않았다. 문제가 생기면 나는 하세 보리 단장을 찾아가곤 했다. 다만 갈수록 짜증 나는 문제가 하나 있었다. 내가 보기에 안데르손 감독은 선참 선수들을 필요 이상으로 존중했다. 그 야말로 눈치를 보는 수준이었다. 또 외레브로ᴏ̈rebro와의 원정 경기에서 퇴장당한 이후로는 줄곧 나를 곱지 않은 시선으로 바라봤다. 그때가 여름이었는데, 훈련장에서 연습 경기를 하면서 한번은 마찰을 빚기도 했다. 그날 미케 안데르손 감독이 주심을 보았고, 나는 경기 중에 팀 내에서 가장 나이가 많은 선수 중 하나인 요니 페델 골키퍼와 다툼이 있었다. 안데르손 감독은 당연히 요니 골키퍼 편을 들었다. 나는 화가 나서 안데르손 감독에게 대들었다.

"감독님은 선참 선수들한테 겁먹은 겁니다. 죽은 놈들한테도 벌벌 떨겠지요" 하고 소리를 질렀다. 그러고는 운동장에 놓여 있는 공들을 발로 걷어차기 시작했다. 뻥, 뻥, 뻥.

공은 미사일처럼 날아가 경기장 너머에 주차된 자동차들 위에 떨어졌고, 그 바람에 자동차 경보기가 작동되어 경적이 요란하게 울리기 시작했다. 모든 훈련이 중단되었다. 나는 로센고드 출신다운 거친 태도로 일관했고, 동료 선수들은 험악한 눈으로 나를 쏘아보았다. 미케 안데르손 감독은 나를 진정시키려고 했지만 나는 그에게 소리를 질렀다. "감독님이 뭔데요, 우리 엄마라도 됩니까?"

나는 성질을 부리면서 라커룸으로 가서 내 사물함을 비웠다. 그리고 이름표를 떼어버리고는 다신 돌아오지 않겠다고 다짐했다. 참을 만큼 참았다. 말뫼와는 끝이었다. 머저리 같은 놈들하고도 안녕이었다. 나는 도요타 셀리카를 몰고 그곳을 떠났고, 더 이상 훈련에 참여하지 않았다. 플레이스테이션 게임을 즐기고 친구들과 어울리며 시간을 보냈다. 학교 수업을 땡땡이치는 기분이었다. 물론 하세 보리 단장은 내게 전화를 걸어 신경질적으로 말했다.

"어디 있는 거야? 어디 있어? 당장 돌아오지 못해!"

물론 나도 생각이 있는 놈이었다. 나흘 뒤에 나는 훈련장으로 돌아가서 정중하게 행동했다. 다시 매력적인 즐라탄으로 돌아간 것이다. 솔직히 말해 그런 식으로 폭발하는 게 그리 큰일은 아니라고 생각했다. 축구계에서는 비일비재한 일이다. 원래 축구 하는 사람들은 혈기가 넘친다. 게다가 나는 말뫼에 오래 있을 것도 아니었고 곧 네덜란드로 떠날 예정이었다. 따라서 진짜로 어떤 처벌이나 터무니없는 징계를 받을 일은 없을 거라고 봤다. 오히려 나는 그들이 어떻게 송별회를 열어줄지 그게 더 궁금했다. 몇 개월 전만 해도 말뫼 구단은 위기에 처해 있었다. 1000만 크로나의 재정적자로 우수한 선수들을 영입할 여력도 없었다.

내 덕분에 그들은 엄청난 자본을 확보하고 스웨덴에서 가장 부유한 구단이 되었다. 말뫼 구단의 벵트 마드센Bengt Madsen 회장은 심지어 신문에서 이렇게 말했다. "즐라탄 같은 선수는 50년에 한 명 나올까 말까 한 선수입니다!" 그러니 구단에서 나의 송별식을 성대하게 치러줄 것이라고, 적어도 8500만 크로나에 대한 감사의 표현은 할 것으로 생각하는 게 당연했다. 이 바로 얼마 전에 니클라스 킨드발 선수도 헬싱보리 Helsingborg와의 경기를 시작하기에 앞서 3만 관중 앞에서 작별 인사를 건 넸다. 따라서 내가 그 정도 대접을 받지 못할 것으로 생각할 이유는 없었 다. 그들이 나를 두려워하는 기색도 보였다. 진짜 미친 짓을 저질러서 아 약스와의 거래도 말아먹을 수 있는 유일한 사람이 나라고 생각하는 듯 했다. 내가 출전할 1부 리그 마지막 경기가 다가오고 있었다.

2001년 6월 26일, 할름스타드에서 원정 경기가 있었다. 나는 마지막으 로 멋진 활약을 펼칠 준비를 하고 있었다. 오해는 마시라. 그렇다고 나한 테 대단히 의미 있는 경기였다는 얘기는 아니다. 말뫼에서의 선수 생활 은 끝이 났고, 내 마음은 이미 암스테르담에 가 있었다. 그래도 내 인생 의 한 장이 끝나고 있었기에 유종의 미를 거두고 싶었는데, 경기 전에 구 단 게시판에서 할름스타드 출전 선수 명단을 확인하던 날이 지금도 기억 에 선하다. 나는 다시 한 번 명단을 살펴야 했다.

내 이름이 거기 없었던 것이다. 후보 선수 명단에도 없었다. 그냥 집에 있으라는 얘기는 구단에서 내리는 징계라는 뜻이었다. 이를 통해 안데 르손 감독은 이곳에서 대장이 누구인지를 깨닫게 해주었고, 나는 징계 를 받아들였다. 달리 무엇을 할 수 있었겠는가? 나를 명단에서 제외시킨 이유를 묻는 기자들에게 안데르손 감독은 "압박감 때문에 평정심을 찾 지 못해서" 또 "휴식이 필요해서"라고 말했다. 징계의 뜻도 있지만 기본 적으로 나를 배려하고 있다는 생각이 들어서 전혀 화가 나지 않았다. 그 리고 사실 경기에는 나가지 않아도 구단 경영진이 서포터들과 함께 송별 이벤트를 계획하고 있겠거니 생각할 정도로 나는 순진한 놈이었다.

명단 발표가 나고 곧 나는 하세 보리 단장의 사무실로 호출을 받았다.

알다시피 나는 호출받는 일을 좋아하지 않는다. 잔소리 좀 듣겠거니 생각하면서 그곳에 갔는데, 내 생각과 달리 뭔가 준비되어 있었다. 사무실에는 보리 단장과 벵트 마드센 회장이 굳은 얼굴로 거드름을 빼고 있었다. 나는 속으로 생각했다. 이게 무슨 일이지? 누구 장례식에라도 가나?

"즐라탄, 우리가 함께한 시간도 이제 끝이군."

"설마……"

"작별 인사는 해야겠기에……"

"그러니까 여기서 제 송별식을 치르는 겁니까?" 나는 주변을 둘러보며 이렇게 말했다.

아무것도 볼 게 없는 보리 단장의 따분한 사무실에 우리 세 사람만 덩그러니 서 있었다.

"그러니까 팬들 앞에서 송별식을 안 하겠다는 거네요?"

"글쎄, 사람들이 시합 전에 송별식을 하면 액운이 낀다고 해서." 벵트 마드센 회장이 말했다.

나는 그를 쳐다보았다. 액운이라고?

"니클라스 킨드발 선수가 3만 명 앞에서 작별 인사를 했을 때는 아무 일도 없었는데요?"

"그렇지. 하지만……"

"뭔 소립니까, 그래서요?"

"우린 이 선물을 자네에게 주고 싶네."

"이건 또 뭡니까?"

그것은 축구공이었다. 크리스털로 만든 장식품이었다.

"기념품이네."

"그러니까 지금 이게 8500만 크로나를 안겨준 저에 대한 감사의 표현이네요?"

저들은 대체 무슨 생각이었던 걸까? 내가 저 기념품을 챙겨 들고 암스테르담으로 가서 그것을 보면서 그리움의 눈물이라도 흘리길 바랐던 걸까?

"감사의 표시를 하고 싶었네."

"난 필요 없어요. 여기 두세요."

"그럴 순 없지."

당연히 그럴 수 있고말고. 나는 그 기념품을 탁자 위에 내려놓고 밖으로 나와버렸다. 그것이 구단과 나눈 송별식이었다. 그게 다였다. 기분이 좋았을 리 없다. 그렇지만 훌훌 털어버렸다. 어차피 떠날 사람이고, 말뫼 구단과 이제 상관도 없지 않은가? 이제부터 새로운 인생을 살아야 하는 만큼 네덜란드 생활에 대해 더 많이 집중했고, 그럴수록 그 삶이 더욱 소중했다.

나는 그냥 아약스로 가는 게 아니었다. 나는 아약스 구단 역사상 가장 비싼 몸값을 받고 가는 선수였고, 아약스가 레알 마드리드나 맨체스터 유나이티드급은 아니어도 빅클럽임은 틀림없었다. 5년 전에는 챔피언스리그 결승에 진출했고, 6년 전에는 챔피언스리그 우승(1994-1995 시즌—옮긴이)을 차지했었다. 또 아약스에는 요한 크루이프, 레이카르트, 클루이베르트, 베르캄프, 판 바스텐 같은 쟁쟁한 선수들이 거쳐 갔다. 특히 판 바스텐은 정말 환상적인 선수였는데 내가 그의 등번호를 달게 되었다. 기분이 끝내주는 일이었다. 나는 골을 넣어 경기 판도를 바꾸는 선수가 되겠다고 다짐했다. 생각만 해도 멋진 일이었다. 하지만 네덜란드에 가면 곧 엄청난 압박감을 받게 되리라는 것을 깨달았다.

아무런 대가도 없이 8500만 크로나를 지불하는 사람은 없다. 아약스가 리그 우승을 못 한 지 3년째였다. 아약스 같은 구단에는 이것도 치욕이었다. 아약스는 네덜란드에서 제일가는 팀이었고, 당연히 서포터들은 리그 우승을 꿈꿨다. 나는 몸값에 맞는 결과물을 내놓아야 했고, 처음부터 고개를 뻣뻣이 세우고 내 식대로 하면 안 되는 일이었다. '내가 즐라탄이다. 그러는 넌 누구야?' 하는 태도로 선수 생활을 시작할 수는 없었다. 나는 아약스 문화를 배우고 거기에 적응해야만 했다. 문제는 본의 아니게 사건이 끊이지 않았다는 것이다.

예테보리에서 집으로 돌아오는 길에 옌셰핑Jönköping 근처 보트나뤼드Bottnaryd라는 작은 마을에서 경찰 단속에 걸리고 말았다. 제한속도 70킬로미터인 곳에서 110킬로미터로 달리고 있었던 것인데, 내가 차를 어떤 식으로 모는지 안다면 눈치챘겠지만 이는 액셀을 밟은 축에도 끼지 못한다. 어쨌든 나는 한동안 면허정지를 당했고, 언론은 이 소식을 머리기사로 내보냈다. 물론 그들은 이 일만 아니라 과거에 인두스트리가탄에서 일어났던 사건도 함께 들먹였다.

기자들은 내가 일으켰던 스캔들과 내가 퇴장당했던 사건을 모두 나열했고, 물론 그 기사들은 네덜란드까지 진출했다. 아약스 구단 경영진은 이미 인지하고 있는 사건들이었지만, 이제는 암스테르담 기자들도 그런 기사를 보도하는 일에 뛰어든 것이다. 나는 바른 생활 사나이가 되어 새 출발을 해보고 싶었지만, 네덜란드에서 새 삶을 시작하기도 전에 나쁜 놈이라는 딱지를 붙이게 되었다. 아약스에는 나 말고도 새로 영입한 친구가 한 명 더 있었다. 미도Mido라는 이집트인이었는데 벨기에의 KAA 헨트Ghent에서 크게 이름을 날린 선수였다. 미도 역시 나처럼 통제 불능이라는 평판을 얻고 있었다. 그런데 스페인에서 한 번 만난 적 있는 코 아드리안세 감독에 관한 일화는 들을수록 점입가경이었다.

아드리안세 감독은 게슈타포처럼 선수들에 대해 일거수일투족을 파악하는 지독한 감독으로 알려져 있었다. 그가 선수들에게 내린 황당한 징계와 관련한 이야기도 들렸다. 감독이 전술을 설명하는 중에 자기에게 걸려온 휴대전화를 받았던 한 골키퍼는 그 벌로 구단의 전화 교환원을 대신해 구단에 걸려오는 전화를 하루 동안 받아야 했다. 심지어 그는 네덜란드 말을 한마디도 할 줄 몰랐단다. 그 선수는 "여보세요, 여보세요, 무슨 말인지 모르겠어요"라는 말만 온종일 되풀이해야 했다. 몰래 외출해서 진탕 놀고 마시다 온 유소년팀 선수 세 명에 대한 일화도 있었다. 그는 세 선수를 축구장에 눕혀놓고 다른 선수들로 하여금 징이 박힌 축구화를 신은 채 그들 위를 밟고 지나가게 했다. 그런 일화들이 숱하게 많았지만 그런 것들은 걱정하지 않았다.

감독에 관해서야 늘 이런저런 얘기가 돌아다니기 마련이었고, 사실 나는 엄격한 사람을 좋아했다. 선수들과 사적으로 가까이 지내지 않고 거리를 유지하는 감독들과 지내는 데는 별 어려움이 없었다. 유년 시절에 나도 그렇게 자랐다. "우리 즐라탄, 너는 축구 선수가 될 거다" 하고 나를 격려해주는 사람은 아무도 없었다. 연습 때마다 와서 지켜보고, 사람들 비위를 맞춰가며 나를 잘 보살펴달라고 부탁하는 아버지는 내 곁에 없었다. 혼자서 앞가림을 해야 했고, 감독과 사이도 안 좋고 혼쭐도 많이 났지만 실력이 좋아서 선수로 뛰었다. 내가 경기에 나간 것은 감독과 사이가 좋거나 감독이 나를 예뻐해서가 아니었다.

오냐 오냐 해줄 사람은 필요 없었다. 그런 과잉보호는 나를 망칠 뿐이다. 나는 축구를 하고 싶을 뿐, 다른 것들은 필요 없었다. 그래도 짐을 꾸리고 떠날 준비를 하는데 마음이 초조했다. 아약스 구단도, 암스테르담도 내겐 무척 낯선 곳이었다. 암스테르담에 관해서는 아는 것이 하나도 없었다. 첫날 비행기를 타고 내렸더니 구단에서 한 여자가 나를 마중 나와 있었다.

그 여자는 프리실라 얀센Priscilla Janssen으로 아약스 구단의 사환이었다. 나는 잘 보이려고 애를 썼다. 그녀와 함께 있던 남자와도 인사를 나눴다. 내 또래로 보였는데, 수줍음을 타는 듯했고 유창한 영어를 구사했다.

남자는 브라질에서 왔다고 얘기했다. 크루제이루Cruzeiro 구단에서 뛰었던 선수였다. 유명한 팀이었다. 호나우두 선수도 그곳에서 뛰었기 때문에 잘 알고 있었다. 그 남자도 나처럼 아약스에 새로 영입된 선수였다. 이름이 너무 길어서 잘 알아듣지 못했지만 서로 인사를 하면서 전화번호를 교환했다. 첫날 그를 '막스웰'이라고 불렀던 것은 확실히 기억이 난다. 그러고 나서 프리실라는 사브 컨버터블에 나를 태워 숙소로 데려다주었다. 구단에서는 암스테르담 외곽에 있는 동네인 디멘Diemen에 아담한 테라스가 있는 집을 마련해주었다. 호화로운 고급 침대와 60인치 텔레비전만 덩그러니 놓인 집에서 나는 내 플레이스테이션으로 게임을 하면서 앞으로 어떤 나날을 보낼지 떠올려보았다.

8

하세 보리를 용서할 수 없다.
그런 짓을 해서는 안 된다

2001~2002년

: :

혼자 생활해야 한다는 데는 아무런 불만이 없었다. 자라면서 내가 배운 게 있다면 자기 앞가림은 스스로 해야 한다는 것이었다. 그때만 해도 내가 유럽에서 최고로 잘나가는 사나이라도 된 듯 우쭐했다.

나는 프로 선수가 되었고 엄청난 돈을 받고 새 구단에 이적했다. 하지만 테라스 딸린 집 안은 거의 텅 비어 있었다. 무척 외진 곳에 동떨어져 있는 기분이었고, 가구나 집기가 없어서 도무지 집 같지가 않았다. 냉장고에 있던 음식도 금방 동이 나버렸다. 그렇다고 어릴 때처럼 공포에 사로잡히거나 어쩔 줄 몰라 당황하지는 않았다. 그런대로 참을 만했다. 말뫼 구단 시절, 로렌스베리에 있는 숙소에 거주할 때에도 냉장고는 비어 있었으니까 처음 있는 일도 아니었다. 어떻게든 적응을 해야 했다. 하지만 말뫼 시절에는 최소한 굶는 일은 없었다. 말뫼 구단에 있는 쿨란Kulan

식당에서 배불리 먹고, 밤중에 먹을 간식거리로 요구르트 같은 것들을 운동복에 숨겨 나오곤 했었다. 또 크론만스 베그에는 어머니도 있었고, 내 친구들도 살고 있었다.

말뫼 시절에는 요리할 필요도 없고, 텅 빈 냉장고를 걱정할 일도 없었다. 하지만 디멘에 오니 처음부터 다시 시작해야만 했다. 말도 안 되는 상황이었다. 나는 프로 선수답게 행동해야 했다. 하지만 집에는 콘플레이크 한 통도 없었고, 손에 쥔 현금도 거의 없었다. 나는 테라스가 딸린 집에서 고급 침대에 앉아 내가 아는 모든 사람에게 전화를 걸었다. 내 친구들, 아버지, 어머니, 누나, 동생. 심지어 헤어진 여자친구인 미아에게도 전화를 걸었다. 이곳으로 와줄 수 있어? 나는 지금 외롭고, 우울하고, 배고파. 그리고 마지막에는 하세 보리 단장에게도 연락했다.

그가 아약스 구단과 협의한 뒤에 어떤 조치를 해줄 수 있으리라고 생각한 것이다. 이를테면 먼저 그가 나한테 현금을 얼마간 빌려주고, 나중에 아약스 구단에서 그 돈을 받아낸다든가 하는 식으로 말이다. 내가 알기로 미도는 이전 구단과 이와 비슷한 거래를 성사시켰다. 하지만 소용없었다. "그렇게는 못 한다. 네 앞가림은 알아서 해야지." 하세 보리 단장의 말에 나는 화가 났다.

그는 나를 판 장본인이었다. 그런데 이 같은 상황에서 나를 도와줄 수 없단 말인가?

"왜 안 되는데요?"

"그렇게는 못 해."

"그러면 제가 받을 10퍼센트는 어디 있나요?"

그에게 아무 대답도 듣지 못한 나는 화가 치밀었다. 그래, 좋다. 급료를 받으려면 한 달이 걸린다는 사실도 몰랐던 나를 탓해야지 누굴 탓하겠는가. 게다가 내 자동차도 문제였다. 얼마 전에 새로 구입한 메르세데스 컨버터블에는 스웨덴 번호판이 붙어 있어 네덜란드에서는 몰고 다닐 수가 없었던 것이다. 그 차를 타고 신 나게 암스테르담을 돌아다닐 생각이었는데, 계획이 틀어졌으니 또 다른 메르세데스—SL55—를 주문해야 했다. 그러니 쪼들릴 수밖에 없었다.

그러니까 나는 디멘에서 땡전 한 푼 없는 몸으로 굶주려 있었다. 또 아버지한테는 돈도 없으면서 앞뒤 생각 없이 자동차를 구입했다고 잔뜩 잔소리를 들었다. 물론 지당한 말씀이었지만 당장은 아무 도움도 되지 않았다. 집에는 콘플레이크도 없었고, 텅 빈 냉장고는 꼴도 보기 싫었다.

그 순간 공항에서 만났던 브라질 친구가 생각이 났다. 그 시즌에 나 말고 아약스에서 새로 영입한 선수들이 있었다. 미도와 막스웰이었다. 나는 주로 그들과 함께 어울렸는데 나와 같은 신입이기 때문만은 아니었다. 나는 흑인 선수들이나 남미 선수들과 어울릴 때 마음이 가장 편했다. 이쪽 출신 선수들은 다른 선수를 질시하는 경우가 적고, 마음이 느긋해서 함께 있으면 훨씬 즐거웠다. 네덜란드 선수들은 자국을 벗어나 이탈리아나 잉글랜드 리그에 진출할 생각만 하고 있었기 때문에 이번에는 누가 해외에 진출할지 지켜보면서 늘 서로를 견제했다. 반면 아프리카 출신 선수와 브라질 출신 선수는 아약스 구단에서 지내는 것 자체를 즐거워했다. 아약스 구단에서 뛰게 된 것을 놀라워한다고 해야 할까? 그들과 함께 있으면 고향 친구들처럼 편했고, 그들의 유머 감각이나 사고방식도 마음에 들었다. 막스웰은 내가 나중에 만나게 되는 다른 브라질 선수들과는 전혀 달랐다. 막스웰은 파티를 즐기지도 않았고, 미친놈처럼 한 번씩 혈기를 발산해야 하는 친구도 아니었다. 배려심이 깊고, 가족과 사이가 좋아서 항상 집에 전화를 거는 친구였다. 굳이 흠을 들추자면 매사에 너무 반듯하고 모든 이에게 친절해서 탈이라고 할까?

"막스웰, 나 문제가 심각해." 나는 전화로 내 사정을 얘기했다. "집에 콘플레이크도 없어. 네 집에서 신세 좀 질 수 있을까?"

그가 말했다. "물론이지. 어서 와."

막스웰은 아우데르케르크Ouderkerk에 살았다. 인구가 겨우 7000~8000에 불과한 소도시였다. 나는 그의 집으로 가서 3주 뒤에 첫 급여를 받을 때까지 거기서 기숙했다. 잠은 마루에 매트리스를 깔고 잤다. 나쁘지 않은 시간이었다. 우리는 함께 요리도 하고, 훈련 내용이나 다른 선수들에 대해 수다를 떨거나 브라질과 스웨덴에서 살았던 이야기를 주고받았다. 막스웰은 영어를 썩 잘했다. 막스웰은 가족 이야기를 많이 했다. 특히 두 형제와는 우애가 무척 깊었는데, 얼마 안 있어 형제 중 한 명이 자동차 사고로 세상을 떠나서 특히 기억에 남는다. 정말 가슴 아픈 일이었다. 나는 막스웰을 참 좋아했다.

그의 숙소에 머무는 동안 나는 어느 정도 생활에 적응했고, 주머니 사정도 나아졌다. 내가 얼마나 좋은 기회를 잡았는지 다시 실감도 나고, 프리시즌 초반에 좋은 활약을 보일 수 있었다. 나는 아마추어 팀들을 상대로 치른 여러 친선 경기에서 많은 골을 넣었고, 내가 바라던 대로 멋진 개인기를 속속 선보였다. 아약스는 재미있는 기술축구를 구사하는 팀으로 정평이 나 있었는데, 언론에서는 나의 가능성을 점치면서 8500만 크로나의 가치가 있는 것으로 보인다고 평가했다. 코 아드리안세 감독은 나를 엄하게 다뤘다. 하지만 그간에 들은 얘기로 미뤄볼 때 그분의 지도 방식이려니 하고 받아들였다.

매 경기 후에 아드리안세 감독은 선수들에게 10점 만점을 기준으로 점수를 매겼다. 한번은 내가 여러 골을 넣었는데 감독은 이렇게 평가했다. "네가 다섯 골을 넣었지만, 두 번이나 형편없는 패스를 했으니 5점이다." 그러면 나는 '좋다, 여기 기준은 좀 빡빡하구나'라고 생각하고 넘어갔다. 감독에게 무슨 평가를 받든지 나는 포기하지 않았다. 나를 막을 수 있는 것은 아무것도 없다고 생각했다. 한번은 내가 누구인지 잘 몰랐던 한 남자가 이런 말을 했다.

그 남자는 이렇게 물었다. "너 실력 좋아?"

"공도 제대로 못 만져봤어!"

"상대 팀 팬들이 너한테 야유 보내고 비웃고 그러지?"

"그거야 그렇지."

"그럼, 실력 좋은 거네." 나는 그가 한 말을 잊지 않고 있다. 상대 팀 팬들에게 욕지거리를 듣고 야유를 당하는 선수는 실력이 좋다는 얘기다. 축구란 그런 것이다.

7월 말에 암스테르담 토너먼트Amsterdam Tournament가 개최되었다. 프리 시즌에 열리는 암스테르담 토너먼트는 유럽 명문 구단 간의 대항전으로 2001년에는 AC 밀란, 발렌시아, 리버풀이 참여했다. 굉장한 대회였다.

그 대회는 전 유럽에 나를 알릴 수 있는 좋은 기회였다. 경기를 시작하자마자 스웨덴 1부 리그와는 차원이 다른 무대라는 것을 바로 알아차렸다. 말뫼에서 뛸 때는 공을 가지고 어떻게 처리할지 생각할 여유가 충분했다. 하지만 여기서는 상대 선수가 곧바로 달려들었고, 경기 흐름도 빨라서 공을 가지고 여유를 부릴 틈이 없었다.

첫 경기 상대는 AC 밀란이었다. AC 밀란은 당시 어려움을 겪고 있었지만, 그래도 1990년대에는 유럽 축구계를 호령했던 구단이었던 데다 말디니 같은 쟁쟁한 수비수들을 보유하고 있었다. 나는 그런 사실을 떨쳐버리고 좋은 경기를 보이려고 힘썼다. 여러 차례 멋진 개인기도 선보이고 몇 번의 프리킥 찬스를 얻어내며 갈채를 받기도 했다. 하지만 상대 팀은 견고했고 우리는 0 대 1로 패했다.

두 번째 시합에서는 리버풀을 상대했다. 리버풀은 2001년에 트레블(3관왕)을 달성했고, 핀란드 출신의 사미 히피야Sami Hyypiä와 스위스 출신의 스테판 앙쇼Stéphane Henchoz가 이끄는 수비진은 프리미어리그에서 가장 견고하다는 평가를 받고 있었다. 당시 앙쇼는 컨디션이 저조했다. 앙쇼가 FA컵 결승전에서 저지른 반칙은 축구계를 떠들썩하게 달구고 있었다. 골라인 부근에서 고의적으로 손을 사용해 상대의 슈팅을 막았는데, 주심이 발견하지 못했고 이는 리버풀이 우승하는 데 유리하게 작용했기 때문이다.

앙쇼와 히피야는 찰거머리처럼 들러붙어 나를 괴롭혔다. 경기 초반 나는 코너 깃발 근처까지 공을 몰고 갔다가 페널티 지역으로 들어갔다. 그 앞을 앙쇼가 막아섰다. 앙쇼는 골대 쪽에서 나를 막아섰고, 여기서 나한테는 몇 가지 선택지가 있었다. 수월하지는 않았지만 크로스를 올리거나 공을 뒤로 패스하거나 골문을 향해 돌파를 시도할 수 있었다.

나는 한 발로 속임동작을 시도했다. 호나우두와 호마리우도 자주 쓰는 개인기였다. 어렸을 때 컴퓨터에서 영상으로 확인해보며 수없이 연습했기 때문에 꿈에서도 할 수 있는 동작이었다. 그래서인지 그냥 자연스럽게 동작이 나왔다. 보통 '스네이크Snake(뱀)'라고 불리는데, 이 동작을 제대로 수행하면 뱀 한 마리가 옆에서 스르르 나아가는 것처럼 보이기 때문이다. 하지만 난이도가 만만치 않은 동작이다. 공 뒤쪽에 발등을 대고, 공을 재빨리 오른쪽으로 쿡 찌르고 나서 다시 발끝으로 공의 각도를 왼쪽으로 획 틀면서 슉, 슉 빠르게 움직이되 아이스하키 선수가 스틱에 퍽을 딱 붙여서 달고 다니는 것처럼 공이 발에서 떨어지지 않게 컨트롤해야 한다.

말뫼 구단 시절이나 2부 리그에서는 수없이 써먹었던 동작이지만, 앙쇼처럼 세계적인 수비수를 상대로 그 동작을 쓴 적은 한 번도 없었다. AC 밀란전에서도 비슷한 경험이 있었지만 분위기가 내 승부욕을 자극했다. 앙쇼 같은 거물급 수비수를 향해 공을 몰아가자니 더 짜릿했고 위치가 위치이니만큼 긴장감은 고조되었다. 나는 슉, 슉 발을 빠르게 움직이며 앞으로 나갔고, 스테판 앙쇼는 오른쪽으로 몸을 움직였다. 나는 쌩하니 그를 제치고 지나갔으며 그는 나를 따라잡지 못했다. 사이드라인 쪽에 앉아서 구경하던 AC 밀란 선수들이 일어서서 함성을 질렀다. 암스테르담 관중은 환호했다.

멋진 볼거리였다. 경기 종료 후 기자들에게 둘러싸여 있을 때, 지금도 회자되는 그 말이 튀어나왔다. 절대 미리 계획했던 말이 아니었다. 나는 할 말을 미리 준비하는 사람이 아니다. 그냥 떠오른 말이었는데, 기자들을 피하기 전에는 그런 식으로 우연하게 화제가 되는 발언을 많이 하곤 했다. "처음에 왼쪽으로 가니까 그 선수도 왼쪽으로 오더군요. 그리고 오른쪽으로 가니까 그 선수도 오른쪽으로 왔죠. 그리고 또 왼쪽으로 가니까 핫도그 사러 갔는지 안 보이더라고요." 이 말은 네덜란드에서 자주 회자되었고 결국 유명한 인터뷰 일화로 남게 된다. 그 말을 따서 광고를 만든 이도 있었고 AC 밀란에서 내게 관심을 갖고 있다는 말도 들려왔다. 제2의 판 바스텐이니 뭐니 하면서 사람들은 나를 치켜세웠고 나는 어깨가 잔뜩 올라갔다. 나는 로센고드에서 온 '브라질' 선수로 통했다. 암스테르담 토너먼트에서 1위를 할 때만 해도 그해 시즌을 멋지게 장식할 줄 알았다. 하지만 그 시즌은 쉽지 않았다. 내 앞에는 힘든 나날들이 기다리고 있었다. 지금 돌이켜보면 처음부터 불길한 조짐이 보였다. 내 잘못도 있었다. 우선 몸 관리를 제대로 하지 못했다. 나는 스웨덴에 너무 자주 갔고 체중이 줄어 막대기처럼 보였다. 하지만 코 아드리안세 감독도 문제였다. 그는 공개적으로 나를 비난했다. 시즌 초반에는 그러려니 했는데 나중에 전반기가 끝나고 경질을 당한 후로는 점점 수위가 높아졌다. 그는 내 머리에 뭔가 문제가 있다고 비난했다. 내가 개인기를 너무 많이 부린다는 지적은 일찍부터 나왔다. 앙쇼 앞에서 보였던 그런 멋진 기술이라도 시합에서 구체적인 결과로 이어지지 않는 한 아약스에서는 아무것도 아니었던 것이다.

내가 쓰는 기술이 팀을 위한 목적이 아니라 관중에게 나를 뽐내고 싶어 하는 의도로 읽힐 수 있음을 나는 깨달았다. 아약스에서는 그간 익숙했던 투톱 체제가 아닌 전방에 세 명의 공격수를 포진시키는 전술을 썼다. 나는 여기서 센터 포워드를 맡았다. 좌우로 돌아다니며 개인기를 펼치는 것은 내 할 일이 아니었다. 내가 맡은 역할은 전방에서 패스를 받는 타깃맨에 가까웠고, 무엇보다도 득점을 올려야만 했다. 네덜란드 축구가 재미있는 기술축구라고 알고 있었는데 솔직히 의구심이 일기 시작했다. 그것도 다 옛날 얘기일 뿐, 지금은 다른 나라의 축구를 지향하는 것처럼 보였다. 불길한 조짐은 있었지만 그것에 일찌감치 대처하기는 쉽지 않았다.

새로 적응해야 할 것도 많았다. 네덜란드의 언어와 문화도 아직 낯설었다. 감독은 나에게 말을 걸지 않았다. 하기야 그는 선수 누구와도 대화를 나누지 않았다. 아드리안세 감독은 늘 표정이 굳어 있었다. 그의 눈을 쳐다보는 일도 죄짓는 일처럼 느껴질 정도였다. 초반의 상승세는 꺾였고 내 발에서 골은 더 이상 터지지 않았다. 프리시즌에 보인 화려한 활약도 더는 도움이 되지 않았다. 아니, 오히려 나를 괴롭혔다. 판 바스텐에 견주며 나를 칭송하던 언론사들은 이제 내게 비판의 화살을 겨누었다. 즐라탄의 경기력은 실망스럽고 그를 영입한 결정은 잘못된 것이었다는 기사가 나오기 시작했다. 나와 자주 어울려 지냈던 그리스 출신의 니코스 마흘라스Nikos Machlas가 내 자리를 대신했다. 경기력이 떨어지고 경쟁에서 밀려나자 생각이 복잡해졌다. '내가 뭘 잘못한 거지? 이 국면을 어떻게 타개할 수 있을까?'

나는 그런 사람이다.

이를테면 '난 즐라탄이야!' 하고 혼자 만족해서 고개 쳐들고 다니지 않는다. 나는 절대 그렇지 않다. 머릿속에서 쉬지 않고 필름이 돌아가듯 나는 반복해서 질문을 던진다. 이렇게 했어야 했나, 아니 저렇게 했어야 했나 쉴 새 없이 그림을 그린다. 나는 다른 선수들도 관찰한다. 저들에게서 배울 수 있는 점은 무엇일까? 내가 놓치고 있는 것은 뭘까? 내가 저지른 실수도 검토하면서 더 나은 대안들과 비교해본다. 무엇을 개선할 수 있을까? 시합을 하든지 훈련을 하든지 나는 항상 거기서 뭔가를 배우려고 한다. 물론 그것이 쉬운 일은 아니다. 하지만 나는 어떤 경우에도 절대 만족하지 않았고 그런 태도가 나를 향상시키는 데 도움이 되었다. 아약스에서 경기가 풀리지 않을 때 나는 혼자 이런 생각에 골몰했다. 얘기를 나눌 사람이 없었다.

나는 집에서 벽을 보고 말을 걸었다. 사람들이 다 머저리처럼 보였다. 물론 가끔 집에 전화를 걸어 투덜거리기도 했다. 내 앞길에 먹구름이 잔뜩 낀 듯했다. 물론 다른 사람을 탓할 일은 아니었다. 도무지 활력을 찾기가 어려웠고 내 경기력도, 주변 여건도 좋아질 기미가 보이지 않았다. 네덜란드에서의 생활이 나에게 맞지 않는 것처럼 보였다. 나는 벤하커 단장을 찾아가 물었다. "감독님이 저에 대해 뭐라고 말하던가요? 만족해하는지, 어떤지 궁금해요." 벤하커 단장은 코 아드리안세 감독과는 성격이 달랐다. 그는 고분고분한 선수들은 별로 좋아하지 않았다.

"괜찮아. 잘하고 있어. 우린 시간을 두고 너를 지켜볼 생각이야."

하지만 나는 고향이 그리웠다. 감독도, 언론도, 팬들도 나를 제대로 평가해주지 않는 기분이었다. 아약스 서포터들은 가볍게 대할 수 없는 존재들이다. 그들은 승리하는 팀에 길들여 있었다. 이를테면 이런 식이다. 겨우 3 대 0 승리밖에 안 되는 거야?

우리가 로다Roda를 상대로 가까스로 비겼을 때 서포터들은 우리에게 돌과 쇠파이프 조각, 유리병을 던졌다. 나는 피할 곳을 찾아 경기장에 머물러 있어야만 했다. 시즌 초반에 들었던 "즐라탄, 즐라탄"이라는 연호 대신에 욕설을 들어야 했다. 심지어 아약스 홈구장에서도 야유와 조롱을 받았다. 야유야 늘 들었던 거지만 홈팬들이 내는 소리는 듣기 힘들었다. '도대체 무슨 일이 벌어지고 있는 걸까?'

축구를 하려면 싫어도 꾹 참아야 할 일이 있다. 팬들의 심정을 이해 못하는 건 아니었다. 나는 구단에서 가장 비싼 돈을 들여 영입했고 벤치에 앉아 있으면 안 되는 선수였다. 제2의 판 바스텐이 되어 연속으로 골을 넣어야 하는 선수였기 때문에 나는 할 수 있는 모든 것을 다했다. 솔직히 말해 나는 지나치게 애를 썼다.

한 시즌은 절대 짧지 않다. 한 경기로 승부가 나는 게 아니란 말이다. 하지만 나는 단번에 승부를 보려고 했다. 아약스에 오자마자 내가 지닌 기술을 전부 펼쳐 보이려다가 위기를 초래한 것이다. 내가 기대에 부응하지 못한 것은 욕심을 너무 많이 부렸기 때문이었고, 어떤 상황도 이겨낼 줄 알았지만 나는 아직 중압감을 다루는 법에 대해 모르는 게 많았다. 8500만 크로나는 무거운 짐이 되어 내 어깨를 짓누르기 시작했고, 나는 디멘에 있는 숙소에서 빈둥거리며 시간을 보냈다.

그즈음 언론이 나에 대해 뭐라고 떠들었는지는 기억나지 않는다. 대다수 언론은 내가 미도와 함께 시내에 나가 파티나 쫓아다녔을 거라고 생각했을 것이다. 사실 나는 집에 앉아 밤낮으로 비디오게임을 즐겼고, 월요일에 쉬게 되면 일요일 저녁에 비행기를 타고 어머니 집에 갔다가 화요일 아침 6시 비행기로 돌아와 곧장 훈련장에 갔다. 나이트클럽 같은 곳에서 빈둥거리지는 않았지만 그래도 프로 선수다운 생활이라고는 할 수 없었다.

솔직히 그때는 선수로서 불성실하게 지냈다. 제대로 자지도 않았고 먹지도 않았으며 말뫼에 가서 친구들과 미련한 짓도 많이 했다. 폭죽놀이는 불법이었는데, 친구들과 폭죽을 가지고 놀면서 남의 집 정원에 그냥 던져버리기도 했다. 젊은 혈기를 주체하지 못하고 미친 짓을 저질렀다. 폭죽 때문에 온 사방에 잡초와 잡동사니들이 흩날리고 연기가 올랐다. 차를 몰고 나가 경주도 숱하게 벌였다. 그게 내가 작동하는 방식이었다. 축구가 잘 풀리지 않으면 다른 곳에서라도 혈기를 풀어야 했다. 내게는 돌파구가 필요했고, 차를 몰 때는 맘껏 질주하지 않고는 못 배겼다.

몸 관리를 제대로 하지 않아 체중이 계속 줄었다. 아약스의 센터 포워드로서 몸싸움을 벌이고 돌진해나가려면 건장한 체격을 유지해야 했지만 75킬로그램 근처까지 내려갔다. 비쩍 마른 데다 지칠 대로 지쳐 있었다. 두 번의 프리시즌을 비롯해 전반 6개월 동안은 휴일도 없었다. 음식은 어땠을 것 같은가? 인스턴트 식품으로 때우기 일쑤였다. 파스타나 삶고 토스트를 굽는 정도밖에 할 줄 아는 음식이 없었다. 시즌 초반처럼 '즐라탄의 또 다른 승리'를 축하하고 내게 호의를 보이던 수많은 기사는 싹 사라졌다. '즐라탄, 야유 속에 퇴장하다'라든지 '평정심 잃은 즐라탄'이라는 제하의 기사들만 눈에 띄었다. 사람들은 즐라탄이 이랬느니, 저랬느니 손가락질하기 시작했다. 특히 내가 팔꿈치를 쓴 것에 대해 말들이 많았다.

팔꿈치로 다른 선수들을 가격한 사건은 엄청난 화제를 몰고 다녔다.

첫 번째 일은 흐로닝언Groningen전에서 벌어졌다. 나는 경기 중에 수비수 뒤통수를 팔꿈치로 쳤다. 주심은 이를 보지 못했고, 수비수는 땅에 쓰러져 들것에 실려 나갔다. 사람들은 그가 뇌진탕에 걸린 게 아니냐고 쑥덕거렸다. 잠시 후 그 선수는 돌아왔지만 한동안 휘청거리는 모습이었다. 설상가상 축구협회가 나서서 텔레비전 영상을 검토한 후에 내게 다섯 경기 출장정지라는 징계를 내렸다.

나한테 필요한 것은 그런 게 아니었다. 엿 같았다. 출장정지에서 풀려난 후에도 일은 잘 풀리지 않았다. 나는 또 다른 선수의 뒤통수를 팔꿈치로 가격했고, 그 선수 역시 들것에 실려 나갔다. 그전부터 하던 어리석은 짓 말고 또 다른 버릇이 생긴 느낌이랄까? 이번 경우 출장정지 징계는 피했지만, 이후로는 출전 명단에서 제외되는 일이 많아졌다. 홈팬들도 내게 눈살을 찌푸렸고 나는 견디기가 힘들었다. 나는 하세 보리 단장에게 전화를 걸었다. 멍청하기 짝이 없는 짓이었지만, 절박해지면 그런 짓도 하게 된다.

"보리 단장님, 저 좀 다시 사 가면 안 돼요?"

"너를 다시 영입하라고? 진담이야?"

"여기서 좀 빼내주세요. 더는 못 참겠어요."

"이봐, 즐라탄. 우리한텐 그럴 만한 돈이 없어. 현실을 직시해. 인내할 줄도 알아야지."

참고 기다리는 일에는 진저리가 났다. 나는 더 많은 경기에 출전하고 싶었다. 게다가 향수병도 지독해서 어찌해야 할지 갈피를 잡지 못했다. 미아에게 다시 전화를 걸기 시작했다. 정말 미아가 그리웠는지는 모르겠다. 나는 외로웠다. 그래서 옛 생활을 되찾고 싶었다. 그런데 그 와중에 나는 또다시 세상에 크게 데이고 말았다.

일의 발단은 내가 팀 내에서 가장 적은 급여를 받고 있다는 사실을 알게 되면서부터였다. 그렇지 않아도 의심을 품고 있었는데 확실히 알게 되었다. 나는 가장 높은 이적료를 받고 왔지만, 급여는 가장 적게 받는 선수였다. 사람들은 나를 영입하고 제2의 판 바스텐이 되어주기를 기대했다. 그런데 급여는 쥐꼬리만큼 주고 있었던 것이다. 무슨 일이 있었던 것일까? 나로서는 알아내기 쉽지 않은 일이었다.

하세 보리 단장이 "에이전트는 다 사기꾼들"이라고 했던 말을 기억하는가? 그 말이 떠오르자 벼락을 때리듯 번쩍하고 스쳐 가는 생각이 있었다. '그 인간이 나를 등쳐먹었구나.' 보리 단장은 내 편인 척하면서 말뫼 구단 입장에서만 일했다. 생각하면 할수록 열불이 났다. 하세 보리 단장은 처음부터 우리 사이에 아무도 끼어들지 못하게 만들어서 누구도 내 이익을 대변할 수 없도록 차단했다. 세인트 외르겐 호텔에 운동복 차림으로 가서 숫자에 빠삭한 정장 차림 사내들이 나를 상대로 사기를 칠 때 쪼다처럼 당할 수밖에 없었던 것도 그래서였다. 한 대 제대로 얻어맞은 심정이었다. 한 가지 분명히 해둘 게 있다. 나는 살면서 돈이 제일 중요했던 적은 없다. 돈이 문제가 아니라 누군가 나를 얼간이 같은 이민자 꼬꼬마로 여겼다는 사실, 나를 기만하고 속여서 한몫 잡아볼 심산이었다는 게 참을 수가 없었다. 나는 당장 하세 보리 단장에게 전화를 걸었다.

"이게 다 뭡니까? 아약스에서 제일 형편없는 대우를 받고 있습니다."

"그게 무슨 말이냐?"

그는 아무것도 모르는 척 시치미를 뗐다.

"제가 받을 10퍼센트는 어디 있습니까?"

"영국 보험 상품에 투자해두었다."

보험 상품이라고? 그게 다 뭐란 말인가? 무슨 말인지 이해가 가지 않았다. 그래서 나는 '뭐든 상관없다. 보험 상품이든, 가방에 돈다발을 넣어주든, 땅속에 파묻어 놨든 뭐든 상관없다'고 말해주고는 이렇게 외쳤다.

"지금 당장 제 돈을 주세요."

"그건 불가능한 일이야" 하고 그가 대답했다.

그 돈은 묶여 있다고 했다. 내가 알지도 못하는 어떤 상품에 투자되어 있다고. 나는 진상을 파악해보기로 마음먹었다. 에이전트가 사기꾼이 아니라는 사실을 깨닫고 나서 나는 에이전트를 구했다. 에이전트가 없으면 싸워볼 기회조차 없었을 것이다. 그들의 도움이 없으면 협상장에서

173

정장 차림 사내들에게 또 당하고 말 거라는 생각이 들었다. 나는 친구를 통해 스톡홀름의 스포츠 매니지먼트 전문 기업인 IMG에서 일하고 있던 안데르스 카를손Anders Carlsson이라는 사람과 접촉했다.

그는 크게 이름을 떨칠 친구는 아니었지만 사람이 믿을 만했다. 씹던 껌을 길거리에 뱉지도 않고 규칙을 어길 친구도 아니었다. 말하자면, 얌전한 모범생 과인데 어울리지 않게 거친 남자 행세를 했다. 안데르스 카를손은 내가 아무것도 모르는 시절에 많은 도움이 되었다. 그가 문제의 보험 서류를 입수했고, 나는 그 서류를 보고 또 한 번 충격을 받았다. 거기에 적힌 금액은 이적료의 10퍼센트가 아니었다. 정확히 8퍼센트에 해당하는 금액이 적혀 있었다. 나는 어떻게 된 거냐고 물었다.

말뫼 구단이 그 돈으로 내 임금에 대한 선급세금advance tax을 지불했다는 설명을 들었다. '이건 또 무슨 개소리야?' 임금에 대한 선급세금이라니? 나는 그런 것에 대해 한 번도 들어본 적이 없었다. "이건 아니야. 이건 신종 사기야." 그리고 어떤 일이 일어났는지 아는가? 안데르스 카를손이 그 문제를 조사했고, 나는 2퍼센트에 해당하는 돈을 돌려받았다. 임금에 대한 선급세금 항목이 갑자기 사라져버린 것이다. 그렇게 해서 모든 일이 정리되었다. 하세 보리 단장과의 관계도 끝났다. 나는 이 일로 결코 잊지 못할 교훈을 배웠다. 솔직히 말해 그 배신감은 아직도 상처로 남아 있다. 혹시라도 내가 여전히 금전 문제나 계약 관계에 미숙할 거라고 생각할 사람들이 있을지 모르겠는데, 절대로 그렇지 않다.

최근에 내 에이전트인 미노가 전화를 걸어 물었다. "자네 책과 관련해서 보니어Bonnier 출판사로부터 얼마 받을 예정이지?"

"모르겠는데."

"허튼소리 하지 마! 얼마인지 정확히 알면서." 물론 그의 말이 맞다.

지금은 하나부터 열까지 완전히 꿰고 있다. 더는 사기를 당하거나 이용당할 생각이 없기 때문이다. 나는 협상을 할 때도 상대보다 한 수 더 내다보려고 노력한다. 저들은 무슨 생각을 할까? 저들이 바라는 게 무엇일까, 또 감추고 있는 전략은 뭘까? 그리고 모든 정보를 기억해둔다. 나를 속인 이들은 뼛속 깊이 새겨둔다. 물론 헬레나는 "하세 보리 단장 미워하는 것도 이제 지겹다"면서 그런 일들을 너무 마음 깊이 담아두지 말라고 얘기한다.

하지만 나는 절대로 그를 용서하지 않을 것이다. 어림도 없는 소리다. 계약이니 문서니 아무것도 모르는 빈민가 출신의 어린애한테 그런 짓을 해서는 안 되는 일이다. 말로는 아버지처럼 생각하라면서 법의 허점을 최대한 이용해 사람을 등쳐먹어서는 안 되는 것이다. 내가 유소년팀에 있을 때 그들은 나의 가능성을 믿어주지 않았다. 1군에 발탁될 가능성이 가장 낮은 선수가 나였다. 그랬는데…… 엄청난 돈을 지불하고 나를 영입하려는 구단이 생기자 그들은 태도를 바꿨다. 내게서 짜낼 수 있는 마지막 한 방울까지 짜내려 했던 것이다. 그들은 거들떠보지도 않던 나를 착취하느라 바빴다. 나는 그 사실을 절대 잊지 않을 것이다. 가끔 나는 궁금했다. '변호사를 대동하고 다니는 부잣집 자식에게도 하세 보리 단장이 똑같은 짓을 했을까?'

아닐 거라고 생각한다. 아약스 시절에 내 감정이 어떤지 보리 단장에게 얘기한 적이 있다. 조심하는 게 좋을 거라는 요지의 말이었다. 하지만 그는 그때 내 말을 제대로 이해하지 못했다. 나중에 자기 책을 쓰면서 자신이 나의 멘토였고 나를 항상 보살폈다고 떡하니 적어놓았다. 그런데 몇 해 전에 제대로 내 심정을 전달할 기회가 왔다. 헝가리에 갔다가 엘리베이터에서 우연히 마주친 것이다.

나는 스웨덴 국가대표팀 경기가 있어서 방문한 터였다. 엘리베이터를 타고 올라가는데 4층에서 보리 단장이 갑자기 나타났다. 호화 시찰을 나온 듯했다. 넥타이를 고쳐 매느라 처음에는 나를 보지 못했지만 곧 알은 체했다. 언제나처럼 보리 단장은 "그래, 요즘 어떻게 지내냐?" 하고 인사를 건네며 내게 손을 내밀었다.

하지만 나는 손가락도 까딱하지 않았다. 그는 찬바람이 쌩쌩 부는 무심한 내 표정을 보고 겁먹은 티가 역력했다. 그는 어안이 벙벙해서 그냥 서 있었고, 나는 한마디도 하지 않았다. 그를 빤히 내려다보고 있던 나는 엘리베이터가 1층에 도착하자마자 그를 두고 성큼성큼 걸어 나왔다. 이게 모든 전모를 알고 나서 처음이자 마지막으로 우리가 다시 부딪쳤던 순간이다. 나는 절대 그에게 속은 일을 잊지 않을 것이다. 하세 보리 단장은 이중적인 사람이었고, 나는 아약스 건으로 깊은 상처를 입었다. 나는 기만당했고 모욕당했다. 팀 내에서는 가장 적은 급여를 받았으며, 홈 팬들로부터는 야유를 받았다. 게다가 팔꿈치 가격 사건까지, 나쁜 일은 연이어 터졌다. 언론에서는 내 잘못들을 하나하나 열거하며 온갖 허튼 소리를 쏟아냈다. 인두스트리가탄 사건 이야기는 때마다 빠지지도 않고 실렸고, 사람들은 내가 평정심을 잃었다고 말했다. 사람들은 옛날의 즐라탄을 그리워했다. 날이면 날마다 나에 관한 얘기가 들려왔고, 내 머릿속은 이런저런 생각으로 요동쳤다.

나는 끊임없이 해결책을 강구했다. 절대 포기할 생각이 없었기 때문이다. 사람들은 자주 까먹지만 나는 온실에서 화초처럼 자란 사람이 아니다. 나는 순풍에 돛 단 듯이 유럽에 진출한 선수가 아니었다. 온갖 불리한 상황을 뚫고 유럽까지 왔다. 축구를 시작할 때부터 부모와 감독의 반대를 무릅썼고, 다른 사람들이 뭐라고 하든지 간에 스스로 정보를 찾아보며 많은 것을 배웠다. 즐라탄은 드리블만 할 줄 안다고 사람들은 불평했다. 즐라탄은 이런 놈이니 저런 놈이니 마음대로 규정하면서 즐라탄이 잘못하고 있다고 나를 비난했다. 하지만 나는 계속 드리블을 했다. 사람들의 말을 경청하되, 줏대 없이 시키는 대로만 하지는 않았다. 나는 아약스 문화를 파악하고, 그들의 사고방식과 플레이 스타일을 배우려고 애를 썼다.

더 좋은 선수가 되려면 어떻게 해야 할지 고민했다. 나는 열심히 훈련하고, 다른 선수들을 보고 배우려고 노력했다. 하지만 내 스타일을 포기하지는 않았다. 그 누구도 경기를 풀어나가는 나만의 방식을 교정할 수는 없었다. 내가 고집불통이나 문제아라서 말을 안 들은 게 아니었다. 좀 과격하게 보일 수도 있지만, 그게 내가 그라운드에서 싸우는 방식이고 내 특징이었다. 나는 나 자신에게 요구하는 만큼 남들에게도 똑같이 요구한다. 하지만 코 아드리안세 감독은 나를 짜증스러워했다. 그는 나를 평가하면서 다루기 까다로운 선수라고 말했다. 건방지고 자기중심적인 선수라는 게 그의 말의 요지였다. 물론 감독으로서 그는 자기 생각을 말할 자유가 있다. 그것에 대해 불평하고 싶은 생각은 없다. 그것을 이해 못 하는 게 아니다. 감독은 대장이다. 다만 내가 아약스에 적응하려고 무진장 노력했다는 사실은 말하고 싶다.

하지만 상황은 나아지지 않았고, 코 아드리안세 감독이 경질될 것이라는 말이 들렸다. 결과를 놓고 보면 그것은 좋은 소식이었다. 챔피언스리그 예선전에서 헨리크 라르손이 이끄는 셀틱에게 패하고, UEFA컵에서는 FC 코펜하겐에게 패한 뒤였다. 하지만 나는 이 결과 때문에 감독이 경질당한 것은 아니라고 생각했다. 국내 리그에서는 잘하고 있었기 때문이다.

코 아드리안세 감독이 물러나게 된 것은 선수들과의 소통 부재 때문이었다고 생각한다. 우리 선수 중에 감독과 교류하고 있던 이는 아무도 없었다. 우리는 감독과 단절되어 있었다. 내가 거친 남자들과 잘 지내는 편이기는 해도 코 아드리안세 감독은 정말 힘든 사람이었다. 빡빡해도 너무 빡빡했다. 그의 독재적인 지도 방식은 유머 감각이라고는 눈곱만큼도 없이 따분하기만 했다. 우리는 그의 후임으로 누가 선정될지 궁금했다.

레이카르트의 이름이 한동안 오르내렸다. 긍정적인 소식이었다. 좋은 선수가 반드시 좋은 감독이 되리라는 법은 없지만, 레이카르트는 판 바스텐과 AC 밀란의 굴리트와 함께 전설적인 선수 반열에 오른 인물이었기 때문이다. 하지만 로날드 쿠만으로 최종 결론이 났다. 나는 그가 어떤 선수인지 알고 있었다. 바르셀로나에서 프리킥의 달인으로 유명했다. 쿠만 감독은 선수로 이름을 날렸던 루드 크롤Ruud Krol을 코치로 데려왔다. 나는 신임 코치진이 나를 더 잘 이해한다는 사실을 알고, 상황이 호전되기를 내심 기대했다.

그러나 코치진이 바뀌었지만 상황은 더 나빠졌다. 나는 연이어 다섯 경기나 벤치를 지켰다. 쿠만 감독은 훈련장에서 나를 집으로 돌려보내며 이렇게 소리 질렀다. "집중 안 할 거야? 전력을 다하고 있지 않잖아. 집에 가." 나는 정신이 딴 데 팔려 있었고, 물론 감독 말을 듣고 집으로 갔다. 연습 한 번 빠진 게 대단한 일도 아닌데 신문에 대문짝만 하게 기사가 났다. 게다가 스웨덴 대표팀의 라르스 라예르바크 감독은 언론과의 인터뷰에서 나에 대해 우려하고 있다고 말했다. 그러자 내가 국가대표 명단에서 빠질지도 모른다는 말이 돌았다. 유쾌하지 않은 날들의 연속이었다.

그해 여름에 한국과 일본에서 공동으로 개최하는 월드컵 대회가 열릴 예정이었다. 월드컵은 내가 오래전부터 고대했던 무대인데, 슬슬 걱정되기 시작했다. 또 하나 걱정은 내가 달고 있는 등번호였다. 이대로 가면 아약스에서 받은 등번호 9번을 빼앗길지도 모른다는 생각이 들었다. 사실 등번호가 진짜 문제는 아니었다. 번호야 아무려면 어떤가. 하지만 진짜로 그렇게 될 경우, 이는 그들이 나를 더 이상 신뢰하지 않는다는 증거나 다름없었다. 아약스 사람들은 등번호의 의미를 늘 중요하게 생각했다.

10번에도 역사가 있고 11번에도 역사가 있었지만, 판 바스텐의 등번호인 9번보다 더 좋은 번호는 없었다. 그 번호를 다는 것은 선수에게 특별한 영예였고, 그에 걸맞은 성과를 내지 못한다면 그 번호를 뺏긴다. 이는 당연한 순리였다. 그리고 내가 팀에서 제 역할을 하지 못한다는 사람들의 비판은 타당했다.

나는 리그 경기에서 겨우 다섯 골을 넣었다. 다른 대회까지 모두 합쳐도 여섯 골밖에 되지 않았고, 대부분은 벤치 신세였다. 홈팬들은 내게 점점 더 많은 야유를 보냈다. 내가 몸을 풀며 출전할 준비를 하면, 그들은 "니코스, 니코스! 마흘라스, 마흘라스!"를 연호했다. 그 선수가 경기력이 형편없을 때도 홈팬들은 내가 운동장에 들어가는 것을 원치 않았다. 그들은 마흘라스 선수가 계속 뛰기를 바랐다. 아직 운동장에 들어가

179

지도 않았는데 벌써 나를 비난하는 팬들을 보면서 기분이 어땠겠는가. 그러다가 내가 형편없는 패스라도 하면 더 험한 말들과 야유를 쏟아내며 "니코스, 니코스! 마흘라스, 마흘라스!"를 연호했다. 실력 발휘를 못 하고 있는 것도 힘들었지만 홈팬들에게 야유를 받는 것은 더 힘들었다. 다행히 우승은 무난할 것으로 보였다.

하지만 나는 팀이 우승한다 해도 크게 기뻐할 수가 없었다. 내가 기여한 바가 별로 없다는 사실을 잘 알고 있었기 때문이다. 우리 구단에는 내 포지션에 너무 많은 선수가 있었다. 누군가는 구단을 떠나야만 했고, 그렇게 된다면 내가 그 대상이 될 것 같다는 예감이 강하게 들었다. 사람들도 아약스의 센터 포워드라고 하면 마흘라스와 미도를 먼저 꼽고, 세 번째로 나를 거론했다. 나하고 친하게 지내는 레오 벤하커 단장도 네덜란드 언론에 이렇게 말했다.

"즐라탄이 공격 전개의 시발점으로 자주 활약을 하고 있습니다만 골을 넣지는 못하고 있습니다. 만약 우리가 그를 판다면 당연히 명문 구단에 팔아야겠지요."

분위기가 점점 이적 쪽으로 흘러가는 듯했다. 쿠만 감독도 "실력만 놓고 보자면 즐라탄이 최고의 스트라이커이지만, 아약스에서 9번을 달고 성공하려면 다른 자질들도 갖춰야 합니다. 그가 그럴 수 있을지는 의문입니다"라고 말했다. 그리고 신문에는 전쟁이라도 임박한 듯 급박한 머리기사들이 쏟아졌다. '오늘밤 결정' 혹은 '즐라탄, 이적 명단에 오르다!' 무엇이 진실이고 무엇이 거짓인지 갈피를 잡을 수 없었지만, 구단이 거액의 금액을 주고 나를 영입했지만 크게 실망한 것만은 분명했다. 분명 나는 그렇게 느꼈다. 결국 내가 과대평가된 선수였다는 것으로 결론이 나는 듯했다.

나는 구단의 기대에 부응하지 못했다. 아약스에 와서 처음으로 겪는 크나큰 고비였다. 그러나 나는 포기하지 않았다. 저들에게 내 능력을 보여주고 말겠다고 다짐했다. 밤낮으로 이 생각만 머릿속에 맴돌았다. 내가 다른 구단으로 팔려 가는지 안 가는지 그건 모르겠고, 솔직히 다른 대안이 없었다. 무슨 일이 있어도 내가 여전히 건재하다는 사실을 보여줘야 했다. 문제는 벤치에 붙들려 있는 상황에서 어떻게 내 실력을 입증하느냐는 것이었다. 말하자면, 캐치-22(조셉 헬러의 소설 제목으로, 주인공인 요사리안을 진퇴양난의 상황에 빠지게 만드는 부대 내의 규정을 가리키는 표현―옮긴이)였다. 가망이 보이지 않았다. 나는 벤치에 앉아 코치진을 바라보며 다들 쪼다가 틀림없다고 그저 속만 끓였다. 말뫼 구단의 유소년팀 시절로 되돌아간 듯했다.

2002년 봄, 우리는 네덜란드컵 결승에 올랐다. 우리는 로테르담의 데 카윕De Kuip(페예노르트 스타디움) 경기장에서 위트레흐트와 대결할 예정이었다. 데 카윕 경기장은 2년 전에 유럽축구선수권대회(유로 2000) 결승전이 치러진 곳이다. 경기장을 찾은 관중은 몹시 흥분해 있었다. 이때가 2002년 5월 12일이었다. 경기장은 관중이 폭죽을 터뜨리고 시비가 붙어 드잡이하는 등 소란스러웠다. 위트레흐트는 아약스의 숙적이다. 서로 이 팀만은 기필코 이겨야 한다고 벼르고 있었다. 위트레흐트 팬들은 리그 우승을 차지한 아약스를 만나 적개심에 불탔고, 복수심에 굶주렸다. 온몸으로 그 열기가 느껴졌다. 우리에게는 몇 해 동안의 침체기에서 벗어나 건재함을 입증하고, 더블(2관왕)을 차지할 좋은 기회였다. 하지만 내가 이 경기에 뛸 기회를 잡을 것 같지는 않았다.

전반전이 끝나고 후반전도 종반으로 흘러가는데, 위트레흐트가 페널티킥을 성공시키며 2 대 1로 앞서나가는 광경을 나는 벤치에 앉아 그저 지켜봐야 했다. 우리는 패배를 직감했다. 승리의 여신이 우리를 저버리는 듯했고, 위트레흐트 팬들은 열광했다. 정장에 빨간 넥타이를 맨 쿠만 감독은 풀이 죽어 있었다. 완전히 포기한 듯 보였다. 나를 내보내달라고 속으로 주문했다. 그리고 후반 78분에 나는 정말로 교체 투입되었다. 어떻게든 뭔가를 만들어야 했기에 나는 조바심이 났다. 내 역할을 제대로 해내고 싶었던 나는 평소대로 모든 기술을 보여주려고 애를 썼고, 우리 팀은 계속해서 상대 팀을 압박했지만 시간만 흐르고 돌파구가 보이지 않았다. 내가 한 차례 기회를 맞아 슈팅을 날렸지만 아쉽게도 공은 크로스바를 맞히고 말았다.

이것저것 다 해봤지만 소용이 없었다. 정규시간은 다 끝났고 추가로 몇 분 정도가 남은 상황이었다. 절망적이었다. 우리가 우승컵을 들고 축하할 일은 없을 듯 보였고, 위트레흐트 팬들은 관중석에서 모두 일어나 흥겨워하고 있었다. 수많은 붉은 깃발이 관중석에서 휘날렸고, 위트레흐트 팬들이 응원가를 부르는 소리가 들려왔다. 일찌감치 축포를 터뜨리는 사람들도 있었다. 경기 종료까지 30초, 그리고 20초. 그때 페널티 지역을 관통하는 긴 패스가 나왔고, 그 공은 위트레흐트 수비수들을 지나쳐 브라질 출신인 우리 팀의 왐베르투Wamberto에게 도달했다. 오프사이드로 보였지만 부심은 이를 보지 못했고, 왐베르투는 가볍게 공에 발을 갖다 대며 골로 연결시켰다. 모두가 제정신이 아니었다. 우리는 종료 몇 초 전에 기적적으로 회생했고, 위트레흐트 팬들은 절망감에 머리를 쥐어뜯었다. 하지만 아직 끝난 것이 아니었다.

우리는 연장전에 돌입했다. 아이스하키의 서든데스처럼 그때는 골든 골로 승부를 결정짓는 대회가 많았다. 먼저 골을 넣는 팀이 시합에서 우 승하는 것이다. 연장전에 돌입한 지 5분께 왼쪽에서 패스가 하나 넘어왔 다. 나는 훌쩍 뛰어 머리로 공을 받아냈고, 그 공을 다시 차지했다.

나는 튀어 오르는 공을 가슴으로 받아냈다. 페널티 박스 안에는 수비 수들이 밀집해 있었지만, 몸을 돌리며 왼발로 공을 찼다. 절대 멋진 슛 은 아니었다. 그 공은 골문까지 죽 날아가지 못하고 떨어졌지만, 절묘한 위치에 떨어져 잔디 위에서 튀어 오르더니, 맙소사 골문 안으로 빨려 들 어갔다. 나는 거의 무아지경 상태에서 유니폼 상의를 벗어버리고, 갈퀴 같이 앙상한 상체를 드러내놓고 왼쪽으로 마구 달려나갔다. 영상을 보 면 내 갈비뼈 모양을 확인할 수 있다. 정말 힘든 한 해였다. 그동안 언론 에서는 온갖 허튼소리를 쏟 아냈고, 나는 오랫동안 골 맛 을 보지 못하고 벤치에 붙들 려 있었다. 하지만 내가 돌아 와 일을 내고 만 것이다. 사람 들에게 내 능력을 보여주었 고, 온 경기장이 들썩였다. 한 쪽에서는 기쁨이 요동쳤고 또 한쪽에서는 절망의 도가니에 빠져들었다. 무엇보다 잊을 수 없는 것은 쿠만 감독이 내게 뛰어와서 내 귀에 대고 이렇게

외쳤다는 사실이다.

"정말 고맙다! 정말 고마워!"

그날의 기쁨은 말로 다 할 수가 없다. 나는 우리 팀 선수들과 함께 사방을 뛰어다니며 온갖 소리를 내질렀다.

"저기, 어떻게 지내요? 당신도 가끔 나를 봤겠죠?"
그러고는 마지막에 "빨간 페라리의 남자로부터"라고 적었다
2001~2003년

: :

그녀는 나를 그냥 딱 유고 사람이라고 생각했다. 금시계를 차고, 음악을 시끄럽게 틀어놓고 잘 빠진 자동차를 몰고 돌아다니는 혈기왕성한 유고 사람. 그녀의 이상형이 아닌 것은 분명했다. 하지만 나는 그녀가 나를 이렇게 생각하는 줄 몰랐다.

난 내가 꽤 멋진 놈이라고 생각하고 있었다. 그때 나는 동생 케키가 말뫼 중앙역에 있는 환전소에서 돈을 환전하는 동안 건물 밖에 주차해 놓은 메르세데스 SL에 앉아 있었다. 네덜란드 리그는 시즌이 끝났고, 2002년 월드컵 시작 전인지 후인지는 확실치 않다. 그것은 중요한 문제가 아니다. 어쨌든 그날 내가 케키를 기다리고 있었는데, 그녀가 갑자기 한 택시에서 튀어나왔다. 무슨 일인지 모르지만 잔뜩 화가 난 표정이었다.

저 여자는 누구일까? 나는 그녀가 궁금했다.

처음 보는 여자였다. 아약스로 건너가고 초반에는 말뫼에서 지내는 게 훨씬 더 편해서 시간이 날 때마다 고향에 갔다. 그 지역에 대해서는 모르는 게 없다고 생각했다. 그런데 이 여자는…… 대체 어디에 숨어 있었던 거야? 그녀는 전형적인 미인은 아니었지만, 쌈빡한 매력이 있었다. "나한테 수작 걸 생각은 하지도 마"라고 말하는 듯 도도했고, 나이가 적잖은 점도 마음에 들었다. 나는 친구들에게 물었다. "저 여자 누구야? 뭐 하는 여자야?" 나는 한 친구에게 그녀 이름이 헬레나라는 말을 들었다. '좋아, 헬레나란 말이지. 헬레나.' 나는 머릿속에서 그녀 모습을 지울 수가 없었다.

하지만 더 이상의 진전은 없었다. 많은 일이 일어났고, 본래 가만히 있는 체질도 아니어서 다른 일들에 정신이 팔려 지냈다. 그러던 어느 날 국가대표팀 경기가 있어 스톡홀름을 다시 찾았다. 앞에서도 언급했지만 어디서 그런 여자들이 쏟아져 나오는지, 정말 끝내주는 곳이었다. 어딜 가나 쭉 빠진 미녀들이 넘쳤다. 나하고 몇몇 선수들이 카페 오페라Café Opera에 들어서자 약간의 웅성거림이 들렸다. 나는 어려서부터 몸에 밴 습관대로 주변 상황을 파악했다. 무슨 문제가 될 일은 없겠지? 우리에게 시비를 걸 만한 사람은 주변에 없겠지? 불미스러운 일에 연루되는 경우가 많아서 나는 늘 주위를 살폈다.

그래도 그때는 지금보다는 돌아다니기가 훨씬 편했을 때였다. 사람들이 너 나 할 것 없이 휴대전화로 내 사진을 찍기 전이었다. 지금은 나한테 허락도 구하지 않고 마구잡이로 내 얼굴에 들이대고 사진을 찍어서 이따금 버럭 화를 내기도 하지만, 그때는 가만히 주변을 둘러볼 여유가 있었다. 주변을 살피고 있는데 난데없이 그녀가 눈에 들어왔다. '어라, 환전소에서 봤던 그 여자네.' 나는 그녀에게 다가가 말을 걸었다. "저기, 말뫼에서 오셨죠?" 그녀는 자신이 어디 어디를 다니면서 어떤 일을 하는지 설명했지만, 나는 하나도 알아듣지 못했다. 다른 이들이 어떤 일을 하고 살아가는지 도통 관심이 없을 정도로 그 시절에는 오만했던 것 같다. 그렇게 나는 그녀를 밀어내고 말았다.

나는 사람들이 너무 가까이 다가오는 것을 허용하지 않았다. 하지만 나는 그녀에게 더 친절하게 대하지 못한 것을 결국 후회했고, 나중에 말뫼에서 다시 그녀를 보게 되었을 때 무척이나 기뻤다. 나는 그녀와 마주치려고 돌아다니기 시작했다. 그녀가 몰고 다니는 검은색 메르세데스 SLK가 릴라 토리 광장에 주차되어 있는 걸 보고, 나도 그곳으로 자주 차를 몰았다. 그 무렵 나는 메르세데스 SL을 처분하고 빨간색 페라리 360을 몰았다.

말뫼 사람들은 그 페라리가 내 차라는 것을 다들 알았다. 여기저기서 "저기 좀 봐, 즐라탄이다"라고 떠드는 말들이 들렸다. 사람들 눈에 띄길 바라지 않는다면 페라리 같은 차를 몰고 다니면 안 되겠지만 어쩔 수 없었다. 지난번에 메르세데스를 팔았던 친구들은 "이 차를 소유한 사람은 말뫼에서 고객님뿐입니다"라고 큰소리를 쳤었다. 하지만 다 장삿속이었을 뿐 새빨간 거짓말이었다. 그해 여름에 시내에 나갔다가 내 차와 똑같은 차량을 목격했기 때문이다. '망할 자식들.' 그러고 나니 메르세데스를 타고 싶은 마음이 싹 사라지는 게 아닌가. 나는 곧바로 페라리 판매처에 전화를 걸어 재고가 있는지 물었다. 물론 그들은 재고가 있다고 대답했다. 나는 그곳에 가서 페라리를 하나 골랐다. 그동안 몰고 다니던 SL을 중고가로 넘기고 페라리를 구입했는데 손해를 보는 멍청한 짓을 한 것이다. 재정 상태도 그리 넉넉하지 않을 때였지만 나는 상관하지 않았다.

187

내 차는 내 자부심이었다. 그것이 내 원칙이었고, 페라리를 몰고 다니면 멋진 놈이 된 듯 기분이 좋았다. 이름이 헬레나라는 그녀가 검은색 메르세데스를 타고 있는 모습을 몇 번 보고 나자 아무래도 무슨 조치를 해야지 이렇게 지켜볼 수만은 없다는 생각이 들었다. 그래서 한 지인을 통해 그녀의 전화번호를 알아냈다. 전화번호를 받은 후로도 한참 동안 망설였다. 전화를 거는 게 좋을까?

결국 나는 문자를 보내기로 했다. 아마 이런 식이었을 것이다. "저기, 어떻게 지내요? 당신도 가끔 나를 봤겠죠?" 그러고는 마지막에 "빨간 페라리의 남자로부터"라고 적었다. 그리고 답장을 받았다. 그녀는 "검은색 차의 여자로부터"라고 썼다. 그녀의 마음이야 확실히 알 수 없지만 조짐이 좋은 것 같다는 생각이 들었다.

나는 그녀에게 전화를 걸어 약속을 잡았다. 처음에는 특별할 게 없었다. 그냥 몇 차례 점심을 함께 먹었고, 그녀의 별장에 따라가기도 했다. 그곳에서 그녀가 꾸며놓은 실내장식을 감상했다. 벽지와 전통 방식의 도자기 타일로 덮인 벽난로 등등을 살펴보았는데, 솔직히 대단했다. 내가 다 처음 보는 것들이었다. 그렇게 사는 여자는 한 번도 만나본 적이 없었고, 지금도 그녀가 해놓은 것들이 어떤 의미가 있는지 제대로 이해했다고 생각지는 않는다. 그녀는 스웨디시 매치Swedish Match라는 담배 회사에서 마케팅 업무를 담당하고 있었는데, 업무 내용이야 알 수 없지만 꽤 높은 직책이었다. 나는 그녀가 마음에 들었다.

그녀는 내가 만나본 어린 여자들과는 전혀 달랐다. 신경질적인 모습은 전혀 없었다. 그녀는 당당했다. 또 자동차를 좋아했다. 그녀는 열일곱 살에 독립해서 한 계단 한 계단 경력을 쌓으며 올라왔다. 그녀에게 나는 슈퍼스타가 아니었다. 혹은 그녀 표현을 빌리자면, "이러지 마요, 즐라탄. 당신이 엘비스처럼 후광이 비치는 스타는 아니잖아요." 그녀에게 나는 끔찍한 패션 감각에 철이 하나도 없는, 정신 나간 남자였다. 그녀는 이따금 나를 골려먹었다.

그러면 나는 "사치스런 대왕 마녀Evil super-bitch deluxe"라고 맞받아치곤 했다. 혹은 한 단어로 "사치스런대왕마녀Evilsuperbitchdeluxe"라고 단숨에 내뱉곤 했다. 왜냐하면 그녀는 아찔한 하이힐에 꼭 끼는 청바지를 입고 모피 코트를 걸치고 다녔기 때문이다. 그녀는 여자이긴 하지만 영화 〈스카페이스〉에 나오는 토니 몬타나Tony Montana 같은 이미지였고, 나는 운동복 차림으로 빈둥거렸다. 우리 두 사람은 하나부터 열까지 너무나 달랐지만 웬일인지 아무 문제가 없어 보였고, 함께 좋은 시간을 보냈다. "즐라탄, 당신 진짜 맹추야. 그런데 정말 재미있어"라고 그녀는 말했고, 나는 그 말이 진심이기를 간절히 바랐다. 그녀와 함께 있으면 즐거웠다.

그녀는 린데스베리Lindesberg라는 소도시에 거주하는 점잖은 가정에서 단란하게 자랐다. 그러니까 "여보, 우유 좀 건네줄래요?"라는 식으로 식구들이 다정하게 말을 주고받는 그런 가정이었다. 반면 우리 집에서는, 말했다시피 식탁에 앉아서도 서로 죽일 듯이 달려드는 게 일상사였다. 따라서 그녀는 내가 하는 말을 이해하지 못할 때가 많았다. 나는 그녀의 세계를 이해하기가 어려웠고, 그녀는 내가 자란 세계를 전혀 알지 못했다. 나는 그녀보다 열한 살이나 어렸고, 네덜란드에 거주했으며, 불량기 다분한 친구들과 어울리는 또라이였다. 두 사람이 사귀기에 더할 나위 없이 좋은 조건이라고는 말할 수 없었다.

2002년 여름, 나는 친구 몇 녀석과 그녀가 개최한 파티에 초대장도 없이 불쑥 쳐들어갔다. 스웨덴 오픈 테니스 대회가 열리는 기간에 휴양도 시인 보스타드Båstad에서 유명인들과 재계 거물들을 초대해 벌인 파티였다. 입구를 지키고 있던 사람들은 우리를 들여보내지 않았다. 어쨌든 그들은 내 친구들을 들여보내지 않을 작정이었고, 결국 구구절절이 자초지종을 떠들어댈 수밖에 없었다. 친구들하고 있으면 조용히 넘어가는 일이 드물었다.

라트비아의 수도 리가Riga에서 대표팀 경기를 치른 뒤 저녁에 스톡홀름으로 와서 올로프 멜베리와 라르스 라예르바크 감독과 함께 택시를 타고 스캔딕파크 호텔Scandic Park Hotel로 돌아왔을 때였다. 그 경기에 대해서는 별로 말할 게 없다. 라트비아와의 월드컵 예선전은 0 대 0으로 겨우 무승부를 기록했다. 시합을 치른 날에는 늘 잠을 설치는데, 특히 경기를 죽 쑤고 난 뒤에는 더욱 심했다. 내가 실수했던 장면들이 머릿속에서 계속 재생되는 바람에 나는 몇몇 선수와 함께 시내에 있는 스파이 바Spy Bar라는 클럽에 가서 기분을 풀기로 했다. 때는 늦은 밤이었고, 나는 계단을 걸어 2층으로 올라갔다.

클럽에 자리를 잡고 서 있는데, 얼마 후 한 여자가 올라오더니 나한테 계속해서 추파를 던졌다. 물론 내 옆에는 동료 선수들이 있었다. 하지만 나를 밖에서 본다면 곧 어딘가에서 똘마니 같은 친구들이 나타난다고 가정해도 좋다. 내 주변에서 재미난 일이 꼬이기도 하고, 또 내 기질도 그런 녀석들과 비슷했기 때문이다. 나는 불량스런 친구들과 얽히는 경우가 많았다. 우린 서로에게 끌렸고, 나는 그런 친구들이 전혀 성가시지 않았다. 그들도 다른 사람들 못지않게 좋은 놈들이다. 물론 가끔은 불상사가 생기기도 한다. 나한테 눈길을 주던 여자는 내 반응을 떠보려는 듯 바싹 다가와 농담을 던졌다. 그런데 갑자기 그녀의 오빠가 나타나더니 내 멱살을 잡는 게 아닌가. 그는 그러지 말았어야 했다.

특히 나랑 다니는 동료들은 함부로 건드리면 곤란하다. 동료 중 하나가 그 오빠를 상대했고, 다른 친구가 그 여자를 붙들었다. 이 싸움에 휘말려서는 안 된다는 생각이 퍼뜩 들었다. 나는 밖으로 나가고 싶었지만 스파이 바에 그날 처음으로 간 데다 늦은 밤에 붐비는 사람들로 인해 출구를 쉽게 찾지 못했다.

나는 잠시 화장실에 들어갔고, 내가 있던 자리에서는 한바탕 소동이 벌어졌다. 앞으로 어떤 스트레스를 받게 될지 눈에 보였다. 게다가 대표팀 경기가 예정되어 있던 터였다.

'이 일도 신문에 실리고 또 한 차례 파문이 일겠구나' 하고 생각했다. 그런데 새로운 안전요원이 나타났다. 그들은 더 이상 친절한 종업원이 아니었다.

"사장님께서 이곳에서 나가달라고 하십니다."

"그 새끼더러 그럴 일은 없다고 전해"라고 내가 쏘아붙였다. 그러자 그 안전요원과 또 다른 요원들이 나를 둘러싸고 입구 쪽으로 데려갔다. 나는 밖으로 쫓겨나고 말았다.

새벽 3시 반경이었다. 내 모습이 보안 카메라에 찍혔기 때문에 어떤 일이 벌어질지는 잘 알고 있었다. 클럽 사람들이 비밀유지 조항에 신경 썼을까? 절대 아니었다. 결국 타블로이드지인 〈아프톤블라데트Aftonbladet〉에서 이 일을 폭로했고, 여러 신문에서도 요란하게 다뤘다. 그때 쏟아지던 머리기사들이 어땠는지 여러분은 상상도 못 할 것이다. 마치 내가 사람을 일곱이나 살해한 흉악범이라도 되는 투였다. 신문들은 온갖 쓰레기 같은 기사를 쏟아냈고, 내가 성폭행으로 고발을 당했다고 주장하는 신문들도 있었다. 성폭행이라니? 상상할 수 있겠는가? 정말 역겨운 일이었다. 그날 밤 현장에서 우연히 나와 얽힌 사람들이라면 모두 언론사로부터 짭짤하게 한몫 챙겼을 공산이 크다.

나는 암스테르담으로 돌아갔다. 리옹과의 챔피언스리그 경기를 비롯해 여러 시합을 앞두고 있어서 언론 인터뷰에 응하지 않았다. 미도가 대신 나가서 언론을 상대했다. 우리 말썽쟁이들은 서로 돕고 지내야 했다. 하지만 언제까지 참기만 할 수는 없었다. 나중에 나를 경찰에 고발하도록 그 여자를 부추긴 사람이 실은 〈아프톤블라데트〉 신문 기자였음이 밝혀졌다. 나는 그러려니 짐작하고 있었기에 전혀 놀라지 않았고 그 신문사에 강력히 대응하겠다고 공식적으로 발표했다. 신문사를 고소할 작정이었다. 하지만 어떻게 됐는지 아는가? 나는 고작 사과를 듣는 것으로 만족해야 했다. 나는 그 뒤로 언론을 경계하기 시작했다. 나는 달라져야 했다.

신문에는 불량 기사들이 넘쳤다. 물론 '훈련 중인 즐라탄' '착한 즐라탄' '제 앞가림을 잘하는 즐라탄' 이런 식으로 재미없고 훈훈한 기사만 나오기를 바라지는 않았다. 그런 걸 기대한 적은 없었다. 하지만 이번에는 도가 지나쳤다. 나는 사생활이 아니라 축구 실력으로 주목받고 싶었다. 축구와 관련해 나에 대한 긍정적인 기사를 본 게 언제인지 기억도 나지 않았다.

월드컵 대회도 내게 실망만 안겨주고 있었다. 나는 월드컵에 거는 기대가 컸지만, 내가 본선 무대에 출전하게 될 가능성은 별로 없어 보였다. 하지만 라예르바크 감독과 쇠데르베리 감독은 결국 마지막에 나를 대표 선수 명단에 포함시켰다. 나는 두 감독을 모두 좋아했지만, 특히 쇠데르베리 감독을 좋아했다. 그는 모든 선수에게 사랑받는 테디 베어 같은 존재였다. 한번은 훈련장에서 기쁜 나머지 그를 꼭 껴안고 들어 올렸는데 그의 갈비뼈가 두 개나 나갔다. 그는 걷는 것조차 힘겨워했지만 나를 나무라지는 않았다. 대표팀에서는 안드레아스 이삭손Andreas Isaksson과 같은 방을 썼다. 안드레아스는 당시에 3순위 골키퍼였고, 좋은 친구였다. 하지만 그의 잠자리 습관이 문제였다. 그는 저녁 9시만 되면 잠자리에 들었다. 나는 오지도 않는 잠을 청하며 침대에 누워 괴로워했고, 그러다 보면 어김없이 내 전화벨이 울렸다. 나는 드디어 얘기할 사람이 생겼다고 좋아하며 통화를 했지만, 안드레아스는 투덜거렸다. 그러면 나는 전화를 끊었다. 나는 그 친구의 수면을 방해하고 싶지 않았다. 나, 진짜 착한 놈이다. 그런데 이튿날 저녁에도 똑같은 시간에 내 전화기가 울렸다. 안드레아스는 잠을 자고 있거나, 아니면 잠이 든 척하고 있었다.

안드레아스는 "뭐야? 씨, 즐라탄" 하고 싫은 소리를 냈고, 나는 곧바로 전화를 끊었다. 9시 정각에 취침이라니 이게 무슨 말도 안 되는 일인가. "입 다물어. 다시 입 벌리면 네 침대를 창문 밖으로 던져버릴 테니까." 그것참 고마운 말이었다. 우리 방이 20층에 있기도 했지만 덕분에 좋은 결과가 생겼기 때문이다.

이튿날 나는 내 침실을 따로 얻었고 그 결과에 무척 만족했다. 방을 따로 배정받지 못했다면 내가 어떤 일을 저질렀을지 장담할 수 없다. 월드컵에서 우리 팀은 이른바 '죽음의 조'에 들어 잉글랜드, 아르헨티나, 나이지리아와 조별 리그를 치르게 되었다. 뛰어난 시설을 자랑하는 여러 경기장과 완벽한 잔디 등 나는 월드컵 본선 무대에서 꼭 뛰고 싶었다. 그러

193

나 코치진의 눈에 나는 큰 대회 경험이 없는 애송이였고, 주전으로 선발되지 못했다. 그래도 스웨덴에서 실시한 한 설문조사 결과를 보면 내가 월드컵에서 가장 기대되는 선수로 선정되었다. 말도 안 되는 결과였다! 주전도 아니었는데 사람들 눈에는 가장 뛰어난 선수로 보였다는 얘기다. 즐라탄 열풍이 되살아난 듯 기뻤다. 하지만 나는 마지막 조별 리그인 아르헨티나전에서 겨우 5분 뛰었을 뿐이고, 16강전인 세네갈전에서 후반에 교체 출전해 몇 차례 좋은 기회를 만든 게 다였다. 두 감독은 기존 선수들에게 너무 의지하고 어린 선수들에게는 좀처럼 기회를 주지 않았다. 하지만 세상 일이 다 그런 법 아닌가. 나는 월드컵을 마치고 암스테르담으로 돌아왔다.

2002-2003 시즌을 시작하면서 전략을 하나 세웠다. 다른 사람들이 뭐라 하든지 걱정하지 말고 그냥 내 할 일만 하기로. 그렇게 목표를 세웠지만 처음에는 별반 소용이 없었다. 이전 시즌과 비교해 나아진 것이 없었다. 그대로 벤치 신세였다. 전방 공격수 자리 다툼은 여전히 치열했고, 나는 사람들에게 비난을 받았다. 요한 크루이프도 그중 한 사람인데, 그는 항상 나에 대해 허튼소리만 해댔다. 아약스 시절부터 이미 내 기술에 대해 혹평을 했던 것이다.

그런데 신경 쓰이는 일이 또 하나 생겼다. 친구인 미도가 다른 팀으로 떠나고 싶다고 공개적으로 발언한 것이다. 솔직히 그리 바람직한 작전은 아니었다. 미도는 처세에 능한 친구가 아니었다. 그런 쪽으로는 나와 비슷해서 영 젬병이었다. 나중에 아인트호벤전에서 벤치만 내내 지키다가 경기가 끝나자 라커룸으로 들어와서는 우리 모두에게 '개자식들'이라고 욕을 해댔다. 그 말 때문에 크게 싸움이 붙었다. 나는 이곳에 개자식이 있다면 그건 너뿐이라고 쏘아붙였고, 미도는 그 말을 듣자 의자에 놓인 가위를 집어 들어 내게 던졌다. 완전 미친놈이었다. 가위는 쌩하니 내 머리 위를 지나쳐 콘크리트벽에 부딪치며 흠집을 냈다. 물론 나는 그에게 달려들어 주먹을 날리고 뺨을 한 대 후려쳤다. 하지만 10분 뒤에 우리는 어깨동무를 걸치고 그 자리를 떴다. 한참 지나서 알게 된 일이지만, 팀 매니저가 그 가위를 기념품으로 챙겼다고 한다. 집에 가서 아이들에게 보여주며 이게 즐라탄 얼굴을 망가뜨릴 뻔했던 그 가위라고 설명해주고 싶었을까?

미도는 뜻한 대로 일이 안 풀려 또 말썽을 부렸다. 쿠만 감독은 그에게 벌금을 물리고, 출전 명단에서 제외시켰다. 라파엘 판 더 파르트Rafael van der Vaart라는 선수도 골칫거리였다. 네덜란드 출신으로, 부잣집 아들놈도 아니면서 팀 내의 여러 백인 선수들과 마찬가지로 오만하기 짝이 없었다. 그의 말에 따르면, 그는 이동식 주택에서 집시처럼 생활하며 자랐다. 길거리에서 골대 대신에 맥주병을 세워놓고 축구를 했으며, 그렇게 놀면서 개인기를 갈고닦았다고 했다. 열 살에 아약스 유소년팀과 계약을 맺고 열심히 훈련했다고 한다. 물론 그는 실력이 좋았다. 2001–2002 시즌에는 유럽의 젊은 유망주인가 뭔가로 선정되기도 했었다. 그는 제법 수컷 냄새를 풍기면서 리더가 되어 주목을 받고 싶어 했는데, 그와 나는 처음 만날 때부터 묘한 경쟁의식이 있었다.

이 무렵 라파엘은 무릎에 부상을 입었고, 미도 역시 출전하지 못하게 된 상황이어서 내가 리옹전에 선발 출전하게 되었다. 예선전에 참여한 적은 있지만 챔피언스리그 본선 무대는 처음이었으므로 내게는 데뷔전이었다. 챔피언스리그는 오랜 시간 꿈꿔왔던 무대였고, 경기장 내의 열기는 대단했다. 나는 친구들을 많이 데려와 골대에서 가까운 측면 쪽 좌석에 앉을 수 있도록 입장권을 마련해주었다. 경기 초반 나는 핀란드 출신의 야리 리트마넨Jari Litmanen에게서 공을 넘겨받았다. 내가 좋아하는 친구였다.

바르셀로나와 리버풀에서 뛰었고 우리 팀에 합류한 지는 얼마 되지 않았지만, 나는 리트마넨을 보면서 자극을 많이 받았다. 아약스 선수들은 대부분 팀보다는 자기 자신을 위해 뛰었다. 그들이 원하는 것은 더 큰 명문 구단으로 팔려 가는 것뿐이었다. 그래서 함께 뛰면서도 다른 구단과 경쟁하기보다는 동료 선수들끼리 경쟁하고 있다는 느낌을 받을 때가 많았다. 그런데 리트마넨은 팀을 위해 뛰는 선수였다. 아약스에 꼭 필요한 선수였다. 그에게서 패스를 받은 나는 측면에서 공을 몰고 내려갔다. 두 명의 수비수가 내 앞을 가로막았다. 한 명은 앞에서, 다른 한 명은 오른쪽에서 압박해 왔다. 전에도 이와 유사한 상황은 수없이 겪었고, 그런 수비벽을 뚫고 지나간 경험도 많았다.

리버풀전에서 앙쇼와 대결했던 상황도 이와 비슷했다. 차이점이 있다면 이번에는 두 명이라는 것. 왼쪽으로 공을 몰자 그 수비수들이 나를 막으려고 덤벼들었다. 막다른 길처럼 보였지만 순간적으로 두 수비수 사이에서 비좁은 통로를 감지했고, 생각해볼 겨를도 없이 그 사이를 돌파해 골대 앞에 섰다. 그리고 빈틈을 발견하고 슈팅을 날렸다. 낮게 깔린 공은 골대를 맞고 안으로 빨려 들어갔다. 나는 미칠 듯이 기뻤다.

그냥 골이 아니라 환상적인 골이었다. 나는 사이드라인 쪽 관중석에 앉아 있는 친구들을 향해 달려가 그들과 기쁨을 나눴다. 동료 선수들이 달려가는 내 뒤를 쫓아왔고 모두가 어우러져 흥겨워했다. 그리고 나는 얼마 뒤에 추가골까지 터뜨렸다. 이보다 좋을 수가 없었다. 챔피언스리그 데뷔전에서 두 골을 넣은 것이다. 이후 AS 로마에서 나를 영입하려 하고, 토트넘에서도 눈독을 들인다는 말이 들려왔다.

챔피언스리그 데뷔전을 성공적으로 치른 후로 나는 경기력을 회복했다. 축구에서 일이 잘 풀리면 대개 다른 생활도 문제가 없는 편인데 사생활은 영 안정이 되지 않았다. 네덜란드 생활에 적응하기가 쉽지 않았다. 세상과 단절되어 있는 것만 같았다. 그래서 툭하면 스웨덴에 갔고, 가서는 맹추 같은 짓도 많이 했다. 헬레나와는 주로 문자를 통해 연락을 주고받았다. 물론 이 관계가 어떤 방향으로 전개될지는 알지 못했다. 한순간의 미친 짓일까, 아니면 좀 더 진지한 관계일까?

10월에 우리는 로순다 스타디온에서 헝가리를 상대로 유로 2004 예선전을 치렀다. 이곳을 다시 밟으니 기분이 좋았다. 1년 전에 들었던 관중의 함성이 잊히지 않았다. 하지만 조짐은 별로 좋지 않았다. 일부 스톡홀름 신문에서는 "즐라탄은 과대평가된 선수이며 팔꿈치로 상대를 가격해서 기회를 만든다"고 악평을 쏟아냈다. 중요한 시합이었다. 헝가리에 패하면 유럽축구선수권대회 본선 진출의 꿈은 물거품이 되어 날아갈 수도 있었다. 나를 비롯해 대표팀 선수들은 실력을 입증해 보여야 했다. 하지만 경기 시작 4분 만에 헝가리가 1 대 0으로 앞서나갔고, 우리는 기를 쓰고 기회를 엿봤지만 경기 판도를 바꾸기가 쉽지 않았다. 동점골 하나가 절실했는데 골이 나오지 않았다. 절망적이었다. 그러다 74분경에 마티아스 욘손Mattias Jonson이 높게 크로스를 올렸다. 나는 달려들어 헤딩을 했다. 골키퍼는 공을 걷어내려고 나를 마주 보며 몸을 날렸다. 그가 공을 걷어냈는지 어쨌는지는 모르지만 나를 세게 들이받은 것은 분명했고,

나는 앞이 깜깜해졌다. 땅에 쓰러진 것이다.

5초에서 10초가량 정신을 잃었다가 깨어나 보니 선수들이 모두 나를 둘러싸고 서 있었다. 무슨 영문인지 알 수가 없었다. 어떻게 된 거지? 무슨 일이야? 관중석에 있던 사람들은 비명을 질렀고, 우리 선수들은 즐거우면서도 걱정스러운 표정을 지었다.

"골이야." 킴 셀스트룀이 말했다.

"진짜야? 누가 넣었는데?"

"네가 넣었지. 헤딩골이야."

나는 어지러웠고, 속이 메스꺼웠다. 들것이 왔고, 나는 그 위에 몸을 실었다. 구단 의사가 따라왔고, 나는 들것에 실려 나왔다. 그때 관중이 연호하는 소리가 다시 들렸다. "즐라탄, 즐라탄." 함성이 경기장 안에 메아리쳤고, 나는 관중을 향해 손을 흔들어 보였다. 천국에 온 기분이었다. 우리 팀은 다시 활기를 띠었다. 경기는 1 대 1로 끝났지만, 마땅히 우리 팀이 이겼어야 할 경기였다. 다른 건 차치하고, 종료 몇 분 전 상황만 해도 킴 셀스트룀이 명백한 페널티킥 상황을 얻어냈지만 주심은 못 본 것처럼 행동했다. 몸은 끔찍하게 고달팠지만 어쨌든 기분은 좋았다. 그러고 나서 스웨덴에 끔찍한 독감이 돌았는데, 전체 인구 중에 고작 250명이 걸린 그 독감에 나도 걸려 또 한 번 고생했다. 그리고 예상치 못한 일이 발생해 신변에 많은 변화를 겪게 된다.

2002년 12월 23일의 일이었다. 나는 어머니 집에 있었다. 그해 전반기에는 별로 좋지 못했지만 그래도 개인적으로는 꽤 만족스러웠다. 챔피언스리그에서 다섯 골을 넣었기 때문이다. 네덜란드 리그보다 더 많은 득점을 올렸다. 쿠만 감독이 이렇게 얘기했던 기억이 난다. "이봐, 즐라탄.

네덜란드 리그 경기에서도 잘해야지." 웬일인지 나는 더 강한 상대를 만나면 더 흥분하고 몸이 잘 풀렸다. 어쨌든 전반기를 끝내고 로센고드 집에 돌아와 휴식을 취했다.

1월에는 훈련 캠프에 들어가고 카이로와 시합도 예정되어 있었지만 그전까지는 휴가였다. 몸 상태도 그렇고 휴식이 간절히 필요했다. 하지만 어머니 집은 늘 사람들이 붐볐고, 서로 목청을 높이거나 말다툼을 벌이곤 했다. 조용하고 한적한 분위기는 찾아볼 수 없었다. 나와 어머니, 케키와 사넬라 누나는 여느 가족들처럼 크리스마스를 보냈다. 보통 4시에 크리스마스를 기념하는 요리를 즐기고, 곧이어 선물을 개봉하는 시간을 가지곤 했다. 다른 때 같으면 무척 기분 좋은 일이었을 텐데, 이때만큼은 날 좀 가만히 놔두었으면 싶었다. 두통에 온몸이 욱신거렸다. 어딘가 조용한 곳을 찾아 안정을 취하든가, 그게 안 되면 우리 가족 말고 다른 사람과 얘기를 나누고 싶었다. 하지만 그런 날 누구에게 전화를 걸 수 있겠는가?

누구에게나 가족이 있고, 크리스마스는 가족과 함께하는 뜻깊은 날이다. 헬레나는 어떨까? 나는 그냥 한번 걸어봤다. 딱히 전화를 받을 것이라고 기대했던 것은 아니다. 늘 일로 바빴으니까 업무 중이거나, 아니면 린데스베리에서 부모님과 함께 있을 거라고 생각했다. 그런데 그녀가 전화를 받았다. 그녀는 지방의 별장에 있었다. 그녀는 크리스마스를 좋아하지 않는다고 말했다.

"몸이 정말 안 좋아요"라고 내가 말했다.

"저런!"

"우리 집은 완전 도떼기시장인데 참을 수가 없어요."

"그럼 이리로 와요. 내가 돌봐줄게요" 하고 그녀가 다정하게 말했다. 솔직히 기대하지 않은 제안이었다.

우리는 주로 커피를 함께 마시거나 문자를 주고받은 게 고작이었다. 그때까지 그녀 집에서 밤을 지새운 적도 없었다. 물론 그녀의 제안은 더없이 좋았고, 나는 곧장 집을 나섰다. 어머니에게 이렇게 말했던 것 같다. "죄송해요, 엄마. 가봐야 해요."

"크리스마스를 우리랑 함께 보내지 않겠다는 거야?"

죄송하다는 말만 거듭하고 그녀의 별장으로 향했다. 별장에 도착하자 헬레나가 나를 침대에 눕혔다. 고요하고 평온했다. 바로 내게 필요했던 환경이었다. 참 좋았다. 가족과 떨어져 그녀와 함께 있는 게 전혀 이상하지가 않았다. 편안하면서도 마음이 설레었다. 하지만 몸 상태는 호전되지 않았다.

나는 녹초가 되어 누워 있었다. 이튿날은 크리스마스이브였다. 아버지에게 잠시 들르기로 약속했던 터라 몸을 움직였다. 아버지는 크리스마스를 쇠지 않는다. 평소처럼 거실 의자에 앉아 당신이 하던 일을 할 뿐이었다. 아버지와 나는 말뫼 제1훈련장에서 만난 이래로 사이가 돈독해졌다. 나를 무심하게 대했던 유년 시절의 안 좋은 기억은 모두 잊었다. 아버지는 네덜란드까지 내 시합을 관람하러 왔고, 나는 아약스 유니폼 뒤에 적힌 즐라탄 대신 이브라히모비치라는 성으로 바꿔달라고 구단에 요청했다. 다른 이유도 있었지만 아버지에게 고마움을 표시하고 싶은 마음도 컸다. 하지만 이날 아버지는 또다시 술에 취해 있었고, 나는 그런 모습을 한시도 견딜 수 없었다. 그래서 곧바로 헬레나의 별장으로 돌아왔다.

"벌써 돌아왔어요?"

"나, 왔어요."

나는 그 인사만 겨우 마치고 다시 쓰러졌다. 열이 41도까지 치솟을 만큼 몹시 아팠다. 농담이 아니다. 내 평생 그렇게 심하게 앓았던 적은 처음이었다. 슈퍼독감 바이러스였다. 나는 사흘 동안 완전히 뻗어버렸다. 헬네나는 내 몸을 씻기고, 이마에 난 땀을 닦아주고, 땀으로 흥건하게 젖은 침대 시트를 갈았다. 나는 정신이 혼미해 헛소리하고 훌쩍거리기까지 했다. 그런 모습에 매력을 느꼈던 걸까? 모르겠다. 어쨌든 그때까지 그녀에게 나란 존재는 마초 냄새 풍기는 유고 출신의 청년일 뿐이었다. 마피아 조직원 같은 행세를 하며 호화로운 승용차를 몰고 다니는 남자, 무척 재미있는 친구였지만(다른 건 몰라도 이것만은 진심이기를 바랐다), 분명 그녀가 좋아할 만한 남자는 아닌 듯했다.

그런데 기력이 빠질 대로 빠져서 만신창이가 된 몸으로 누워 있으니 그 모습이 오히려 좋다고 그녀가 말했다. 인간미가 느껴진다는 것이었다. 그녀 앞에서 나를 둘러싼 외피가 부서진 듯했다. 이후 병세가 조금 호전되자 그녀는 밖에 나가서 비디오를 몇 개 빌려 왔다. 〈마르틴 벡 형사〉 시리즈 같은 스웨덴 영화를 본 것은 이때가 처음이었는데, 꽤 인상 깊었다. '와, 스웨덴 사람들이 이런 영화도 만들 줄은 몰랐는데!' 나는 보자마자 팬이 되어버렸고, 앉은자리에서 연이어 영화를 보면서 함께 즐거운 시간을 보냈다. 하지만 우리가 그때부터 같이 살기 시작한 것은 아니다.

그녀는 일을 보러 시내로 나갔다가 다시 돌아와서 나를 보살폈다. 우리는 늘 서로를 이해하는 사이도 아니었고, 서로 무엇을 원하는지도 잘 몰랐다. 여전히 서로가 너무나 달랐고 성향도 반대였다. 그럼에도 우리 관계는 시작되었다. 그녀와 함께 시간을 보내면 기분이 좋았고, 네덜란드에 돌아온 뒤로는 그녀가 그리웠다. 그녀는 어디 있을까, 궁금해졌고 그러면 전화를 걸었다. "이곳에 올 수 없어요?" 그녀는 내 부탁을 들어줬다. 디멘에 있는 집으로 나를 찾아온 것이다. 정말 기분이 좋았다. 하지만 테라스가 있는 내 작은 숙소가 그녀 마음에 들었다고는 결코 말할 수 없다. 그 무렵에는 나도 네덜란드가 마음에 들기 시작했고, 냉장고도 한가득 채워놓을 줄 알았다.

그러나 헬레나에 따르면 숙소 바닥은 빡빡 때를 문질러야 할 상태였고, 접시는 겨우 세 개뿐인 데다 짝도 맞지 않았고, 각 방의 벽은 자주·노랑·살구 색깔로 통일감이 없었고, 녹색 양탄자는 실내의 그 어느 것과도 어울리지 않았으며, 모든 게 끔찍한 수준이었다고 한다. 게다가 내옷들을 보고 있으면 애처로울 지경이었단다. 나는 침대에 누워 비디오게임을 즐겼고, 방 안에는 전깃줄과 쓰레기가 어지럽게 뒤얽혀 있었다. 아무것도 정돈된 게 없다고 그녀는 말했다. 나는 "사치스런 대왕 마녀" 하고 헬레나를 불렀다.

"사치스런대왕마녀" 하고 단숨에 이어 붙여 그녀를 부르기도 했다.

그녀가 떠나고 나면 그녀가 보고 싶었다. 나는 더 자주 전화를 걸거나 문자를 보냈다. 그즈음 안정감도 찾기 시작했다. 헬레나는 고상한 여자였다. 그녀는 내게 많은 것을 가르쳐주었다. 생선 칼은 어떻게 생겼는지, 와인은 어떻게 마셔야 하는지 말이다. 그 시절 나는 고급 와인도 우유처럼 벌컥벌컥 들이켜야 하는 줄 알았다. 그런데 그게 아니고 자리에 가만히 앉아 홀짝거리며 마셔야 했다. 나는 헬레나를 만나고 나서야 그런 문화를 이해하기 시작했다. 하지만 그런 문화가 쉽게 몸에 배지는 않았다.

네덜란드 생활에 적응해가면서도 나는 시간만 나면 말뫼에 놀러 갔는데 누군가 나를 다독거려줄 사람이 필요해서만은 아니었다.

한번은 친구들과 함께 헬레나가 사는 집으로 놀러 갔다가 자갈길에서 급제동하며 자동차를 돌렸더니, 나중에 이를 본 그녀가 자갈길을 갈퀴로 깔끔하게 정돈해놨는데 모든 게 엉망진창이 되었다며 화를 내고 소리를 쳤다. 나는 미안한 마음이 들었다. 뭔가를 해야겠다는 마음에 동생에게 갈퀴를 주어 그곳으로 보냈다. 하지만 우리 식구 중에 고급 주택의 자갈길을 갈퀴로 정리해본 사람은 아무도 없었다. 내 동생이 애를 써봤지만 보기 좋은 모양은 아니었고, 그녀는 내게 전화를 걸어 이렇게 말했다. "당신 정말로 바보예요." 천만다행히도 그녀는 그 말을 하며 웃음을 터뜨렸다.

그녀에게 소니 바이오 노트북을 선물한 적이 있었다. 하지만 그 후에 우리 사이가 틀어졌고 나는 그녀에게 준 노트북을 돌려받고 싶었다. 그래서 케키에게 임무를 맡겼다. 그녀에게 가서 노트북을 찾아오라고 말했는데, 동생은 내 말을 잘 듣는 편이었다. 동생이 갔는데, 무슨 일이 일어난 줄 아는가? 헬레나는 우리더러 엿이나 먹으라며 그 어떤 것도 되돌려줄 생각이 없다고 말했다. 그 일이 있은 뒤로 우리는 또다시 친하게 지냈다. 하지만 폭죽 사건을 비롯해 여전히 내 인생은 사고가 끊이지 않았다. 집에서 불법으로 폭죽을 제작하는 남자가 있다고 해서 친구들이랑 그에게서 폭죽을 구입했다. 크기는 작아도 폭약이나 마찬가지였다. 당시 말뫼에서 핫도그 판매대를 운영하는 친구를 하나 알고 있었다. 그 친구에게 악감정이 있었던 것은 아니다. 실은 좋아하는 친구였는데, 재미 삼아 장소를 물색하다가 그 친구 판매대 주변에 폭죽을 설치하기로 모의했고, 그러려면 우리 정체를 추적당하지 않을 차량이 필요했다. 헬레나가 발이 넓었기 때문에 나는 그녀에게 부탁했다.

"지프 차량 좀 구해줄 수 있어요?"

물론 그녀는 흔쾌히 렉서스 한 대를 구해다 주었다. 우리가 말썽을 많이 부리긴 해도 그 차는 뭔가 근사한 일에 쓸 거라고 믿었던 모양이다.

하지만 우리는 렉서스를 몰고 핫도그 판매대로 향했고, 근처에 있는 우편함 안에 폭죽을 던져 넣었다. 우편함은 이내 공중으로 날아올랐다. 안에서 툭탁툭탁 요란한 소리가 나더니 쾅하고 터지면서 산산조각이 났다. 돌아다니면서 재밋거리를 찾다가 그날 저녁에는 케키에게 전화를 걸었다.

"재미 좀 볼래?"

동생은 별로 내켜 하지 않는 듯했지만, 우리는 동생의 여자친구 집으로 갔다. 케키와 여자친구는 벌써 잠자리에 들었는데, 나와 친구들은 폭죽 두 개를 그 집 정원에 투척했다. 조금 있다가 거대한 폭음이 울렸다. 파편 조각과 잡초들이 튀어 올랐고, 희뿌연 연기가 사방으로 퍼졌다. 케키의 여자친구는 벌떡 일어나서 "뭐야? 무슨 일이야?" 하고 놀라 소리쳤고, 케키는 "맙소사, 이게 다 무슨 일이지? 별일이 다 있네! 아우, 짜증나" 하고 모르는 척 시치미를 뗐다. 물론 동생은 다 알고 있었다. 그게 수컷들이 실없이 하는 장난이고, 내게 그런 돌파구가 필요하다는 것을. 돌아보면 아약스 시절은 특히 통제 불능의 철부지였다. 나중에 에이전트인 미노 라이올라와 파비오 카펠로 감독을 만나고 나서야 나는 철이 들기 시작했다.

이복형을 데리고 이케아에 가서 가구를 선물했던 적이 있다. 형에게 마음에 드는 것을 아무거나 고르라고 얘기했다. 형편이 좋아져서 가족들을 여러모로 지원하고 있을 때였다. 어머니에게는 스보게르토르프 Svågertorp에 테라스가 달린 주택을, 자존심이 세서 아무 선물도 받지 않으려고 했던 아버지에게는 기어코 차량을 선물해드렸다. 형이랑 이케아에 갔을 때 내 친구도 같이 따라갔다. 우리는 쇼핑 카트 두 대를 끌고 다니며 필요한 물품을 실었다. 그러던 중 쇼핑 카트 하나가 밀려서 순식간에 계산대를 그냥 통과해버렸다. 내 친구는 즉시 주변을 살피더니 내게 눈치를 보냈고—그놈은 머리가 비상했다— 나는 다른 쇼핑 카트도 밀어버렸다.

"그래, 그렇게 굴러가라. 굴러가!"

결국 우리는 물품을 공짜로 얻고 즐거워했다. 돈을 아껴서 즐거웠다는 소리가 아니라, 그럴 때 느껴지는 짜릿함이 좋았다. 그런 장난을 치고 나면 아드레날린이 솟구쳤다. 어렸을 때 백화점에서 물건을 슬쩍했을 때랑 비슷했다. 물론 일이 안 좋게 끝나는 경우도 있었다. 렉서스를 빌렸을 때가 그랬다. 우리가 일을 저지르고 있을 때 누군가의 눈에 띄어 신고가 들어갔고, 그 소식을 듣고 헬레나는 무척 당혹스러웠다. "당신이 임대한 차량이 폭발 사고와 관련이 있는 것 같습니다." 그녀는 나 때문에 곤욕을 치렀다. 헬레나에게는 그저 미안할 따름이다. 포르쉐 카이엔과 얽힌 사건도 있었다.

그 차 역시 헬레나를 통해 임대한 차량이었다. 우리는 포르쉐를 몰고 가다가 도랑에 빠졌고, 보스타드에 갔다가 돌아오는 길에는 작은 접촉 사고까지 냈다. 그녀는 화를 냈다. 나는 그녀가 화를 낼 만하다고 생각했다. 진짜 큰 사고는 헬레나 집에 도둑이 든 일이었다. 헬레나는 일을 열심히 했다. 정규로 하는 마케팅 업무 말고 바에서 부업도 했기 때문에 시골에 별장도 사고, 멋진 가구와 오토바이, 음향기기 등을 구입할 수 있었던 것이다. 그만큼 열심히 일해서 구입한 것들이기 때문에 어느 날 그녀가 아끼는 뱅앤올룹슨 오디오 기기와 여러 가지 귀중품을 도둑맞았을 때 무척이나 상심했다. 나는 그 심정이 이해가 갔다.

헬레나는 그 도둑놈이 누구인지 내가 알고 있을 거라고 여겼다. 그녀는 지금도 그렇게 믿고 있지만, 나는 전혀 모르는 일이다. 진짜다. 물론 내가 어울리는 친구들 사이에서 그런 일은 정보가 금방 퍼진다. 어디서 구린 일을 벌이는지 별별 소식이 다 들려온다. 하루는 어머니 집에 갔다가 차를 세워놓았는데 어떤 자식이 내 메르세데스 CL에서 타이어를 훔쳐 갔다. 나는 다음 날 아침 5시에 그 사실을 알았고, 경찰이 나와 증거 수집을 하고 소식이 퍼지자 기자들까지 출동했던 터라 그날은 집 안에 조용히 머물렀다. 나는 짚이는 곳들을 알아보기 시작했고, 누가 타이어를 훔쳐 갔는지 알아내기까지는 얼마 걸리지도 않았다. 일주일 뒤에 나는 타이어를 되찾았다. 하지만 헬레나의 집을 누가 털었는지는 알아내지 못했다. 솔직히 그녀가 나를 어떻게 그렇게 잘 참아냈는지 이따금 이해할 수 없을 때가 있다. 그녀는 철부지 미치광이 하나를 떠맡아서 지금까지 훌륭하게 관리하고 있다. 그녀는 강한 여자였다. 그리고 한 번 시작하면 결과를 봐야 직성이 풀리는 성격인 것도 같다.

전에는 외로움도 무척 탔었고, 내 일상이나 나를 괴롭히는 성가신 일에 함께 공감해줄 사람이 사실상 아무도 없었다. 하지만 이제는 삶에 대한 체계도 좀 잡혔고 기댈 만한 대상도 생겼다. 헬레나는 자주 네덜란드에 찾아왔고, 얼핏 보면 가족이나 다름없는 사이가 되었다. 특히 이탈리아에 있을 때 호파Hoffa라는 작고 뚱뚱한 퍼그랑 헬레나와 함께 피자와 모차렐라를 먹을 때면 누가 봐도 가족 같았다.

하지만 우리 두 사람이 그렇게 되기까지는 수많은 일이 있었다. 내가 진짜 축구 선수로 날개를 펴고 나를 무시했던 이들에게 시원하게 한 방 먹일 수 있었던 것은 이탈리아로 가고 나서부터였다.

⑩
마피아라고? 구미가 당기는데!
좋았어. 미팅을 주선해줘

2002~2004년

: :

마르코 판 바스텐이라는 이름은 귀에 딱지가 앉도록 들었다. 그의 등 번호를 물려받았으니 사람들은 더더욱 내가 판 바스텐 같은 활약을 펼치기를 기대했다. 물론 기분 좋은 칭찬이었다. 하지만 듣기 좋은 콧노래도 한두 번이지 갈수록 그 소리가 싫어졌다. 나는 제2의 판 바스텐이 되고 싶은 마음이 추호도 없었다. 즐라탄은 즐라탄일 뿐이었다. "싫어, 그 선수 이름은 더 이상 들먹이지 마. 그 이름은 신물 나게 들었으니까"라고 소리치고 싶었다. 물론 그와 직접 얘기를 하는 것은 멋진 일이었다. '우아, 그분이 내게 직접 말을 거는구나.'

판 바스텐은 전설이다. 호나우두와 동급은 아닐지 몰라도 역사상 최고의 공격수 가운데 한 명이었다. 선수 시절 200골 이상을 넣었고 AC 밀란에서는 공격을 완전히 지배했었다. 판 바스텐은 벌써 10년 전에 FIFA

가 선정하는 최우수선수에 선정되었고, 이제 축구협회에서 운영하는 지도자 과정을 마치고 아약스 유소년팀의 보조 코치로 올 예정이었다. 지도자로서 내딛는 첫걸음이었다. 그래서 우리 훈련장에 가면 그를 볼 수 있었다.

차차 익숙해지긴 했지만 나는 그의 곁에 서면 소년 같은 심정이 되어 마음이 설레었다. 우리는 거의 날마다 얘기를 나눴고 좋은 시간을 많이 보냈다. 내가 시합을 하러 갈 때마다 그는 나를 골려먹곤 했다. 잡담을 나누다가 문득 그는 농담 반 진담 반으로 내기를 걸곤 했다.

"그래, 이번엔 몇 골이나 넣을 거야? 나는 한 골에 건다."

"한 골이요? 농담도 잘하시네요. 최소한 두 골이죠."

"헛소리 마라. 내기할래?"

"얼마나 잃고 싶으세요?"

우리는 그렇게 친구처럼 지냈고, 판 바스텐은 내게 유용한 조언도 많이 들려주었다. 그는 진짜 멋진 사람이었다. 판 바스텐은 자기 주관대로 일을 처리했고, 윗사람이 어떻게 생각하든 신경 쓰지 않았다. 그는 줏대가 있는 남자였다. 나는 경기할 때 후미로 내려오지 않는다고, 그러니까 상대 팀이 우리 팀을 공격하는 동안 수비를 하지 않고 그냥 가만히 서 있기만 한다고 비난을 받곤 했다. 나는 그 문제로 고민하면서, 어떻게 해야 좋을지 판 바스텐에게 물었다.

"코치들 말에는 신경 쓰지 마!"라고 그가 말했다.

"그러면 어떡해요?"

"수비하느라 힘을 낭비해서는 안 돼. 넌 공격하는 데 힘을 써야 한다고. 후미에서 기력을 소모하는 것보다는 전방에서 공격하며 골을 넣는 것이 네가 팀에 가장 도움이 되는 길이야." 골을 넣기 위해 힘을 아껴라. 이것도 내가 그에게서 배운 여러 교훈 중 하나였다.

우리는 포르투갈로 전지훈련을 떠났다. 그즈음 벤하커가 단장에서 물러나고 루이 판 할이 그 자리를 대신 차지했다. 판 할은 거만한 얼간이였다. 그는 코 아드리안세 감독하고 같은 부류였다. 무표정한 얼굴로 선수들을 응시하며 독재자로 군림하고 싶어 했다. 선수 시절 경력은 내세울 만한 게 없었지만, 아약스 감독으로 챔피언스리그 우승을 차지했으며 정부로부터 무슨 훈장을 받은 터여서 네덜란드에서는 존경을 받는 인물이었다.

판 할 단장은 경기 방식에 대해 말하기를 좋아했다. 구단에는 선수들을 숫자로 부르는 몇몇 사람이 있었는데 판 할 단장도 그런 사람이었다. 예컨대 5번은 이리 움직이고 6번은 저리 가야 한다는 식으로 말했는데, 그 사람 얼굴을 안 봐도 되는 날에는 기분이 좋았다. 하지만 포르투갈에서는 그와의 대면을 피할 수가 없었다. 판 할 단장과 쿠만 감독을 면담하는 자리에 참석해야 했고, 거기서 시즌 전반기에 내가 팀에 얼마나 기여했는지 그들의 분석을 들어야 했다. 선수들의 활약을 점수로 평가했는데, 그 두 사람은 아약스를 맡고 있는 동안 이 작업을 몹시 즐겼다. 나는 사무실에 들어가 판 할 단장과 로날드 쿠만 감독 앞에 앉았다. 쿠만 감독은 미소를 지어 보였고, 판 할 단장은 무뚝뚝한 표정이었다.

"즐라탄, 자네는 눈부신 활약을 펼치긴 했지만, 8점밖에 안 돼. 후미에서 충분히 노력하지 않았거든" 하고 쿠만 감독이 지적했다.

"네, 알겠어요." 나는 어서 그 자리를 뜨고 싶었다.

나는 쿠만 감독은 좋아했지만, 판 할 단장은 상대하기가 싫었다. 또

8점이면 만족스러운 점수였다. "이제 나가도 되나요?"

"자네는 어떻게 수비해야 하는지 알고 있나?" 하고 판 할 단장이 끼어들었다. 내가 보니 쿠만 감독의 얼굴에도 살짝 짜증이 묻어났다.

"알고 있다고 생각합니다"라고 내가 대답했다.

그러자 판 할 단장은 한바탕 연설을 늘어놓기 시작했다. 예전에도 익히 들었던 소리였다. 그의 얘기는 9번을 단 선수가 어떻게 움직여야 하는지에 대한 케케묵은 돌림노래였다. 10번이 왼쪽으로 가면 9번은 오른쪽을 수비해야 하고, 또 이렇게 가면 저렇게 가야 한다고 화살표를 그리며 설명하다가 마지막에는 이렇게 덧붙였다. "알겠어? 진짜로 알아들었어?" 나는 그 질문이 불쾌했고 공격적으로 느껴졌다.

"새벽 3시에 아무 선수나 깨워서 한번 물어보시지 그래요? 수비하는 법은 잠결에라도 줄줄 읊을 겁니다. 9번이 이리 움직이면 10번이 저리 움직여야 한다는 것쯤은 다들 알아요. 그 전술을 만든 분이 단장님이라는 것도요. 하지만 저는 판 바스텐 코치와 함께 훈련했고, 그분은 생각이 다릅니다."

"뭐라고?"

"판 바스텐 코치는 공격하고 득점을 올리려면 9번은 힘을 아껴야 한다고 말했습니다. 솔직히 이제 누구 말을 들어야 할지 모르겠어요. 전설적인 선수였던 판 바스텐 코치 말을 들어야 할까요, 아니면 판 할 단장님 말을 들어야 할까요?" 나는 판 할이라는 이름을 말할 때는 판 바스텐에 비해 그 사람이 얼마나 시시한지 강조하려고 억양을 달리했다. 그가 이런 말을 듣고 기뻐했을까?

그는 성이 나서 씩씩거렸다. 누구 말을 들어야 하느냐고? 전설적인 선수냐, 판 할이냐?

"그만 가보겠습니다"라고 말하고 나는 사무실을 나와버렸다.

AS 로마에서 나에게 눈독을 들인다는 보도가 이어졌다. AS 로마 감독은 파비오 카펠로였다. 사람들 말에 의하면, 아무리 스타 선수라도 가차 없이 벤치에 앉혀두고 엄하게 닦아세우는 매서운 감독이었다. 판 바스텐이 뛰던 AC 밀란의 황금기에 그 팀을 지휘하고 판 바스텐을 더 훌륭한 선수로 다듬은 사람도 카펠로 감독이었다. 당연히 나는 그 문제로 판 바스텐 코치와 얘기를 나눴다. "어떻게 생각하세요? AS 로마로 옮기는 게 좋을까요? 제가 잘해낼 수 있을까요?"

"아약스에 좀 더 있어"라고 그는 말했다. "이탈리아로 가기 전에 공격수로서 역량을 좀 더 키워야 해."

"어째서요?"

"거기는 여기보다 훨씬 더 거칠거든. 여기서 네가 한 경기에 대여섯 번의 득점 기회를 잡는다고 치면, 이탈리아에서는 한두 번 얻는다고 보면 돼. 그러니까 그 기회를 확실하게 활용하는 법을 배워야 해." 그의 설명을 들으니 이해가 갔다.

아직 일이 마음먹은 대로 풀리지는 않았다. 득점력도 그리 높은 편은 아니었고, 배워야 할 게 많았다. 골문 지역에서 더욱 효율적으로 움직일 필요가 있었다. 하지만 이탈리아는 내가 축구를 시작할 때부터 꿈꿨던 무대였고, 내 경기 방식도 거기에 잘 어울릴 거라고 생각했다. 나는 내 에이전트인 안데르스 카를손을 찾아갔다.

"어떻게 진행되고 있어요? 무슨 움직임 없어요?"

물론 안데르스는 내가 잘되길 바라는 사람이었다. 그는 자리를 뜨더니 몇 군데 연락을 하며 구단의 움직임을 조사했고, 다시 나타났다. 그가 무슨 소식을 들고 왔는지 아는가?

"사우스햄튼에서 관심을 보이더군요"라고 그가 말했다.

"무슨 말도 안 되는 소리예요! 사우스햄튼? 내 수준이 그것밖에 안 되나요?"

사우스햄튼이라니!

그 무렵 나는 포르쉐 터보를 구입해 몰았다. 정말 끝내주는 차였다. 솔직히 치명적이었다. 마치 경주용 자동차로 달리는 기분이었다. 게다가 미친 듯이 속도를 내는 편이다. 한번은 스웨덴 남동부 벡셰Växjö에서 멀지 않은 스몰란드Småland로 친구랑 함께 속도를 즐기며 달린 적이 있다. 시속 250킬로미터로 달렸다. 이 시절에는 늘 그 정도로 놓고 달렸다. 속도를 좀 줄이니 뒤에서 경찰차 사이렌 소리가 들렸다.

'경찰들이 쫓아오나 보다'라고 생각했다. '그래, 침착하자. 어떻게 할까? 차를 세우고, 죄송합니다! 인사하고 경찰이 시키는 대로 면허증을 내밀까? 아니야, 신문 1면을 장식하게 될 기사들은 어쩌라고? 그래도 괜찮겠어? 도로 위의 미치광이 즐라탄을 두고 벌어질 논란이 내 경력에 도움이 될까? 퍽이나 그러겠다!' 나는 뒤를 힐끔 돌아보았다. 1차선 도로를 달리고 있었고, 경찰차와 내 차 사이에는 차량이 네 대쯤 있었다. 어디 딴 데로 빠질 길은 없었다. 게다가 내 차량에는 네덜란드 번호판이 달려 있었다. 그들이 나를 추적할 도리가 없었다. 그들이 나를 붙잡기 어렵다는 생각이 들었다. 그래서 큰 도로가 나오자마자 액셀을 밟았다. 거의

213

시속 300킬로미터까지 액셀을 밟았다. 뒤에서 "삐오, 삐오" 하고 사이렌 소리가 들리다가 점차 희미해졌다. 경찰차는 시야에서 사라졌고, 백미러에 아무것도 보이지 않자 우리는 잽싸게 지하도로 들어가 기다렸다. 마치 영화 속 한 장면 같았다. 우리는 경찰을 따돌리는 데 성공했다.

그 차와 얽힌 일화는 이것 말고도 많다. 한번은 에이전트인 안데르스 카를손을 그 차에 태웠던 생각이 난다. 호텔에 들렀다가 공항으로 가야 했는데, 굽은 도로에 이르니 신호등이 빨간색이었다. 하지만 포르쉐를 몰 때는 그런 교통신호에는 전혀 신경을 쓰지 않았다. 내가 "부릉" 하고 쏜살같이 달려나가자 안드레스가 말했다. "빨간 신호였던 것 같은데."

"오, 그랬어요? 못 보고 지나쳤나 봐요." 나는 이렇게 대답하고는 속도를 더 올려 왼쪽, 오른쪽 신속하게 방향을 꺾으며 시내에 도착했다.

나는 발이 바닥에 닿을 만큼 액셀을 밟았고, 안드레스는 옆에서 식은 땀을 흘렸다. 호텔에 도착하자 그는 차 문을 열고 나가더니 한마디 말도 없이 사라져버렸다. 이튿날 그는 내게 전화를 걸어 길길이 날뛰었다.

"어제 일은 살면서 내가 겪은 일 중에 최악이었어요."

"무슨 말이에요?" 하고 내가 물었다. 나는 모르는 척 시치미를 뗐다.

"운전 말이에요."

시간을 두고 지켜보니 안데르스 카를손은 나와 어울리는 부류가 아니었다. 나는 규칙이나 교통신호 같은 것에 구애되지 않는 에이전트가 필요했다. 그런데 뜻하지 않게 안데르스가 IMG를 퇴사해 자기 회사를 차렸고, 나와 새로 계약을 맺자며 계약서를 들고 찾아왔다. 하지만 나는 그와 새로 계약을 맺지 않았다. 나는 자유로운 몸이 되었다. 문제는 이

자유를 가지고 무엇을 하느냐는 것이었다. 나는 어떻게 할지 알지 못했고, 그 시절에는 축구 문제로 대화를 나눌 사람도 많지 않았다.

물론 막스웰이나 몇몇 동료가 있었지만 이런 대화를 나눌 사이는 아니었다. 선수들끼리는 경쟁이 워낙 심해서, 특히 에이전트와 이적 문제에 대해서는 누구를 신뢰해야 할지 몰랐다. 팀 내의 모든 선수가 빅클럽에 가고 싶어 했기 때문에 아무래도 외부 사람의 조언이 필요하다는 생각이 들었다. 그러다가 티스 슬레게르스Thijs Slegers가 떠올랐다.

티스는 기자였다. 그는 〈부트발 인터내셔널Voetbal International〉지 소속 기자로 나를 인터뷰한 적이 있는데, 처음 만났을 때부터 그가 마음에 들었다. 그 뒤로 우리는 가끔 전화를 주고받았다. 그는 내게 일종의 자문위원 같은 존재가 되었고, 나한테 좋은 아이디어도 많이 제시했었다. 그는 내가 어떤 선수인지 또 내가 어떤 사람들을 좋아하는지 잘 알았다. 나는 그에게 전화를 걸어 내가 처한 상황을 설명했다.

"새 에이전트가 필요해요. 추천할 만한 사람 없어요?"

티스는 시원시원한 남자였다. 그는 "생각 좀 해보고!" 하고 말했다. 물론 나는 그에게 생각할 시간을 주었다. 이 일을 성급하게 결정하고 싶지 않았다.

나중에 그가 다시 전화를 걸었다. "있잖아, 내 생각에는 두 군데가 있어. 하나는 베컴을 관리하는 곳이니까 아마도 끝내주는 곳일 거야. 또 한 친구가 있는데, 글쎄……."

"왜요?"

"마피아라서."

"마피아라고요? 구미가 당기는데요!"

"그렇게 나올 줄 알았지."

"좋았어요. 미팅을 주선해줘요."

그 친구는 마피아처럼 보이고 마피아처럼 행동했지만 진짜 마피아는 아니었다. 그 사람 이름은 미노 라이올라였고, 그에 대해서는 이미 들어본 적이 있었다. 그는 막스웰의 에이전트였고, 막스웰을 통해 몇 개월 전에 내게 접촉하려고도 했다. 그는 그런 식으로 일했다. 늘 중개인을 통해 접근한다. "직접 만나면 우위를 점할 수가 없어. 그랬다간 모자 벗고 공손하게 서서 맞이해야 하거든." 이것이 그의 지론이었다. 하지만 그의 방식은 내게는 효과가 없었다. 나는 거드름을 부리며 막스웰에게 이렇게 말했었다.

"구체적으로 제안할 게 있으면 직접 오라고 해. 이런 식은 관심이 없으니까." 하지만 미노는 막스웰 편에 이런 말을 전했다. "즐라탄에게 '엿이나 먹어'라고 전해줘." 그때는 그 말을 듣고 발끈했지만, 그 친구에 대해 조금 알고 나니 오히려 마음에 들었다. 나 역시 엿이나 먹으라는 태도로 살아가는 사람들과 부대끼며 살아온 놈이었다. 나는 빈민가에서 익히 들었던 껄렁한 말투가 싫지 않았다. 미노도 나와 비슷한 환경에서 자란 사람이라는 생각이 들었다. 그도 나도 뭐 하나 거저 얻은 것이 없는 사람들이었다. 미노는 이탈리아 남부 살레르노Salerno 지방에서 태어났다. 하지만 미노가 한 살 때 온 가족이 네덜란드로 이주해 왔고, 하를렘Haarlem 시에 피자 가게를 열었다. 미노는 소년 시절부터 접시 닦기와 웨이터 일을 하며 가게 일을 거들어야 했다. 미노는 혼자 힘으로 인생을 개척했다. 그는 책 같은 것들을 관리하는 일을 시작했다.

미노는 10대 시절에 이미 자기 손으로 뭔가를 이뤄내기 시작했다. 그가 해보지 않은 일은 없을 것이다. 그는 법을 공부했고, 계약을 성사시켰고, 여러 언어를 배웠다. 축구를 좋아했던 그는 에이전트가 되려고 마음을 먹었다. 네덜란드에는 선수의 나이와 몇몇 통계 기록을 근거로 몸값을 결정하고 선수를 사고파는 정신 나간 시스템이 있었는데, 미노는 그 같은 시스템에 반대했다. 미노는 네덜란드 축구협회라는 거대한 조직에 도전했고, 처음이라고 해서 시시한 선수를 데리고 거래하지도 않았다. 1993년에 그는 베르캄프를 인터 밀란에 이적시켰고, 2001년에는 파벨 네드베드를 4100만 유로에 유벤투스로 이적시켰다.

미노는 에이전트로 이름을 알리는 중이었고 아직 업계 최고는 아니었다. 두려움을 모르는 그는 목적을 달성하기 위해서라면 수단과 방법을 가리지 않는 사람이었는데, 내게는 그러한 평가가 좋게 들렸다. 내가 원하는 에이전트는 착실한 사람이 아니었다. 나는 좋은 조건으로 이적하고 싶었고, 이 미노라는 사람에게 좋은 인상을 심어줘야겠다고 생각했다. 티스 기자가 암스테르담에 있는 오쿠라 호텔Okura Hotel에서 만남을 주선했다. 나는 갈색 구찌 가죽 재킷을 입었다. 운동복 차림의 어리숙한 쪼다가 되어 이용당할 생각은 추호도 없었다. 나는 금시계를 차고 포르쉐를 몰고 가서 호텔 밖에 눈에 잘 띄게 주차했다.

이를테면 '이곳에 내가 왔다'라는 선전포고였다. 나는 오쿠라 호텔 건물에 들어섰다. 암스테르담 운하가 바로 곁에서 흐르고 있는 그 호텔은 우아하고 호사스러운 분위기가 물씬 풍겼다. 나는 '그래, 이거야. 나도 이제부터는 고급스럽게 행동해야지'라고 생각하면서 호텔의 초밥 전문점으로 들어갔다. 예약한 자리에 앉아서 어떻게 생긴 사람이 나올까 생

217

각해봤다. 잘은 모르지만 큼직한 금시계를 손목에 차고 가는 세로 줄무늬가 있는 정장을 차려입은 남자가 나오지 않을까 짐작했다. 하지만 내 앞에 나타난 사람은? 청바지에 나이키 티셔츠 차림의 남자였다. 드라마 〈소프라노스Sopranos〉에 등장하는 배불뚝이처럼 보였다.

저 허름한 차림의 괴짜가 에이전트란 말인가? 우리가 주문해서 먹은 음식은 무엇이었을까? 아보카도나 새우를 올린 초밥 몇 조각? 아니다. 족히 5인분은 되어 보이는 엄청난 양의 음식이 테이블에 올라왔고, 그는 허겁지겁 배를 채우기 시작했다. 그렇게 배불리 먹은 뒤에야 그는 입을 열었는데, 거두절미하고 명쾌하게 요점만 언급했다. 사탕발림하는 헛소리는 한마디도 없었다. 그가 말하는 게 마음에 들었다. 얘기를 시작하자마자 나는 이 만남이 잘될 것 같다는 예감이 들었고, 이 사람하고 일해야겠다는 생각을 했다. 우리는 생각하는 게 비슷했다. 나는 당장에라도 그와 악수할 준비가 되어 있었다.

하지만 저 시건방진 인간이 무슨 짓을 했는지 아는가? 그는 인터넷에서 찾은 정보를 인쇄한 네 장의 A4 용지를 꺼내 보였다. 그 종이에는 선수들 이름과 숫자들이 적혀 있었는데, 이를테면 크리스티안 비에리 27경기 24골, 필리포 인자기 25경기 20골, 다비드 트레제게 24경기 20골, 그리고 마지막으로 즐라탄 이브라히모비치 25경기 5골, 이런 식이었다.

"수치가 이 모양인데 내가 당신을 이적시킬 수 있으리라고 생각하나요?"라고 그가 물었다. 나는 '이게 뭐야? 지금 나를 공격하는 거야?' 하고 생각했다.

나는 반격을 가했다. "내가 스무 골을 넣었다면 우리 엄마라도 계약을 성사시켰을 겁니다." 그러자 그는 아무 말을 못 했다. 지금 와서 생각해보면, 그는 그때 터져 나오려는 웃음을 겨우 참고 있었다. 그는 자기 게임을 계속 이어갔다. 주도권을 잃고 싶지 않았던 것이다.

"그 말도 일리가 있어요. 하지만……."

또 무슨 얘기를 하려고? 나는 또 한 차례 공격이 날아오겠거니 생각했다.

"당신은 자신이 꽤 대단한 사람이라고 생각하고 있죠?"

"무슨 말이죠?"

"당신이 차고 있는 금시계나 고급 재킷, 포르쉐를 보고 내가 '오, 이 사람 대단한데'라고 생각하고 있을 것 같죠? 미안하지만, 전혀 아니에요. 우습기만 합니다."

"마음대로 생각하세요!"

"당신은 세계 최고 선수가 되고 싶습니까? 아니면 엄청난 돈을 벌면서 이런 차림으로 한량처럼 놀러 다니고 싶습니까?"

"세계 최고가 되고 싶죠!"

"좋아요. 세계 최고가 된다면 다른 것들도 자연히 얻게 될 겁니다. 하지만 돈만 많이 벌 생각이면, 아무것도 얻지 못할 거요. 무슨 뜻인지 알겠어요?"

"알겠어요."

"그럼 생각해보고, 연락 주세요." 우리는 그렇게 회담을 마쳤다. 나는 자리를 떴다. '좋아, 생각해보지.' 나는 더 대담한 척하면서 그를 기다리게 할 수도 있었다. 하지만 차에 오르기도 전에 조바심이 나기 시작했다. 나는 그에게 전화를 걸었다.

"있잖아요. 난 기다리는 거 딱 질색입니다. 당장 함께 일하고 싶어요."

그는 아무 말이 없었다.

"좋아요. 하지만 나와 함께 일하려면 내가 시키는 대로 해야 합니다."

"물론이에요."

"그럼 당신이 소유한 차량들을 처분하고, 시계들도 팔고, 지금보다 세 배는 더 열심히 훈련하도록 해요. 경기 기록이 쥐뿔만도 못하니까."

'경기 기록이 쥐뿔만도 못해?' 벼락이나 맞고 뒈지라고 한마디 먹였어야 했다. 내 차를 처분하라고? 내가 무슨 차를 타든 그 자식이 무슨 상관이란 말인가? 해도 너무하는 거 아니야? 하지만 그의 말도 일리가 있었다. 나는 포르쉐 터보를 그의 손에 맡겼다. 말 잘 듣는 착한 아이가 되려고 했던 것은 아니었다. 저 차를 타고 다니다간 제 명에 못 죽을 듯해서 어차피 차를 처분하려던 차였다. 차뿐만이 아니었다.

나는 구단에서 제공하는 촌스러운 피아트 스틸로를 몰고 다니기 시작했고, 금시계는 처박아두었다. 그 대신 볼품없는 나이키 시계를 착용했고, 다시 운동복 차림으로 돌아다녔다. 사는 게 빡빡해졌고, 나는 훈련에 전력을 다했다. 한계점에 달할 때까지 온힘을 쏟으면서 미노가 지적한 것들이 다 맞는 소리라는 생각이 들었다. 나는 스스로에게 도취해 나를 과시하며 살아왔다. 그것은 잘못된 태도였다.

골을 많이 넣지 못한다는 것도 맞는 말이었고, 너무 나태하게 생활하고 있다는 지적도 맞는 소리였다. 나를 끌어줄 강력한 동기도 품고 있지 않았다. 미노의 말이 맞았다는 사실을 절감하면서 나는 훈련을 하든지 시합을 치르든지 최선을 다하기 시작했다. 물론 하루아침에 사람이 바뀌기는 어렵다. 작심삼일이라고 처음에는 기를 쓰고 덤비지만 시들해지기 마련이다. 다행히 나는 게으름을 부릴 기회조차 없었다. 미노가 찰거머리처럼 들러붙어 나를 감시했기 때문이다.

"사람들이 당신더러 최고라고 말하면 듣기 좋지 않아요?"

"그렇죠, 뭐."

"하지만 그건 사실이 아닙니다. 당신은 최고가 아니거든요. 당신은 쓰레기예요. 아무것도 아니라고요. 더 열심히 노력해야 해요."

"쓰레기는 당신이지. 잔소리밖에 할 줄 모르면서. 당신이나 갈고닦으시지."

"엿 먹어."

"당신이나 엿 먹어."

우리 사이에는 살벌한 분위기가 자주 연출된다. 우리 둘 다 험악한 환경에서 자랐고 또 '쓸모없는 선수'라느니 하는 식의 말투도 사실은 내 태도를 고치려는 그의 전략임을 나는 잘 알고 있었다. 그리고 그의 작전은 성공했다. 나 역시도 그런 말들을 스스로에게 던지기 시작했다.

"즐라탄, 넌 쓸모없는 놈이야. 쓰레기라고. 네가 생각했던 실력의 절반도 못 돼! 더 열심히 훈련해야 해."

이런 말들은 투지를 불태우고, 강렬한 승부근성을 키우는 자극제가 되었다. 훈련에 집중하지 못해서 감독이 나를 집으로 돌려보내는 일도 더는 일어나지 않았다. 나는 훈련 중에나 경기 중에나 전력을 다했고, 연습 경기는 물론 아무리 시시한 시합이나 대회에서도 지고 싶지 않았다. 당시 나는 좌측 사타구니 쪽이 아팠지만 신경 쓰지 않았다. 나는 쉬지 않고 뛰었다. 부상 때문에 물러서고 싶지는 않았다. 갈수록 부상이 심해졌지만 그래도 개의치 않았다. 이를 악물고 뛰었다. 부상을 입은 선수가 한둘이 아니었고, 내 걱정까지 감독에게 안겨주고 싶지 않아서 진통제를 복용하고 경기에 나가는 날도 많았다. 그깟 고통쯤 무시해버리려고 했다. 하지만 미노는 그 사실을 알았다. 열심히 노력하기를 바랐지 내 몸이 망가지기를 원한 것은 아니라고 했다.

"이렇게 지속할 수는 없어, 이 친구야. 부상을 입은 채 계속 경기에 뛸 수는 없다고." 나는 그의 말을 진지하게 고민하다가 결국 전문의를 찾아갔다. 수술을 받아야 한다는 결정이 내려졌다.

로테르담 대학 병원Rotterdam University Hospital에서 좌측 사타구니 쪽에 인공막을 삽입하는 수술을 받았고, 그 후에는 구단 내 수영장에서 몸을 단련하며 체력을 회복했다. 회복 훈련은 장난이 아니었다. 미노는 물리치료사에게 그동안 내가 아주 좋은 세월을 보냈다면서 이렇게 조언했다.

"이 친구 여태 팡팡 놀면서 건들거리기나 했어요. 이제 파김치 될 때까지 뛰면서 훈련 맛 좀 봐야죠! 빡빡하게 굴려주세요."

나는 그 엿 같은 심박측정기를 달고 내 몸이 물에 떠 있도록 해줄 일종의 구명조끼를 착용한 뒤 몸의 한계치에 도달할 때까지 물속에서 죽으라 뛰었다. 훈련을 마치고 나면 뱃속이 다 뒤집어지는 듯했다. 나는 겨우 수영장 가장자리에 올라와 쓰러져 누웠다. 휴식이 필요했다. 꼼짝할 수가 없었다. 훈련 뒤에는 탈진 상태였다. 하루는 오줌이 마려웠는데 참기가 어려웠다. 그러나 도저히 화장실까지 갈 수가 없었다. 풀장 옆에는 수챗구멍이 하나 있었는데 나는 거기에서 볼일을 봤다. 기운이 하나도 없어서 달리 어떻게 할 도리가 없었다.

아약스에는 한 가지 규율이 있었다. '해산'이라는 명령이 떨어지기 전까지는 나가서 음식을 먹을 수 없었다. 평소에는 그 말이 나올라치면 쏜살같이 튀어 나가 식사를 하곤 했다. 나는 늘 걸신들린 듯 배가 고팠다. 하지만 회복 훈련을 할 때는 머리를 까딱할 힘도 없었다. 코치들이 큰 소리로 해산 명령을 내려도 나는 파김치처럼 늘어져 수영장에 누워 있었다.

2주간 고강도의 회복 훈련을 받았는데, 이상하게도 훈련이 마냥 힘들 게만 느껴지지는 않았다. 고통 속에서도 묘한 쾌감이 느껴졌다. 한계치까지 나를 몰아붙일 수 있는 그 시간이 즐거워지기 시작했고, 최선을 다한다는 것이 무슨 말인지 비로소 실감이 났다. 나는 새로운 단계에 올라섰고, 이전까지의 몸 상태보다 훨씬 강해졌다는 느낌이 들었다. 물리치료를 마치고 복귀한 나는 그라운드에서 혼신의 힘을 다했다. 그리고 이때부터 경기를 이끌어가기 시작했다.

나는 자신감을 얻었다. "즐라탄, 신의 아들"이라는 구호가 적힌 포스터가 곳곳에 나붙기 시작했다. 사람들은 내 이름을 연호했다. 나는 갈수록 경기력이 좋아졌다. 정말 기분 좋은 일이었다. 하지만 세상사라는 게 누군가 빛을 발하기 시작하면 시기하는 사람들이 생기기 마련이었다. 선수들 사이에는 이미 묘한 긴장 관계가 형성되어 있었다. 특히 관계자들 눈에 띄어 빅클럽으로 팔려 가고 싶어 하는 젊은 선수들 사이에서는 갈등이 만만치 않았다.

라파엘 판 더 파르트 입장에서는 내가 발전하는 모습을 보는 게 그리 달가운 일만은 아니었을 것이다. 라파엘은 그때 당시 네덜란드에서 매우 인기 있는 선수였다. 특히나 외국 용병 선수들이 뛰는 것을 탐탁지 않게 여기는 홈팬들에게 가장 많이 사랑받는 선수였고, 로날드 쿠만 감독이 스물한 살에 불과한 그를 주장으로 삼았으니, 자부심이 하늘을 찌를 만도 했다. 유명 모델이나 여배우와 어울려 다니는 그는 타블로이드 신문들의 집중 취재 대상이기도 했다. 그런 상황에서 그라운드에서 승승

장구하는 나를 대하는 게 쉽지만은 않았을 거라고 본다. 라파엘은 분명 자신을 대형 스타로 여겼고, 내가 그 속을 훤히 안다고 말할 수는 없지만 자신에 견줄 만한 적수가 나타나는 것을 바라지 않았다. 어쨌든 그도 다른 선수들처럼 빅클럽으로 간절히 옮겨 가고 싶어 했다. 내 생각에 그는 출세하기 위해서라면 어떤 짓이라도 했을 것이다. 물론 내가 그를 속속들이 알지는 못했다. 사실 별로 신경 쓰고 싶지도 않았다.

이때가 2004년 초여름이었다. 나와 라파엘 사이에 쌓였던 갈등은 8월에 폭발하게 된다. 5월과 6월에는 일이 순조롭게 풀렸다. 우리 팀은 네덜란드 리그 타이틀을 방어했고, 동료 선수인 막스웰은 그해 리그 최우수 선수에 선정되었다. 나는 막스웰이 잘돼서 기뻤다. 내가 맘껏 행운을 빌어줄 선수가 있다면 바로 막스웰이다. 우리는 하를렘으로 가서 미노 집에서 어렸을 때부터 운영했던 피자 가게 음식을 먹고, 거기서 미노의 누나와 얘기를 나눴다. 그녀는 한 가지 궁금하게 여기던 것을 우리에게 물어보았다. 누나의 아버님에 관한 일이었다. "요즘 아버지가 포르쉐 터보를 몰기 시작했어. 근데 이상한 게 아버지가 몰던 종류의 차가 아니거든. 혹시 즐라탄 너랑 관련 있는 거 아니야?"

"아버님이요?"

나는 그 포르쉐가 그리웠지만, 나보다 더 안전한 사람의 손에 있기를 바랐다. 무엇보다 2004년 여름에는 정신 나간 짓은 그만두고 축구에만 전념하고 싶었다. 유로 2004 대회가 포르투갈에서 열릴 예정이었다. 스웨덴 국가대표팀 주전으로서 처음으로 참여하는 큰 국제대회였다. 당시 헨리크 라르손에게 전화를 받았던 기억이 난다. '헨케'는 내가 본받고 싶은 대표팀 선배였다. 당시에 그는 셀틱 생활을 마무리하고 있었고, 여름이 지나면 바르셀로나로 이적할 예정이었다. 헨케는 2002년 월드컵에서 세네갈에 패한 직후 "더 이상 국가대표팀에서 뛰지 않을 생각입니다. 이 제는 가정에 좀 더 충실하고 싶습니다"라고 은퇴 선언을 했었다. 우리는 그의 결정을 존중해야만 했다. 특히 그처럼 헌신적이었던 선수의 말이라면 더욱 그랬다.

하지만 팬들은 그를 그리워했다. 이번 대회에서 우리는 이탈리아와 같은 조에서 경기를 치르게 되었고, 가능한 한 최고의 선수들을 확보할 필요가 있었다. 많은 사람이 그가 복귀할 가능성은 없다고 생각했을 것이다. 그런데 그가 자신의 결정을 후회하며 대표팀에 복귀하고 싶다는 말을 했고, 나는 그 말에 기운이 솟았다.

헨케가 들어오면서 전력이 한층 보강되었고, 우리 팀 전방은 나와 헨케가 맡을 공산이 컸다. 언론에서 우리 두 사람에게 거는 기대는 날이 갈수록 커졌다. 이번 대회에서 내가 국제무대의 기린아로 떠오를 것이라는 기사가 여기저기서 나오기 시작했다. 해외 여러 구단의 스카우트들과 감독들을 비롯해 전 세계가 나를 주목할 것이라는 생각이 들었다. 출발 며칠 전부터 팬들과 기자들이 내 주변에 몰려들었다. 이 같은 상황에서 내 곁에 헨케가 있었다는 것은 다행스러운 일이었다. 헨케 역시 언론과 팬들이 몰려드는 상황을 직접 경험해본 선수였지만, 내 주변에서 벌어지는 소동은 정말이지 사람의 혼을 쏙 빼놓는 수준이었다. 나는 나중에 헨케에게 이렇게 물었다. "제길, 헨케 선배. 이럴 땐 어떻게 해야 하는 겁니까? 선배는 잘 알겠죠. 제가 어떻게 처신해야 합니까?" 그가 한 대답은 아직도 잊히지 않는다.

"미안하지만, 즐라탄. 이건 네가 해결해야 해. 스웨덴에서 이만한 인기와 소동을 경험한 선수는 없었어!"

빌어먹을 오렌지 얘기를 물고 늘어지는 노르웨이 기자도 한 명 있었다. 발렌시아에서 뛰던 욘 카레브 선수가 내 경기력이 보잘것없다고 비난을 해서 내가 기자들 앞에서 한마디했던 뒤로 사람들은 틈만 나면 오렌지를 들먹거렸다. 나는 그때 이렇게 대응했다.

"욘 카레브가 축구공으로 할 수 있는 것이라면 나는 오렌지로도 할 수 있습니다." 그러자 회견장에 있던 이 노르웨이 기자가 과일로 내가 무슨 묘기를 부릴 수 있는지 보여달라고 했다.

하지만 내가 왜 그 친구까지 유명하게 만들어줘야 하는가? 내가 왜 잔재주를 부려야 하는가 말이다.

나는 이렇게 대답했다. "오렌지를 집어 들고, 껍질을 벗긴 뒤 입에 넣고 드시면 됩니다. 그러면 몸에 좋은 비타민도 많이 섭취할 수 있어요." 물론 이 말도 내가 얼마나 시건방지고 오만한지를 보여주는 인터뷰로 언론에서 회자되었다. 어쨌든 나는 갈수록 언론과 사이가 껄끄러워졌고 이를 문제 삼는 기사들이 점점 늘어났다.

하지만 물어보자. 내 말이 그렇게 이상한가?

11
내 발뒤꿈치가 어깨높이까지 올라가는 게
마치 태권도의 발차기 같았다

2003~2005년

: :

헬레나와 나의 관계를 아는 사람은 없었다. 그녀의 어머니도 예외는
아니었다. 우리는 우리 관계를 비밀로 유지하려고 엄청나게 노력했다. 나
와 관련한 일이라면 사소하기 그지없는 일도 머리기사로 나갔기 때문에
우리 관계가 어찌 될지 모르는 상황에서 기자들이 냄새를 맡고 우리 관
계를 캐고 다니는 것을 바라지 않았다.

우리는 온갖 수단을 써서 기자들의 추적을 따돌렸다. 초반에는 그녀
와 내가 너무 다르다는 점이 유리하게 작용했다. 나보다 무려 열한 살이
나 많은 직장 여성을 내가 사귀고 있다고는 아무도 생각지 않았다. 우리
가 호텔 같은 데서 동시에 포착돼도 사람들은 눈곱만큼도 의심하지 않
았다. 운이 좋았다. 그 같은 상황은 우리에게 도움이 되었다. 하지만 몰
래 숨어서 하는 일은 대가를 치르기 마련이었다.

헬레나는 비밀을 지키느라 몇몇 친구들을 잃었고, 관계가 소원해졌으며, 외로움을 느꼈다. 나는 그 어느 때보다도 기자들에게 화가 났다. 2003년에 산마리노 공화국과의 시합을 위해 예테보리Gothenburg로 날아갔을 때의 일이다. 그때는 아약스에서의 생활도 안정되고 있었고 기분도 좋았던 나는 옛날처럼 기자들 앞에서 별 거리낌 없이 얘기했다. 그 자리에는 〈아프톤블라데트〉 타블로이드 신문 기자도 있었다. 그 신문사가 스파이 바 사건을 가지고 어떤 악의적인 기사를 썼는지 잊지 않고 있었지만, 그렇다고 앙심을 품고 있던 것도 아니라서 그 기자에게 신경 쓰지 않고 편하게 얘기를 했었다. 결혼 계획에 대해서도 언급한 것 같다. 특별한 얘기는 아니었고 그냥 시시한 잡담이었다. 장차 자녀를 갖게 된다면 그것도 멋질 것 같다는 등의 얘기였다. 그런데 그 기자가 무슨 짓을 했는지 아는가?

그는 기사랍시고 구혼 광고를 내보냈다. "저와 함께 챔피언스리그에서 우승컵을 들고 싶은 분 있나요? 운동선수, 나이 21세, 키 193cm, 체중 84kg, 검은 머리, 검은 눈동자, 진지하게 사귈 수 있는 적당한 연령의 여성 구함." 어떻게 생각하는가? 내가 이 기사를 읽고 기뻐했을 듯싶은가? 나는 몹시 화가 났다. 어떻게 이렇게 무례할 수 있는가. 구혼 광고라니! 나는 그 망할 자식을 때려눕혀 주고 싶었다. 그리고 이튿날 그라운드로 이어지는 경기장 터널 안에서 그를 마주쳤을 때 당연히 나는 불쾌했다.

내가 알고 있는 것이 정확하다면, 그 신문사는 내가 몹시 화를 냈다는 소식을 이미 들어서 알고 있었다. 국가대표팀 선수 중에 그들에게 귀띔해준 이가 있었다. 그 기자는 일에 지장을 받을까 봐 내게 사과를 하려고 한 것이다. 그 시절에는 이미 내 이름을 이용해 돈벌이하는 사람들이 있었다. 하지만 맹세코 나는 그런 일로 따로 돈을 챙기거나 하지는 않았다. 다행히 그때 나는 상당히 점잖게 행동했다. 그냥 위협하는 선에서 그쳤으니 말이다. "당신 뭐 하는 인간이야? 무슨 말을 지껄이고 싶은 건데? 내가 여자들하고 문제라도 있다는 거야?"

"미안해요. 나는 그냥……." 당황한 그는 더듬거리면서 말을 제대로 끝맺지도 못했다.

"당신네 인터뷰에는 절대로 응하지 않을 거야" 하고 소리를 지르고는 걸어가 버렸다. 솔직히 나는 그 기자가 겁을 먹고, 앞으로는 신중하게 행동하리라고 생각했다. 하지만 상황은 더욱 나빠졌다. 우리는 그날 시합을 5 대 0으로 이겼고, 나는 두 골이나 넣었다. 〈아프톤블라데트〉는 다음 날 머리기사를 어떻게 내보냈을까? '승리의 행진, 스웨덴?' '다음 목표는 유로 2004?' 전혀! 그들은 이렇게 썼다. '부끄러운 줄 알아, 즐라탄!' 내가 바지를 내리고 변태 짓을 한 것도 아니고 심판을 때려눕힌 것도 아니건만 그들은 나를 비난했다.

내가 저지른 일이라고는 페널티킥을 차서 골을 넣은 것뿐이었다. 점수가 4 대 0인 상황에서 페널티 지역에서 내가 반칙을 얻어냈다. 물론 라르스 라예르바크 감독은 페널티킥을 찰 선수들을 미리 정해놓았는데, 그 목록에 따르면 1순위는 킴 셸스트룀이었다. 하지만 그 선수는 막 한 골을 넣었으니, 이것은 내가 차도 문제가 없다고 생각했다. 컨디션도 정말 좋았고, 내가 적임자라고 생각했다. 그래서 킴이 공을 차려고 왔을 때 내 공에 손대지 말라는 의미로 공을 내 몸 쪽에 붙였고, 그가 손을 뻗어 공을 만지려 하자 그 손을 치우면서 대신 하이파이브를 해주었다. 그리고 페널티킥 표식 위에 공을 올려놓은 뒤 내가 슈팅을 날렸다. 그것뿐이었다. 딱히 멋진 행동은 아니었고, 나중에 사과도 했다. 하지만 그게 발칸 전쟁이라도 촉발시켰는가? 내가 빈민가의 군중을 선동해 폭동이라도 일으켰는가 말이다. 그것은 축구 시합에서 나온 한 골에 불과했다. 그럼에도 〈아프톤블라데트〉는 무려 여섯 면을 할애하여 나를 비난하는 기사를 썼다. 나는 이해할 수 없었다. 구혼 광고를 버젓이 올리더니 이젠 우리 팀이 5 대 0으로 이긴 판국에 '부끄러운 줄 알라, 즐라탄!'이라니 대체 이게 무슨 소린가?

나는 다음 날 기자회견에서 "수치심을 느껴야 할 쪽은 바로 〈아프톤블라데트〉"라고 강조했다.

그 후로 나는 그 신문사를 보이콧했다. 유로 2004 대회를 포르투갈에서 치르게 되었을 때에도 냉랭한 관계는 여전했다. 나는 그 신문사와 위험을 무릅쓰면서 혼자 전쟁 중이었다. 내가 그들과 대화를 하지 않더라도 그들은 잃을 게 전혀 없었다. 나는 헬레나와의 관계가 언론에 새어나가는 것을 절대 바라지 않았다. 혹시라도 그런 기사가 나간다면 대회 막판 준비에 차질을 빚을 수 있었기에 우리는 신중을 기해야만 했다. 하지만 도저히 참기가 어려웠다. 그녀가 몹시 그리웠다. "이곳으로 와주지 않을래요?" 나는 그녀에게 간청했다. 하지만 그녀도 그럴 수 없는 사정이 있었다. 처리해야 할 업무가 많았다. 그런데 대회 입장권을 구입했던 그녀 상사 중 몇 사람이 경기를 보러 갈 수 없게 되었다. 그들은 혹시 대신 갈 사람이 없느냐고 회사 사람들에게 물었고, 포르투갈로 가라는 좋은 신호라고 해석한 그녀는 자기가 대신 가겠다고 대답했다. 그렇게 해서 그녀는 며칠간 포르투갈에 머물렀다. 평소대로 우리는 몰래 데이트를 했고, 국가대표팀 선수들은 아무도 그녀의 존재를 눈치채지 못했다. 다만 스웨덴의 언론인이자 사업가인 베르트 카를손Bert Karlsson은 우연히 공항에서 그녀를 만났을 때, 대표팀 유니폼을 입고 우스꽝스러운 모자를 쓴 수많은 축구 팬들 사이에서 그녀가 무슨 볼일이 있는지 의아하게 생각했던 모양이다. 어쨌든 우리 관계를 들키지 않은 덕분에 나는 축구에 전념할 수 있었다.

스웨덴 대표팀 선수들은 다들 좋은 사람들이었다. 실력도 모두 출중했다. 하지만 우리 팀에는 잘난 체하는 왕자님이 한 분 있었다. 이 왕자님은 늘 이런 식으로 말하기를 좋아했다. "아스널에서는 이렇게 하지. 그러니까 너희도 이렇게 해야 해. 내가 아스널에서 뛰어봐서 잘 아는데 말이야……."

그 같은 태도에 나는 화가 났다. 그 사람은 "아이고, 허리 아파 죽겠네. 일반 버스는 탈 수가 있어야지. 내 전용 버스가 필요해"라고 말했다. 이게 필요하다느니, 저게 필요하다느니 필요한 것도 참 많았다. 대체 자기가 왕이라도 되는 줄 아는 건가? 우리 위에 군림하고 싶었던 걸까? 라르스 라예르바크 감독이 내게 와서는 그 선수에 대해 얘기했다.

"부탁이다, 즐라탄. 프로답게 이 문제를 해결하자. 선수들 간에 반목하는 일은 없었으면 한다."

"있잖아요, 그 선수가 나를 존중하면 저도 존중해요. 그뿐이에요." 그 문제로 팀 내에 적지 않은 잡음이 있었다.

그 문제만 빼놓고 대회 분위기는 더할 나위 없이 좋았다. 우리가 리스본에서 불가리아와 첫 시합을 치르기 위해 도착했을 때 경기장은 노란색 천지였고, 사람들은 마르쿨리오Markoolio(스웨덴 가수—옮긴이)가 지은 유로 2004 응원가를 소리 높여 불렀다. 스웨덴 관중의 환상적인 응원에

231

힘입어 우리 팀은 불가리아를 완전히 발라버렸다.

결과는 5 대 0, 우리 팀의 압도적 승리였고 사람들의 기대치는 더욱 높아졌다. 하지만 다들 본격적인 대회는 이제부터 시작이라는 분위기였다. 모든 사람이 기다리는 빅매치는 7월 18일 포르투에서 열릴 이탈리아전이었다. 이탈리아인들이 설욕전을 고대하고 있다는 것은 공공연한 사실이었다. 이탈리아는 덴마크와의 첫 시합에서 가까스로 무승부를 기록하는 데 그쳤지만 그들의 목표는 로테르담에서 치른 지난 유로 2000 결승전에서 프랑스에 패했던 굴욕을 씻고 우승을 차지하는 것이었다. 이탈리아 선수들은 우승을 향한 결의가 확고했다. 풀백에는 알레산드로 네스타와 파비오 칸나바로, 잔루카 잠브로타가 있고, 골문은 부폰이 지켰으며, 전방에는 크리스티안 비에리가 포진해 있었다. 물론 스타 선수인 토티도 있었지만 그는 덴마크전에서 상대 선수에게 침을 뱉어 경고를 받은 탓에 우리와 치르는 시합에는 결장하게 되었다. 하지만 솔직히 쟁쟁한 선수들의 면모를 생각하면 긴장하지 않을 수 없었다.

이탈리아전은 그전까지 했던 그 어떤 시합보다 내게 중요한 경기였다. 내 아버지도 관중석에서 지켜보시는 만큼 내게는 더욱 특별한 의미가 있었다. 경기를 시작하자마자 이탈리아 선수들이 나를 함부로 보지 않는다는 것을 느낄 수 있었다. 그러니까 곧바로 달려들지 않고 이 선수가 어떤 움직임을 보이려나 하고 조심스럽게 접근했다. 나는 이탈리아의 단단한 수비벽에 맞서 싸웠다. 우리 팀은 신중하게 경기를 풀어갔지만 별 소득을 얻지 못했다. 이탈리아 선수들은 매섭게 우리를 몰아붙였고, 토티의 공백을 매우기 위해 새롭게 배치한 신예 안토니오 카사노Antonio Cassano가 전반전 종료 직전에 파누치Panucci가 올린 크로스를 득점으로 연결시키며 경기를 1 대 0으로 만들었다. 그들이 운이 좋아 골을 넣었다고 폄하할 사람은 아무도 없었다. 이탈리아 팀은 거세게 우리 팀을 압박했다. 우리도 반격에 나서 부지런히 공격을 전개해 후반전에는 몇 차례 기회를 만들기도 했다. 하지만 경기는 여전히 이탈리아의 손안에 있었고 비기는 일도 쉽지 않아 보였다. 이탈리아는 미친 수비를 한다는 평을 듣는 팀이었다. 그런데 경기 종료 5분여를 남겨두고 우리 팀은 왼쪽에서 코너킥을 얻어냈다.

킴 셀스트룀이 공을 차올렸고, 페널티 지역에서는 많은 선수가 부산하게 움직이기 시작했다. 마르쿠스 올바크가 먼저 공을 건드렸고, 이어서 올로프 멜베리도 공을 건드렸다. 혼잡한 상황이었다. 하지만 공이 공중에 떠 있는 것을 보고 나는 득달같이 달려들었다. 부폰 골키퍼가 따라 나왔고, 비에리가 골라인에 서서 골문을 지키고 서 있었다. 나는 펄쩍 뛰어오르며 뒷발로 공을 찼다. 마치 태권도의 한 동작 같았다. 사진들을 보면 내 발뒤꿈치가 어깨높이까지 올라왔고, 그 공은 완벽한 곡선을 그리며 날아갔다. 비에리가 헤딩으로 걷어내려고 했지만, 공은 그의 머리와 크로스바 사이의 비좁은 공간을 파고들며 오른쪽 골문 안으로 쏙 들어갔다. 이탈리아 골문을 뚫은 것이다.

유로 2004 대회에서, 그것도 경기 종료 5분을 남겨두고 나는 발뒤꿈치로 골을 넣었다. 나는 미친 듯이 달려나갔다. 모든 선수가 나를 뒤쫓았고, 한 선수만 엉뚱한 방향으로 달렸다. 어쨌든 그게 무슨 상관이랴. 내가 그라운드에 쓰러지자 다들 내 위로 몸을 던졌다. 헨리크 라르손이 소리쳤다. "맘껏 즐겨!" 그만한 가치가 있는 골이었다. 시합은 무승부로 끝났지만 그 한 골이 얼마나 중요한지 헨케는 곧바로 알아차렸던 것이다.

우리는 시합에 승리라도 한 듯이 기쁨을 나눴고, 결국 8강 티켓을 거머쥐고 네덜란드와 맞붙게 되었다. 네덜란드전 역시 팽팽한 긴장감이 감돌았다.

오렌지색으로 의상을 맞춘 네덜란드 팬들은 내가 배신자라도 되는 양 야유를 보내고 모욕적인 언사를 던졌다. 우리는 공격을 주거니 받거니 하며 90분간 접전을 펼쳤지만, 결국 0 대 0으로 득점 없이 비긴 뒤에 연장전에 돌입했다. 우리 팀은 여러 차례 슈팅을 날렸지만 잇따라 크로스바와 골대를 맞히는 불운이 따랐다. 운만 따라줬다면 여러 골이 났을 경기였다. 하지만 연장전까지 가서도 승패를 가르지 못해 승부차기에 돌입했다. 경기장을 가득 채운 관중은 각자 자신들의 신을 향해 염원을 올렸다.

양 팀 모두 입이 바짝바짝 마르는 순간이었고, 늘 그렇듯 차마 슈팅 순간을 보지 못하고 고개를 돌리는 이들도 있었다. 우리를 향해 야유를 보내며 화를 돋우려고 하는 이들도 있었다. 선수들의 중압감은 엄청났다. 출발이 좋았다. 킴 셸스트룀이 차분하게 득점에 성공했고, 헨케 라르손도 마찬가지였다. 점수는 2 대 2. 다음은 내 차례였다. 당시 나는 머리가 길어서 검은색 머리띠를 하고 있었다. 공을 내려놓고 미소를 지어 보였다. 이유는 나도 모른다. 긴장이 되긴 했지만 겁을 먹거나 그런 것은 전혀 아니었고, 꽤 차분한 편이었다. 에드윈 판 데 사르가 골문을 지켰다. 반드시 넣어야 할 공이었다. 하지만 나는 그러지 못했다.

요즘에는 페널티킥을 차면 그 공이 어디로 날아가는지 정확히 보이고, 대개는 골망 안으로 들어간다. 하지만 그날은 공을 차려고 다가가는데 기분이 갑자기 이상해졌다. 어디로 어떻게 공을 찬다는 그림도 없이 그냥 공을 찬다는 느낌이었고, 공은 터무니없이 골문에서 벗어나고 말았다. 끔찍했다. 내 뒤로 올로프 멜베리도 실축했고 우리는 그렇게 4강 문턱에서 좌절했다. 정말이지 떠올리고 싶지 않은 기억이다. 기분이 더러웠다. 우리 팀은 실력이 좋았다. 8강에서 그렇게 떨어질 팀이 아니었다. 하지만 유로 2004 대회 덕분에 내 인생에는 새로운 길이 열리게 된다.

8월은 불확실한 시간이다. 이적시장이 닫히는 31일까지 세간에는 온갖 소문이 나돌았다. 경기가 없는 '비수기'였으므로 사람들은 시답잖은 얘기에 열을 올렸다. 프리시즌 동안에 신문사들은 기사감이 많지 않았다. 그래서 이 선수가 이 팀으로 가느니, 아니면 저 팀으로 가느니, 혹은 구단에서 이만큼을 지불하네 마네 하면서 열을 올렸다. 기자들은 늘 이야기를 부풀리기 좋아했고, 이 때문에 많은 선수는 스트레스를 받았다. 아약스 선수들도 예외는 아니었다.

구단 내 젊은 선수들은 모두 빅클럽으로 가고 싶어 했고, 서로 불안한 시선을 감추지 못했다. 이 친구는 무슨 계약을 진행 중일까? 저 친구는 어떨까? 어째서 내 에이전트는 연락이 없는 거지? 선수들 간에는 이적을 둘러싸고 기 싸움과 시기, 질투가 만만치 않았다. 나 역시 미노에게 좋은 소식이 오기를 기다리면서 축구에 집중하려고 노력했다. 위트레흐트와 경기를 치렀던 생각이 난다. 이 경기에서 내가 교체되리라고는 생각도 못 했는데, 그 일이 진짜로 벌어졌다. 들어오라고 손짓하는 쿠만 감독을 보고 나는 너무 화가 나서 경기장 측면에 놓인 광고판을 발로 걷어차 버렸다. '이게 무슨 짓이야, 나를 벤치에 앉히겠다고?'

지금도 그렇지만 아약스 시절에도 나는 시합이 끝나면 미노에게 전화를 걸곤 했다. 미노하고 잡담도 하고 이따금 불만도 쏟아내고 그러면 기분이 나아졌다. 특히 위트레흐르 경기 후에는 마구 내 감정을 쏟아냈다.

"어떤 머저리가 경기 중에 나를 빼낼 수 있느냐 말이지? 감독이 어떻게 저렇게 멍청할 수가 있어?" 미노와 내가 비록 곱게 말을 주고받는 사이는 아니었지만, 그래도 이런 상황에서는 나를 지지해줄 거라고 기대했다. "그러게, 내 생각도 그래. 쿠만 감독 머리에 구멍이라도 난 것 아니야"라는 식으로.

그런데 미노는 이렇게 말했다. "당연히 너를 빼야지. 그날 네가 제일 형편없었거든. 너 완전 구렸어."

"지금 무슨 소릴 하는 거야?"

"쓸모가 없었다고. 조만간 벤치 신세를 져야 할 거야."

"있잖아!"

"왜?"

"벼락이나 맞아 뒈져. 너랑 감독 둘 다 쌍으로."

나는 전화를 끊고 샤워를 한 뒤, 디멘에 있는 집으로 차를 몰았다. 도무지 기분이 나아질 기미가 보이지 않았다. 집에 도착해보니 문 앞에 누가 서 있었다. 미노였다. '멍청한 놈이 배짱은 두둑하네' 하고 생각했다. 차에서 내리기도 전부터 우리 둘은 서로 욕을 해대며 소리를 높이기 시작했다.

"대체 얼마나 더 말해야 알아들어? 너 완전 구렸어. 그런데 광고판을 발로 차는 더러운 성질까지 보이면 안 되지. 철 좀 들어." 미노는 고함을 쳤다.

"뒈져버려."

"엿 먹어!"

"엿 먹어, 난 이 팀에서 나가고 싶어"라고 나는 소리쳤다.

"그렇다면 토리노에 갈 순 있지."

"무슨 소리야?"

"유벤투스도 줄 좀 세워볼까 하는데."

"뭐라고?"

"내 말 들었잖아." 그래, 나는 유벤투스라는 이름을 들었다. 듣긴 들었는데 무슨 말인지 이해가 가지 않았던 것이다.

"유벤투스하고 진전이 있었던 거야?"

"그럴지도."

"넌 정말이지 굉장한 물건이야. 열라 멍청하지만."

"작업은 하고 있지만 확실한 건 하나도 없어"라고 그는 말했다. 유벤투스라니!

유벤투스는 사우스햄튼과는 차원이 달랐다.

유벤투스는 당시 유럽 최고의 명문 구단이었다. 그곳에는 릴리앙 튀랑과 트레제게, 델 피에로, 부폰, 네드베드 같은 스타 선수들이 포진해 있었고, 지지난 시즌에 챔피언스리그 결승에서 AC 밀란에게 우승컵을 넘겨주긴 했어도 이론적으로 유벤투스를 함부로 넘볼 팀은 어디에도 없었다. 선수들은 모두 스타급이었고, 파비오 카펠로 감독을 막 영입한 상태였다. 카펠로 감독은 여러 해 동안 나를 영입하려고 눈독을 들였던 AS 로마 감독이었다. 나는 꿈을 꾸기 시작했다. '그래, 미노. 이 팀과 계약을 성사시켜보라고!'

그 시절 유벤투스는 루치아노 모지Luciano Moggi 단장이 운영하고 있었다. 모지 단장은 빈손으로 시작해서 이탈리아 축구계를 호령하는 거물로 올라섰으며 무척이나 거친 남자였다. 그는 이적시장에서는 왕으로 통했다.

유벤투스는 루치아노 모지 아래에서 환골탈태했다. 구단은 그의 지도 아래 연이어 리그 우승을 차지했다. 하지만 루치아노 모지는 절대 선량한 사업가와는 거리가 멀었다. 그는 뇌물수수, 선수들의 약물복용, 형사재판 등 수많은 스캔들에 연루되었고, 나폴리에 뿌리를 둔 마피아 조직인 카모라Camorra 소속이라는 소문까지 돌았다. 물론 그것은 말도 안 되는 소리였다. 하지만 누가 봐도 마피아처럼 보이기는 했다. 그는 고급 양복 차림에 시가를 즐겨 피웠으며 협상가로서 어떤 일도 서슴지 않았다. 그는 협상의 달인이었고, 결코 무시할 수 없는 상대였다. 미노는 그를 알고 있었다.

말하자면 두 사람은 숙적 관계였다가 나중에 친구가 된다. 미노가 에이전트 일을 처음 시작했을 때 모지와 약속을 잡은 적이 있었다. 하지만 일은 좋게 풀리지 않았다. 모지의 사무실은 사무실이 아니라 대기실이었다. 사무실 밖에는 스무 명가량이 기다리고 있었고, 모두 초조한 기색이 역력했다. 시간은 계속 흘러가는데 대기실 상황은 아무런 변화가 없었다. 미노는 기다리다가 분통이 터졌다. 그는 결국 화가 머리끝까지 나서 그곳을 박차고 나와버렸다. '염병할, 이따위로 사람을 바람 맞혀?' 다른 사람들은 대부분 그런 상황을 받아들이고 마냥 기다렸을 것이다. 모지는 거물이니까. 하지만 미노는 그런 것을 따지는 사람이 아니었다. 누군가 자기한테 무례하게 굴면 상대가 아무리 높은 위치에 있는 사람이라도 개의치 않았다. 그 후 미노는 유벤투스 구단 관계자들과 선수들이 자주 들른다는 토리노에 있는 우르바니Urbani 레스토랑에 가서 모지를 찾아냈다.

"당신, 오늘 나한테 무례하게 굴었어." 미노가 씩씩거리며 말했다.

"당신 뭐야?" 모지가 물었다.

"내가 누구인지는 나한테 선수를 사야 할 때 알게 될 거야"라고 미노는 언성을 높였다. 그 후로 미노는 줄곧 그 사람을 증오했다.

미노는 축구계 인사들을 만나면 "미노라고 합니다. 저는 모지 단장을 아주 싫어합니다"라고 자신을 소개하기도 했다. 모지 단장은 사방에 적을 만드는 사람이었기 때문에 그 인사는 유용할 때가 많았다. 문제는 미노도 결국 모지와 거래를 해야 했다는 것이다. 미노가 관리하던 스타 선수 중 하나인 네드베드를 2001년에 유벤투스에서 영입하고 싶어 했기 때문이다. 구체적으로 결정된 것은 아무것도 없었다. 미노는 레알 마드리드 쪽과도 협상을 벌이고 있었고, 네드베드와 함께 토리노에서 모지 단장을 만나 일을 논의하기로 약속만 잡아놓은 상태였다. 하지만 모지 단장은 기자들과 카메라맨, 서포터들을 불러 모으는 강수를 썼다. 그는 협상을 시작하기도 전에 대대적인 환영 인파를 조직해 마중을 나왔고, 네드베드와 미노는 그의 마수에서 벗어나지 못했다.

그렇다고 미노가 난처했던 것은 아니었다. 네드베드가 유벤투스에서 뛰기를 내심 바랐기 때문이다. 모지 단장의 작전은 성공적으로 먹혀들었고 모지는 더 좋은 조건으로 계약을 따낼 수 있었다. 미노는 처음으로 모지 단장에게 강렬한 인상을 받았다. 모지라는 인간이 그때 치사한 작전은 썼을지 몰라도 자기 게임을 할 줄 아는 남자였기 때문이다. 그 후로 두 사람은 평화협정을 체결하고 친구가 되었다. "미노라고 합니다. 모지와는 친한 사이죠"라고 인사말도 바뀌었다. 물론 그들이 진짜로 친하게 어울린 것은 아니었다. 그래도 확실히 서로 간에 예의는 지켰다. 사실 나를 인간적으로 얕보는 구단도 몇몇 있었지만 모지 단장은 진지하게 내게 관심을 보인 유일한 사람이었다. 하지만 일이 생각만큼 쉽게 풀리지는 않았다.

모지 단장은 우리에게 할애할 시간이 많지 않았다. 우리는 몬테카를로Monte Carlo에서 겨우 30분가량 비밀 회동을 가질 수 있었다. F1 모나코 그랑프리 대회가 열리고 있어서 모지 단장은 사업차 몬테카를로에 방문 중인 모양이었다. 피아트 그룹은 페라리와 유벤투스를 모두 소유하고 있었다. 우리는 공항 VIP룸에서 모지 단장을 만나기로 했다. 하지만 교통 체증이 워낙 심해서 약속 장소까지 차를 타고 갈 수가 없었다. 차에서 내려 뛰어가야 했는데, 미노 몸이 달리기에 그리 좋은 편은 아니었다. 미노는 과체중이어서 헉헉거리며 겨우 따라왔다. 그는 땀을 비 오듯 흘렸고, 비즈니스 미팅에 어울리는 복장도 아니었다.

미노는 해변에서 입는 반바지 차림에 나이키 셔츠를 걸쳤고, 양말도 신지 않고 운동화만 신은 채였다. 옷은 땀으로 흠뻑 젖었다. 우리는 공항 내 VIP룸에 들어가 협상을 시작했다. 방 안은 담배 연기가 자욱했다. 루치아노 모지 단장이 시가를 입에 물고 연신 연기를 내뿜었다. 대머리에 나이가 지긋해 보이는 한 남자. 나는 그가 권력자라는 걸 단박에 알 수 있었다. 그는 자신이 지시한 대로 사람들이 움직이는 세계에 익숙한 남자였다. 모지 단장은 미노를 빤히 쳐다보고는 퉁명스럽게 내뱉었다.

"대체 그 꼬락서니가 뭔가?"

"여기 내 외모 평가하러 온 건 아니잖아요?" 미노는 조금도 굴하지 않고 쏘아붙였다. 그렇게 협상이 시작되었다.

그즈음 우리 스웨덴 팀은 스톡홀름에서 열리는 네덜란드와의 국가대항전을 준비하고 있었다. 비록 친선 경기였지만, 유로 2004 대회에서 석패했던 기억을 떠올리면서 우리가 네덜란드를 꺾는 모습을 세상에 꼭 보여주자고 다짐했다. 우리 선수들은 복수를 꿈꾸며 공격적으로 경기를 운영했고, 경기는 험악하게 흘렀다. 경기 초반 나는 페널티 지역 가까이에서 공을 잡고 기회를 엿봤다. 네 명의 네덜란드 선수들이 곧바로 나를 압박해 왔다. 그중 한 선수는 라파엘 판 더 파르트였다. 매우 어려운 상황이었지만, 나는 몸싸움을 벌이며 수비진을 뚫고 나가 빈 공간에 서 있던 마티아스 욘손에게 패스하는 데 성공했다.

마티아스는 이를 골로 연결시켜 경기를 1 대 0으로 만들었다. 얼마 지나지 않아 라파엘이 고통을 호소하며 운동장에 쓰러졌다. 그는 발목 인대가 찢어져 들것에 실려 나갔는데 심각한 부상은 아니었고, 한두 경기 결장할 것으로 보였다. 그런데 라파엘은 인터뷰하면서 내가 고의로 그에게 부상을 입혔다고 주장했다. 난 깜짝 놀랐다. 무슨 헛소리야? 그게 반칙이었다면 프리킥이라도 주어졌겠지만 그런 일은 없었다. 그런데 어떻게 내가 일부러 그에게 부상을 입혔다고 주장할 수 있는 거지? 게다가 그는 시즌이 시작되면 우리 팀 주장을 할 선수가 아닌가!

나는 그에게 전화를 걸어 말했다. "이봐, 네가 부상을 당한 일은 유감이야. 미안해. 하지만 일부러 그런 게 아니야. 그건 너도 알지?" 기자들에게도 나는 똑같이 말했다. 골백번도 넘게 말했다. 하지만 라파엘은 자신의 주장을 굽히지 않았고, 나는 그를 이해할 수 없었다. 어째서 동료 선수에 대해 그딴 개소리를 지껄이는 것일까? 도무지 말이 되지 않았다. 아니, 이게 말이 되는가?

나는 의구심이 들었다. 이 일이 일어난 게 8월이고, 이적시장은 아직 열려 있었다는 사실을 염두에 둬야 한다. 아약스를 떠나 빅클럽에 진출하려고 나름대로 작전을 쓴 게 아닐까? 나를 엿 먹이려고 했던 것은 아닐까? 누군가 그런 수작을 부린 것이 처음 있는 일도 아니었고, 그 친구는 언론과 우호적 관계를 유지하고 있었으므로 얼마든지 가능한 시나리오로 보였다.

내 말인즉슨, 그는 네덜란드 선수였다는 것이다. 그는 신문 가십 기사에서 우호적으로 평가받는 인물이었고, 나는 외국 선수에 악동이라는 평가를 주로 받았다. 나는 훈련장에서 그를 보고 "진짜 이럴 거야?" 하고 물었다. 그는 분명 장난이 아니었다.

"좋아, 내 마지막으로 한마디만 한다. 절대 일부러 그런 게 아니다. 알아들었어?"

"알았어."

하지만 그는 자기주장을 한 치도 굽히지 않았고, 시간이 흐르면서 구단 내에서도 갈등은 점점 가열되었다. 선수들은 두 진영으로 갈렸다. 네덜란드 선수들은 라파엘 편을 들었고, 외국 선수들은 내 편을 들었다. 결국 쿠만 감독이 회의를 열어 선수들을 불러 모았다. 나는 그 일로 완전히 머리가 돌아버릴 지경이었다. 어떻게 저런 일로 나를 비난할 수 있는가? 나는 속이 부글부글 끓었다. 우리는 3층에 있는 식당에 둥그렇게 둘러앉았다. 분위기가 심상치 않았다. 경영진은 우리가 문제를 수습하기를 원했다. 팀에서 핵심 선수들이니만큼 원만하게 지내야만 했다. 하지만 돌파구는 보이지 않았다. 라파엘은 전보다 더 강경하게 나왔다.

"즐라탄이 일부러 그랬습니다." 그의 주장에 나는 화가 치밀었다.

이런 염병할! 저 자식 끝까지 저러네?

"나는 일부러 다치게 한 적 없어. 그것은 네가 더 잘 알아. 네가 또 나를 모함하면 두 다리를 부러뜨려 주겠어. 그때는 일부러 했다고 씨부려도 좋아." 내가 이렇게 말하자 라파엘을 옹호하는 쪽에서 일제히 나를 비난하고 나섰다. "보셨죠, 보셨죠? 저 자식은 싸움꾼이에요. 또라이라고요." 쿠만 감독이 나서서 사람들을 진정시켜야 했다.

"자, 자! 이럴 필요 없잖아? 우리는 이 문제를 좋게 해결할 수 있어."

하지만 솔직히 문제가 좋게 해결될 기미는 보이지 않았다. 결국 우리는 루이 판 할 단장의 호출을 받았다. 과거에 판 할 단장과 논쟁을 벌인 적이 있던 터라 라파엘과 함께 사무실에 들어가는 것이 영 내키지 않았다. 나는 적군에 둘러싸인 기분이었고, 판 할 단장은 우리를 보자마자 자기 힘을 과시하기 시작했다.

"나는 이곳 단장이야"라고 그가 말했다.

'뭐야, 그거 모르는 사람 있나'라고 나는 생각했다.

그는 계속해서 말을 이었다. "두 사람, 이제 서로 칼을 거두도록 해. 라파엘, 네가 부상에서 회복하는 대로 두 사람은 함께 뛰어야 한다."

"그럴 순 없습니다." 내가 입을 열었다. "저 친구가 경기장에서 뛰고 있는 한 저는 안 뜁니다."

"그게 무슨 소리야? 얘는 우리 주장이야. 넌 얘와 함께 뛰어야 해. 그게 우리 구단을 위하는 일이야."

"우리 주장이요? 무슨 헛소립니까? 라파엘은 신문에다 대고 계속해서 제가 고의로 부상을 입혔다고 주장하고 있어요. 무슨 놈의 주장이 그따위랍니까? 자기 동료를 공격하는 주장도 있나요? 나는 저 친구하고는 뛰지 않을 겁니다. 절대로요. 단장님이 뭐라고 말씀하셔도 이 사실은 바뀌지 않습니다."

그리고 나는 자리를 박차고 나왔다. 물론 위험한 발언이었지만 유벤투스에서 내게 관심을 보이고 있다는 사실에 힘을 얻었다. 하지만 유벤투스와 합의에 이른 것은 아직 아무것도 없는 상태였다. 나는 그 계약이 성사되기만을 간절히 바랐고, 이 문제로 미노와 얘기를 나눴다. 어떻게 진전은 있는 거야? 저쪽에서는 뭐라고 해? 내가 타고 가는 운명의 배는 계속 방향을 바꾸고 있었고, 8월 말에는 NAC 브레다Breda를 상대로 리그 경기를 치를 예정이었다. 신문에서는 연일 나와 라파엘의 갈등을 다루었고, 기자들은 갈수록 노골적으로 라파엘을 편들기 시작했다. 라파엘은 그들이 좋아하는 선수였고, 나는 그에게 부상을 입힌 깡패나 다름없었다.

"야유받을 각오를 해둬"라고 미노가 말했다. "홈팬들이 너를 미워할 거야."

"좋아." 나는 아무렇지 않은 듯 대답했다.

"좋다고?"

"그런 게 나를 흥분하게 만들거든. 무슨 말인지 너도 알잖아? 본때를 보여줄 테야."

라파엘의 일도 그렇고, 나는 아약스를 떠날 마음의 준비가 되어 있었다. 하지만 일은 생각보다 더 복잡했다. 나는 브레다전을 앞두고 쿠만 감독에게 유벤투스 건에 관해 얘기를 꺼냈다. 그에게 마음의 준비를 할 시간도 좀 주고, 진지하게 논의를 해보고 싶었다. 사실 이런 주제는 애기하기가 민감하고 까다롭다. 나는 쿠만 감독을 좋아했다. 그와 벤하커 단장은 아약스 시절 나의 가능성을 처음으로 믿어준 사람들이었다. 나는 이때도 그가 나의 처지에 공감해줄 거라고 굳게 믿었다. 선수라면 당연히 유벤투스에 가고 싶어 하지 않겠는가? 하지만 쿠만 감독은 나를 기꺼이 보내줄 생각이 없었다. 그 얼마 전에는 쿠만 감독이 언론과의 인터뷰에서, 구단보다 자기 자신을 더 중요하게 생각하는 선수들이 있다고 지적하기도 했다. 나를 염두에 두고 한 말이 분명했다. 나는 신중하게 접근해야겠다고 생각했다. 그래서 판 할 단장이 나한테 한 말을 써먹기로 했다.

"저도 이 문제로 말싸움을 하고 싶지는 않아요." 나는 쿠만 감독에게 이렇게 말했다. "하지만 유벤투스는 저를 원하고, 감독님이 이 문제를 해결해주셨으면 합니다. 이런 기회는 평생에 두 번 없는 기회입니다." 물론 내가 생각한 대로 쿠만 감독은 내 처지를 이해해줬다. 그 역시 프로 선수 생활을 했기 때문이었다.

"하지만 나는 네가 우리 팀을 떠나기를 바라지 않는다. 우리와 계속 함께하길 바란다. 네 편에서 널 지키기 위해 싸울 생각이다!"

"판 할 단장님은 뭐라고 말씀했는지 아세요?"

"뭐라고 했는데?"

"단장님은 리그 경기에는 내가 필요치 않다고 하셨어요. 감독님이 어쨌든 잘해내실 거라고요. 저는 챔피언스리그 경기에만 필요하다더군요."

"뭐라고? 그 양반이 그런 말을 했다고?"

쿠만 감독은 그 말에 성을 냈고, 판 할 단장에게 격노했다. 단장의 말 때문에 자신의 입지가 줄어들고 나를 잔류시키려는 자기 계획에 차질이 생겼기 때문이다. 내가 원했던 반응이었다. 쿠만 감독과 얘기를 마치고 나와 이제 나는 브레다전에서 죽기 살기로 뛸 일만 남았다고 생각했다. 그 시합은 내 운명을 가를 결정적인 경기였다. 유벤투스 관계자들이 관중석에서 내 움직임을 면밀하게 관찰할 게 틀림없었다. 경기장 분위기는 정상이 아니었다. 네덜란드 사람들이 모두 내게 침을 뱉는 기분이었다. 그들은 나를 향해 온갖 야유와 욕설을 던졌다. 관중석 상단에 만인의 사랑을 받는 라파엘 판 더 파르트가 관중의 갈채를 받으며 앉아 있었다. 어처구니가 없었다. 그들에게 나는 개자식이었고, 라파엘은 아무 죄 없는 피해자였다. 하지만 이날 경기에서 그와 나의 처지는 바뀌게 된다.

우리는 브레다를 맞아 경기 종료 20여 분을 남겨두고 3 대 0으로 여유 있게 앞서 갔다. 아약스 유소년팀에서 발탁한 베슬러이 스네이더르Wesley Sneijder라는 젊은 친구가 라파엘 판 더 파르트의 공백을 메웠다. 스네이더르는 실력이 좋았다. 두뇌 회전이 빠른 선수였다. 그가 추가골을 터뜨려 경기는 4 대 1이 되었다. 그가 득점을 올린 지 5분 뒤에 페널티 지역에서 20미터 떨어진 지점에서 내가 공을 받았다. 등 뒤에 수비수가 있었기에 공을 옆으로 툭 쳐서 보내놓고 그 수비수를 돌아서 돌파한 다음, 또 다른 선수도 드리블로 제쳤다. 이게 끝이 아니다. 여기서부터 본격적인 시작이다.

나는 슈팅하는 척하며 순간적으로 수비수들을 따돌려놓고 조금씩 페널티 지역으로 접근했다. 속임동작을 써서 수비수를 속이고 슈팅하기 적합한 위치를 찾았다. 그사이 또 다른 수비수가 달라붙었다. 내 주변에만 수비수들이 몰려 있는 듯했다. 동료 선수에게 패스라도 했어야 했지만 여의치가 않았다. 나는 순간 돌파를 시도한 다음 스키를 타고 활강하듯 드리블하며 앞으로 나아갔고, 빙글 돌면서 골키퍼까지 속인 뒤 텅 빈 골문을 향해 왼발로 공을 차 넣었다. 순간적인 기지를 발휘해 만들어낸 그 득점 장면은 지금까지도 사람들에게 회자된다.

그 골에는 마라도나 골이라는 별명이 붙었는데, 마라도나가 1986년 월드컵 8강전에서 잉글랜드를 상대로 넣은 골을 연상시켰기 때문이다. 마라도나는 당시 드리블로 상대 선수를 모두 제치고 골을 넣었다. 내가 예상치 못한 골을 넣자 관중석에서는 떠나갈 듯 함성이 터졌다. 모두 넋이 나갔다. 쿠만 감독도 미친 사람처럼 펄쩍펄쩍 뛰었다. 내가 팀을 간절히 떠나고 싶어 한다는 사실은 까맣게 잊은 듯했다. 나를 향해 쏟아지던 적개심이 기쁨과 사랑으로 돌변해버린 듯했다.

모든 이가 승리를 축하하고 소리를 질렀다. 모두 일어서서 펄쩍펄쩍 뛰었다. 한 놈은 예외였다. 카메라가 함성으로 가득 찬 관중석을 훑으며 지나가는데 라파엘 판 더 파르트만은 굳은 표정으로 가만히 앉아 있었다. 자기 팀이 득점을 올린 순간인데도 무표정한 얼굴로 미동조차 하지 않았다. 마치 자기 인생에서 가장 끔찍한 사고라도 일어난 듯 가만히 앉아 있었다. 아마도 그에게는 내 활약이 재앙이 아니었을까. 경기 시작 전까지만 해도 관중은 모두 내게 야유를 보냈으니까.

이제 사람들은 한 선수의 이름만 외치고 있었고, 그것은 내 이름이었다. 판 더 파르트를 생각하는 사람은 아무도 없었다. 나의 득점 장면은 그날 저녁부터 이튿날까지 내내 텔레비전에서 나왔다. 나중에 유로스포츠 시청자들은 내가 넣은 골을 '올해의 골'로 선정했다. 하지만 내 신경은 다른 곳에 쏠려 있었다. 시간이 얼마 없었다. 이적시장이 곧 마감될 시점에 모지 단장이 말썽을 피우고 있었다. 진짜로 그럴 작정인지, 아니면 우

247

리를 떠보려는 것인지 그 사람 속은 분간하기가 어려웠다. 모지 단장은 갑자기 다비드 트레제게와 내가 함께 뛸 수 없다고 선언했다. 트레제게는 유벤투스에서 득점을 책임지고 있는 선수였다.

"그건 또 무슨 머저리 같은 소립니까?"라고 미노가 쏘아붙였다.

"두 선수 경기 스타일이 전혀 어울리지가 않아. 효과가 없을 것 같단 말이지." 모지 단장은 이렇게 대답했다. 이 말은 결코 긍정적으로 읽히지 않았다.

모지 단장은 한 번 어떤 게 옳다고 생각하면 쉽게 마음을 바꾸는 사람이 아니었다. 미노는 한 가지 묘안을 찾아냈다. 카펠로 감독은 견해가 다르다는 사실을 미노는 알고 있었다. 카펠로 감독은 오래전부터 나를 원했다. 물론 이적 협상을 결정지을 책임자는 모지 단장이었지만, 파비오 카펠로 감독은 모지가 쉽게 무시할 수 있는 상대가 아니었다. 카펠로 감독은 어떤 스타 선수라도 말 한마디로 자기가 원하는 곳에 배치할 수 있는 사람이었다. 카펠로 감독도 한 성격 하는 거친 남자였다. 그래서 미노는 두 사람을 만찬에 초대한 뒤 단도직입적으로 얘기를 꺼냈다.

"트레제게와 즐라탄이 함께 뛸 수 없다는 게 사실입니까?"

"그게 무슨 헛소리입니까? 그 주제가 우리 만찬과 무슨 관련이 있는지 모르겠네요?" 카펠로 감독이 대답했다.

"모지 단장님은 두 선수가 스타일이 맞지 않는다고 하더군요. 그렇게 말씀하셨죠, 단장님?"

모지 단장이 고개를 끄덕였다.

미노는 계속해서 말을 이었다. "그러니까 제 질문은 이겁니다. 카펠로 감독님, 그 말이 맞나요?"

"그 말이 맞든 틀리든 그건 내 알 바 아니고, 당신도 신경 쓸 일이 아니요. 그라운드에서 일어나는 일은 모두 내 소관이요. 즐라탄이나 이곳에 데려다 놔요. 나머지는 내가 알아서 할 테니까." 카펠로 감독이 이렇게 얘기하는데 모지 단장이 뭐라고 할 수 있었겠는가?

모지 단장은 그라운드에서 벌어지는 일에 대해 감독에게 이래라저래라 할 수 없었다. 모지 단장은 감독의 의견을 수용하지 않을 수 없었고, 미노는 그런 상황을 즐겼다. 그는 자신이 원하던 것을 얻었다. 하지만 구체적으로 결정된 것은 아무것도 없었다. 곧 네덜란드 축구 시상식이 암스테르담에서 열릴 예정이었다.

미노와 나는 그곳에 가서 리그 최우수선수 상을 받을 막스웰을 축하해줄 계획이었다. 미노도 나도 막스웰이 상을 타게 돼서 기뻤다. 하지만 그것 빼고는 기분 좋은 일이 없었다. 미노는 신경이 곤두설 대로 곤두서 있었다. 그는 분주하게 움직이며 유벤투스와 아약스 이사들을 만나 협상을 벌였지만 그때마다 새로운 장애물이 튀어나오곤 했다. 진짜로 그런 문제가 있는 건지, 아니면 협상에서 유리한 위치를 점하려고 서로 일부러 문제를 만들어내는지 그건 모르겠지만 매번 일이 틀어졌다. 협상은 교착 상태에 빠진 듯했고, 이적시장은 다음 날 저녁이면 마감할 예정이었다. 나는 불안하고 제정신이 아니었다.

나는 디멘에 있는 집에 앉아 엑스박스 게임만 했다. 에볼루션Evolution 아니면 콜오브듀티Call of Duty 게임이었을 것이다. 둘 다 굉장한 게임이었다. 게임을 하는 동안만큼은 모든 것을 잊을 수 있었다. 하지만 미노는 쉴 새 없이 전화를 걸었다. 미노는 짜증이 나 있었다. 나는 이미 짐을 다

꾸려놓았고, 유벤투스에서 보낸 전용기가 공항에서 나를 기다리고 있었다. 유벤투스가 나를 원하는 것은 분명했다. 하지만 그들은 이적료에 합의하지 못했다. 이런저런 제안이 있었지만, 아약스 경영진 쪽에서는 유벤투스가 별로 성의가 없다고 생각하는 듯했다. 이탈리아 구단 측에서는 암스테르담에 변호사도 보내지 않았다. 내가 직접 아약스에 압박을 넣기도 했다. "말씀드렸지만, 저는 이곳에서 더 이상 뛰지 않을 겁니다. 당신들하고는 끝났어요!" 나는 판 할 단장과 관계자들에게 이렇게 딱 잘라 말했다.

하지만 내 말도 도움이 되지 않았다. 시간은 자꾸 흘러가는데 아무런 변화가 일어나지 않았다. 나는 엑스박스 게임에만 몰입했다. 게임할 때 나를 본 사람은 알겠지만, 나는 게임을 완전히 미쳐서 한다. 조정기를 잡은 내 손가락이 몹시 분주하게 움직였다. 나는 한 번 게임을 하면 쉽게 게임기를 내려놓지 못한다. 게임을 하면서 욕구 불만을 해소했다. 미노가 계약을 마무리하려고 애쓰는 동안 나는 그저 게임 조정기만 부지런히 놀렸다. 어째서 모지 쪽에서는 암스테르담에 변호사를 보내지 않았는지, 이 무슨 안이한 태도인지 미노는 머리를 쥐어뜯고 싶은 심정이었다.

이것도 모지가 풀어가는 게임 방식이 아닌지 의심도 갔지만 그 속이야 알 수가 없었다. 확신이 서질 않자 미노가 대책을 세웠다. 그는 자기 변호사에게 전화를 걸었다. "비행기를 타고 암스테르담으로 가요. 유벤투스 소속 변호사인 척 연기하시고요." 물론 그 변호사는 암스테르담에 도착해서 연기했고, 그것은 효과가 있었다. 협상은 속도를 냈다. 하지만 최종 합의까지는 이르지 못했다. 결국 미노는 분통이 터져 다시 나한테 전화했다.

"염병할, 네가 변호사를 데리고 비행기에 타도록 해. 여기 와서 타결을 짓도록 하자고." 나는 게임 패드를 내려놓고 밖으로 나왔다. 문을 잠그는 것조차 잊어버릴 정도로 제정신이 아니었다.

집 밖으로 나온 나는 경기장을 향해 차를 몰았다. 그곳에는 미노가 보낸 변호사와 구단 경영진이 함께 앉아 있었고, 내가 걸어 들어가자 다들 피곤한 기색이 역력했다. 변호사는 빙 돌아서 내게 오더니 한마디했다. "서류 한 장이 부족해요. 딱 한 장이요. 그것만 해결되면 모든 게 완벽합니다."

"시간이 없어요. 가야 해요. 나머진 신경 쓰지 않아도 된다고 미노가 말했어요." 나는 이렇게 대답하고는 그를 데리고 유벤투스 전용기가 기다리고 있는 공항으로 차를 몰았다.

아버지에게는 미리 전화해둔 상태였다. "아버지, 급해요. 유벤투스와 계약을 마무리하는 중인데, 저와 함께 있지 않으실래요?"

아버지는 정말로 왔다. 나는 기뻤다. 이 계약이 타결되면 내 유년 시절의 꿈이 실현되는 것이었다. 그 순간을 아버지와 함께한다면, 우리 두 사람이 함께 지내온 이래로 가장 뜻깊은 시간이 될 것이었다. 아버지는 곧장 코펜하겐 공항으로 가서 밀라노행 비행기에 올랐고, 미노의 직원이 마중을 나가 이탈리아 리그 협회 사무실로 아버지를 모셔왔다. 이적시장이 열릴 때 모든 계약과 거래 내역을 등록하는 곳이었다.

아버지는 나보다 먼저 그곳에 도착해 있었는데, 변호사와 함께 도착한 나는 깜짝 놀라지 않을 수 없었다. 처음에는 아버지를 몰라볼 뻔했다. 집에서 보던 아버지는 온데간데없었다. 작업복 차림으로 앉아 헤드폰을 끼고 유고슬라비아 음악을 듣던 아버지가 절대 아니었다. 정장을 말쑥하게 차려입은 모습이 이탈리아 축구계 거물이라고 해도 좋을 성싶었고, 마음이 뿌듯했다. 솔직히 아버지가 정장을 입은 모습을 한 번도 본 적이 없었기 때문에 진짜 충격을 받았다.

"아버지."

"그래, 왔구나."

기분이 끝내줬다. 밖에는 기자들과 카메라맨들이 모여 있었다. 소문이 이미 퍼진 것이었다. 이탈리아에서는 큰 화젯거리였다. 하지만 최종 합의에 이르지 못하고 시간만 흐르고 있었다. 노닥거릴 시간이 얼마 남지 않았지만, 모지 단장은 연신 투덜거리며 불만 섞인 얘기를 했고, 불행히도 그의 전략은 효과를 발휘했다. 내 몸값이 떨어진 것이다. 미노가 처음 제시했던 3500만 유로에서 2500만 유로, 2000만 유로로, 그러고는 마침내 1600만 유로까지 떨어졌다. 물론 1600만 유로도 결코 적은 금액이 아니었다. 아약스가 이전에 내게 지불했던 금액의 두 배였다. 하지만 유벤투스 형편에서 부담되는 금액은 아니었다. 그 이전에 유벤투스는 지단을 8600만 유로, 곧 7억 크로나에 레알 마드리드에 팔았기 때문이다. 그러니 1600만 유로 정도는 충분히 지불할 여력이 있었다. 아약스 쪽에서는 염려할 필요가 없었다. 하지만 아약스 사람들은 걱정했고, 저들의 재무 상태에 불안 요소가 있다고 주장했다. 유벤투스가 은행 지급보증서를 마련하지 못했기 때문이었다. 유벤투스 쪽에서는 물론 아약스 쪽에 그에 대한 적절한 설명을 제공했을 것이다.

유벤투스는 엄청난 성공에도 1년 전(2003년)에 2000만 유로의 손실이 있었다. 물론 빅클럽에서는 흔한 일이었다. 그들은 어마어마한 돈을 벌어들여도 늘 적자가 많다고 하지 않는가. 하지만 그들이 입은 손실과는 별개로, 지급보증서 건은 협상을 유리하게 하려고 수작을 부린 건지도 모른다는 생각을 했다. 유벤투스 정도의 빅클럽이 그 정도 돈을 마련 못 할 리가 없지 않은가. 하지만 아약스는 은행 지급보증서가 없이는 계약서에 서명하기를 거부했고, 시간은 자꾸 흘렀다. 협상이 타결될 가망이 보이지 않았다. 모지 단장은 시가 연기를 내뿜으면서, 자기 손바닥 안에서 모든 게 돌아가고 있다는 듯 태연하게 앉아 있었다. '나는 지금 내 할 일을 하고 있고, 가만 놔두면 저절로 해결될 거야'라는 자신감이었다. 하지만 헤드폰을 쓴 미노는 저쪽에서 아약스 경영진을 향해 소리를 지르고 있었다.

"당장 서명하지 않으면 1600만 유로에서 단 한 푼도 건지지 못합니다. 즐라탄도 잃게 되고요. 아무것도 얻지 못하는 거예요. 아시겠어요? 다 잃는다고요! 그리고 유벤투스가 돈을 안 내려고 이런 수작을 부린다고 생각하세요? 이 보세요, 다른 곳도 아닌 유벤투스입니다! 답답한 양반들이네. 뭐, 원하시는 대로 하세요. 다 없던 일로 치자고요. 그렇게 하세요!"

미노는 강수를 두었다. 그는 협상에 능수능란한 사람이었다. 하지만 아약스 사람들은 꼼짝도 하지 않았고 분위기는 더욱 경색되었다. 미노는 열기를 좀 식히고 싶었던 것 같다. 아니면 그냥 누군가를 골려주고 싶었던 건지도 모른다. 주위에 축구용품들이 많았는데, 미노는 갑자기 축구공을 하나 집어 들더니 이러저러 재주를 부리기 시작했다. 다들 미노가 제정신이 아니라고 생각했다. 무슨 장난을 치고 싶은 건지 나는 그의 속내를 짐작할 수 없었다. 미노가 가지고 놀던 공은 저만치 날아가 바닥에 튀기더니 모지 단장의 머리에 부딪힌 뒤 어깨 위로 떨어졌다. 다들 어안이 벙벙하여 이게 무슨 짓인가 하고 의아해했다. 이런 상황에서 공놀이를 하는 거야? 협상이 어찌 될지 모르는 판에? 모두 공놀이를 할 때가 아니라고 생각했다.

"그만해! 사람 머리에 맞았잖아."

"아냐, 아냐. 이리 와, 어서." 그는 멈출 생각이 없었다. "우리 내기해요. 루치아노, 어서요. 일어나서 당신 솜씨도 좀 보여줘 봐요. 즐라탄, 내가 코너킥을 차지. 저기로 가서 헤딩을 해보라고. 졸지만 말고, 이 자식아."

그는 장난을 계속했고, 등록사무관과 다른 사람들이 우리를 어떻게 생각할지 슬슬 걱정되기도 했다. 한 가지 확실한 것은 미노가 그날 열렬한 팬을 한 명 얻었다는 것이다. 바로 내 아버지였다. 아버지는 미노를 보고 웃음을 터뜨렸다. '뭐야, 이 사람, 어쩜 저렇게 태평해? 모지 단장 같은 거물 앞에서 장난을 다 치고.' 아버지는 그런 스타일을 좋아했다. 미노의 행동은 심각한 상황에서도 노래를 부르고 춤을 출 줄 안다는 뜻이었다. 아버지가 보기에 미노는 아무리 상황이 나빠도 개의치 않고 자신이 하고 싶은 것을 할 줄 아는 남자였다. 그 후로 아버지는 나에 관련한 기사는 물론이고 미노와 관련한 자료도 모조리 오려서 보관했다. 미노는 아버지가 제일 좋아하는 또라이였다. 미노는 그냥 미친놈이 아니었기 때문이다. 미노는 계약을 결국 성사시켰다. 아약스는 나와 돈, 이 모두를 잃고 싶지는 않았다. 아약스 경영진은 마지막 순간에 계약서에 서명했다. 정확한 시간은 기억이 안 나지만 10시가 넘었던 것 같다. 그날이 8월 31일이었으니 저녁 7시에 사무실이 문을 닫으면 이적은 물 건너갈 뻔했다. 잠시 멍했지만 곧 이게 어떤 의미인지 실감이 났다. 내가 이탈리아에서 프로 선수가 된 거야? 이보다 더 기쁠 수가 없었다.

계약을 마무리하고 우리는 토리노로 차를 몰았다. 가는 도중에 미노는 유벤투스 구단에서 이용하는 우르바니 레스토랑에 전화를 걸어 늦게까지 영업을 부탁했다. 물론 직원을 설득하는 일은 어렵지 않았다. 우리는 자정이 다 되도록 일국의 왕 부럽지 않은 대접을 받았다. 우리는 자리에 앉아 식사하며 계약과 관련해 많은 얘기를 나눴다. 솔직히 나는 아버지가 계약 과정을 지켜보았다는 사실이 무엇보다도 기뻤다.

"대견하구나, 즐라탄." 아버지는 나를 바라보며 이렇게 말했다.

나와 파비오 칸나바로는 동시에 유벤투스에 둥지를 틀었고, 홈구장인 토리노의 스타디오 델레 알피Stadio delle Alpi에서 공동 기자회견을 열었다. 칸나바로는 농담을 잘 던지고 웃음을 잃지 않는 친구였다. 처음 보자마자 그가 마음에 들었다. 칸나바로는 몇 해 뒤에 FIFA가 선정한 올해의 선수가 되기도 한다. 그는 유벤투스 시절 초반에 내게 많은 도움을 주었다. 기자회견이 끝난 뒤 나는 아버지와 함께 암스테르담으로 갔고, 거기서 미노와 헤어진 뒤에 예테보리로 갔다. 그곳에서 국가대항전을 치를 예정이었다.

막 협상을 끝내고 나는 꿈같은 시간을 보냈다. 디멘에 있는 집에는 다시 가지 않았다. 그 집은 그대로 두고, 짐도 많지 않았기에 토리노의 비아 니차via Nizza에 있는 르 메르디앙Le Meridien 호텔에서 한동안 지냈다. 그러다가 피아차 카스텔로Piazza Castello에 있는 인자기 아파트로 옮겼다.

디멘에 가서 내 물건들을 챙겨 온 사람은 미노였다. 집에 들어갔을 때 2층에서 무슨 소리가 들려 미노는 바짝 긴장했다고 한다. 강도가 들었나? 분명 사람 소리가 들렸다고 생각한 미노는 전투태세를 갖추고 살금살금 위층으로 올라갔다.

하지만 강도는 없었다. 그것은 엑스박스 게임기였다. 내가 유벤투스 전용기를 타고 밀라노에 가기 위해 급하게 집을 나섰을 때부터 거의 3주 동안 기계음을 내며 돌아가고 있었던 것이다.

12
존경은 받는 것이 아니다. 쟁취하는 것이다
_파비오 카펠로
2004~2005년

: :

"이브라, 사무실로 와라."

파비오 카펠로 감독이 나를 불렀다. 그는 지난 10년간 유럽에서 가장 성공한 명장 중의 한 사람으로 손꼽혔다. 내가 뭘 잘못했나? 유년 시절에 윗사람들에게 호출당했던 경험이 떠올라 불쑥 겁이 났다. 카펠로 감독 앞에 서면 그 누구라도 긴장하지 않을 수 없었다. 웨인 루니는 복도에서 카펠로 감독이 지나가는데 "이제 나는 죽었구나" 하는 기분이었다고 말한 적이 있다. 맞는 말이었다. 평소에 그는 커피를 들고 눈길 한 번 주지 않고 사람을 지나쳐 간다. 옆으로 지나치기만 해도 오싹할 정도다. 이따금 "차오Ciao(안녕)"라고 한마디 던질 때도 있지만, 대개는 누가 주변에 있어도 없는 사람처럼 무시하고 가던 길을 간다.

이탈리아의 스타 선수들은 감독이 하란다고 군말 없이 점프 훈련을 하지는 않는다고 앞서 말한 적이 있다. 하지만 그 말은 카펠로 감독에게는 통하지 않는다. 그가 나타나면 모든 선수가 시키는 대로 행동했다. 카펠로 감독이 주위에 있으면 선수들은 몸가짐을 조심했다. 내가 아는 한 기자는 카펠로 감독에게 이렇게 물었다.

"모든 선수에게 존경을 받는 비결이 무엇입니까?"

"존경은 받는 게 아닙니다. 쟁취하는 거죠." 카펠로 감독의 이 말은 내 마음속에 깊이 남아 있다.

카펠로 감독이 화가 나 있을 때 그의 눈을 똑바로 쳐다볼 수 있는 사람은 거의 없었다. 그가 믿고 기회를 주었는데 그 기회를 붙들지 못하는 선수는 경기장 밖에서 핫도그나 팔아야 할지도 모른다. 사적인 문제로 카펠로 감독을 찾아가서도 안 된다. 그는 동료 선수가 아니다. 그는 선수들과 수다를 떨거나 사담을 나누지 않는다. 세르젠테 디 페로sergente di ferro, 즉 피도 눈물도 없는 교관으로 불렸던 만큼 그가 선수를 호출한다는 것은 나쁜 징조였다. 하지만 혹시 좋은 일일지 누가 알겠는가? 카펠로 감독은 필요하면 선수들을 낱낱이 분해해서 다시 태어나게 만드는 사람이다. 위치선정 훈련을 시작했을 때의 일이 생각난다. 카펠로 감독은 호루라기를 거세게 불더니 고함을 쳤다.

"운동장에서 다 나와. 안으로 들어가." 무슨 영문인지 아는 사람은 아무도 없었다.

"우리가 뭘 어쨌는데? 무슨 일이래?"

"군기가 빠졌어. 쓸모없는 자식들!"

그날 예정되어 있던 모든 훈련은 취소되었다. 선수들을 어리둥절하게 만드는 결정이었다. 물론 그는 나름대로 계획이 있었다. 우리가 다음 날

전사들처럼 투지를 불태우기를 바랐던 것이다. 어려서부터도 다정한 보살핌과는 거리가 멀었던 나는 그런 지도 방식이 마음에 들었다. 나는 카리스마가 있고 자기 주관이 분명한 남자들을 좋아했다. 그리고 카펠로 감독은 나를 신임했다.

"너는 증명해야 할 게 전혀 없어. 네가 어떤 선수인지 또 어떤 능력을 지녔는지는 잘 알고 있다." 유벤투스에 가서 첫 훈련에 참가했을 때 카펠로 감독은 내게 이렇게 말했고, 덕분에 마음이 편해졌다.

나는 중압감을 덜어낼 수 있었다. 사실 막 이적한 선수로서 받는 중압감은 엄청났다. 수많은 신문에서는 이적 자체에 의문을 제기했고, 내 득점력이 변변치 못하다고 지적했다. 즐라탄 같은 선수가 유벤투스에서 성공하기는 어렵다면서 앞으로 벤치나 지키게 될 것이라고 내다보는 이들도 많았다.

"즐라탄은 이탈리아 리그에서 활약할 준비가 되어 있는가?"라고 그들은 썼다.

"이탈리아 리그가 즐라탄을 맞이할 준비는 되어 있고?"라고 미노는 되받아쳤다. 백번 옳은 말이었다.

그런 공격에는 미노처럼 머리를 꼿꼿이 세우고 받아쳐야 하는 법이다. 그런 상대일수록 당차게 대응해야만 한다. 미노가 없었다면 내가 이탈리아에서 성공할 수 있었을까 가끔 생각해보는데, 아니 미노가 없었다면 힘들었을 성싶다. 내가 아약스 때처럼 천둥벌거숭이로 유벤투스 생활을 시작했다면 언론은 나를 아마 산 채로 잡아먹었을 것이다. 이탈리아 사람들은 축구에 미쳐 있었다. 예컨대 스웨덴에서는 시합 전날과 당일, 그 이튿날 정도까지 시합에 관한 기사들이 나오지만, 이탈리아 언론에서는

259

일주일 내내 시합 얘기를 한다. 기사가 멈추질 않으니 선수들도 도마 위에서 벗어날 수 없다. 사람들이 끊임없이 평가하는 것에 익숙해지지 않으면 이탈리아에서 생활하기가 어렵다.

하지만 내게는 미노가 있었다. 그는 나를 보호하는 성벽이었고, 나는 힘들 때마다 그에게 전화를 걸었다. 아약스? 거기는 유벤투스에 비하면 유치원 수준이었다. 유벤투스에서는 연습 경기 중에라도 골을 하나 넣으려면 칸나바로와 튀랑을 통과해야 했고, 게다가 골문 앞에는 부폰이 버티고 있었다. 내가 신참이라고 나긋나긋하게 대해주는 선수는 없었다. 오히려 정반대였다.

카펠로 감독 곁에는 이탈로 갈비아티Italo Galbiati라는 코치가 있었다. 갈비아티는 일흔을 바라보는 나이였다. 나는 그를 영감님이라고 친근하게 부르곤 했다. 그는 좋은 분이었다. 그와 카펠로 감독은 일종의 좋은 경찰과 나쁜 경찰이었다. 카펠로 감독이 거칠고 냉혹하게 선수들을 다뤘다면, 갈비아티 코치는 나머지 역할을 담당했다. 첫 연습 경기를 마친 뒤 카펠로 감독은 그를 내게 보내며 이렇게 말했다.

"이탈로, 저놈 버릇을 단단히 고쳐놔요!"

동료 선수들은 모두 샤워하러 갔고, 나도 지칠 대로 지쳐 있었다. 어서 하루 일과를 마감하고 싶은 심정이었다. 그런데 유소년팀 골키퍼 한 명이 사이드라인에 있다가 운동장 안으로 들어왔다. 무슨 일이 벌어지려는지 감이 왔다. 이탈로 코치는 내게 공을 배급해주었다. 뺑, 뺑! 공은 온갖 각도로 날아왔다. 크로스도 있고, 땅볼 패스도 있고, 손으로 공을 던져주기도 했고, 2 대 1 패스를 하기도 했다. 나는 공을 받는 즉시 골문을 향해 슛을 날렸다. 나는 페널티 지역을 벗어날 수 없었다. 그것은 허용되지 않았다. 이탈로 코치는 그 지역이 내가 책임져야 할 영역이라고 말했다. 나는 그 지역에 머물면서 슈팅을 날려야 했다. 여유를 부리거나 쉴 틈은 없었다. 쉴 새 없이 슈팅 훈련이 이어졌다.

"공을 쫓아가. 더 세게 차야지. 더 자신감을 갖고, 망설이면 안 돼." 이탈로 코치가 큰 소리로 외쳤다. 그리고 이 슈팅 훈련은 내 일상이 되었다.

더러 델 피에로와 트레제게도 슈팅 훈련을 받았지만 대부분은 나 혼자였다. 이탈로 코치가 지켜보는 가운데 나는 50회, 60회 혹은 100회 정도 슈팅을 날렸다. 이따금 카펠로 감독이 나타나 평소 방식대로 따끔하게 가르쳤다.

"아약스에서 배운 기술은 모조리 도려낼 거야."

"좋습니다."

"네덜란드 스타일은 필요 없다. 주거니 받거니 2 대 1 패스에, 멋지게 기술 넣고, 드리블로 선수들 다 제치며 통과하는 것, 너는 그딴 거 없어도 좋아. 골만 넣어주면 돼. 알아들어? 이탈리아 축구 근성을 네 머릿속에 집어넣도록 해. 해결사 본능을 지니란 말이야."

그것은 이미 내 안에서 일어나고 있던 변화였다. 판 바스텐이나 미노와 대화를 나누면서 나는 조금씩 축구를 달리 보기 시작했다. 포지션이 전방 공격수였음에도 나는 골잡이라는 내 역할에 대해 진지하지 않았다. 나는 축구의 모든 것을 알고 싶었다. 그래서 머릿속으로 그려보던 수많은 속임동작들과 개인기를 실험하고 싶은 욕심이 컸다. 하지만 카펠로 감독 밑에서 나는 달라졌다. 그의 거친 승부근성은 전염성이 있었다. 나는 멋진 개인기를 선보이는 예술가보다는 어떤 대가를 치르더라도 골을 넣어야 하는 승부사로 변해갔다.

전에는 시합에 이기고 싶어 하지 않았다는 말이 아니다. 나는 승리를 향한 강한 집념을 갖고 태어났다. 그렇지만 나한테 축구는 어려서부터 사람들 눈에 띄려고 내가 이용한 수단이었다. 경기장에서 멋진 동작들을 선보이고 있으면 내가 로센고드 출신의 보잘것없는 촌놈이 아니라 거물이 된 기분이었다. 사람들이 내지르는 탄성과 '저것 좀 봐!' 하는 반응을 보면 신이 났다. 화려한 개인기를 보일 때마다 사람들이 보내는 갈채에 우쭐하며 성장해왔고, 멋진 골이나 재미없는 골이나 둘 다 같은 골이라고 하는 놈이 있으면 머저리 같은 놈이라고 생각해왔다.

하지만 이탈리아에서는 팀이 패하는 한 발뒤꿈치로 골을 넣든 멋진 개인기를 펼치든 그런 것들에 감사해할 사람은 아무도 없다는 사실을 깨닫기 시작했다. 시합에 이기지 않는 이상 그림 같은 골을 성공시켜도 아무도 신경 쓰지 않았다. 나는 이탈리아에서 승리를 쟁취하는 거친 전사가 되어야 했다. 물론 나는 '남의 말에 귀를 기울이되 무시할 줄도 알아야 한다'는 원칙을 포기하지 않았다. 카펠로 감독이 아무리 강력하게 자신의 주장을 펼쳐도 내게는 나만의 원칙이 있었다. 이탈리아어를 배울 때 생각이 난다. 언어 문제는 늘 쉽지 않았다. 그라운드에서는 아무 문제가 없었다. 축구라는 언어는 잘 알고 있었다. 하지만 밖에 나가면 때때로 무기력하기 짝이 없었다. 구단에서는 나를 위해 개인교사를 붙여주었다. 나는 일주일에 두 번 그녀를 만나 문법을 배워야 했다. 문법이라니? 다시 학교공부를 해야 한다는 말인가? 그런 공부는 필요 없었다. 나는 그녀에게 이렇게 말했다. "강습비는 그대로 받으세요. 절대 이 얘기는 누구에게도 하지 마세요. 상사에게도 말해서는 안 됩니다. 나 만나러 오지 않아도 돼요. 나를 만나 공부한 척만 하세요. 별 뜻은 없으니까 오해하진 마세요." 물론 그녀는 내가 말한 대로 했다.

그녀는 자리를 떠났고, 밖에서는 나를 만나 수업을 진행하는 척했다. 그녀도 내심 고마워하는 눈치였다. 물론 내가 이탈리아어를 무시한 것은 아니었다.

나도 이탈리아어를 익히고 싶었다. 하지만 다른 방식을 택했다. 라커룸이나 호텔에서 사람들과 얘기하며 배우는 편이 훨씬 쉬웠다. 나는 빨리 배우는 편이었고, 문법이 엉망이어도 아무렇지 않게 떠들어댈 만큼 뻔뻔하고 멍청했다. 기자들 앞에서도 일단은 이탈리아어로 말을 시작했고, 안 되면 영어로 전환했다. 이탈리아인들은 내 그런 노력을 가상하게 여겼다. 이탈리아어를 잘하지는 못해도 노력은 하고 있는 친구라고 생각했다. 나는 매사에 이런 식으로 내 신념을 지켰다. 즉 다른 사람들의 조언을 듣되, 내 방식을 모두 포기하지는 않았다.

나는 몸도 마음도 달라졌다. 유벤투스에 입단해서 치른 첫 시합은 지금도 생각이 난다. 그때가 2004년 9월 12일이었다. 브레시아와 경기를 치렀는데, 처음에는 벤치에서 대기했다. 구단주인 지안니 아넬리Gianni Agnelli 집안 식구들이 귀빈석에 앉아 있었는데, 아마도 나한테 그만한 돈을 투자할 만한 가치가 있었는지 확인하고 싶었을 것이다. 후반전을 시작하고 나는 네드베드를 대신해 출전했다. 네드베드는 미노가 대리하고 있던 여러 선수 중 하나였는데, 그는 2003년에 발롱도르 상을 받는 영예를 누렸다. 그는 내가 만나본 선수 중에 가장 지독한 연습벌레였다. 네드베드는 팀 훈련이 시작되기 전에 한 시간 동안 혼자서 사이클을 탔고, 훈련이 끝나면 다시 한 시간 동안 혼자서 조깅을 했다. 그는 지칠 줄 모르는 체력의 소유자로 여간해서는 중간에 나오는 경우가 없었다. 데뷔전에서 실수한다고 큰일이 나는 건 아니지만, 실수해서 좋을 것도 없었다. 데 뷔전에서 한번은 왼쪽 측면에서 공격을 전개하는데, 두 명의 수비수가 나를 막아섰다. 막힌 것처럼 보였지만 나는 순간 속도를 높여 두 사람 사이를 돌파했다. 그러자 유벤투스 서포터들이 내 이름을 연호하기 시작했다. "이브라히모비치, 이브라히모비치!" 기분이 근사했다. 물론 이는 앞으로도 계속 듣게 될 소리였다.

사람들은 그후 나를 '이브라'라고 부르기 시작했는데, 사실 내 이름을 그렇게 줄여서 처음 부른 사람은 모지 단장이었다. 멀대같이 키는 크고 깡마른 편이라 한동안 '플라밍고Flamingo(홍학)'라고 부르는 사람들도 있었다. 198센티미터나 되었지만 체중은 84킬로그램에 불과했다. 카펠로 감독은 내 체격 조건이 성에 차지 않았다.

"웨이트트레이닝을 받아본 적 있나?" 카펠로 감독이 물었다.

"아뇨, 없습니다."

그때까지 나는 바벨도 들어본 적이 없었는데, 카펠로 감독에게는 그것이 적잖이 충격적인 대답이었던 듯싶다. 그는 물리치료사에게 나를 강도 높게 훈련시키라고 단단히 일러두었다. 내 평생 처음으로 먹는 음식에도 신경을 쓰기 시작했다. 나중에야 알게 된 일이지만 아무리 체중을 불리려 했다지만 솔직히 파스타를 너무 많이 먹었다. 어쨌든 유벤투스에서는 선수 관리가 모든 면에서 더욱 철저했고, 나는 체중을 늘리면서 훨씬 중량감 있고 근력 있는 선수로 변모했다. 이에 비해 아약스는 체력 관리도 선수들 자율에 맡기는 편이었다. 하지만 어린 선수들이 뭘 안다고 알아서 하라고 내버려뒀을까 싶다. 이탈리아에서는 훈련 전후로 식사했는데, 시합이 있을 때마다 선수들이 호텔에 묵으며 다 같이 하루 세 끼

식사를 했다. 그러니 내 체중도 당연히 늘어날 수밖에 없었다.

몸무게가 점점 늘어서 98킬로그램까지 나간 적이 있었는데, 그 정도 되니까 몸이 너무 무겁게 느껴졌다. 약간 동작이 굼떠져서 나는 웨이트 트레이닝을 줄이는 대신 달리기 운동량을 늘렸다. 더 위협적이고 빠른 플레이가 가능해지면서 나는 전반적으로 기량이 훨씬 좋아졌다. 또 거물급 선수들을 거침없이 상대하는 법도 배웠다. 연습이든, 시합이든 그들에게 방해가 안 되도록 물러나는 것은 아무 값어치 없는 짓이라는 것을 나는 카펠로 감독 밑에서 확실히 깨우쳤다. "네 위치에서 절대 쉽게 물러서면 안 돼. 거물급 선수들이 너를 꼼짝 못 하게 만들고 싶겠지만 그것을 허용하지 마라. 네가 그들을 꼼짝 못 하게 만들어야 한다. 네가 앞서나가는 것을 저지하지 못하도록 해라." 나는 이탈리아에서 나를 한 단계씩 성장시켰고, 다른 선수들에게 존중을 받았다. 아니, 존중을 쟁취했다.

이탈리아에서 선수 생활을 하면서 나는 서서히 지금의 나로 변모했다. 시합에 지고 나서는 너무 씩씩거리니까 아무도 나를 건드리려고 하지 않았다. 그런 나를 부정적으로 보는 이들도 있었다. 나이가 어린 선수들은 대부분 나를 두려워했다. 나는 소리를 질렀고 마음에 안 드는 게 있으면 대놓고 불평했다. 한 번씩 분노를 터뜨리기도 했다.

유벤투스 구단에 몸담은 후로는 죽 이런 태도로 선수 생활을 했다. 카펠로 감독과 마찬가지로 나는 상대가 어떤 위치에 있는지 신경 쓰지 않았다. 예컨대 잠브로타도 네드베드도 연습 경기 중에 전력을 다하지 않는다면 나한테 불만 섞인 핀잔을 들었다. 카펠로 감독은 내게서 아약스 습관만 제거했던 것이 아니다. 어느 구단에 가든 기필코 그곳 리그에서 우승하기를 바라는 집념의 승부사로 나를 빚어냈다. 그것이 내게 굉장히 유익한 결과를 가져왔음은 물론이다. 나는 축구 선수로서 거듭났다.

이탈리아에서 바뀐 것도 많지만 내 기질이 죽지는 않았다. 우리 팀에는 조나단 제비나Jonathan Zebina라는 프랑스 출신의 수비수가 있었다. 그는 카펠로 감독 체제였던 AS 로마에서 2001년에 리그 우승컵을 들어 올린 경력이 있고, 2004년에 유벤투스에 들어왔다. 당시에도 나는 그가 썩 잘하는 선수라고 생각하지 않았다. 그의 문제는 연습 경기 중에 수비가 너무 거칠다는 것이었다. 하루는 심하게 나한테 태클을 걸었다. 나는 그에게 다가가 얼굴을 바싹 들이대고는 이렇게 말했다.

"더럽게 놀고 싶다면 미리 말해. 나도 더럽게 놀아줄 테니까!"

그랬더니 나에게 달려들어 머리를 들이받으려고 했다. 그리고 순식간에 일이 터졌다. 퍽! 나는 생각할 겨를도 없이 손을 뻗어 그를 쳤다. 그냥 자동으로 순식간에 주먹이 나갔고, 제비나는 공격을 채 마무리하지도 못하고 잔디밭에 쓰러졌다. 내 주먹이 무척 세게 나간 모양이었다. 이제 무슨 일이 벌어질까? 화가 난 카펠로 감독이 소리를 지르며 달려오겠거니 생각했다. 하지만 조금 멀리 떨어져 있던 카펠로 감독은 자기와는 아무 상관없는 일인 듯 눈 하나 깜짝 않고 가만히 서 있었다. 주위에 있던 사람들은 당연히 "무슨 일이야, 왜 저러는 거야" 하고 웅성거렸다. 주변이 소란스러워지는데, 그때 칸나바로가 나를 불렀다. 우리 두 사람은 늘 상부상조하는 사이였다.

"이브라, 무슨 짓을 한 거야?" 하고 그가 말했다. 순간 나는 그가 화를 내는 줄 알았다. 하지만 그는 '제비나 자식은 맞아도 싸다'라는 의미로 내게 윙크를 보냈다. 칸나바로 역시 그 녀석 행태가 마음에 들지 않았던 것이다. 하지만 릴리앙 튀랑은 반응이 달랐다.

"이브라, 어린놈이 덜떨어져서. 그런 짓 하면 안 되지. 머리가 어떻게 된 거 아니야?" 하지만 그는 거기서 입을 다물어야 했다. 쩌렁쩌렁 울리는 고함이 들렸기 때문이다. 그렇게 호통을 칠 수 있는 사람은 한 명뿐이었다.

"뷔―라앙, 입 닥치고 들어가." 카펠로 감독이 소리를 질렀다. 뷔랑은 얌전한 아이가 되어 조용히 자리를 피했고, 나도 그 자리를 떴다. 나는 마음을 가라앉혀야 했다.

두 시간 뒤에 마사지실에 들어가니 얼굴에 얼음 마사지를 하고 있는 선수가 보였다. 제비나였다. 내가 어지간히 세게 때린 모양인지 계속 고통스러워했다. 꽤 오랫동안 눈가에 시퍼런 멍이 가시지 않았던 듯하다. 모지 단장은 우리 두 사람에게 벌금을 물렸다. 하지만 카펠로 감독은 아무런 조치를 취하지 않았다. 우리 두 사람을 호출하지도 않았다. 그는 내게 딱 한마디만 했다.

"팀에 유익한 일이었다!"

그랬다. 카펠로 감독은 그런 식이었다. 그는 사나이답고 멋진 남자였다. 젊은 선수들의 혈기를 이해했다. 선수들끼리 으르렁거리고 서로 싸울 수도 있는 일이었다. 하지만 절대로 용납하지 않는 일이 있었다. 그것은 감독의 권위에 도전하거나 감독 말을 듣지 않고 제멋대로 행동하는 일이었다. 이런 일이 생기면 그는 폭발했다. 챔피언스리그 8강전에서 리버풀과 싸웠을 때의 일이 생각난다. 우리는 이 경기에서 0 대 2로 패했다. 경기를 시작하기에 앞서 카펠로 감독은 우리 팀의 전술을 설명했고, 상대 팀이 코너킥을 찰 때 누가 어느 선수를 맡아야 하는지를 일일이 지정했다. 하지만 릴리앙 뷔랑은 감독이 지정해준 선수 말고 다른 선수를 수비하려고 했고, 그 순간 리버풀이 골을 넣었다. 경기 후에 카펠로 감독은 라커룸에서 평소대로 이리저리 움직이며 선수들이 모두 들어올 때까지 기다렸다. 선수들은 무슨 일이 생길지 궁금해하며 그를 중심으로 둥그렇게 벤치에 모여 앉았다.

"누가 자네한테 다른 선수를 마크하라고 했나?" 그는 튀랑에게 물었다.

"아닙니다. 그러는 편이 더 낫겠다고 제가 판단했습니다." 튀랑이 대답했다.

카펠로 감독은 두어 번 한숨을 내쉬었다.

"누가 자네한테 다른 선수를 마크하라고 했나?" 그는 똑같은 질문을 던졌다.

"그러는 편이 더 낫겠다고 생각했습니다."

똑같은 대답이 나왔고, 카펠로 감독은 같은 질문을 세 번째 던졌다. 돌아온 대답도 역시 똑같았다. 그러자 카펠로 감독이 폭발했다. 쌓이고 쌓였던 화가 폭발한 것이다.

"내가 다른 선수를 마크하라고 지시했었나? 여기서 결정을 내리는 사람이 나 말고 또 다른 사람이 있어? 결정권자는 나야, 몰라? 자네가 무엇을 할지 지시하는 사람은 나란 말이야. 알아들었어?"

그러면서 그는 마사지 탁자를 발로 걷어찼다. 탁자는 빠른 속도로 회전하며 우리가 앉아 있는 쪽으로 밀려왔다. 그런 상황에서는 아무도 그를 쳐다보지 못했다. 모든 선수가 꿀 먹은 벙어리처럼 가만히 앉아 바닥만 내려다보았다. 트레제게와 칸나바로, 부폰을 비롯한 모든 선수가 꼼짝도 하지 않았다. 이후로 시합 중에 튀랑이 했던 것처럼 행동하는 선수는 아무도 없었다. 분노에 찬 카펠로 감독의 눈길을 다시 대면하고 싶어

하는 사람은 아무도 없었다. 하지만 그 후로도 우리는 살벌한 호통을 심심치 않게 들었다. 그곳 생활은 만만하지 않았다. 중간은 의미가 없었다. 다행히 나는 꾸준히 좋은 활약을 보였다.

카펠로 감독은 알레산드로 델 피에로를 빼내 내게 자리를 만들어주었다. 유벤투스에서 지난 10년간 델 피에로를 벤치에 앉혀둔 사람은 아무도 없었다. 델 피에로를 벤치에 앉히는 것은 곧 구단의 상징을 저버리는 것으로 비쳐 팬들의 노여움을 샀다. 팬들은 카펠로 감독에게는 야유를 보내고 델 피에로 선수에게는 이렇게 환호했다.

"일 핀투리키오, 일 페노메노 베로Il pinturicchio, il fenomeno vero(핀투리키오는 르네상스 시대의 화가로 이는 델 피에로의 창조적인 플레이를 나타내고, 페노메노는 천재라는 뜻—옮긴이)."

알레산드로 델 피에로는 리그 우승 타이틀을 무려 일곱 차례나 유벤투스에 안겼고, 매해 팀에서 중추적 역할을 담당했으며, 챔피언스리그 우승컵도 선사했다. 팬들은 물론이고 구단주 가족의 사랑을 한 몸에 받는 대형 스타였다. 평범한 감독이라면 델 피에로를 벤치에 앉혀둘 생각은 엄두도 내지 못했겠지만 카펠로는 평범한 감독이 아니었다. 그는 과거의 영광이나 위상에 대해서는 아랑곳하지 않았다. 그는 자신이 구상한 팀을 이끌고 당당하게 시합에 임했으며 나는 그 점이 무척 고마웠다. 한편으로는 부담스럽기도 했다. 특히 델 피에로가 벤치에 대기하고 있을 경우에는 더 좋은 활약을 펼쳐야만 했다. 다행히 시간이 갈수록 관중석에서 그의 이름을 연호하는 소리는 줄어들고 "이브라, 이브라"를 연호하는 팬들이 생겨났다. 그리고 12월에는 팬들이 선정한 '이달의 선수'로 뽑혔다. 개인적으로 무척 뜻깊은 상이었다.

나는 이탈리아에서 이름을 알리며 선수로서 특별한 전환점을 맞고 있었다. 물론 '이달의 선수'로 뽑힌 게 그리 대단한 의미를 갖지는 않는다. 영웅 대접을 받다가도 다음 날 역적이 되는 게 우리들의 운명이니까. 갈비아티 코치와 함께 수행한 특별 훈련은 성과를 보였다. 그것은 의심할 여지가 없었다. 골문 앞에서 공을 계속 배급받으면서 슈팅 훈련을 한 덕분에 나는 페널티 지역에서 훨씬 효과적이고 위협적으로 움직이는 선수가 되었다. 어떤 각도, 어떤 상황에서 공이 오든 반사적으로 움직이는 법을 익혔다. 공이 오면 머릿속으로 따로 계산하지 않고 바로 그 상황에 맞게 슈팅을 날릴 수 있었다.

하지만 잊지 말아야 할 것이 있다. 위협적인 골잡이가 되려면 골 감각이 있어야 한다는 것이다. 골 감각은 있을 수도 있고, 없을 수도 있다. 골 감각은 자기 것으로 만들 수도 있지만, 자신감이 떨어지면 언제라도 사라질 수 있다. 나는 스스로를 골 넣는 선수로만 규정하고 싶지는 않았다. 나는 경기 전체를 주도하고 경기 판도를 뒤집을 수 있는 선수가 되고 싶었다. 모든 기술이 가능한 전천후 공격수가 되고 싶었다. 그런데 1월에 들어서고 어느 순간부터 골잡이로서의 리듬을 잃기 시작했다.

다섯 경기에 출전해서 한 골도 못 넣었다. 석 달이 지나도록 내가 넣은 골은 겨우 한 골. 이유는 알지 못했다. 왠지 일이 잘 풀리지 않았다. 카펠로 감독은 나를 추궁하기 시작했다. 예전에 나를 새로 만들고 키워주던 카펠로 감독이 나를 깔아뭉갰다. "뭐 하나 한 게 없어. 쓸모없는 놈." 말은 이렇게 했지만 그래도 나를 벤치에 앉히지는 않았다.

선발로 뛰는 것은 델 피에로가 아니라 나였기 때문에 감독이 독설을 하는 것은 모두 나한테 동기를 부여하고 자극하려는 목적이라고 생각했다. 아니, 그렇게 믿고 싶었다. 카펠로 감독은 분명 자신감 있는 선수들을 좋아했지만 그렇다고 지나친 자신감과 오만은 금물이었다. 자만하는 선수는 몹시 싫어했다. 따라서 필요하면 용기를 북돋아주기도 했지만, 지나치다 싶으면 여지없이 그들을 때려눕혔다. 그즈음 나는 내가 어떤 역할이고, 어떤 위치에 있는지 알 수가 없었다.

"이브라, 들어와!"

특별히 잘못한 게 없어도 호출만 당하면 뜨끔했다. 내가 혹시 자전거를 훔쳤는지, 누구를 머리로 들이받은 일이 있는지 어릴 때처럼 머릿속으로 헤아리기 시작했다. 감독이 기다리는 라커룸으로 향하며 변명거리들을 생각했다. 하지만 무슨 일로 불려 가는지도 모르는 상황에서는 그 일도 쉽지 않았다. 그저 나쁜 일이 아니기를 바랄 뿐이었다. 내가 들어서자 카펠로 감독은 수건만 걸치고 있었다.

막 샤워를 마친 뒤여서 안경에는 김이 서려 있었다. 라커룸은 여느 때와 별반 다름없었다. 루치아노 모지 단장은 다른 건 고급을 쓰면서 라커룸은 초라하고 열악한 게 좋다고 믿었다. 그는 "고급 시설을 갖추는 것보다는 이기는 게 더 중요하다"고 입버릇처럼 말했다. 나도 처음에는 별 상관없을 거라고 생각했지만, 동시에 네 사람이 샤워라도 하면 물이 발목까지 차올라 영 찜찜했다. 하지만 불평해봐야 소용이 없다는 걸 다들 잘 알았다. 어차피 모지 단장은 자기 이론이 맞는다고 우길 게 뻔했기 때문이다.

"그게 있잖아, 라커룸이 꼭 깔끔해야 시합에 이기는 건 아니야." 그래서 라커룸은 그런 꼬락서니를 하고 있었다. 카펠로 감독은 시설 열악한 라커룸에서 반쯤 벌거벗은 모습으로 나타났다. 나는 '무슨 일일까? 내가

271

뭘 잘못했을까' 다시 한 번 생각해봤다. 카펠로 감독에게는 상대를 주눅 들게 하는 힘이 있었다. 특히 단둘이 있으면 마치 거대한 동상처럼 느껴져서 유난히 더 움츠러들었다.

"앉아라." 물론 나는 고분고분 그의 말을 따랐다. 내 앞에는 구형 텔레비전이 있었고, 옆에는 그것보다 더 오래되어 보이는 비디오 플레이어가 있었다. 카펠로 감독은 비디오테이프를 집어넣었다.

"널 보면 내가 AC 밀란에서 지도했던 선수가 생각난다. 내가 누굴 말하는지는 너도 알겠지."

"그렇지?"

"그 사람 이름은 귀가 따갑도록 들었습니다."

"좋아. 사람들이 비교하는 말에 너무 스트레스 받지 마라. 넌 제2의 판 바스텐이 아니야. 네 스타일이 있지. 나는 네가 더 좋은 선수라고 생각한다. 하지만 페널티 지역 안에서는 너보다 판 바스텐이 능수능란했다. 그의 골 장면들을 모아놓은 영상이다. 그 친구 움직임을 배워서 네 것으로 만들어라. 필요한 건 배워야지."

그러고 나서 카펠로 감독은 자리를 떴다. 라커룸에 혼자 남은 나는 영상을 보기 시작했다. 다양한 방향과 온갖 각도에서 슈팅을 하는 판 바스텐의 영상이었다. 판 바스텐만 계속 나와서 슈팅을 하고 그 공은 번개처럼 그물을 갈랐다. 10분인가 15분 정도 보고 나니 '언제 끝나지'라는 생각이 들었다.

카펠로 감독이 문밖에 사람을 세워놨을까? 당연히 그럴 것 같아서 나는 영상을 끝까지 시청하기로 결심했다. 상영시간은 25~30분 정도 되었다. 이 정도면 볼 만큼 봤다는 생각이 들었다. 나는 자리에서 일어나 슬며시 라커룸을 빠져나왔다. 솔직히 그 영상을 보면서 뭔가 배웠다고는 말을 못 하겠다. 다만 감독의 메시지는 확실히 알아들었다. 카펠라 감독의 평소 지론대로 골을 넣어야 한다는 것이었다. 나는 그 메시지를 내 머릿속에, 내 몸속에, 내 생활 속에 분명하게 새겨놓아야 했다. 그것은 엄중한 경고였다.

우리 팀은 리그 선두권을 유지하면서 챔피언 자리를 놓고 AC 밀란과 다투고 있었다. 우승하려면 나는 계속 골을 넣어야만 했다. 그것은 피해갈 수 없는 사실이었고, 나는 페널티 지역에서 악착같이 움직였다. 물론 수비수들도 나만큼 열심히 움직였다. 상대 수비수들은 나를 잡아먹을 것처럼 따라다녔다. 게다가 내가 다혈질이라는 소문이 돌자 상대편 선수들과 관중은 야유를 보내고 욕을 하면서 나를 도발하려고 했다. 집시 자식이니 부랑자 새끼니 내 어머니와 가족까지 들먹이면서 온갖 쓰레기 같은 말을 던졌다. 물론 나도 가끔 뚜껑이 열리면 상대 선수를 과격하게 밀어붙이고 머리를 들이받기도 했다. 하지만 나는 화가 났을 때 움직임이 더 좋아지는 편이라서 경기가 다시 잘 풀리기 시작했다. 4월 17일에는 레체를 상대로 해트트릭을 기록했다. 팬들은 열광했고, 기자들은 이렇게 썼다. "사람들은 그가 득점력이 저조하다고 비난했다. 하지만 그는 벌써 15골이나 넣었다."

나는 2004-2005 시즌에 득점 부문 3위에 올랐다. 사람들은 내가 유벤투스에서 가장 중요한 선수라고 말하고 있었다. 어디를 가나 칭송이 쏟아졌고, "이브라, 이브라"를 연호했다. 하지만 뭔가 심상치 않은 공기가 감돌았다.

우리 앞에는 끔찍한 재앙이 도사리고 있었다.

⑬
나는 그해 세리에 A
최우수 외국인 선수 상을 받았다

2004~2005년

: :

경찰과 검찰이 모지 단장의 전화를 도청하고 있었다는데, 당시 나는
그 사실을 몰랐다. 생각해보면 나로서는 몰랐던 게 다행이었다. 우리 팀
은 AC 밀란과 리그 정상 자리를 다투고 있었고, 나는 평생 처음으로 누
군가와 내 삶을 함께 나누고 있었다. 헬레나는 너무 일을 많이 했다. 낮
에는 예테보리에 있는 플라이 미Fly Me에서 일했고, 저녁에는 레스토랑에
서 일했다. 그리고 말뫼로 통학하며 공부까지 했다.

헬레나는 너무 무리해서 일한 나머지 몸이 아팠다. 나는 그녀에게 말
했다. "이제 일 그만하고, 이곳으로 와서 나랑 살아요." 그녀에게는 큰 변
화였지만, 다행히 내 제안을 기분 좋게 받아들였다. 마침내 그녀에게도
숨 돌릴 여유가 생긴 것이었다.

나는 인자기 아파트에서 나와 내가 살던 동네인 피아차 카스텔로에 천

장이 높고 근사한 건물을 하나 새로 얻었다. 흡사 교회처럼 보이는 건물이었는데, 1층에는 무드Mood라는 상호의 카페가 있었다. 여기 일하는 사람들은 우리와 친구처럼 지냈고, 이따금 우리에게 아침 식사를 제공했다. 아이는 아직 없었지만 우리는 호파라는 이름의 퍼그를 한 마리 키웠다. 포동포동한 것이 무척 귀여웠다. 우리는 저녁 식사용으로 피자 세 판을 사 가지고 들어가곤 했다. 하나는 내 것, 또 하나는 헬레나 것, 나머지 하나는 호파 것이었다. 호파는 딱딱한 크러스트 부분만 남기고 몽땅 먹어치운 다음에 남은 빵 껍질을 집 안 여기저기 몰고 다니다가 팽개쳐놓았다. 눈물겹게 고마웠다! 호파는 우리에게 토실토실한 내 아기나 다름없었고, 우리 세 식구는 행복한 시간을 보냈다. 하지만 헬레나와 나는 속한 세계가 완전히 달랐다.

한번은 비즈니스석을 타고 두바이로 가족과 함께 휴가를 떠났다. 헬레나와 나는 비행기에서 어떻게 처신해야 하는지 잘 알았지만, 우리 식구는 달랐다. 아침 6시부터 내 동생은 위스키를 마시고 싶어 했다. 어머니는 내 앞자리에 앉아 있었는데, 물론 훌륭한 분이긴 하지만 그것을 보고 가만히 있을 분이 아니었다. 어머니는 우리가 술을 마시는 것을 싫어했다. 당신이 거쳐온 삶을 생각하면 당연한 일이었다. 어머니는 케키가 술을 마시자 신고 있던 구두를 벗었다. 문제가 생기면 늘 그랬듯이, 어머니는 구두를 집어 들고는 케키 머리를 사정없이 때렸다. 탁, 퍽! 그러자 케키도 화가 나서 엄마에게 반격을 가했다. 아침 6시에 비즈니스석은 아수라장으로 변했다. 나는 헬레나를 가만히 쳐다보았다. 그녀는 아마 쥐구멍에라도 숨고 싶은 심정이었을 것이다.

토리노에 살 때 나는 보통 10시 15분 전이면 준비를 마치고 훈련장으로 출발했다. 하루는 늦어서 준비를 서두르고 있는데, 어디선가 타는 냄새가 나는 듯했다. 나는 못 느꼈는데 헬레나가 그렇게 말했던 것도 같고 잘 기억은 나지 않는다. 어쨌든 집에서 나가려고 현관문을 열어보니 밖에서 불이 타고 있었던 것은 확실하다. 어떤 사람이 장미를 잔뜩 모아놓고 불을 질러놓은 것이다. 우리 건물에는 집집이 가스레인지가 있었고, 근처 계단통에는 벽을 따라 가스관이 지나고 있었다. 불이 번지면 심각한 사고로 이어질 수도 있었다. 자칫하다가 폭발이 일어날지도 모를 일이었다. 우리는 양동이로 물을 퍼 나르면서 불을 껐다. 30초만 더 일찍 문을 열었다면 얼마나 좋았을까 싶었다. 그랬다면 범죄 현장을 덮쳐서 작살을 내버렸을 텐데 말이다. 남의 집 현관 앞에 불을 피워놓다니. 변태 같은 놈! 게다가 애꿎은 장미들을 가지고 말이다.

경찰은 누구 짓인지 밝혀내지 못했다. 그때는 구단에서 요즘처럼 선수들의 안전에 신경을 쓰던 때도 아니었고, 우리도 잊고 지냈다. 늘 노심초사하면서 살 수는 없는 노릇 아닌가. 생각해보면 그것 말고도 여러 가지일이 있었다. 그렇게 늘 사건이 끊이지 않았다. 토리노에 오고 얼마 안 있어 〈아프톤블라데트〉에서 보낸 심부름꾼 두 명이 찾아왔었다.

내가 메리디앙 호텔에서 지낼 때였다. 두 사람은 〈아프톤블라데트〉지가 관계를 회복하고 싶어 한다는 말을 전했다. 그들은 짭짤한 돈벌이를 놓치기 싫어 내게 손을 내밀었고, 미노 역시 이제는 그 신문사와 화해할 때라고 생각했다. 하지만 앞에서도 말했듯이, 나한테 해코지하면 나는 두고두고 잊지 않는다. 그런 놈들한테는 10년이 지난 후라도 앙갚음을 한다.

그 신문사 직원들이 도착했을 때 나는 호텔 방에 있었다. 내가 내려갈 때까지 그들은 미노와 얘기를 하고 있었던 모양이었다. 하지만 그 사람들을 만나자마자 화해할 가치가 없는 일이라는 생각이 들었다. 그 신문사는 내 허락도 없이 구혼 광고를 올렸고, 경찰 보고서를 조작해서 기사를 썼다. 게다가 '부끄러운 줄 알라, 즐라탄!'이라는 기사를 전국에 배포하지 않았던가. 나는 내려가기는 했지만 그들에게 인사도 하지 않았다. 얼굴을 대하니 화가 더 치밀었다. '인제 와서 무슨 수작일까' 하는 생각에 말이 곱게 나가지 않았다. 그들은 분명 나한테 몹시 겁을 먹었을 것이다. 나는 그들 머리를 향해 생수병도 집어 던졌다.

좀 심한 말일지 모르지만 나는 이렇게도 말했다. "당신들 스웨덴에서라면 오늘 황천길 갔어."

나는 언론이라면 넌더리가 났고 분통이 치밀었다. 그들 때문에 내가 어떤 스트레스를 받았는지 말로는 다 설명할 수도 없다. 언론만이 아니었다. 열혈 팬들과 관중, 코치진, 구단 경영진, 동료 선수들, 돈, 이 모든 것들이 나를 압박했다. 나는 성과를 내야 했고, 골을 넣지 못하는 날에는 사방에서 나를 비난하는 목소리가 들렸다. 나는 아무라도 붙잡고 분통을 터뜨려야만 했다. 다행스럽게도 내게는 미노와 헬레나, 친한 동료 선수들이 있었다. 또 자동차처럼 단순한 장난감들도 위안거리가 되었다. 차를 몰고 나가면 숨통이 트였다. 이탈리아에 와서는 페라리 엔초를 얻었다. 차량 제공은 계약에 포함된 조건이었다. 나와 미노는 모지 단장과 안토니오 지라우도Antonio Giraudo 이사 그리고 로베르토 베테가Roberto Bettega 부회장과 함께 계약 내용을 협의했다. 이때 미노가 "즐라탄은 페라리 엔초를 원합니다"라고 말했다.

거기 모인 사람들은 다들 서로 얼굴을 쳐다보았다. 당연히 놀랄 거라고 생각했다. 엔초는 페라리 사의 최신 스포츠카였다. 이 회사가 제조한 차량 중에 가장 멋진 차였고, 게다가 한정생산이라 399대밖에 없었다. 우리가 너무 무리한 요구를 하고 있다는 생각도 들었다. 하지만 모지 단장과 지라우도 이사는 그것을 불합리한 요구로 보지는 않았다. 어쨌든 페라리를 소유하고 있는 그룹이 유벤투스를 소유하고 있는 그룹이기도 하니까 말이다. 이를테면 '엔초를 주지 못할 것도 없지' 하는 반응이었다.

"문제없습니다. 이 문제는 우리가 해결하지요" 하고 그들은 말했다. '와아, 대단한 구단이구나' 하고 감탄이 절로 나왔다.

하지만 그들은 엔초를 구하지 못했다. 계약서에 서명할 때 안토니오 지라우도 이사는 "그런데 말씀하신 차는 엔초 이전 모델 말하는 거죠?" 하고 말을 건넸다.

나는 당혹스러워서 미노를 쳐다보았다.

미노는 "아뇨, 신형을 말하는 겁니다. 한정생산된 399대 중에 한 대를 원하는 거죠"라고 대답했고, 지라우도 이사는 놀라서 침을 꿀꺽 삼켰다.

잠시 후 그는 이렇게 말했다. "문제가 조금 있는 것 같습니다." 문제가 있기는 있었다.

재고가 세 대밖에 남지 않았고, 그 차를 얻으려고 대기하는 사람들이 줄을 섰는데, 그중에는 내로라하는 거물도 있었다. 어떻게 해야 할까? 우리는 페라리 사의 루카 디 몬테제몰로Luca di Montezemolo 사장에게 전화를 걸어 사정을 얘기했다. 처음에는 엔초를 제공하는 건 어려운 일이라고 말했다. 사실상 불가능하다는 대답이었다. 하지만 그는 결국 한 가지 약속을 하라면서 우리 요구를 들어주었다. 그 차를 다른 사람에게 팔지 않겠다는 조건이었다.

"죽을 때까지 팔지 않겠습니다." 나는 이렇게 대답했다. 나는 진짜로 엔초를 사랑한다.

헬레나는 그 차에 타는 것을 좋아하지 않았다. 난폭하고 흔들거리기 때문에 그녀 취향에는 맞지 않았다. 나는 엔초에만 타면 기분이 끝내줬다. 멋지고 아름답고 빠르기도 했지만 인생에 성공한 남자라는 자부심이 솟아났다. 엔초에 걸맞은 남자가 되려면 열심히 살아야겠다는 마음도 생겼다. 나태해질 때면 엔초를 보면서 이런 생각을 했다. '시시한 선수가 되면 저 차를 빼앗길지도 몰라.' 그러니까 엔초는 나를 움직이는 또 하나의 원동력이자 채찍이었다.

기분 전환이 필요할 때 문신을 새기는 것도 좋아한다. 하다 보니 문신 새기는 데 완전히 빠져버렸다. 늘 새로운 문신을 새기고 싶었다. 하지만 충동적으로 새긴 문신은 하나도 없다. 나는 심사숙고해서 도안을 선정한다. 처음에는 나도 문신에 반감이 있었다. 악취미로만 보였는데, 어쩌다가 나도 그 매력에 빠지고 말았다. 알렉산더 외스틀룬트_{Alexander Östlund}가 옆에서 도움을 주었다. 하얀 잉크로 허리에 내 이름을 새긴 것이 나의 첫 문신이었다. 햇볕에 몸을 그을렸을 때 아니면 잘 보이지도 않는다. 처음이라서 시험 삼아 해본 문신이었다.

두 번째 문신부터는 과감해졌다. "오직 신만이 나를 심판할 수 있다"는 말이 있다. 기자들은 자신들이 하고 싶은 말을 멋대로 지껄이고, 관중은 경기장에서 아무 말이나 내뱉지만 그들에게는 나를 심판할 자격이 없었다. 오직 신만이 나를 심판할 수 있다는 말, 나는 이 말이 마음에 들었다. 사람은 자기 주관대로 살아야 한다는 신념이 있었기에 나는 그 말을 몸에 새겼다. 용문신도 새겼는데 일본에서는 용이 전사를 상징했고 나 역시 그라운드에서는 전사였으니까.

물살을 거슬러 올라가는 물고기인 잉어, 고통에서 벗어나는 의미의 불교 상징, 또 물, 흙, 불, 공기, 나무 등의 5원소도 새겼다. 양팔에는 우리 식구들 이름을 새겼다. 힘을 상징하는 오른팔에는 남자, 곧 아버지와 형제 이름을, 그리고 나중에는 두 아들놈의 이름을 새겼고, 심장에서 가까운 왼팔에는 여자, 곧 어머니와 사넬라의 이름을 새겼다. 우리 가족과 헤어진 이부누나들 이름은 새기지 않았다. 그때는 그렇게 하는 게 당연해 보였는데, 지나고 보니 어째서 누구는 가족이고 누구는 가족이 아니라고 생각했는지 모를 일이다.

유벤투스에서 첫 시즌에 나는 축구에 집중했다. 리그를 치르다 보면 대개 이른 봄쯤 승자의 윤곽이 드러난다. 성적이 돋보이는 팀이 있기 마련이다. 하지만 2004-2005 시즌에는 막판까지 치열한 접전이 이어졌다. 우리와 AC 밀란은 똑같이 승점 70점을 챙긴 상황이었고, 따라서 신문에서는 연일 두 팀의 승부에 관한 기사를 쏟아냈다. 5월 8일 한 편의 드라마가 예정되어 있었다. 우리는 그날 산시로에서 AC 밀란과 경기를 치를 예정이었다. 사실상의 리그 결승전이었고, 사람들은 대부분 AC 밀란이 승리할 것이라고 내다봤다. 그날 장소가 AC 밀란의 홈구장이라는 이점도 있었지만, 전적을 봐도 우리가 열세였다. 시즌 초에 우리는 홈구장인 스타디오 델레 알피에서 AC 밀란을 만나 0 대 0 무승부를 기록했고, 경기 내용 면에서는 AC 밀란에게 내내 밀렸다. 우리 팀도 강하긴 하지만 사람들이 보기에는 당시 AC 밀란이 유럽 최강의 팀이었으며, AC 밀란이 챔피언스리그 결승전에 또다시 진출했을 때도 모두 당연한 결과라고 여겼다. 사람들은 AC 밀란의 우승을 점쳤고, 우리 팀은 인터 밀란과의 시합 이후로 팀 전력이나 모든 것이 불리하게 돌아가고 있었다.

4월 20일에 있었던 인터 밀란과의 경기 애기를 먼저 해보자. 나는 이 경기 바로 며칠 전에 레체를 상대로 해트트릭을 기록했었다. 덕분에 여기저기서 칭송을 받고 있던 나에게 미노는 인터 밀란 선수들이 나를 더욱 철저하게 막을 거라고 경고했다. 나는 이제 주목받는 스타였다. 인터 밀란 쪽에서는 내 공격을 차단하거나 그게 여의치 않으면 성질을 돋우어 이성을 잃게 하려고 애쓸 게 틀림없었다.

"거기서 살아남으려면 전력을 다해서 싸워야 할 거야. 안 그러면 찬스 한 번도 얻기 어려울걸." 미노가 말했고 나는 평소대로 이렇게 대답했다.

"당연하지. 거칠게 나온다면 나로서는 반가운 일이야."

말은 그렇게 했지만 긴장을 하지 않을 수 없었다. 인터 밀란과 유벤투스는 오래전부터 앙숙이었고, 게다가 그해 인터 밀란에는 마르코 마테라치를 비롯해 거칠기로 유명한 수비수들이 포진해 있었다. 세리에 A에서 마테라치만큼 레드카드를 많이 받는 선수도 없었다. 마테라치는 거칠고 비열한 반칙을 일삼는 선수로 유명했다. 한 해 뒤인 2006년 여름, 마테라치는 월드컵 결승전에서 모욕적인 언사로 지단을 도발해 화가 난 지단이 박치기로 그의 가슴을 들이받아 세계적으로 악명을 얻었다. 마테라치는 그의 별명인 '도살자'답게 그라운드에서 야비하고 험악하게 경기를 펼쳤다.

인터 밀란에는 키는 작달막하지만 다부진 콜롬비아 출신의 이반 코르도바도 있었고, 시니사 미하일로비치도 있었다. 미하일로비치가 세르비아 출신이라서 언론에서는 내 출신까지 함께 들먹거리며 소규모 발칸

반도 내전이 임박했다는 식으로 기사를 써댔다. 그딴 기사는 다 개소리였다. 그라운드에서 일어나는 일과 발칸 반도 내전이 무슨 상관인가. 나는 살면서 그 사람이 어느 나라 출신인지 신경 쓴 적이 한 번도 없고, 나중에 인터 밀란에서 뛸 때 미하일로비치와 친하게 지냈다. 인종차별적인 발언에 나는 전혀 신경을 쓰지 않았다. 달리 무슨 수가 있으랴. 우리 가족만 해도 모두 인종이 다르다. 아버지는 보스니아 출신이고, 내 어머니는 크로아티아 출신이고, 또 내 남동생의 아버지는 세르비아 출신이다. 나한테 인종 같은 건 전혀 문제가 안 된다.

특히 미하일로비치는 언행이 거칠기로 유명했다. 그는 프리킥의 달인(프리킥 해트트릭이라는 진기록을 세움—옮긴이)으로, 상대 선수를 자극하려고 상스러운 말들을 많이 했다. 챔피언스리그 경기 중에 파트리크 비에이라한테 "네로 데 메르다nero de merda(깜둥이 새끼)"라고 해서 인종차별 혐의로 경찰 조사를 받은 적도 있었다. 또 한번은 우리 팀에 새로 들어온 아드리안 무투Adrian Mutu에게 침을 뱉고 발길질을 해서 8경기 출장정지를 받은 적도 있다. 그는 물불 가리지 않고 폭발하는 편이었다. 하지만 나는 그런 일들을 대수롭지 않게 여기는 편이다. 그라운드에서 벌어진 일은 그라운드에서 내려올 때 잊어야 한다. 그게 내 철학이다. 그라운드에서 무슨 일이 벌어지는지 여기서 다 말한다면 여러분은 깜짝 놀랄 것이다. 경기 중에 기회를 틈타 상대 선수를 가격하거나 모욕하는 일은 비일비재하다. 사실 우리 선수들에게는 그런 일이 일상이다. 하지만 굳이 내가 여기서 인터 밀란 수비수들을 언급하는 이유는 이들이 절대 만만한 상대가 아니었다는 것을 강조하기 위해서다. 인터 밀란 수비수들은 흔히 예상하는 수준 이상으로 지저분하고 거칠게 나올 것이고, 따라서 이 시합이 무척이나 험악하게 전개되리라는 것은 자명한 사실이었다. 인터 밀란과의 시합은 서로에 대한 적개심이 들끓어 오르고 욕설이 난무하는 특별한 경기가 될 게 틀림없었다.

그 경기에서는 우리 식구와 내 명예를 자극하는 온갖 욕설이 쏟아졌다. 그러면 나는 거칠게 반격하는 방식으로 대응했다. 그라운드에서는 공격으로 보여주는 것이 최선이다. 흔들리는 모습을 보여주면 나만 짓밟힐 뿐이다. 분노가 끓어오르면 그라운드에서 이를 악물고 열심히 뛰면서 해소해야 한다. 나는 극한까지 힘을 쏟으며 거칠게 경기를 풀어갔다. 인터 밀란 선수들이 이 즐라탄을 상대하는 게 절대 쉽지는 않았을 것이다. 그즈음 나는 강도 높은 웨이트트레이닝으로 몸을 만든 덕분에 체력이 좋았다. 멋진 드리블을 욕심내던 아약스 시절의 비쩍 마른 선수가 아니었다. 나는 덩치도 커졌고 속도도 빨라졌다. 그들에게 나는 절대 만만한 먹잇감이 아니었다. 시합이 끝난 뒤 인터 밀란의 로베르토 만치니 감독은 이렇게 말했다.

"이브라히모비치는 가히 경이로운 선수였습니다. 그런 선수를 수비수들이 잡아두기는 힘들지요."

신께서는 그들의 노력을 알아주실 것이다. 인터 밀란 수비수들이 나를 막으려고 얼마나 태클을 많이 했는지. 나 역시 거칠게 되갚아주었다. 나는 매섭게 대응했다. 이탈리아 신문에서 일컫은 대로 나는 "일 글라디아토레ll Gladiatore(검투사)"였다. 경기 시작하고 4분 만에 코르도바와 나는 서로 머리를 부딪쳐 둘 다 운동장에 쓰러졌다. 나는 비틀거리며 일어났지만, 코르도바는 착지를 잘못하는 바람에 쓰러져 피를 흘렸고 바늘로 찢어진 상처를 꿰매야만 했다. 그는 나갔다가 머리에 붕대를 두르고 돌아왔지만 전혀 몸을 사리지 않았다. 우리는 기회만 되면 서로를 잡아 먹을 듯이 노려봤고, 금방이라도 일이 터질 것 같은 전운이 감돌았다. 말 그대로 전쟁이었다. 우리는 서로 신경전을 펼치며 거칠게 상대를 몰아붙였다. 그리고 13분께 미하일로비치와 부딪쳤다.

'무슨 일이지?' 정신을 차려보니 우리는 그라운드에 나란히 주저앉아 있었다. 아드레날린이 다시 솟구쳤다. 미하일로비치가 머리로 공격적인 움직임을 보여서 나도 질세라 박치기하는 시늉을 했다. 모양새가 좀 우습긴 했을 것이다. 겁을 주려는 목적으로 내 머리를 바짝 갖다 대기만 했으니까. 정말이다. 내가 진짜로 박치기를 했다면 그는 무사히 서 있지도 못했을 것이다. '나한테 덤비지 마, 이 새끼야!'라는 경고의 표시로 머리만 살짝 갖다 댔을 뿐이다. 하지만 미하일로비치는 나한테 가격이라도 당한 듯 자기 얼굴을 감싸더니 그라운드에서 나뒹굴었다. 물론 그것은 쇼였다. 그는 나를 퇴장시키고 싶었겠지만 그 일로는 경고도 받지 않았다.

1분 뒤에 파발리Favalli에게 태클을 걸다가 경고를 받기는 했다. 경기는 전반적으로 험악한 양상으로 전개됐지만, 나는 밀리지 않고 거의 모든 득점 찬스에 관여했다. 하지만 인터 밀란의 프란체스코 톨도Francesco Toldo 골키퍼의 활약은 눈부셨다. 톨도는 연이어 우리 슈팅을 막아냈고, 우리는 아르헨티나 출신의 훌리오 크루스Julio Cruz에게 헤딩골을 허용해 1점을 내주고 말았다. 우리는 동점골을 만들어내려고 분전했지만, 아쉽게도 결정적인 기회를 득점으로 연결시키지 못했다. 선수들은 서로 복수할 기회를 노렸고 경기장은 전쟁터를 방불케 했다.

코르도바는 이제나저제나 나한테 한 대 먹이려고 기회를 엿보다가 내 허벅지를 걷어차고는 경고를 받았다. 마테라치는 내 성질을 긁으려 애썼고, 미하일로비치는 내내 깐죽거리면서 야비하게 태클을 걸었다. 나는 한순간도 쉬지 않고 열심히 뛰어다녔고, 전반 종료 직전에는 기회를 만들어 슈팅을 날렸지만 득점으로 연결시키지는 못했다.

후반전 들어 내가 날린 장거리 슈팅이 골대 상단 모서리 부근에 맞고 튀어나왔고, 이후에 프리킥을 얻어냈지만 이 또한 톨도 골키퍼의 놀라운 반사신경에 막혔다.

골은 터질 듯 터지지 않았다. 경기 종료 1분을 남겨두고 코르도바와 나는 또다시 충돌했다. 서로 부딪친 뒤에 내 주먹이 조건반사적으로 나가 그의 턱인가 목인가를 한 대 때렸다. 별것 아니라고 생각했다. 그날 내내 그런 식으로 몸싸움을 벌였고, 주심도 보지 못했기 때문이다. 하지만 나중에 나는 이 일로 대가를 치르게 된다. 우리는 인터 밀란에 무릎을 꿇었다. 쓰라린 패배였다. 돌아가는 꼴이 어쩌면 이 시합으로 리그 우승을 놓치게 될 듯싶었다.

게다가 이탈리아 리그 징계위원회는 내가 코르도바를 가격한 영상을 검토하고 나서 3경기 출장정지 처분을 내렸다. 이는 예상치 못한 재앙이었다. 5월 8일에 열릴 AC 밀란과의 시합을 비롯해 시즌 막판에 치러야 할 중요한 경기에 결장하게 된 것이다. 부당하게 대우받고 있는 기분이었다. 나는 기자들에게 "이는 부당한 판정"이라고 표명했다. 그날 경기에서 나도 야비한 짓을 수도 없이 당했는데 징계받은 사람은 나밖에 없었기 때문이다.

가혹한 징계였다. 팀에서 내가 차지하는 영향력을 고려할 때 이는 구단 전체에 치명적인 타격이었다. 경영진은 스타 변호사인 루이지 치아페로Luigi Chiappero를 불러 징계위원회에 항소했다. 이전에 금지약물 복용 혐의로 고소당한 유벤투스를 변호했던 사람이기도 한 치아페로는 이번 일에서 내가 상대 선수를 친 것은 공을 다투는 과정에서 일어난 행위였으며, 또한 내가 경기 내내 거친 공격과 심한 욕설에 시달렸다고 주장했다. 그는 심지어 독순술(입술이 움직이는 모양을 보고 상대편이 하는 말을 알아내는 방법—옮긴이) 전문가를 고용해 미하일로비치가 나한테 뭐라고 소리쳤는지를 분석하도록 시켰다. 하지만 미하일로비치가 세르보크로아티아 말로 했기 때문에 입 모양으로 그 뜻을 읽어내기가 쉽지 않았다. 이에 미노는 미하일로비치가 우리 가족과 어머니에 대해 차마 입에 담기 어려운 말들을 수차례 반복했다고 증언했다.

미하일로비치는 "라이올라 씨는 피자 가게 주방장일 뿐입니다"라고 쏘아붙였다.

부모님의 피자 가게에서 잔일을 돕기는 했어도 피자 가게 주방장으로 일한 적은 없었던 미노는 이렇게 반박했다. "미하일로비치는 고맙게도 우리가 이미 다 아는 사실, 그러니까 그가 멍청하다는 사실을 몸소 증명했습니다. 즐라탄을 도발했다는 사실을 부정하지 않았습니다. 우리가 익히 알고 있듯이 이 사람은 인종차별주의자입니다."

싸움판이 벌어졌다. 양측은 지저분한 공방전을 벌였다. 세상 거칠 게 없는 루치아노 모지 단장은 유벤투스를 음해하는 세력이 있다고 음모론을 제기했다. 내가 가격한 장면을 담은 영상은 메디아세트Mediaset 방송사에서 위원회에 제출한 것으로 실비오 베를루스코니Silvio Berlusconi가 소유한 방송사 중 하나였다. 그리고 베를루스코니는 AC 밀란의 구단주였다. 따라서 그 영상이 그토록 신속하게 징계위원회에 전달된 경위가 의심스럽다는 것이었다. 신문에서는 연일 이 문제로 논쟁을 벌였고, 심지어 주세페 피사누_{Giuseppe Pisanu} 내무장관까지 그 문제를 언급했다.

하지만 아무 소용이 없었다. 출장정지 처분은 그대로 확정되었고, 나는 AC 밀란과의 시합에서 승부사 역할을 맡을 수 없게 되었다. 나는 그때까지의 기세를 몰아서 리그 우승을 확정 짓고 시즌의 주인공으로서 리그를 성공적으로 마무리하고 싶은 마음이 간절했다. 그런데 관중석에 앉아 시합을 관람해야 하다니. 견디기 힘들었다. 언론에서 허튼소리들을 쏟아내는 통에 압박감은 더욱 심했다. 출장정지를 당한 것도 문제였지만, 때는 이때다 하고 지나간 일들까지 모두 들춰내서 헛소리를 지껄여대기 시작했다. 한마디로 코미디였다.

일주일 내내 축구 얘기만 하는 이탈리아 구단답지 않게 유벤투스는 '실렌초 스탐파_{silenzio stampa}(함구령)'를 내렸다. 선수들의 언론 접촉을 전면 금지한 것이다. 결승전이나 다름없는 일전을 준비하는 데 방해가 될까 봐 나의 출장정지 처분에 대한 그 어떤 논쟁도 불허했다. 모든 구단 사람들은 입을 다물고 그해 유럽에서 가장 중요한 시합으로 기록될 AC 밀란과의 경기에 집중해야 했다. 우리 팀과 AC 밀란은 그때까지 승점 76점을 똑같이 챙긴 상태였다. 숨 막히는 드라마였다. 그 경기는 이탈리아 사람들의 입에 가장 많이 오르내리는 화제였고 축구 전문 도박사들을 비롯한 대다수의 사람이 AC 밀란의 우승을 점쳤다. 홈경기를 치르는 AC 밀란은 8만 장이나 되는 입장권을 모두 팔아치웠고, 유벤투스 공격의 핵이었던 나는 경기에 출전할 수 없었다. 아드리안 무투 역시 출장정지 상태였고, 제비나와 타키나르디_{Tacchinardi}는 부상이었다. 우리는 최고의 선발진을 꾸리지 못한 반면, AC 밀란은 환상적인 선발진을 꾸렸다. 수비진에는 네스타, 카푸, 스탐, 말디니, 미드필드에는 카카, 전방에는 인자기와 셰브첸코가 포진했다.

예감이 좋지 않았다. 게다가 욱하는 내 성질 때문에 결국 리그 타이틀을 헌납하게 생겼다고 언론에서 날마다 써 재껴대는 통에 기분도 바닥이었다. "그 선수는 자신을 통제하는 법을 배워야 한다. 그 선수는 성질을 죽일 필요가 있다." 이런 류의 개소리가 끊임없이 쏟아졌고, 심지어 카펠로 감독한테도 그런 말을 들었다. 그런 상황에서 경기에 나설 수가 없었으니 끔찍했다.

그래도 우리 팀은 투지가 불타올랐다. 우리에게 벌어진 상황에 분개하며 모든 선수가 전의를 다졌다. 전반 27분경에 델 피에로가 왼쪽 측면에서 드리블하며 올라가다가 AC 밀란에서 가장 부지런한 선수 젠나로 가투소에게 저지당했다. 공은 높게 포물선을 그리며 날았고, 델 피에로는 그 공을 다시 차지하려고 달려 들어가 바이시클킥bicycle kick을 날렸다. 그 공은 페널티 지역으로 날아갔으며, 다비드 트레제게가 받아 헤딩슛을 날렸다. 선제골을 넣고 앞서나가긴 했지만 경기 시간은 아직 한참 남아 있었다.

AC 밀란은 믿기지 않을 만큼 거세게 압박을 가했다. 후반전 11분께 인자기가 돌파에 성공하며 골문 앞에서 단독 찬스를 만들었다. 그가 찬 공은 부폰의 선방에 막혀 튀어나왔고, 그 공을 다시 인자기가 차지했다. 그는 또 한 번 기회를 잡았지만 이번에는 잠브로타가 골대에 몸을 부딪쳐가며 골라인 선상에서 공을 걷어내는 데 성공했다.

양 팀은 연이어 득점 기회를 만들었다. 델 피에로의 슈팅은 크로스바를 맞혔고, 카푸는 페널티 지역에서 반칙을 당했지만 주심이 페널티킥을 선언하지 않았다. 손에 땀을 쥐게 하는 공방이 이어졌다. 하지만 점수에는 변동이 없었다. 우리 팀이 1 대 0으로 승리함으로써 리그 우승에서 유리한 고지를 점령했다. 곧 출장정지가 풀리기 때문에 나는 마음이 한결 가벼워졌다. 5월 15일, 우리는 홈구장에서 파르마를 맞아 싸울 예정이었다. 파르마전은 부담이 이만저만이 아니었다. 출장정지 이후 복귀전이기도 했지만, 축구 전문지 열 곳에서 설문조사를 벌인 결과 셰브첸코와 호나우두에 이어 유럽 최고의 공격수 3위에 선정되었기 때문이었다. 심지어 내가 유럽 리그 골든부트Golden Boot(유럽 리그 통합 득점왕을 말한다―옮긴이)를 수상하게 될지도 모른다는 말도 돌았다.

이래저래 나한테 시선이 쏠릴 수밖에 없었는데 카펠로 감독은 AC 밀란 경기의 영웅인 트레제게를 벤치에 앉혀두어 내가 성과를 내지 않을 수 없는 상황에 몰아넣었다. 그라운드에서 전투력을 불태우되 머리는 냉정해져야 했다. 경기 도중에 분노를 표출하거나 다시 징계를 받을 만한 빌미를 제공하는 것은 금물이었다. 만나는 사람마다 모두 내게 그 점을 주지시켰다. 경기장에 둘러선 모든 카메라맨이 나를 따라다닐 게 틀림없었다. 경기장에 들어서자 팬들은 "이브라히모비치, 이브라히모비치, 이브라히모비치"를 연호했다.

사방에서 천둥이 울리는 듯했다. 나는 어서 뛰고 싶어 몸이 근질거렸다. 우리 팀은 일찌감치 선취골을 넣어 1 대 0으로 앞서나갔다. 전반 33분경 프리킥 상황에서 카모라네시Camoranesi가 차올린 공이 페널티 지역에 있던 나를 향해 날아왔다.

그동안 신장에 비해 헤딩이 별 볼일 없다는 지적을 받았던 나는 그 순간 온 힘을 다해 골문을 향해 헤딩했다. 환상적인 골이었다. 즐라탄의 부활을 알린 골이었다. 그리고 경기 종료 휘슬이 울리기 몇 분 전 경기장

전광판에는 레체가 AC 밀란과 2 대 2로 비겼다는 문자방송이 흘러나왔다. 그렇게 되면 스쿠데토Scudetto('작은 방패'라는 뜻으로, 세리에 A 우승 팀이 다음 시즌에 유니폼 중앙에 붙이는 문양을 말한다―옮긴이)는 우리 차지나 다름 없어 보였다.

우리가 다음 경기에서 리보르노를 꺾기만 하면 리그 우승은 우리 차지였다. 하지만 그때까지 기다릴 필요도 없었다. 5월 20일 경기에서 AC 밀란이 파르마에 3 대 1로 앞서다가 역전패했기 때문이었다. 우리 팀이 챔피언에 등극했다. 토리노 시민들은 거리로 쏟아져 나와 감격의 눈물을 흘렸다. 우리는 오픈 버스를 타고 시가지를 행진했는데, 인파에 밀려 앞으로 나가기가 어려울 정도였다. 사람들은 모두 노래를 부르고, 소리를 지르고, 흥겨워했다. 나는 어린아이로 되돌아간 기분이었다. 우리는 행진을 마치고 식사를 하고, 선수들과 함께 파티를 즐겼다. 나는 평소에 술을 거의 입에 대지 않는 편이다. 술과 관련해서는 불쾌한 기억이 많기 때문이다. 하지만 이날은 맘껏 즐겼다.

챔피언 타이틀을 차지했으니 그야말로 신 나는 일이 아닌가. 내가 이 우승을 일군 주역이라는 것은 논란의 여지가 없었다. 1968년에 AC 밀란이 리그 우승을 차지할 때 함께했던 쿠레 함린Kurre Hamrin 이후로 스쿠데토를 차지한 스웨덴 출신 선수는 내가 처음이었다. 나는 이탈리아 리그에서 최우수 외국인 선수이자 유벤투스 최우수선수로 선정되었다. 그것은 나를 위한 스쿠데토였다. 나는 연거푸 술잔을 비웠다. 다비드 트레제게는 옆에서 나한테 계속 술을 따라주었다. 잔을 비우면 곧 또 한 잔의 보드카가 나왔다. 트레제게는 프랑스 축구 선수로 꽤 보수적인 친구였지만, 이날만은 아르헨티나 출생답게 놀고 싶어 했다. 트레제게는 마음껏

흐트러진 모습으로 파티를 즐겼다. 여기저기서 보드카를 권하는 손길이 이어졌고 거절하는 것은 소용이 없었다. 나는 고주망태가 되도록 술을 마셨고, 피아차 카스텔로에 있는 집에 도착했을 때는 주변에 있는 모든 것들이 출렁거렸다. 샤워를 하면 나을까 싶어 욕실에 들어갔는데 눈앞이 핑핑 돌았다.

고개를 돌리자 세상도 함께 따라 돌았다. 욕조 안에 들어간 나는 그만 그대로 쓰러져 잠이 들고 말았다. 나를 깨운 것은 헬레나였다. 그녀는 나를 보고는 웃음을 터뜨렸다. 나는 이 일에 대해선 입도 뻥끗하지 말라고 주의를 주었다.

14

모지가 없었다면
내 경력은 한계에 부딪혔을 것이다

2004~2006년

: :

모지 단장은 특별히 꾸미지 않고도 사람들에게서 존중을 받아낼 줄
알았고, 함께 대화하기에도 기분 좋은 상대였다. 그는 실질적으로 일이
진행되도록 만드는 실력자였다. 그는 문제의 핵심을 찔렀고, 자기 권력이
있었으며, 사태 파악 능력이 뛰어났다. 처음으로 재계약 협상에 나섰을
때 나는 모지라는 사람의 특징을 다시 한 번 떠올려봤다. 나는 더 나은
계약 조건을 얻어내기를 바랐고 나한테 중요한 일이니만큼 모지 단장을
열 받게 하고 싶지 않았다. 그를 축구계 거물로 인정하고 예의를 갖추어
회담을 진행하고 싶었다.

문제는 나를 대변할 사람이 미노였다는 것이다. 미노는 굽실거릴 줄
몰랐고, 상대의 신경을 긁는 친구였다. 한마디로 또라이였다. 미노는 모
지 단장의 사무실에 성큼성큼 걸어 들어가 단장 의자에 앉더니 책상 위

에 두 발을 턱 올려놓았다.

"미친 거 아냐? 단장님이 곧 오실 텐데 계약 망칠 일 있어? 이리 내 옆으로 와서 앉으라고."

"엿 먹는 소리 그만하고 잠자코 있어." 그는 되레 이렇게 쏘아붙였다. 하긴 그렇게 안 나오면 미노가 아니었다.

미노가 협상을 잘하는 줄은 나도 알았다. 그런 쪽으로는 능수능란했다. 그래도 혹시 일을 망칠까 봐 걱정스러웠다. 모지 단장이 입에 시가를 물고 들어와 그 꼴라서니를 보더니 "이봐, 대체 내 의자에 처앉아서 뭐 하는 짓이야?" 하고 분통을 터뜨렸다. 나는 마음이 조마조마했다.

"앉기나 하세요. 그래야 얘기를 나누죠!" 물론 미노는 자신이 무슨 짓을 하고 있는지 모르지 않았다. 미노와 모지 단장은 서로를 잘 알았다.

이때는 손을 잡은 후라 그래도 웃으며 얘기를 나눴지만 과거에는 서로를 열심히 씹어대던 사이였다. 어쨌든 나는 훨씬 나은 조건을 제시받았다. 무엇보다 기뻤던 것은 계속 좋은 활약을 펼치면 팀 내에서 가장 높은 연봉을 주겠다고 모지 단장이 약속한 부분이었다. 하지만 일이 꼬여가는 징조가 서서히 나타내기 시작한다.

이탈리아에서 두 번째 해인 2005-2006 시즌을 맞았다. 팀이 호텔에 묵거나 훈련 캠프를 진행할 때면 나는 주로 아드리안 무투와 한방을 썼다. 그와 있을 때면 심심할 겨를이 없었다. 루마니아 출신의 아드리안 무투는 인터 밀란으로 이적하면서 2000년도부터 이탈리아 생활을 했기 때문에 이탈리아 말과 문화에 대해 잘 알았고, 내게 큰 도움이 되었다. 그 친구는 파티광이어서 재미난 일화가 엄청나게 많았다. 나는 호텔 방에 누워 그 친구 이야기를 들으면서 내내 웃음을 터뜨렸다. 정신 나간 놈 같앉다. 첼시에서도 잠시 선수 생활을 했는데 거기서도 끊임없이 파티를 즐겼다고 한다. 물론 그런 생활은 오래가지 못했다. 코카인을 복용한 사실이 발각되면서 첼시에서 방출되었고, 출장정지도 당하고 법정 싸움에 휘말리기도 했다. 어쨌든 우리가 함께 선수 생활을 할 때는 이미 치료 과정에서 약을 끊고 멀쩡해진 상태였다. 무투의 화려했던 과거를 소재 삼아 이야기꽃을 피우며 우리는 배꼽을 잡았다. 하지만 나는 알다시피 그런 쪽으로는 입담을 자랑할 게 별로 없었다. 술을 먹고 시시하게 욕조에 뻗어버린 이야기 따위가 무슨 재미가 있겠는가?

파트리크 비에이라도 이적해 왔다. 나는 그를 보자마자 이 선수가 만만치 않은 상대임을 직감했다. 나중에 우리 두 사람이 주먹다짐까지 벌이게 된 것은 결코 우연이 아니었다. 나는 본래 약골들에게는 관심이 없고, 비에이라 같은 적수를 만나면 더 강하게 나가는 편이다. 게다가 유벤투스에 와서는 더욱 거친 싸움꾼으로 변모해 있었다. 나는 두려울 게 없는 검투사였다. 한번은 연습 경기 도중 앞으로 쇄도해 들어가는데 공을 갖고 있는 비에이라가 패스를 보내지 않았다. 싸움은 이렇게 시작되었다.

"공 안 보내?" 하고 내가 소리를 질렀다. 물론 나는 비에이라가 어떤 선수인지 모르지 않았다.

파트리크 비에이라는 아스널에서 주장을 맡았던 선수였고, 아스널에서 뛰는 동안 프리미어리그 우승을 세 차례나 차지했으며, 프랑스 국가 대표 선수로서 월드컵 우승과 유럽축구선수권대회 우승을 거머쥔 선수였다. 그는 결코 시시한 선수가 아니었다. 그런 그에게 내가 소릴 지른 데에는 그럴 만한 이유가 있었다. 내 말인즉슨, 경력이 화려하다고 프로축구 판에서 누가 누굴 핥아주는 일 따위는 없다는 경고였다.

"입 닥치고 뛰기나 해." 그가 쏘아붙였다.

"곱게 말할 때 공 달라고. 그러면 입 다물 테니까." 나는 이렇게 대답했고, 설전이 오가다가 곧 서로 엉겨 붙어 싸웠다. 사람들이 와서 우리 둘을 떼어놓았다.

하지만 솔직히 그건 별일 아니었다. 서로 간에 기 싸움을 한 것뿐이었다. 프로축구 세계에서는 고분고분해서는 안 된다. 파트리크 비에라가 이 사실을 모를 리 없었다. 경기장에서 그는 아무리 사소한 상황에서도 전력을 다했고, 그 모습에 팀원들 전체가 의욕을 다지는 깃을 나는 지켜보았다. 파트리크 비에라처럼 내가 기꺼이 그 역량을 존중할 만한 선수는 많지 않다. 그는 경기를 풀어가는 능력이 탁월했고, 비에라와 네드베드 같은 선수가 미드필드에서 받쳐준다는 것은 환상적인 일이었다. 나는 유벤투스에서 두 번째 시즌을 기분 좋게 시작할 수 있었다.

AS 로마와의 시합에서 나는 오른쪽 중앙에서 에메르손Emerson이 보낸 볼을 공중에서 받았다. 상대 수비 진영이 텅 비어 있는 것을 보고, 나는 공을 발뒤꿈치로 바로 차올려서 달려 들어오는 수비수 사무엘 쿠포르Samuel Kuffour의 키를 훌쩍 넘겼다. 나는 떨어지는 공을 다시 차지하기 위해 쏜살같이 달렸다. 쿠포르가 나를 따라잡으려고 시도했지만 턱도 없는 일이었다. 그는 내 유니폼이라도 붙잡으려고 했지만 제풀에 넘어지고 말았다. 나는 떨어지는 공을 발로 컨트롤해서 몸 가까이 붙인 다음, 힘껏 슈팅을 날렸다. 도니Doni 골키퍼가 저지하려고 달려들었지만 공은 전광석화처럼 골문 구석에 꽂혔다. 시합 후에 열린 기자회견에서 나는 "맘마미아, 끝내주는 골이었다"고 소감을 전했다. 유벤투스에서의 두 번째 시즌도 잘 풀릴 것 같은 예감이 들었다.

2005년 11월, 스웨덴에서 올해의 최우수선수에게 수상하는 굴드볼렌 Guldbollen 상을 받았다. 물론 좋은 일이었지만 시상식을 주관하는 곳이 〈아프톤블라데트〉 타블로이드 신문이라는 게 마음에 걸렸다. 그 신문사와 얽힌 일을 어찌 잊겠는가. 나는 시상식에 가지 않고 집에 머물렀다.

이듬해에 토리노에서는 동계 올림픽이 열릴 예정이라 피아차 카스텔로에는 세계 각지에서 몰려든 사람들로 넘쳤고, 여기저기서 파티와 야외 음악회가 열렸다. 저녁에 헬레나와 나는 발코니에서 다양한 행사가 열리는 광경을 구경하곤 했다. 우리는 함께 지낼 수 있어 행복했고, 아이를 갖고 가정을 꾸리기로 결심했다. 아니, 자연스럽게 그렇게 됐다고 하는 게 맞으려나? 사실 그런 일은 계획대로 일어나는 게 아니라 그냥 벌어진다. 사람이 가정을 꾸릴 준비가 되었는지 아닌지 무슨 수로 알겠는가? 이따금 우리는 말뫼에 있는 우리 가족을 만나러 가곤 했다. 헬레나가 스웨덴에 있는 자기 집을 처분했기 때문에 우리는 어머니 집에 자주 머물렀다. 내가 어머니를 위해 스보게르토르프에 마련한 그 테라스가 있는 집이었다. 나는 간혹 앞마당에서 작은 축구공을 가지고 놀았다.

하루는 슈팅을 너무 세게 날리는 바람에 공이 울타리를 뚫고 나갔다. 울타리에는 커다란 구멍이 났고, 어머니는 나를 죽일 듯 노려보며 야단을 쳤다. 내 어머니는 한 성질 하시는 분이었다. "당장 가서 새 울타리 사와. 빨리!" 어머니는 부아가 많이 났고, 그런 상황에서 내가 할 수 있는 일은 얌전히 말을 듣는 것뿐이었다. 나는 헬레나와 함께 DIY 센터로 차를 몰았다. 부서진 부분만 새로 설치할까 싶었는데 몇 개만 따로 살 수가 없었다. 우리는 울타리 한 구간을 통째로 구입해야만 했고, 그 크기는 자동차에 들어가지 않았다. 나는 할 수 없이 울타리를 등에 짊어지고 2킬로미터 정도 되는 길을 걸었다. 옛날에 아버지가 내 침대를 짊어지고 가던 생각이 났다. 나는 기진맥진해서 집에 도착했고 어머니는 기뻐했다. 그 모습을 보니 내 마음도 뿌듯했다. 앞에서도 말했지만 그즈음 가족들하고는 무척 행복한 나날을 보냈다.

하지만 경기장에서는 상승세를 이어가지 못했다. 몸이 무거워지기 시작했다. 체중이 98킬로그램까지 나갔는데 군살이 많이 붙었다. 하루에 두 번씩 파스타를 먹곤 했는데, 그게 원인이었다. 그래서 파스타 섭취량도 줄이고 웨이트트레이닝 운동량도 조절하면서 몸을 만들려고 노력했다. 그런데 구단 쪽에도 골치 아픈 일이 생긴 듯했다. 모지 단장에게 어떤 알 수 없는 일이 벌어지고 있었다. 그가 무슨 수작을 부리는 것 같았지만 나는 알 수 없었다.

재계약을 맺기로 되어 있었는데, 모지 단장이 차일피일 계약을 연기했다. 그는 온갖 변명을 늘어놓았다. 그는 언제나 협상에는 능수능란한 모습이었는데 이번에는 무기력한 사람처럼 보였다. "다음 주에 얘기합시다." 이렇게 말한 그가 그때 가서는 "다음 달에 합시다" 이러는 것이었다. 항상 새로운 핑계를 대면서 만남을 틀었다. 나는 참을 만큼 참았다고 생각했고 미노에게 말했다. "아, 진짜 먼젓번 조건으로 그냥 서명하고 끝내자! 더 이상 입씨름하기 싫다."

우리는 적당한 선에서 계약서를 제시했고, 서로 간에 그 정도면 문제가 없겠다고 생각했다. 어서 계약을 마무리 짓고 싶었다. 하지만 모지 단장은 "좋아, 잘됐네. 며칠 뒤에 서명하자"라고만 하고 계약을 마무리 짓지 않았다. 당장은 챔피언스리그 바이에른 뮌헨과의 경기가 먼저였다.

토리노에서 열리는 홈경기였다. 그 시합에서 나는 발레리앙 이스마엘 Valérien Ismaël이라는 수비수와 마찰이 있었다. 그는 경기 내내 나를 졸졸 따라다녔다. 한번은 그 친구가 나를 야비하게 넘어뜨려서 그를 발로 걸 어찼고 나는 그 일로 경고를 받았다. 하지만 이스마엘과는 거기서 끝나 지 않았다.

90분경 우리 팀은 2 대 1로 앞서고 있었고, 경기는 다 끝난 상황이나 다름없었다. 그런데 나는 페널티 지역에 있다가 성질을 누르지 못하고 일 을 저질렀다. 이스마엘 때문에 짜증이 나서 그를 향해 시저스킥을 날린 것이다. 또다시 경고를 받은 나는 경고 누적으로 퇴장을 당했다. 카펠로 감독은 기분이 좋을 리가 없었다. 그는 나를 호되게 꾸짖었다. 당연히 그 럴 만했다. 내가 저지른 일은 불필요하고 어리석은 짓이었으며, 나를 가 르치는 것은 카펠로 감독이 할 일이었다.

그런데 그 일로 모지 단장이 나를 가르치는 것은 이해할 수 없었다. 그 사람은 대뜸 전에 했던 약속은 이제 다 물 건너갔다고 선언했다. 내가 기 회를 날려버렸다는 것이었다. 뚜껑이 열렸다. 운동장에서 실수 한 번 했 다고 재계약을 날려버리겠다?

"모지 단장에게 가서 어떤 조건을 내밀든 다시는 서명할 일 없을 거라 고 전해. 이적해야겠어." 나는 화가 나서 미노에게 말했다.

"잘 생각하고 말해" 하고 미노가 대답했다.

나는 다시 한 번 생각해보았다. 그리고 협상에 응하지 않기로 결심했 다. 다른 길은 없었다. 전쟁이었다. 이것이 내가 내린 최종 결론이었고, 이렇게 해야만 했다. 미노는 모지 단장에게 가서 내 의사를 전달했다. '즐라탄을 조심하라. 그 친구는 한 번 한다면 하는 미친놈이다, 정말 그 선수를 놓칠 수도 있다.' 2주 뒤에 모지 단장은 결국 계약서를 들고 나타났다. 당연히 그럴 줄 알았다. 그 사람도 나를 놓치고 싶지는 않았기 때문이다. 하지만 그래놓고 또다시 수작을 부렸다. 미노가 약속 시간을 잡으면 또다시 모지 단장 때문에 연기되었다. 급히 출장을 떠나야 한다느니, 이런저런 업무를 처리해야 한다느니 핑계를 댔다. 지금도 그때 미노가 걸었던 전화 한 통은 생생하게 기억한다. 미노는 이렇게 말했다.

"뭔가 이상해."

"어? 무슨 말이야?"

"콕 집어서 말하시는 못하겠고. 어쨌든 모지 단장답지 않아."

머지않아 다른 사람들도 이상한 조짐을 느꼈다. 뭔가 큰일이 있었다. 라포 엘칸Lapo Elkann 사건으로 이탈리아가 떠들썩하긴 했지만 그게 아니고 구단 내에 무슨 일이 벌어지고 있었다. 라포 엘칸은 유벤투스 구단주인 아녤리의 손자였다. 몇 차례 그를 만난 적이 있지만, 나랑 통하는 친구는 아니었다. 전혀 다른 행성에 사는 존재 같았다. 그는 패션에 목숨 거는 바람둥이였고 유벤투스를 운영하는 일에는 별 관심이 없었다. 구단을 실질적으로 운영하는 사람은 모지 단장과 지라우도 이사였고, 구단주 식구들이 아니었다. 하지만 라포 엘칸이 유벤투스 구단이나 피아트 그룹의 상징적인 존재인 것은 분명했다. 세계적인 패셔니스타 중 하나로 손꼽히기도 했던 만큼 그가 일으킨 파문은 엄청난 화젯거리였다.

라포 엘칸은 코카인을 과다 복용했고, 그 자리에 함께한 이들은 평범한 사람들이 아니었다. 그는 토리노에 있는 한 아파트에서 성전환 매춘부들과 함께 마약을 복용하다가 응급차에 실려 병원에 이송되었다. 병원에서는 혼수상태로 산소호흡기를 달아야만 했다. 그 사건은 이탈리아 전역에 보도되었고, 델 피에로와 몇몇 선수들이 등장해 언론에서 그를 지지하는 발언을 했다. 물론 그 사건은 축구와는 전혀 무관한 일이었지만, 얼마 후 구단에 닥친 재앙을 촉발시킨 사건으로 아직까지 인식되고 있다.

모지 단장이 승부조작 건으로 수사 대상에 올랐다는 사실을 언제부터 알았는지는 나도 모른다. 하지만 언론에 공표하기 훨씬 전부터 경찰은 모지 단장을 수사해온 게 틀림없다. 오래전에 있었던 유벤투스의 금지약물 복용 건은 결국 무혐의로 결론이 났지만, 승부조작 파문은 이 일로부터 출발했다. 경찰은 금지약물 복용 혐의를 두고 모지 단장의 전화를 도청했는데 그 과정에서 약물 남용과는 무관한 또 다른 의혹이 불거진 것이다. 모지 단장이 유벤투스 경기에 '맞는' 주심들을 확보하려 했다는 정황을 포착한 경찰은 그를 계속 도청해왔다. 경찰이 보기에는 의심스러워 보이는 대화가 수차례 오갔고, 경찰은 그런 것들을 모아서 사건을 구성했다. 하지만 내가 보기에 경찰이 제시한 증거들은 별로 신뢰가 가지 않았다. 유벤투스가 일등이 아니었다면 그런 일은 벌어지지 않았을 거라고 나는 확신한다.

누군가 잘나가면 그를 끌어내리려고 하는 세력이 반드시 있기 마련이다. 하필이면 우리가 또다시 리그 타이틀을 차지하려는 순간에 일이 터진 것도 그렇게 보면 전혀 놀랍지 않았다. 하지만 돌아가는 꼴이 심상치 않았다. 언론은 마치 제3차 세계대전이라도 발발한 것처럼 요란을 떨었다. 하지만 대개는 개소리였다. 주심들이 우리 팀에 유리하게 판정을 내렸다고? 왜 이러시나! 우리가 얼마나 악을 쓰고 정상까지 올라갔는데.

우리는 죽을 둥 살 둥 뛰어다녔고 어떤 심판도 우리 뜻대로 움직인 적은 한 번도 없었다. 심판들이 내 편을 들어준다고 생각했던 적도 한 번도 없었다. 하기야 그런 도움을 받기에는 내 덩치가 너무 컸다. 웬 놈이 나를 밀어도 나는 끄떡없었지만, 내가 밀면 그 친구들은 몇 미터 나가떨어졌다. 내 체격을 봐도 그렇고, 경기하는 방식을 봐도 그렇고 심판에게 좋은 판정을 받아내기에는 불리했다.

나는 심판들하고 가까이 지낸 적이 없었다. 이는 우리 팀의 다른 선수들도 마찬가지였다. 우리는 최고의 선수들이었기 때문에 질시를 받은 것이다. 이게 내가 아는 진실이었고, 수사 과정에는 미심쩍은 대목이 한둘이 아니었다. 대표적으로 조사를 수행한 축구연맹의 귀도 로시Guido Rossi는 인터 밀란 쪽 인사였고, 인터 밀란은 놀랍게도 먼지 하나 나오지 않고 있었다.

수많은 증거가 무시되고 혹은 부풀려져서 유벤투스만 죽일 놈이 되고 말았다. AC 밀란과 라치오, 피오렌티나 그리고 심판협회는 타격을 입었다. 하지만 모지 단장의 전화 통화가 도청당하고, 낱낱이 조사 대상에 올랐다는 점에서 우리 팀이 최악이었다. 제시된 증거는 크게 신빙성이 없어 보였지만, 그래도 공개된 정황이 썩 좋아 보이지 않았던 건 사실이다.

녹취록을 보면 모지 단장이 우리 경기에 우호적인 심판들을 확보하려고 이탈리아 심판들에게 압력을 행사한 것처럼 보인다. 유르고르덴전에서 주심을 본 판델Fandel이라는 심판을 비롯해 우리 팀에 불리한 판정을 내렸던 심판들을 언급하며 모지 단장이 야단을 치는 소리를 들을 수 있다. 2004년 11월에 우리 팀이 레지나에 패한 뒤 몇몇 심판이 라커룸에 억류되어 호통을 들었다는 주장도 제기되었다. 교황 서거 시기와 관련한 의혹도 있었다. 당시 국가적으로 교황의 선종을 애도하는 분위기여서 모든 경기 일정은 연기되었다. 그런데 모지 단장이 내무장관에게 전화를 걸어 어쨌든 우리 팀은 예정대로 경기를 치를 수 있게 허락해달라고 요청했다는 것이다. 경찰 측 주장에 따르면, 우리와 경기를 치를 피오렌티나가 그 시기에 선수 두 명이 부상 중이고 두 명이 출장정지를 당했기 때문이라는 것이었다. 어디까지가 진실이고 어디까지가 거짓인지 나는 모른다. 드러난 것만 보면 이탈리아 축구계에서 늘 일어나는 일 정도로 보인다. 그리고 까놓고 말해서 심판들에게 소리 지르지 않는 인사들이 어디 있는가? 자기 구단이 아니라 다른 구단 편에서 말하는 사람이 있는가 말이다.

난리도 그런 난리가 없었다. 이 스캔들은 이탈리아 언론에서 '모지오폴리Moggiopoli'라고 흔히 일컫는데, '모지게이트'라는 말이라고 보면 된다. 내 이름도 빠지지 않았다. 당연히 예상했던 일이었다. 유벤투스의 핵심 선수들도 끌어내고 싶었을 테니까. 나와 판 더 파르트 간의 싸움에 관한 얘기였다. 모지 단장은 그 일을 언급하면서 내가 아약스 구단을 떠나기로 마음먹은 것은 잘한 일이며, 나한테 그럴 만한 배짱도 있다는 식으로 말했다는 것이다. 심지어 모지 단장이 나를 부추겨 싸움을 유도했다는 주장도 나왔다. 사람들은 '그럼, 그렇지' 하고 고개를 끄덕거렸다. 모지 단장다운 수법이고, 딱 이브라히모비치다운 행실이라는 것이었다. 하지만 말도 안 되는 개소리였다. 그 싸움은 판 더 파르트와 나 사이에 있던 일이고, 다른 사람들은 전혀 상관이 없었다.

온갖 추측성 기사와 별별 얘기들이 난무했다. 5월 18일 아침, 나는 전화 한 통을 받았다. 헬레나와 나는 알렉산더 외스틀룬트 식구들과 함께 몬테카를로에 있었다. 우리 집 밖에 경찰이 와 있다는 소식이었다. 경찰이 수색영장을 들고 우리 집을 수색하러 왔다는 것이다. 영장까지 들고 왔다는데 별도리가 없었다.

나는 즉시 토리노로 향했다. 한 시간 만에 도착해보니 경찰들이 밖에서 대기하고 있었다. 단지 자기들에게 주어진 임무를 수행하러 왔을 뿐 경찰들은 매우 신사적으로 일을 처리했다. 그래도 불쾌한 것은 불쾌한 것이었다. 경찰은 유벤투스에서 내게 지급한 모든 지급명세서를 찾고 있었고, 내가 범죄자라도 되는 양 혹시 내가 뒷구멍으로 받은 돈은 없는지 물었다. 나는 그런 일은 전혀 없다고 사실을 얘기했고, 그들은 집 안을 샅샅이 뒤지기 시작했다. 그래서 나는 그들에게 말했다.

"이걸 찾고 있는 겁니까?"

헬레나와 나의 은행 거래내역서를 모두 넘겨주자 그들은 흡족해했다. 그들은 떠나기 전에 "고마워요! 멋진 경기 잘 보고 있어요. 잘 지내세요" 하고 인사를 건넸다. 유벤투스 경영진, 지라우도 이사, 베테가 부회장, 모지 단장이 모두 사임한 것도 그즈음이었다. 세상 일이란 게 참 모를 일이었다. 그들의 위상이 하루아침에 땅바닥에 추락한 것이다. 모지 단장은 인터뷰에서 이렇게 말했다. "저는 영혼을 잃어버렸습니다. 죽임을 당한 겁니다."

이튿날 밀라노 증권거래소에서는 유벤투스 주가가 곤두박질쳤다. 체육관 내 체력단련실에서 긴급회의가 소집되었다. 나는 이날의 일을 영영 잊지 못할 것이다.

모지 단장이 왔다. 평소와 다름없이 말쑥하게 차려입고 기세가 당당해 보였지만, 모지 단장은 더 이상 예전의 모지가 아니었다. 엎친 데 덮친다고 그의 아들에 대한 추문까지 터진 직후였다. 아들이 바람을 피웠다고 하는데, 모지 단장은 그 추문에 대해 언급하면서 보도가 대단히 모욕적이라고 했다. 나는 그의 심정에 공감이 갔다. 하지만 축구와는 아무 상관없는 사적인 얘기여서 크게 마음이 움직이지는 않았다.

내 마음을 울린 것은 그의 눈물이었다. 다른 사람도 아닌 모지 단장이 울기 시작했다. 그 순간 그의 슬픔이 내 가슴까지 파고들었다. 모지 단장이 그렇게 약한 모습을 보인 적은 없었다. 늘 자기 뜻대로 상황을 통제하고, 언제나 권력자의 위치에서 힘과 능력을 과시했던 사람이었다. 그랬던 그가…… 그때의 심정은 뭐라 표현할 수가 없다. 얼마 전까지도 그는 권력을 휘두르며 재계약은 무효니 어쩌니 선언하면서 나한테 힘자랑했었다. 그런데 일순 그에게 미안한 마음마저 들었다. 세상이 뒤바뀐 마당에 어쩌면 그를 안쓰럽게 여길 필요가 없었을지도 모른다. 남들처럼 '이게 다 당신 자업자득'이라고 손가락질했어야 할지도 모른다. 하지만 나는 진심으로 모지 단장이 안쓰러웠다. 모지 같은 남자가 한없이 추락하는 모습을 보니 마음이 아팠다. 나는 나중에 재계약 건을 다시 곱씹어보았다. 내가 보고 있는 게 사실이 아닐 수도 있다! 나는 새로운 관점에서 그 일을 다시 살펴보기 시작했다. 어째서 모지 단장은 재계약 회담을 계속해서 지연시켰던 것일까? 어째서 그는 재계약 건을 두고 그렇게 법석을 떨었을까?

나를 보호하려는 심산이었을까?

문득 그런 생각이 들기 시작했다. 확실한 것은 알 수 없었지만, 나는 그렇게 해석하기로 했다. 그는 재계약을 연기할 때부터 이런 사태가 벌어질 것을 짐작했을 것이다. 유벤투스가 예전과 같은 위상을 유지하지 못할 것도 알았을 테고, 만약 그가 재계약으로 나를 묶어둔다면 나로서는 돌이킬 수 없는 상황에 부닥친다는 것도 알았을 것이다. 그 경우 나는 무슨 일이 벌어지든 유벤투스에 남아야만 했을 것이다. 모지 단장이 그런 문제들을 염두에 두었다고 나는 믿는다. 모지 단장은 규칙과 규범을 준수하는 사람이 아니라 필요하면 빨간불도 무시하고 달리는 사람이었다. 하지만 그는 유능한 사업가였고, 자기 선수들을 살필 줄 알았다. 나는 그 사실을 잘 알고 있다. 나는 모지 단장 덕분에 이탈리아에 와서 날개를 펼 수 있었다. 나는 그 점이 감사하고, 온 세상이 그를 손가락질해도 나는 그분 편이다. 나는 모지 단장이 좋았다.

유벤투스는 침몰 중인 함선이었다. 유벤투스가 세리에 B로 강등당하거나, 어쩌면 세리에 C로 내려갈지도 모른다는 말이 돌았다. 이탈리아 축구계가 요동치고 있었다. 하지만 그런 말들은 전혀 실감이 나지 않았다. 유벤투스는 최고의 팀을 구축해 두 차례 연속 리그 타이틀을 차지했다. 그런데 경기에 아무런 영향도 미치지 않았던 일로 우리가 그 모든 것을 잃어야 한다는 말인가? 그것은 지나친 형벌이었다. 신임 경영진도 사태의 심각성을 실감하기까지는 시간이 걸렸다. 새로 부임한 알레시오 세코Alessio Secco 단장이 내게 전화했던 것이 기억난다.

팀 매니저로 일했던 알레시오 세코는 훈련 일정을 잡기 위해 내게 전화를 걸곤 했던 사람이다. "내일 10시 반에 훈련이다! 늦지 마라" 하는 정도의 대화를 나누곤 했었다. 그런데 갑자기 신임 단장이 된 것이다(요지경 속이었다)! 하지만 아무래도 그를 단장으로 대하기는 쉽지 않았다. 어쨌든 처음 나눈 대화에서 그는 단장으로서 이렇게 말문을 열었다.

"즐라탄, 이적 제의를 받거든 받아들여. 너한테 해줄 수 있는 충고야."

이 말은 그가 내게 마지막으로 건넨 친절이었고, 이후로는 서로 얼굴

붉힐 일만 생겼다. 그럴 만도 했다. 선수들은 연이어 구단을 떠났다. 튀랑과 잠브로타는 바르셀로나로 갔고, 칸나바로와 에메르손은 레알 마드리드로 갔으며, 파트리크 비에이라는 인터 밀란으로 갔다. 구단에 남아 있는 선수들은 모두 에이전트에게 전화를 걸어 "이적 좀 시켜줘. 어디로든 나를 좀 팔아달라고. 갈 만한 구단 없어?" 하고 조르기 시작했다.

모든 게 안갯속이었고 선수들은 절박했다. 흉흉한 소문이 곳곳에서 나돌았고, 알레시오 세코 단장이 내게 처음 건넸던 배려는 더는 찾아볼 수 없었다. 구단은 제 살길 찾기에 힘썼다.

경영진은 남아 있는 선수들을 붙잡아두려고 계약서의 허점을 이용해 무슨 짓이든 할 태세였다. 악몽의 나날이었다. 나는 이탈리아에서 자리를 잡고 선수로서 힘찬 날갯짓을 하고 있었다. 정상을 향해 날고 있었단 말이다. 그런데 이대로 추락하고 마는 걸까? 앞날을 읽을 수 없는 하루하루가 지나고, 불안감은 커져만 갔다. 맞서 싸워야 했다. 2부 리그에서 1년을 꼬박 썩을 수는 없었다. 1년이라고 하지만, 몇 년이 될지도 모를 일이었다. 계획대로 1년 만에 승격을 한다고 해도, 1부 리그 선두권에 들어가고 챔피언스리그에 진입하려면 족히 1~2년은 더 걸릴 것이고, 우승을 바라보기도 어렵다. 나는 선수로서 전성기를 허비하고 싶지 않았다. 그래서 미노에게 계속 전화를 걸었다.

"무슨 수를 써서라도 여기서 나가게 해줘."

"알아보고 있어."

"그래야지!"

2006년 6월, 헬레나가 아이를 가져서 나는 무척 기뻤다. 9월 말에 출산 예정이었는데, 그것 말고는 이쪽에 대해 일자무식이었다. 어떤 일들이 생기는지 아는 게 하나도 없었다. 그 무렵 나는 독일 월드컵에 대비해 스웨덴 국가대표팀 선수들과 호흡을 맞추고 있었다. 이번 월드컵에는 우리 가족들도 전부 따라올 예정이었다. 어머니와 아버지, 사프코 형, 사넬라 누나와 매형 그리고 막내 케키. 식구들이 묵을 호텔, 여행 일정, 이동 수단, 여행 경비 등은 이번에도 다 내 몫이었다.

여행 준비를 하면서 슬슬 짜증이 나던 차였는데 아버지가 막판에 빠지기로 해서 계획에 차질이 생겼다. 물론 이 정도 변동이야 생길 수 있지만, 아버지 앞으로 마련한 입장권들을 다시 처분하려면 일이 많았다. 그 입장권을 어떻게 해야 할까? 누구에게 표를 주면 될까? 그런 일들을 처리하는 게 월드컵 준비에 도움이 되었다고 보기는 어렵다. 게다가 사타구니 쪽 근육에서 고통이 느껴졌다. 아약스 시절에 수술받았던 곳에 다시 문제가 생긴 것이다. 나는 대표팀 코치진과 그 문제로 상담했다.

하지만 경기에 출전하기로 결정을 내렸다. 내게는 한 가지 중요한 원칙이 있다. 결과가 나쁘게 나와도 부상 핑계는 대지 말자는 것이다. 그건 웃긴 얘기다. 부상 때문에 쓸모가 없었다고 한다면 애초에 경기에 뛸 필요가 없다. 아무리 그럴듯한 이유를 대도 그건 변명에 불과하다. 뛰기로 했다면 이를 악물고 뛰어야만 한다. 하지만 여러모로 독일 월드컵이 힘들었던 건 사실이다. 그리고 7월 14일, 이탈리아 스포츠재판소는 유벤투스에 유죄판결을 내렸다.

우리는 두 차례 우승 타이틀과 챔피언스리그 출전권을 박탈당했다. 또 세리에 B로 강등당했으며, 승점 30점 감점이라는 불리한 조건에서 시즌을 시작해야만 했다. 그리고 나는 아직 침몰하는 배에서 탈출하지 못했다.

15

AC 밀란은 최강의 팀이었지만,
내 마음은 인터 밀란으로 기울어 있었다

2005~2007년

: :

지난 2005년 9월 초에 스웨덴 국가대표팀은 부다페스트에 있는 페렌치 푸스카스 스타디움Ferenc Puskás Stadium에서 헝가리를 상대로 월드컵 예선전을 치렀다. 월드컵 본선에 진출하려면 이겨야만 하는 경기였기에 시합일이 다가올수록 압박감은 한층 고조되었다. 하지만 뜻밖에도 김 빠진 경기가 되고 말았다. 한 골도 터지지 않는 답답한 경기가 이어졌고, 나는 제대로 활약을 보여주지 못했다. 컨디션이 영 아니었고 기분도 좋지 않았다. 정규시간 90분이 끝나가지만 점수는 0 대 0이었고, 워낙 지루한 경기라 관중은 그저 종료 휘슬이 울리기만을 기다렸다.

언론에서는 다 끝난 경기라 치고 경기를 평가하고 있을 게 틀림없었다. 실망스러운 경기를 펼친 내게 낙제점을 매긴 기자들도 분명히 있었을 테고, 사람들은 경기 후 그 기사들을 보면서 즐라탄은 거품이었다고 이야기할 게 눈에 그려졌다. 하지만 그 순간 나는 페널티 지역에서 패스를 넘겨받았다. 마티아스 욘손이 패스를 했던 것으로 기억하는데, 사람들은 그때 내가 공을 어떻게 처리해야 할지 몰라 우왕좌왕하는 것으로 생각했을 것이다. 상대 수비수 한 명이 따라붙자 엉뚱하게 우리 진영으로 공을 드리블하며 후퇴하는 듯이 보였을 테니까. 하지만 나는 순간적으로 방향을 돌려 앞으로 치고 나갔다. 나는 수없이 다양한 상황에서 돌파구를 찾아낸 경험이 있는 공격수다. 그라운드에서 내가 어슬렁거리는 것처럼 보일 때가 많겠지만, 그것은 의도적인 행동이다. 나는 잠시 힘을 비축했다가 순식간에 공격해 들어간다. 이번에도 수비수는 나를 따라잡지 못했고, 나는 골라인 쪽을 향해 빠르게 치고 나가서 슈팅 기회를 포착했다. 각도가 좋지는 않았다. 골문을 사선으로 바라보고 있는 데다 골키퍼 수비 위치가 좋아서 내가 마음먹은 대로 슈팅할 수 있는 각도가 나오지 않았다. 대다수 관중은 내가 크로스를 올리거나 패스를 하겠거니 생각했을 것이다.

하지만 나는 그 자리에서 벼락같이 슈팅을 날렸다. 그런 위치에서는 골문으로 들어가기보다는 골문 옆 그물을 때릴 가능성이 높았다. 순식간의 일이라 골키퍼는 미처 반응하지도 못했다. 팔을 제대로 들어 올리지도 못했으니까. 짧은 순간이지만 나도 공이 빗나갔다고 생각했다. 나만 그렇게 생각한 게 아니었다. 관중석에서 환호성이 터져 나오지도 않았고, 올로프 멜베리는 고개를 떨구며 "젠장맞을, 아깝네! 연장 가야 하는구나" 하고 말하는 것 같았다. 심지어 그는 몸을 돌려 헝가리 팀의 반격에 대비해 우리 쪽 진영으로 되돌아가려고 했다. 우리 골키퍼인 안드레아스 이삭손은 왜 이렇게 조용한가 생각하고 있었고, 멜베리는 골이 아니라고 머리를 흔들어 보였다. 한순간 모두 공이 빗나갔다고 생각했던 것이다. 하지만 나는 곧 골을 확인하고 두 팔을 치켜들고 상대 골문 뒤로 돌아 달리기 시작했다. 경기장에서는 환호가 쏟아져 나왔다.

공은 옆으로 빗나간 것이 아니었다. 내가 찬 공은 골문 위쪽 모서리 방향으로 날아가 골문 안쪽 그물을 흔들었던 것이다. 골키퍼는 손가락 하나 대지 못했고, 얼마 후 주심은 종료 휘슬을 불었다. 이제 내 경기력에 낙제점을 매길 사람은 아무도 없었다.

그 골은 사람들 사이에서 회자되었고, 우리 팀은 월드컵 본선에 진출했다. 나는 독일 월드컵에서 우리 팀이 좋은 성적을 얻기를 간절히 바랐다. 내게는 성공이 필요했다. 유벤투스 일이 걱정되긴 했지만, 독일에 있는 스웨덴 캠프에 도착하니 기분이 무척 좋았다. 토미 쇠데르베리가 떠난 이후 새 수석 코치가 들어왔는데 다른 사람이 아니라 바로 롤랜드 안데르손이었다. "즐라탄, 이제 애들하고는 그만 뛰어야지"라고 말하며 나를 1군 팀으로 끌어올렸던 분이었다. 다시 그를 보니 감개무량했다. 안데르손 감독이 말뫼 구단에서 경질된 후로 그를 만날 기회가 없었는데, 나를 발탁한 그의 결정이 틀리지 않았음을 보여줄 수 있다고 생각하니 기분이 좋았다. 그의 노력이 헛되지 않았음을 입증해 보일 기회였다. 지난날 그는 나를 발탁한 이유로 물매를 맞기도 했다. 그런데 세월이 흘러서 그와 내가 한 팀으로 다시 만난 것이다. 그도 나도 일이 잘 풀려서 기분이 좋았고, 대표팀 분위기도 대체로 좋았다. 독일에는 수많은 스웨덴 팬들이 응원을 왔고, 우리가 가는 곳마다 즐라탄 응원가가 들려왔다. 왜 다들 알 것이다. 그 꼬맹이가 부르던 응원가 말이다. "그 선수처럼 공을 차는 사람은 아무도 없지. 즐라탄, 즐라탄."

무척 흥겨운 응원가였다. 하지만 사타구니 부상 상태가 심상치 않았고, 우리 식구들도 말썽을 일으켰다. 미치고 팔짝 뛸 지경이었다. 막내인 케키 빼고, 내가 우리 집에서 가장 나이가 어린데 내가 아버지인 양 식구들은 모두 나만 찾았다. 독일에 오기 전에도 그랬지만, 독일에 와서도 내내 문제가 생겼다. 갑자기 월드컵에 가지 않기로 결정을 내린 아버지 때문에 불필요해진 입장권도 처리해야 했고, 호텔을 예약했는데 경기장에서 너무 멀었고, 사프코 형은 돈이 필요하다고 해서 주었더니 그 돈을 유로로 환전할 줄도 몰랐다. 그리고 임신 7개월인 헬레나가 있었다. 헬레나는 자기 앞가림은 하는 여자였지만, 그녀가 감당하기에는 너무나 혼잡하고 야단스런 인파에 둘러싸였다. 파라과이전을 앞두고 버스에서 내렸을 때인데 수많은 팬이 광신도처럼 그녀 주변에 몰려들었고, 안전하지 못하다고 느낀 그녀는 이튿날 집으로 돌아갔다. 크고 작은 문제들이 연이어 발생했다.

가족들은 수시로 나를 찾았다. "즐라탄, 이거 좀 어떻게 해봐."

독일에서 나는 우리 가족의 여행 가이드가 되어 문제를 해결하느라 경기에 집중할 수가 없었다. 내 전화기는 쉴 새 없이 울려댔고, 상상할 수 있는 온갖 종류의 불평과 요구를 들어주어야 했다. 미칠 노릇이었다. 월드컵 대회에 나온 선수가 차량 임대 문제까지 신경을 써야만 했다. 독일 월드컵에 출전하지 말았어야 했을까? 말했다시피 사타구니 부상도 문제였다. 하지만 라예르바크 감독은 단호했다. 나는 스웨덴의 첫 상대인 트리니다드 토바고와의 시합에 출전하기도 되어 있었다. 토바고 팀은 우리가 당연히 이길 줄 알았고, 그것도 한 골 차가 아니라 서너 골 차의 대승을 거둘 것으로 내다봤다. 하지만 경기는 우리 예상대로 풀리지 않았다. 상대 팀 골키퍼의 컨디션이 믿기 어려울 만큼 좋긴 했어도, 한 선수가 퇴장까지 당했는데도 우리는 단 한 골도 넣지 못했다. 소득이 있다면 경기를 마치고 나서 트리니다드 토바고 감독을 찾아가 인사할 기회가 있었다는 것뿐이다.

그 감독은 바로 레오 벤하커였다. 그분을 다시 보게 되니 몹시 기뻤다. 내가 거둔 성공이 자기 덕분이라고 숟가락 얹고 싶어 하는 사람들이 쌔고 쌨지만, 그런 주장들은 대개 개소리다. 내 인기에 편승해 득을 보려고 우습지도 않은 소리를 지껄이는 것이다. 진짜로 내 인생에 큰 영향을 끼친 분들이 몇몇 있다. 롤란드 안데르손 감독이 있고, 벤하커 감독도 그중 한 사람이다. 다른 사람들이 나를 불신할 때 나를 믿어준 분들이었다. 나도 나이가 들면 이분들처럼 누군가에게 희망을 주는 사람이 되고 싶다. 남과 다른 이들을 비판만 하지 말고, 칭찬도 할 줄 아는 사람이 되고 싶다. 이를테면 "저것 봐, 저 친구는 패스를 안 하고 혼자서 드리블하고 이런저런 개인기를 좋아해서 탈이지만 한 수 앞을 내다볼 줄 알아"라고 말하는 사람.

그날 벤하커 감독과 만나 함께 찍은 사진을 보면, 시합에 패했음에도 유니폼을 벗은 채 환하게 미소를 짓고 있다.

독일 월드컵 기간에는 생각대로 경기가 풀리지 않았다. 우리는 강팀 잉글랜드를 상대로 2 대 2 무승부를 만들었다. 여기까지는 나쁘지 않았다. 하지만 16강전에서 우리는 독일에게 완패를 당했다. 월드컵 대회에서 나는 한심하기 이를 데 없는 경기력을 보였고, 여기에 대해서는 그 어떤 변명의 여지가 없었다. 모든 게 내 책임이었다. 물론 가족은 소중하고 가족을 돌보는 일은 당연한 일이지만, 내가 여행 가이드 노릇을 해서는 안 되는 일이었다. 독일 월드컵에서 나는 귀중한 교훈을 하나 배웠다.

나는 가족들을 모아놓고 그 점을 설명했다. "경기장에 와서 응원해주는 것은 환영이에요. 필요한 것들은 제가 마련해드릴게요. 하지만 그곳에 가면 나머지 문제는 알아서들 직접 해결하세요."

토리노에 돌아왔지만, 더는 아늑한 내 집이 아니었다. 나는 이제 토리노를 떠나고 싶었고, 구단 사정 역시 나아질 기미가 보이지 않았다. 게다가 끔찍한 사고가 또 터지고 말았다.

진루카 페소토Gianluca Pessotto는 1995년부터 유벤투스의 수비수였다. 구단과 모든 역사를 함께했기 때문에 유벤투스와는 한 몸과도 같은 선수였다. 2년간 함께 뛰었기 때문에 그에 대해서는 꽤 알고 있었다. 페소토는 목에 힘주고 다니는 남자가 아니었다. 그는 무척이나 세심하고 배려심이 깊었으며, 늘 나서지 않고 묵묵하게 일했다. 개인적으로 그에게 무슨 일이 있었는지는 나도 모르겠다.

페소토는 선수 생활을 마감하고, 단장으로 승진한 알레시오 세코를 대신해 팀 매니저가 되었다. 내내 선수 생활을 하다가 사무직에 적응하기가 쉽지는 않았을 것으로 보인다. 무엇보다 승부조작 스캔들과 2부 리그 강등이라는 징계에 페소토는 큰 충격을 받았고, 집안에도 안 좋은 일들이 있었던 듯싶다.

여느 날처럼 4층 자기 사무실에 앉아 있던 페소토는 창턱에 올라서서 뒤로 넘어지는 자세로 몸을 던졌다. 손에는 묵주가 걸려 있었다. 그는 주차되어 있는 자동차 두 대 사이로 떨어졌다. 높이가 15미터가량 되었다. 하지만 그는 기적적으로 목숨을 건졌다. 골절상과 내출혈로 병원에 실려

갔지만 어쨌든 회복 중이었고 사람들은 모두 기뻐했다. 그의 자살 기도 는 또 다른 불길한 조짐으로 해석되었다. 다음은 또 누구 차례일까?

상황은 극단적으로 흘러갔고, 조반니 코볼리 질리Giovanni Cobolli Gigli 신 임 회장은 더 이상 어떤 선수도 떠나는 것을 허용하지 않겠다고 선언했 다. 경영진은 모든 선수를 붙들어두기 위해 총력을 기울이기로 했고, 나 는 미노에게 그 문제를 얘기했다. 줄곧 얘기해왔던 대로 우리는 한 가지 방법밖에 없다는 데 뜻을 모았다. 우리는 반격에 나섰고, 미노는 기자들 에게 이렇게 말했다.

"구단을 떠나기 위해 합법적인 조치를 총동원하겠습니다."

우리는 절대 약한 모습을 보일 생각이 없었다. 유벤투스가 세게 나온 다면 우리 역시 세게 나갈 생각이었다. 물론 쉽지 않은 싸움이었다. 위험 부담이 컸기 때문에 나는 알레시오 세코 단장을 다시 찾았다. 이번에는 세코 단장이 모지 단장의 흉내를 내고 있다는 걸 단박에 알아차렸다.

"구단에 남도록 해. 그게 우리 요구사항이야. 팀에 대한 도의를 지켜야지."

"휴식기 때만 해도 정반대로 말했잖아요. 이적 제의가 오면 받으라고요."

"지금은 그때랑 달라. 위기 상황이라고. 계약을 갱신하도록 하자."

"저는 떠나겠습니다. 어떤 조건을 제시해도 소용없어요."

매일, 매시간 구단에서 받는 압력은 커졌고, 이만저만 짜증 나는 게 아니었다. 나는 미노와 함께 법의 도움을 받아 할 수 있는 한 모든 수단 을 강구했다. 무턱대고 거부할 수는 없는 노릇이었다. 구단에서 주는 급 여를 받고 있으니만큼 과연 어느 선까지 내가 비협조적으로 나가도 되는 지가 가장 큰 관건이었다. 나는 그 문제로 미노와 의논했다.

우리는 팀 훈련에는 참석하되 어떤 시합에도 출전하지 말자는 작전을 세웠다. 미노는 우리 계약서 조항에 그런 식으로 해석할 여지가 있다고 주장했다. 그래서 나는 구단과 줄다리기를 하는 와중에도 산간 지역에 마련된 프리시즌 훈련 캠프로 향했다. 이탈리아 국가대표로 뛰고 있는 유벤투스 선수들은 아직 훈련 캠프에 복귀하지 못한 상태였다. 이탈리아 대표팀은 독일 월드컵에서 우승을 차지했다. 고국에서 터진 승부조작 스캔들로 그들이 겪었을 심리적 부담감을 고려한다면 이탈리아 선수들이 거둔 월드컵 우승은 참으로 대단한 성과였다. 마땅히 축하할 일이었지만 솔직히 나에게 별 도움이 되는 일은 아니었다. 유벤투스 신임 감독은 프랑스 출신의 디디에 데샹이었다. 그 역시 선수 출신이었다. 그는 1998년 프랑스 월드컵에서 대표팀 주장으로 프랑스의 우승을 이끌었고, 지금은 유벤투스의 신임 감독으로서 1부 리그 승격이라는 새로운 임무를 맡고 있었다. 신임 감독에게 쏟아지는 압박감은 엄청났다. 훈련 첫날에 데샹 감독은 내게 다가와 이렇게 말했다.

"이브라."

"예?"

"나는 자네를 중심으로 전술을 구상할 생각이야. 자네가 핵심 선수이니까. 우리 팀의 미래는 자네에게 달렸어. 우리가 승격할 수 있도록 도와주게."

"감사합니다. 하지만……."

"'하지만'은 빼도록 하지. 구단에 남도록 해. 다른 선택은 있을 수 없어." 그는 그렇게 말을 끝냈다. 내가 그에게 진짜로 중요한 선수라는 말을 들었지만 그렇다고 기분이 좋지는 않았다. 내 입장은 확고했다.

"아니, 아니요. 전 떠날 겁니다."

훈련 캠프에서 나는 네드베드와 한방을 썼다. 두 사람 모두 미노를 대리인으로 고용하고 있어 우리는 친하게 지냈다. 하지만 그와 나는 처지가 달랐다. 델 피에로와 부폰, 트레제게와 마찬가지로 네드베드는 유벤투스에 남기로 결정했다. 네드베드와 나를 경쟁시키려는 속셈이었는지 몰라도 함께 있는데 한번은 데샹 감독이 와서 이런 얘기를 했다. 어쨌든 나를 보내줄 생각이 없는 것은 확실했다.

"이봐, 이브라. 난 자네한테 기대하는 바가 무척 커. 내가 감독직을 수락한 가장 큰 이유 중 하나가 자네 때문이야."

"그런 소리 하지 마십시오. 이 클럽을 보고 선택한 거지 저 때문이 아니잖아요."

"정말이야. 자네가 그만두면 나도 그만두겠네." 심각한 얘기가 오가는 상황인데도 나는 웃음이 삐져나왔다.

"좋아요. 그럼, 짐을 꾸리세요. 제가 택시를 잡아드리죠" 하고 내가 대답하자 데샹 감독은 농담으로 알아듣고 웃음을 터뜨렸다.

하지만 나는 농담할 기분이 절대 아니었다. 유벤투스가 빅클럽으로서 구단의 생존을 위해 몸부림치고 있었다면, 나 역시 선수 생명을 지키기 위해 몸부림치고 있었다. 2부 리그에서 1년을 보낸다는 것은 그 시간 동안 모든 것이 정지한다는 뜻이나 마찬가지였다. 어느 날 알레시오 세코 단장과 장클로드 블랑Jean-Claude Blanc 마케팅 이사가 나를 찾아왔다. 장클로드 이사는 하버드 출신으로 아넬리 가문이 유벤투스 구단을 살리기 위해 영입한 거물이었다. 그는 철두철미한 인물로서 여러 가지 금액이 적힌 계약서 초안을 인쇄해 순서대로 정리해 들고 왔다. 나는 그 앞에서자마자 계약서는 쳐다보지도 말고 말싸움을 해야겠다고 마음먹었다. 내가 말싸움을 벌일수록 저들은 나를 쫓아버리고 싶을 테니 말이다.

"보고 싶지도 않습니다. 서명 안 해요." 내가 퉁명스럽게 말했다.

"우리가 어떤 제안을 했는지 읽어볼 수는 있잖아? 이만큼 후한 제안도 없을 텐데."

"제가 왜요? 그래봤자 소용없다니까요."

"읽어보지도 않고선 알 수 없는 노릇이지."

"당연히 알 수 있어요. 2000만 유로를 제안한다고 해도 저는 관심 없으니까요."

"너무 무례한 거 아닌가?" 하고 블랑 이사가 분이 나서 쏘아붙였다.

"좋으실 대로 생각하세요." 나는 이렇게 대답하고는 뒤도 돌아보지 않고 나와버렸다. 어떤 위험이 있는지는 잘 알고 있었다. 내 언사가 모욕적으로 비칠 거라는 것도 알고 있었고, 최악의 경우에는 9월에 오갈 데 없는 신세가 될 수도 있음을 모르지 않았다.

하지만 나는 한판 도박을 걸 수밖에 없었고, 끝까지 밀어붙여야만 했다. 내게는 더 이상 좋은 협상 카드가 없었다. 월드컵에서 부진한 모습을 보였고, 지난 시즌에 유벤투스에서도 썩 좋은 활약을 보여주지 못했다. 체중이 불어서 움직임이 둔해졌고, 골도 많이 넣지 못했다. 하지만 사람들이 내 가능성을 알아봐주기를 기대했다. 한 해 전만 해도 눈부신 활약을 펼치며 유벤투스에서 최우수 외국인 선수에 선정되지 않았던가. 다른 구단들이 틀림없이 내게 관심을 보일 것이라고 나는 믿었고, 미노 역시 막후에서 부지런히 노력하고 있었다.

프리시즌 초기에 미노가 "인터 밀란하고 AC 밀란, 이 두 곳과 얘기가 오가는 중이야"라고 했을 때, 깜깜한 터널 끝에서 빛이 보이는 기분이었다. 분명히 긍정적인 신호였다.

하지만 훈련 캠프에 들어온 지금까지 그 얘기는 별 진전이 없었고, 유벤투스와의 계약도 어찌 될지 모르는 상황이었다. 만약 유벤투스에서 끝내 나를 보내지 않겠다면 나는 어떻게 해야 할까? 어느 것 하나 확실한 게 없었다. 날마다 천국과 지옥을 오갔다. 미노는 낙관적으로 내다보았다. 미노로서는 나를 안심시키는 게 일이었고, 나는 그저 기다리며 시간과 싸우는 수밖에 없었다. 어떤 대가를 치르더라도 내가 유벤투스를 떠나고 싶어 한다는 사실은 이미 언론을 통해 알려졌고, 팬들은 어디서 들었는지 인터 밀란에서 나한테 접촉하고 있다며 쑥덕거렸다. 유벤투스 서포터들은 인터 밀란을 증오했다. 축구 선수는 늘 구단 팬들에게 둘러싸이기 마련이다. 팬들은 사인 수첩이나 깃발을 들고 훈련장 입구에서 기다린다. 입장료를 지불하고 훈련장 안까지 들어와 선수들을 지켜보는 경우도 많다. 프로축구 판에서는 모든 게 돈벌이가 된다. 토리노 외각의 산간 지역에 있는 프리시즌 훈련 캠프를 찾은 유벤투스 팬들은 그라운드 옆에 서서 나를 향해 소리를 질렀다.

그들은 "배신자 새끼" 어쩌고저쩌고하며 훈련장이 떠나갈 듯 고함을 쳤는데, 당연히 듣기 좋은 말들은 아니었다.

사실 선수로서 이런 일에는 길이 나서 그들이 하는 소리는 무시해버렸다. 스페치아Spezia와 친선 경기가 예정되어 있었다. 하지만 말했다시피 시합에는 출전하지 않겠다고 작전을 세워둔 터였다. 그래서 나는 방에 홀로 남아 플레이스테이션 게임을 했다. 밖에서는 경기장으로 갈 버스가 선수들을 태우려고 대기하고 있었고, 네드베드를 비롯해 모든 선수가 내려갔다. 내가 듣기로는 버스가 시동을 켜둔 채 나를 기다렸다고 한다. 선수들은 발을 동동 굴렀다. '이브라 자식 대체 어디에 있는 거야?' 선수들은 나를 계속 기다렸고, 결국 디디에 데샹 감독이 내 방에 올라왔다. 그는 화가 머리끝까지 나 있었다.

"왜 여기 있는 거야? 출발할 시간인데."

나는 그를 쳐다보지도 않고 게임을 계속했다.

"내 말 못 들었어?"

"제 말은 못 들으셨나 봐요?" 나는 그에게 반박했다. "연습은 합니다. 하지만 경기에는 안 나갑니다. 열 번도 넘게 말했잖아요."

"경기에 왜 안 나가? 우리 팀 선수잖아. 좀, 이러지 말고 당장 일어나."

그가 와서 내 옆에 바싹 다가섰지만 나는 게임을 멈추지 않았다.

"싸가지 없이 이게 무슨 짓이야? 앉아서 게임을 해? 이 일로 벌금을 물게 될 거야, 알아들어?" 데샹 감독은 펄펄 뛰었다.

"좋아요."

"좋다니, 그게 무슨 말이야?"

"그렇게 하세요. 벌금을 물리세요. 저는 여기 있을 테니까요."

결국 그는 나를 두고 자리를 떴다. 데샹 감독은 노발대발했고, 나는 다른 선수들이 버스를 타고 길을 떠나는 동안 플레이스테이션 게임기를 가지고 놀았다. 이때처럼 심각하게 갈등이 표면적으로 드러났던 적은 없었다. 이 일은 윗선에 보고되었고, 결국 나는 벌금을 물었다. 3만 유로였던 것으로 기억한다. 이제는 전면전이었다. 누군가와 전쟁을 벌일 때는 작전을 잘 짜야 한다. 어떻게 반격을 가할 것인가? 그다음엔 어떻게 대응할 것인가? 나는 다음 수를 구상하느라 머릿속이 분주했다.

은밀히 나한테 접촉한 인사가 있었다. 훈련 캠프에 있는 동안 AC 밀란 수뇌부 인사인 아리에도 브라이다Ariedo Braida가 찾아온 것이다. 나는 슬며시 방에서 빠져나와 근처에 있는 호텔에서 그를 만났고, AC 밀란으로 이적하는 문제에 대해 논의했다. 하지만 솔직히 말해 그의 태도가 영 마음에 들지 않았다. 그는 주로 카카를 들먹이며 카카 같은 선수가 진짜 스타이고 나는 아니라는 식으로 말했다. 하지만 AC 밀란에서는 나를 스타 선수로 만들어줄 수 있다나? 가만히 듣고 있자니 AC 밀란이 나를 원한다기보다는 내가 AC 밀란을 더 원하는 모양새였다. 그들은 나를 존중하지도 않았고, 애타게 구애하지도 않았다. 그 자리에서 바로 "제의는 감사하지만 전 됐습니다"라고 거절할 수 있었다면 얼마나 좋았을까마는, 그때는 내 처지가 그리 좋지가 않았다. 그만큼 유벤투스에서 떠나고 싶은 마음이 간절했다. 하지만 이렇다 할 비장의 카드도 없어서 그 어떤 구체적인 제안도 듣지 못하고 빈손으로 방으로 돌아왔다.

푹푹 찌는 무더위가 이어지는 8월이었다. 헬레나는 배가 많이 불러 있는 데다 적잖이 스트레스를 받았다. 파파라치들은 늘 우리 뒤를 따라다녔다. 나는 힘닿는 대로 열심히 헬레나를 보살폈다. 하지만 출산에 관한 한 나는 애송이였다. 앞으로 어떤 일이 일어날지도 몰랐고 뭐 하나 쉬운 게 없었다. 구단은 새 훈련장을 확보했다. 허접스럽고 후진 라커룸을 비롯해 모지 단장 시대의 유물을 모조리 청산하는 중이었다. 나는 팀 훈련에는 계속 참여했다. 내 입장을 끝까지 밀고 나가야 했다. 참 껄끄러운 상황이 아닐 수 없었다. 나를 동료로 여기는 선수는 이제 아무도 없었다. 한 가지 좋은 점은 있었다. 유벤투스 경영진이 나를 붙들려고 전처럼 열심히 싸우지 않았다는 것이다.

하기야 자기 팀 경기는 나 몰라라 하고 게임기나 만지고 있는 선수를 누가 원하겠는가?

뭔가 수가 나려면 아직도 가야 할 길이 멀었다. AC 밀란이냐 인터 밀란이냐, 이것이 문제였다. 어찌 보면 고민할 것도 없었다. 인터 밀란은 17년간이나 리그 우승을 못 한 팀이었다. 엄밀히 말하면 정상급 구단이라고 볼 수 없었다. 그에 비해 AC 밀란은 여러모로 유럽에서 가장 성공한 구단 중 하나였다. 미노는 "당연히 AC 밀란에 가야지"라고 말했다. 하지만 나는 확신이 서지 않았다. 인터 밀란은 옛날에 호나우두가 뛰었던 팀이고, 정말로 내가 와주기를 바라는 듯 보였다. 훈련 캠프 당시 만났던 AC 밀란의 브라이다가 했던 말도 다시 생각해봤다. "자넨 아직 진짜 스타 선수라고 할 수 없지!" AC 밀란은 이탈리아에서 가장 강한 팀이었다. 하지만 인터 밀란 쪽으로 자꾸 마음이 기울었다. 나는 약체 팀에 합류하고 싶었다.

미노는 내 뜻을 알고 이렇게 말했다. "좋아. 하지만 이건 알아둬. 인터 밀란에 가면 지금까지와는 전혀 다른 도전이 시작될 거야. 우승컵을 거저 가져갈 생각은 넣어둬."

나는 무엇이든 거저 얻고 싶은 생각은 없었다. 나는 내 몫을 하면서 당당히 도전에 맞서고 싶었다. 인터 밀란에 가서 도전하고 싶다는 생각이 날로 커졌다. 17년간 리그 우승을 맛보지 못한 구단에 들어가 함께 우승을 일군다면 참으로 엄청난 위업이 되지 않겠는가? 그렇게 되면 나는 차원이 다른 선수로 태어날 수도 있었다. 하지만 말했다시피, 아무것도 구체적으로 정해진 것이 없었다. 일단은 뭐라도 잡아야 했다. 침몰하는 배에서 빠져나오려면 무슨 제안이든 붙들어야 했다.

당시 AC 밀란은 챔피언스리그 출전권을 따내기 위해 시합을 치를 예정이었다. 승부조작 스캔들이 낳은 결과였다. AC 밀란 정도면 챔피언스리그 출전쯤이야 따놓은 당상이었지만, 법원에서 승점을 감점시키는 바람에 레드 스타 베오그라드Red Star Belgrade와 승부를 겨뤄 출전권을 획득해야만 했다. 밀라노의 산시로 경기장에서 1차전이 열렸다. 그 시합은 내게도 중요한 의미가 있었다. AC 밀란이 챔피언스리그에 진출하게 되면 구단에서는 선수 영입에 필요한 자금을 더 많이 확보할 수 있었고, 아드리아노 갈리아니Adriano Galliani 부회장도 "결과를 두고 보지. 그때 가서 다시 연락하겠네"라고 내게 말했기 때문이다.

가장 적극적으로 손짓을 보내는 구단은 인터 밀란이었다. 하지만 이쪽도 협상이 지지부진하기는 마찬가지였다. 인터 밀란의 구단주는 마시모 모라티Massimo Moratti였다. 모라티는 축구계의 거물이자 석유업계의 큰손이었다. 그는 나의 절망적인 처지를 감지하고 네 차례나 제시 금액을 줄여나갔다. 항상 그들에게 유리한 새로운 제안을 들고 나오곤 했다. 1차전이 열리는 8월 18일, 나는 토리노의 피아차 카스텔로에 있는 우리 집에서 쉬고 있었다.

AC 밀란과 레드 스타 베오그라드의 경기가 9시 15분 전에 산시로 경기장에서 시작했다. 나는 다른 할 일이 있어 경기를 시청하지는 않았다. 하지만 카카가 패스한 공을 받아 필리포 인자기가 1 대 0을 만드는 장면은 보았다. 선취점을 넣었으니 AC 밀란도 한숨을 돌리지 않나 싶다. 선취골이 터지고 얼마 지나지 않아 내 휴대전화가 울렸다. 내 전화기는 종일 바쁘게 울려댔는데, 주로 전화를 거는 사람은 미노였다. 그는 협상에 진전이 있을 때마다 내게 전화를 걸었다. 이번에는 실비오 베를루스코니가 나를 만나고 싶어 한다는 말을 했다. 나는 자리에서 벌떡 일어났다. 상대가 AC 밀란 구단주였기 때문이기도 하지만, 진짜로 나를 영입할 생각이 있다는 뜻이었기 때문이다. 하지만 나는 마음을 정하지 못했다. 내 마음에서는 인터 밀란이 1순위였다. 하지만 이 회동을 갖더라도 우리에게 손해가 될 일은 없어 보였다.

"우리가 이 기회를 이용할 수도 있겠는데?" 하고 내가 말했다.

"당연하지"라고 미노가 대답했다. 그는 모라티 구단주에게 즉시 전화를 걸었다. AC 밀란에게 한방 먹일 수 있는 기회라면 모라티 구단주가 흥분할 게 틀림없었다.

"이브라히모비치 씨가 밀라노에서 베를루스코니 구단주님과 저녁 식사를 함께할 예정이라는 사실을 알려드려야 할 것 같아서요." 미노가 말했다.

"그래요?"

"지안니노Giannino 레스토랑에 자리를 예약했더군요."

"그럴 것 같더라니. 내 즉시 사람을 보내겠소." 모라티 구단주는 다급하게 말했다.

모라티 구단주는 마르코 브랑카Marco Branca 단장을 보냈다. 그는 두어 시간 후에 우리 집 현관문을 두드렸다. 인터 밀란 단장인 브랑카는 상당히 젊고 비쩍 마른 사내였다. 그 정도로만 알고 있었는데 가까이서 지켜보니 골초 중에서도 골초였다. 그런 사람은 처음이었다. 이리저리 방 안을 돌아다니며 담배를 피우는데 순식간에 재떨이에 꽁초가 수북하게 쌓였다. 아무래도 스트레스가 심했던 모양이었다. 베를루스코니가 약속 장소인 지안니노 레스토랑에 가려고 구두끈을 묶을 생각도 하기 전에 협상을 타결하라는 임무를 부여받았기 때문이다. 당연히 신경이 날카로울 수밖에 없었다. 그는 이탈리아를 쥐락펴락하는 실력자가 체결하려고 하는 계약을 중간에서 가로채 먼저 성사시켜야 했고, 미노는 그런 상황을 유리하게 활용했다. 미노는 상대가 압박감을 느낄수록 즐거워했다. 그럴수록 미노에게 나긋나긋해지기 때문이다. 금액을 줄다리기하는 동안 브랑코 단장은 수차례 구단 측과 전화 통화를 주고받았다. 내가 주도하는 협상이었고, 내가 요구하는 금액이었다. 그러는 동안에 시간은 계속 흘렀고, 브랑카 단장은 줄곧 담배를 피웠다.

"이 조건이면 만족하겠소?"

나는 미노와 함께 서류를 확인했다.

미노가 말했다. "서명해버리자고."

"좋습니다. 그렇게 하죠."

브랑카 단장은 담배 연기를 더 많이 뿜어대기 시작했다. 그는 모라티 구단주에게 전화를 걸었다. 그의 목소리는 들떠 있었다.

"즐라탄이 수락했습니다."

그의 목소리로 미루어 짐작하건대, 그들에게도 기쁜 소식이었다. 큰 고비를 넘긴 것이다. 하지만 아직 끝난 것이 아니었다. 구단 간의 협상이 남아 있었다. 유벤투스에서 얼마를 요구할까? 이것은 또 다른 게임이었다. 유벤투스는 나를 잃는다 해도 큰돈을 챙길 수 있을 터였다. 아직 처리할 게 남았지만 모라티 구단주는 내게 전화를 걸었다.

"마음에 드나?"

"만족합니다."

"그렇다면, 우리 구단에 온 걸 환영하네." 그 말을 듣자 안도의 한숨이 흘러나왔다.

그해 봄부터 여름 내내 불확실하던 나의 미래가 순식간에 정리되었다. 이제 남은 것은 미노가 AC 밀란 경영진에 전화를 거는 일뿐이었다. 이런 상황에서 베를루스코니 구단주가 나와 저녁 만찬을 즐길 턱이 없지 않은가. 날씨 얘기나 하자고 약속을 정했던 것은 아니니까. 내 기억이 정확하다면, AC 밀란 측은 믿는 도끼에 발등 찍힌 듯 충격을 받았다고 한다. 도대체 무슨 일이야? 이브라가 인터 밀란에 간다니?

"세상일이라는 게 급변할 때도 있는 거지요." 미노는 그렇게 대답했다.

나는 2700만 유로에 이적되었다. 스웨덴 돈으로 2억 7000만 크로나에 해당했다. 2006년 세리에 A 이적시장에서 가장 높은 금액이었다. 훈련 캠프에서 게임기를 가지고 놀면서 시합에 불참한 행위에 내려졌던 벌금도 면제받았다. 미노가 뚝딱 마술을 부려서 그 문제까지 해결한 것이다. 모라티 구단주는 언론과의 인터뷰에서 이브라히모비치의 영입은 과거 호나우두를 영입했을 때만큼이나 구단에 뜻깊은 일이라고 언급했다. 그 같은 발언에 나는 감동했다. 나는 인터 밀란을 위해 뛸 각오가 되어 있었다. 그전에 나는 예테보리로 가서 스웨덴 국가대표팀에 합류해야 했다. 인터 밀란에서 본격적으로 구단 생활을 시작하기 전에 마음 편하게 스웨덴에 다녀올 기회였다.

16
팀 동료들과 서포터들은
나를 따라와주었다

2006~2008년

: :

우리는 리투아니아와 시합을 치렀고, 킴 셸스트룀의 골로 1 대 0 승리를 거뒀다. 다음 날인 9월 3일은 하루 휴식이었다. 올로프 멜베리의 29번째 생일이기도 했다. 멜베리는 애스턴 빌라의 주장이었다. 우리는 국가대표팀에서 서로 만났는데, 처음에는 트레제게처럼 딱딱한 샌님인 줄 알았는데 의외로 자유로운 영혼이어서 쉽게 친구가 되었다. 그날 멜베리는 나하고 치픈에게 밖에 나가 생일 축하 파티를 하자고 했다. '거, 좋지!'

우리는 예테보리 중심지인 아베뉜Avenyn 거리로 가서 한 술집에 들어갔다. 사진 액자들만 다닥다닥 붙어 있는 볼품없는 곳이었다. 나중에 신문사들은 여기도 '요즘 뜨는 명소'라고 소개했다. 어찌 된 영문인지 내가 한 번 다녀간 술집은 죄다 '요즘 뜨는 명소'가 된다. 하지만 그곳은 정말이지 아무것도 볼 게 없었다. 손님도 없고 썰렁했다. 손님이라고는 우리뿐

이어서 덕분에 마음 편히 술을 마시며 긴장을 풀 수 있었다. 우리는 통금 시간에 가깝도록 오붓하게 술을 마시며 놀았다. 국가대표팀 규칙에 따르면 호텔에 11시까지 복귀해야만 했다. 하지만 우리는 "에이, 설마 그렇게까지 규칙을 엄하게 적용하겠어?"라고 서로를 안심시켰다. 전에도 몇 번 외출했다가 늦게 들어간 적이 있었지만 아무런 문제가 없었다. 게다가 올로프 생일이었고, 우리가 술에 취해 말썽을 부린 것도 아니잖은가. 우리는 자정을 15분쯤 넘겨 호텔로 돌아갔고, 착한 아이들처럼 조용히 잠자리에 들었다. 그게 전부였다. 로센고드 출신 친구들이라면 귓등으로도 안 들을 시시콜콜한 이야기였다. 진짜 별일 아니었다.

문제는 내가 우유 한 병을 사러 나가도 그 얘기가 신문사에 들어간다는 점이다. 내가 어디를 가든 스파이들이 따라붙고, 사람들은 내가 보이면 사진을 찍고 문자를 보낸다. "어디 어디서 즐라탄을 봤다, 이거 봐라" 하면서 친구들에게 자랑하는 것인데, 이야기를 재미있게 하려고 거기다 살을 붙인다. 그러면 친구들도 이야기를 전하는 과정에서 또 살을 붙인다. 그렇게 해야 자기네들이 조금이라도 멋져 보인다고 생각하는 것이다. 스타들의 이야기는 그런 식으로 확대 재생산되기 마련이다. 하지만 대개는 대표팀이나 구단 쪽에서 나를 변호한다. "그게 무슨 헛소리입니까? 즐라탄은 그런 짓은 안 합니다." 하지만 이번에는 언론에서 머리를 잘 굴렸다.

사건을 취재하는 기자는 대표팀 매니저에게 전화해 우리 이름은 전혀 언급하지 않고 대표팀 규칙에 대해 문의하는 식으로 접근했다. 기자는 선수들이 호텔에 복귀하는 시간이 언제인지 물었고, 팀 매니저는 11시까지 호텔에 복귀해야 한다고 사실대로 말했다.

327

이에 기자는 "그런데 즐라탄과 치폰, 멜베리는 그보다 늦게 복귀했던 데요. 목격자가 있습니다" 하고 말했다. 대표팀 매니저는 좋은 사람이다. 보통은 선수들을 보호하려고 애를 쓰는데, 이번에는 어찌 돌아가는 판인지 감을 잡지 못했다. 그 사람을 비난할 수는 없다고 생각한다. 사람이라면 실수도 하고 그런 거니까.

그가 조금만 더 영리하게 대처했더라면 좋지 않았을까 하는 아쉬움은 있다. 이탈리아 구단 사람들처럼 기자들에게 나중에 다시 전화를 주겠노라고 정중하게 말한 다음, 우리가 조금 늦게 들어온 적당한 이유를 마련해서 다시 답변할 수도 있었을 것이다. 가령 그날은 늦게까지 외출을 해도 좋다고 특별 허가를 내주었다는 식의 해명도 가능했다. 우리가 징계를 받지 말아야 했다고 주장하는 게 아니다. 대외적으로 프런트와 선수들은 공동전선을 구축해야 한다는 말을 하고 싶은 것이다. 우리는 한 팀이고, 한 몸이다. 내부적으로야 프런트가 얼마든지 선수들을 징계해도 되지만, 대외적으로는 선수들을 보호해야 한다는 말이다.

그런데 우리 팀 매니저는 11시 이후까지 외출이 허용된 선수는 아무도 없다고 딱 잘라 말했고, 우리는 여지없이 규칙을 위반한 놈들이 되었다. 지옥문이 열린 것이다. 라예르바크 감독이 나를 호출했다는 전화를 아침에 받았다. 아시다시피, 그런 면담은 좋아하지 않지만 나한테는 이런 일에 대처하는 요령이 있었다. 보육원에 다닐 때부터 교사들에게 불려 가는 게 일이었으니 나한테는 일상이었다. 게다가 이번에는 무슨 일로 불려 가는지도 알고 있었으니까 별로 긴장되지도 않았다. 크게 사고를 친 것도 아니지 않은가. 나는 평소에 알고 지내던 경비 아저씨 한 분에게 전화를 걸었다. 그분은 무슨 일이 생기면 어떻게 돌아가고 있는지 훤히 꿰고 있는 분이었다.

"어떻게 되고 있어요?"

"짐 싸야 할 것 같은데" 하고 그가 말했다. 나는 그가 하는 말을 이해할 수 없었다.

내가 짐을 싸야 한다고? 조금 늦게 들어온 것 때문에? 믿고 싶지 않았다. 하지만 결국 상황을 받아들이기로 했다. 어쩔 도리가 없었다. 나는 짐을 꾸렸고, 변명거리를 지어내려고 하지도 않았다. 그만한 일로 이렇게까지 일이 전개되는 꼴이 우스웠다. 이번만은 사실대로 말하면 될 일이었다. 아쉬운 마음은 있지만 구단 식구들을 탓하고 싶지는 않았다. 사무실로 갔더니 라예르바크 감독과 코치진 그리고 멜베리와 치픈이 있었다. 이런 일에 익숙지 않은 그들은 나처럼 멀쩡하지가 않았다. 하지만 나는 집에 온 듯 익숙했다. 너무 편안한 나머지 그동안 왜 이런 기분을 잊고 살았나 싶을 정도였다. '좀 더 모험을 즐겨도 좋을 텐데 너무 착실하게 살고 있는 건가' 하는 생각마저 들었다.

"우린 너희를 즉시 귀가 조치하기로 결정했다. 할 말들 없어?" 라예르바크 감독이 말문을 열었고, 사무실에 있던 사람들은 다들 움찔했다.

"죄송합니다. 정말 어리석은 짓이었어요"라고 치픈이 말했다.

"저도 죄송합니다"라고 대답한 멜베리는 이렇게 덧붙였다. "음…… 기자들에게는 뭐라고 말씀하실 건가요?"

그 문제로 감독은 선수들과 조금 더 논의했다. 나는 그들이 대화하는 내내 침묵을 지켰다. 나는 딱히 할 말이 없었고, 라예르바크 감독은 그런 내가 이상하다고 여겼을 것이다. 대개 이런 일에는 내가 입을 가만두지 않기 때문이다.

"즐라탄, 자네는? 뭐라고 할 말이 없나?"

"저는 할 말이 없습니다."

"할 말이 없다니, 무슨 말이야?"

"그 뜻입니다. 할 말이 없어요."

그렇게 말하자 사람들은 되레 걱정스러운 얼굴이었다. 내가 건방 떨며 몇 마디 지껄이는 게 그들에게는 속 편한 일이었을 것이다. 그렇게 나와야 즐라탄다운데, 아무 할 말이 없다니! '즐라탄이 뭘 하려고 저러는 걸까?' 사람들이 당황할수록 나는 더 차분해졌다. 참 묘하게도 내가 침묵을 지키자 오히려 전세가 역전됐다. 그 뒤로도 지극히 익숙한 일들이 펼쳐졌다. 베셀스 백화점에서, 학교에서, 말뫼 유소년 팀에서 호출당했을 때와 똑같았다. 라예르바크 감독은 대표팀 규칙에 대해 자신이 얼마나 확고한 태도를 지니고 있는지 일장연설을 했다. 그리고 나는 '학교 다닐 때 교사들의 훈계를 흘려들었던 것처럼 실컷 썰 풀어보시죠' 하는 심정으로 조용히 서 있었다. 그런데 감독이 했던 말 중에 나를 열 받게 한 말이 있었다.

"우리는 너희 세 명을 리히텐슈타인전에 출전시키지 않기로 결정했다"라고 말했을 때였다. 경기에 못 나가게 돼서? 아니다. 나는 이미 짐까지 다 꾸렸다. 라예르바크 감독이 나를 스웨덴 최북단에 있는 라플란드 Lapland로 쫓아내겠다고 했어도 상관없었다. 그런데 리히텐슈타인전 따위에 신경을 썼겠는가? 문제는 '우리'라는 표현이었다. '우리'라니 대체 누구를 가리키는 말인가?

대표팀에서 대장은 그였다. 그런데 어째서 다른 사람들 뒤에 숨으려고 하는가? 남자답게 "내가 그렇게 결정했다"고 말하면 될 일이었다. 그런데 비겁하게 '우리'라니? 나는 아무 말도 하지 않고 그를 매섭게 노려보았다. 그리고 내 방으로 돌아와 케키에게 전화를 걸었다. 이런 상황에서는 가족 생각이 간절하다.

"이리 와서 나 좀 데려가라!"

"또 뭔 일 저질렀어?"

"너무 늦게 들어왔대."

나는 떠나기 전에 팀 매니저와 얘기를 나눴다. 그와 나는 사이가 좋았다. 대표팀에서 누구보다도 나를 잘 아는 사람이었다. 내 성장 배경이나 됨됨이는 물론 내가 뒤끝이 있는 성격이라는 깃도 알았다. "즐라탄, 나는 치픈이나 멜베리는 걱정하지 않아. 걔들은 평범한 스웨덴 애들이니까 징계받고 아무렇게 않게 복귀하겠지만, 네가 어떨지 모르겠구나. 아무래도 라예르바크 감독이 자기 무덤을 파는 건 아닌지 걱정스럽네."

"두고 보면 알겠죠." 나는 그 말만 하고 한 시간 뒤에 호텔에서 나왔다. 나와 동생은 치픈도 차에 태웠다. 우리 차에는 치픈과 나, 케키 그리고 동료 선수 한 명이 더 탔다. 우리는 주유소에 잠시 들렀다. 그때 타블로이드 신문 머리기사가 눈에 들어왔다.

통금시간 어긴 일을 대대적으로 문제 삼고 있었다. 외계인이 탄 비행접시 한 대가 지구에 착륙이라도 한 것처럼 야단법석을 떨었다. 언론에서 온갖 헛소리를 지껄이는 동안 나는 치픈이랑 멜베리와 서로 연락을 주고받았다. 나는 보호자가 된 기분으로 그들을 다독거렸다.

"진정해, 친구들. 이게 오히려 득이 될 테니까. 범생이는 인기 없어."

하지만 솔직히 나도 점점 짜증이 났다. 라예르바크 감독과 대표팀 관계자들은 이 일을 대결 구도로 몰아가고 있었다. 어처구니가 없었다. 말이 나와서 얘기지만, 이 일이 있기 얼마 전에 나는 이탈리아에서 AC 밀란 소속의 한 선수와 싸움을 벌인 적이 있다. 그의 이름은 오구치 오니예우Oguchi Onyewu였다. 자세한 얘기는 나중에 또 하겠지만, 아주 피 터지게 싸웠다. 물론 주먹질을 잘했다고 한 사람은 아무도 없었다. 하지만 구단에서는 내가 심리적으로 긴장된 상태에서 조금 흥분했다는 식으로 나를 공개적으로 변호했다. 구단에서는 나와 공동전선을 구축했다. 이탈리아에서는 선수를 이렇게 보호한다. 공개적으로는 선수를 변호하고, 구단 내에서 징계를 한다. 하지만 스웨덴 대표팀에서는 좋은 사람, 나쁜 사람을 만들어 편 가르기를 했다. 정말 형편없는 대처였다. 나는 라르스 라예르바크 감독에게도 그 점을 지적했다.

"다 지난 일이야. 돌아온다면 환영이다." 그는 이렇게 말했다.

"제가요? 글쎄요. 저는 돌아가지 않습니다. 저희한테 벌금을 물리거나, 다른 징계를 내릴 수도 있었어요. 그런데 감독님은 저희를 보호하기는커녕 언론에 나가서 저희를 비난했습니다. 그런 일은 참을 수 없습니다." 그렇게 우리 대화는 끝났다.

나는 국가대표팀에 합류하지 않겠노라고 말했고, 그 소동과 관련한 일들은 모두 잊고 더는 생각지 않기로 했다. 물론 언론은 가만 놔두지 않고 끊임없이 그 일을 상기시켰다. 솔직히 그 사건과 관련해서 내가 후회하는 것은 한 가지뿐이었다. 어차피 대표팀에서 나올 바에야 그때 좀 더 화끈하게 놀았어야 했다는 것이다. 손님도 없는 술집에서 우리끼리 한잔하고 한 시간 늦게 들어간 얘기는 너무 시시하다. 안 그런가? 주점에서 이것저것 작살을 내거나, 아니면 아베뉜 거리에 있는 분수대를 차로 들이받든지, 그게 아니면 술에 취해 팬티만 입은 채 비틀거리며 돌아다녔어야 했다. 그 정도는 되어야 즐라탄이라는 이름에 걸맞은 스캔들이라고 할 만했다. 이건 완전 코미디였다.

구단에 새로 들어가면 아무래도 위축되기 십상이다. 모든 것이 낯설다. 거기 있는 사람들은 이미 자기 역할과 위치가 정해져 있고, 저마다 입장이 다르다. 신참이라면 분위기를 파악하려고 한 걸음 물러나서 관망하기 쉽다. 하지만 이 경우 변화를 주도하지 못하고 그만큼 시간을 허비하게 된다. 나는 인터 밀란의 체질을 바꿔서 17년간 한 번도 따보지 못한 리그 우승컵을 차지하도록 만들려고 여기에 들어왔다. 따라서 나는 언론에서 나를 비난하고, 사람들이 나에 대해 어떤 선입관을 갖고 있다고 해도 뒤로 숨거나 좋게만 일을 풀어나갈 수는 없었다. '저 선수는 악동이다. 저 선수는 화를 참지 못하는 다혈질이다.' 이런 여론에 휘둘려서 나도 사실 착한 녀석이라고 보여주려고 애쓴다면 그 순간 자기 통제권을 세상에 내어주는 거나 마찬가지다.

이제 막 새 둥지를 틀었는데, 예테보리 사건이 이탈리아의 온 신문에서 거론되는 게 결코 좋은 일은 아니었다. 규칙을 밥 먹듯이 무시하는 이 선수를 이렇게 비싸게 영입해 올 필요가 있었는지, 과대평가된 선수는 아닌지, 인터 밀란의 명백한 실수라는 얘기까지 별별 분석이 다 나왔다. 그중 최악이었던 것은 스웨덴 출신의, 이른바 '전문가'라는 작자가 한 말이었다.

"제가 보기에 인터 밀란은 늘 이상한 선수들만 영입합니다. 팀플레이를 하지 않는 이기적인 선수들을 주로 데려오지요. …… 이번에 또 다른 골칫거리를 데려왔네요."

하지만 나는 존중은 쟁취하는 것이라는 카펠로 감독의 말을 떠올렸다. 로센고드에서 새 축구장에 발을 들여놓았을 때와 비슷했다. 거기 있는 사람 중 누군가 나에 대해 좋지 않은 소문을 들었을까 봐 염려하거나 주저할 수는 없었다. 어떤 상황이 닥치든지 당당히 맞서야만 했다. 나는 유벤투스에서 배운 대로 승리를 향한 집념의 눈빛을 보냈다. '좋아, 친구들. 여기 내가 왔다. 이제부터 우리 앞에는 승리만 있다!'

나는 훈련 시간에 선수들을 매섭게 노려보았다. 당당한 승자의 자세로 거칠게 선수들을 몰아붙였다. 그 어느 때보다 독하고 못되게 굴었다. 그라운드에서 전력을 다하지 않는 선수들이 보이면 불같이 화를 냈다. 우리 팀이 시합에 졌거나 경기를 형편없이 치른 다음에는 최선을 다하지 않은 것을 질책하며 고함을 질렀다. 여태껏 선수 생활을 해왔을 때와는 전혀 다르게 팀을 주도적으로 이끄는 역할을 맡았다. 이제 인터 밀란의 명운이 나에게 달려 있다는 것을 선수들의 눈에서 확인할 수 있었다. 선수들은 나를 따랐고, 내 옆에는 든든한 지원군이 되어줄 파트리크 비에이라도 있었다. 그런 선수가 같은 팀에 있으면 많은 것들이 가능해진다. 우리는 우승에 굶주린 두 명의 악귀처럼 선수들의 승부욕을 고취하기 위해 온 힘을 쏟았다.

하지만 인터 밀란에는 몇몇 골치 아픈 문제가 있었다. 구단주 겸 회장인 모라티는 선수들을 영입하느라 엄청난 돈을 썼다. 그동안 선수 영입에 무려 3억 유로를 넘게 지출했다. 그는 호나우두, 마이콘, 크레스포, 피구, 비에리, 바조 같은 선수들을 영입하는 데 투자했다. 환상적인 공격 라인을 구축한 것이다. 그는 선수들에게도 지나치게 후하고 친절했다. 시합에 한 번 이기기만 해도 선수들에게 막대한 보너스를 제공했다. 나는 그와 같은 보너스 지급에 반대했다. 내가 보너스와 특혜에 반감을 지녔다는 소리가 아니다. 누가 돈을 싫어하겠는가? 하지만 이 보너스는 리그 우승이나 대회 우승 후에 주어진 것이 아니었다. 별 시답잖은 시합에서 승리를 거둬도 보너스가 주어졌다.

이런 관행은 선수들을 잘못된 길로 인도할 수 있다고 나는 생각했다. 물론 일개 선수가 모라티 회장을 아무렇게나 찾아가서 얘기할 수 있는 것은 아니다. 모라티 회장은 지체 높으신 집안의 사람으로 막대한 유산을 물려받았다. 권력과 자본을 모두 소유한 사람이다. 하지만 인터 밀란에서 나도 선수로서 어느 정도 위상을 획득했던 터라 내 의견을 제시하기로 했다. 모라티 회장은 성격이 까다롭지도 않고 대화하기 편한 사람이다.

"안녕하십니까?"

"오, 이브라가 아닌가?"

"좀 적당히 하세요."

"무슨 소린가?"

"보너스 말이에요. 선수들이 태만해질 수가 있어요. 한 경기 이기는 것은 아무것도 아닙니다. 우리가 급여를 받는 게 우승하라고 받는 거죠. 물론 스쿠데토를 차지하면 그땐 선수들에게 맘껏 근사한 선물을 주세요. 하지만 지금처럼 한 경기 이겼다고 돈을 풀지는 마세요."

그는 내 말을 알아들었다. 한 경기 승리 후에 보너스를 받는 일은 사라졌다. 그렇다고 나를 오해하지는 마시라. 구단 운영에 대해 내가 모라티 회장보다 잘할 수 있다고 생각한 적은 없다. 다만 우리 팀의 투지에 부정적 영향을 미칠 수 있는 사안에 대해 지적했을 뿐이다. 하지만 보너스 문제는 아무것도 아니었다.

진짜 어려운 문제는 파벌 문화였다. 인터 밀란에 들어간 첫날부터 나는 그 행태가 거슬렸다. 터키, 소말리아, 유고슬라비아, 아랍 사람이 모두 한데 어울려 지내던 로센고드 출신이라서 그런 것도 있지만, 아약스와 유벤투스에서 선수 생활하면서 이 문제의 심각성을 똑똑히 지켜보았기 때문이다. 모든 팀은 선수들이 한 몸처럼 움직일 때 훨씬 좋은 경기력을 보인다. 그런데 인터 밀란 선수들은 끼리끼리 어울려 다녔다. 이쪽 끝에 브라질 선수들이 앉아 있으면 저쪽 끝에 아르헨티나 선수들이 앉았고, 그 중간에 나머지 선수들이 앉았다. 기본적인 문제의식도 없어서 그냥 대놓고 몰려다녔다.

　물론 구단 생활을 하다 보면 어울려 다니는 패거리가 생기기도 한다. 어쨌거나 패거리가 생기는 건 좋지 않은데, 보통은 자기랑 잘 맞는 사람들이랑 친구가 되어 붙어 다닌다. 그런데 인터 밀란에서는 친구가 국적에 따라 나뉘었다. 몹시 원시적이었다. 같이 어울려 축구는 하지만, 그 외에는 국적별로 단절된 세계에 살았다. 그 모습을 보니 미칠 것 같았다. 즉시 이 관행을 뿌리 뽑지 않으면 리그 우승은 먼 나라 일이라는 생각이 들었다. 누구와 어울려 점심을 먹든 그게 무슨 큰 문제냐고 따져 물을 사람도 있을 것이다. 장담컨대 문제가 크다. 그라운드 밖에서 결속되지 않으면 시합에서 그 결과가 드러나기 마련이다.

　파벌은 선수들의 단결력을 해치고 승부욕을 떨어뜨린다. 프로축구에서는 실력 차이가 미세하므로 이 같은 부작용은 얼마든지 승부를 결정짓는 요소가 될 수 있다. 따라서 나는 파벌 관행을 뿌리 뽑는 것이 내가 도전해야 할 첫 관문이라고 생각했다. 하지만 내가 떠든다고 될 일이 아니었다.

학교 애들처럼 끼리끼리 이게 무슨 머저리 같은 짓이냐고, 그런 모습이 눈에 띌 때마다 나는 쓴소리를 했다. 조금 당혹스러워하는 선수들도 있었지만, 대다수 선수는 내 말에 공감했다. 하지만 변화가 눈에 띄지는 않았다. 케케묵은 습관이 쉽게 고쳐질 리가 없었다. 선수들 사이에 놓인 장벽은 생각보다 견고했다. 그래서 나는 모라티 회장을 다시 찾았다. 이번에는 단도직입적으로 내 의견을 전달했다. '인터 밀란은 오랫동안 리그 우승을 차지하지 못했다. 이 상황을 그대로 방치할 생각이냐? 한 팀 선수들끼리 서로 어울리려고 하지 않으면 또다시 패자가 될 뿐'이라고.

"당연히 그러면 안 되지"라고 모라티 회장이 말했다.

"그러니까 이 패거리 문화를 깨뜨려야 해요. 팀이 하나로 뭉치지 않으면 우승할 수가 없어요."

모라티 회장이 사태의 심각성을 나만큼 절감하지는 못했겠지만, 그래도 내 주장에 수긍했다. 구단 운영에 관한 그의 철학과도 일치했기 때문이다. 그는 이렇게 말했다.

"아무렴, 인터 밀란에서는 한 가족처럼 지내야지. 내가 선수들과 얘기하겠네." 그로부터 얼마 후 모라티 회장이 라커룸에 내려와 선수들에게 짤막한 연설을 했다. 모든 선수가 모라티 회장을 얼마나 존중하고 있는지 한눈에 알 수 있었다.

모라티 회장은 곧 인터 밀란 구단이었다. 그는 의사결정만 내리는 사업가가 아니라 선수들의 마음마저 사로잡은 사람이었다. 그는 선수들이 한마음으로 뭉치기를 바란다며 열정적으로 연설했고, 그동안 선수들은 내 얼굴을 한 번씩 쳐다보았다. 내가 하고 다녔던 말과 비슷하게 들렸기 때문이다. '이브라가 까바친 거야?' 대다수 선수가 그렇게 확신했겠지만 나는 개의치 않았다. 그저 팀이 하나로 똘똘 뭉치기를 바랐고, 실제로도 팀 분위기가 조금씩 나아졌다. 파벌이 깨지면서 모든 선수가 국적에 상관없이 서로 어울리기 시작했다.

선수들은 리그 우승에 대한 열의를 보였고 단결력을 다졌다. 나는 선수들이 이번 기회에 더 끈끈하게 뭉칠 수 있도록 한 사람씩 만나고 돌아다니면서 얘기를 나눴다. 물론 단결력과 의욕을 다졌다고 리그 우승이 보장되는 것은 아니었다. 인터 밀란 데뷔전이 기억난다. 피오렌티나 원정 경기로 2006년 9월 9일 피렌체에서 시합을 치렀다. 피오렌티나는 우리를 꺾으려고 단단히 벼르고 있었다. 승부조작 스캔들에 연루되었던 피오렌티나는 승점 15점을 감점당한 채 시즌을 시작했다. 아르테미오 프란키Artemio Franchi를 찾은 홈팬들은 우리를 향해 적개심으로 불타올랐다.

인터 밀란은 상처 하나 입지 않고 승부조작 스캔들에서 탈출했던 터라 구린내가 진동한다고 의심하는 이들이 많았다. 양 팀 모두 승리가 갈급한 상황이었다. 피오렌티나는 자신들의 실추된 명예를 회복하려 했고, 우리 팀은 스쿠데토를 꿈꿀 자격이 있다는 사실을 증명하고 싶었다.

나는 에르난 크레스포와 투톱으로 선발 출전했다. 첼시에서 임대된 크레스포는 아르헨티나 출신으로 우리 두 사람은 그라운드에서만큼은 함께 협력하며 좋은 모습을 보였다. 후반전 중반께 나는 후방에서 넘어오는 긴 패스를 패널티 지역에서 받아 하프 발리슛을 날렸고, 그 후의 상황은 여러분이 상상하는 대로다. 안도의 한숨이 나왔다. 나는 데뷔전에서 활약한 뒤로 선수들과 쉽게 융화될 수 있었다. 스웨덴 국가대표팀은 10월에 스페인과 아이슬란드를 상대로 유럽축구선수권대회 예선전을 치를 예정이었고, 나는 거기에 불참하기로 결정했다. 하지만 잘못했다는 생각은 전혀 들지 않았다. 나는 인터 밀란과 가정에 충실하고 싶었다. 헬레나의 출산일이 임박했다. 조만간 첫 아이가 태어날 예정이었고, 우리는 스웨덴의 룬드Lund에 있는 대학병원에서 아이를 낳기로 했다. 스웨덴의 의료 시스템을 그만큼 신뢰했기 때문이다. 하지만 스웨덴에서 출산할 경우 몇몇 예상되는 문제가 있었다.

무엇보다도 언론과 파파라치가 파리 떼처럼 달라붙는 게 문제였다. 과열된 취재 경쟁으로부터 헬레나를 보호하기 위해 우리는 보안요원을 고용했고, 병원 경영진에 협조를 요청해 산부인과 병동 44호실에 외부인이 접근하지 못하도록 차단했다. 그곳에 들어가는 사람은 모두 보안요원이 신분을 확인했고, 건물 외부에는 경찰이 순찰을 돌았다. 우리는 바짝 긴장했다. 병원 특유의 냄새, 복도를 뛰어 내려가는 발걸음 소리, 다급하게 외치는 소리, 사람들이 나누는 말소리. 내가 병원을 싫어한다는 말을 했던가? 나는 병원이 싫다. 주변 사람들이 건강할 때는 나도 건강하지만, 아픈 사람들이 주변에 있으면 나도 진짜로 아프거나, 아니면 어딘가 고통스러운 기분이다. 왜 그런지 모르겠는데 나는 이상하게 병원만 오면 복통이 느껴졌다. 병원 공기나 그 분위기가 영 께름칙한 게 보통은 한시라도 빨리 그곳에서 벗어나려고 하는 편이다.

하지만 이번에는 어떤 일이 있어도 병원을 떠나지 않기로 결심했고, 그렇게 결심하고 나니 더욱 긴장됐다. 나는 전 세계 팬들로부터 편지를 많이 받지만 보통 그 편지를 읽어보지는 않는다. 이는 공평성의 문제다. 편지들을 빠짐없이 다 읽고 답장을 보낼 수는 없는 노릇이므로 아예 열어보지 않는 편이다. 내용을 읽고 몇몇 사람만 특별대우를 해줄 수는 없다고 생각한다. 그런데 헬레나가 궁금증을 참지 못해 더러 편지를 열어보기도 한다. 개중에는 나를 우상처럼 떠받드는 어린이가 한 달밖에 살지 못한다든지 하는 가슴 아픈 사연들이 종종 있다. 그러면 헬레나는 우리가 도울 수 있는 일이 없는지 내게 물어본다. 입장권이라든가 친필로 서명한 유니폼을 들고 위문을 가면 좋지 않겠느냐고. 그런 팬들에게 도움을 주려고 시도는 해봤는데, 아무래도 병원을 방문한다는 게 내키지가 않았다. 솔직히 병원을 무서워하는 게 내 약점이다. 그런 내가 출산일에 병원에서 꼬박 밤을 지새울 생각을 하니 걱정스러웠다. 당연히 헬레나는 나보다 훨씬 더 힘들어했고 걱정이 태산이었다. 첫 아이를 낳아야 하는 상황에서 언론의 추적을 받는 일은 유쾌한 일이 아니었다. 만약 일이 잘못되기라도 하면 전 세계가 그 사실을 알게 될 것 아닌가.

혹시라도 무슨 일이 생기는 것은 아닌지 이런저런 걱정이 밀려들었다. 하지만 아무 문제없이 아이는 세상에 나왔고 나는 기쁘고 행복했다. 사랑스러운 아들이었다. 우리가 해낸 것이다. 우리는 부모가 되었다. 그리고 나는 아빠가 되었다. 무사히 출산을 마쳤고 의사들과 간호사들도 모두 만족스러운 표정이었기 때문에 그때는 아이한테 무슨 일이 생길 거라고는 생각도 못 했다. 하지만 드라마는 이렇게 끝나지 않았다.

우리는 아기 이름을 막시밀리안Maximilan이라고 지었다. 그 이름을 어디서 생각해냈는지는 나도 모르지만, 어쨌든 멋지게 들렸다. 이브라히모비치라는 성도 멋졌지만, 둘을 합친 막시밀리안 이브라히모비치는 더욱 근사하게 들렸다. 세련되면서도 박력 있는 이름이었다. 우리는 맥시Maxi라고 줄여서 불렀는데, 그렇게 불러도 멋진 이름이었다. 어느 것 하나 문제될 것이 없는 상황이어서 나는 그 즉시 병원을 떠났다. 말처럼 쉽지는 않았다. 건물 밖에는 기자들이 진을 치고 있었다. 보안요원이 내게 흰 가운을 입혀주었다. 이브라히모비치 박사로 변신한 기분이었다. 그러고는 어이없게도 커다란 세탁물 수거함에 들어가라고 했다. 나는 그 안에서 공처럼 둥글게 몸을 말고 앉았고, 그들은 수거함을 끌고 복도를 지나 지하 주차장으로 내려갔다. 주차장에 도착한 나는 세탁물 수거함에서 나와 옷을 갈아입은 뒤 이탈리아로 출발했다. 모든 기자를 완벽하게 따돌렸다.

헬레나 쪽은 상황이 좋지 않았다. 그녀가 언론을 상대하기는 여러모로 여의치가 않았다. 힘들게 아이를 낳은 뒤였고, 게다가 나처럼 기자들이 일으키는 소동에 익숙한 사람도 아니었다. 나는 이제 이골이 나서 그러려니 하고 넘길 수도 있다. 싫든 좋든 내 삶의 일부가 되었으니까. 하지만 헬레나는 언론 때문에 갈수록 스트레스를 받았다. 헬레나와 맥시는 각각 떨어져서 별도의 차량을 이용해 스보게르토르프에 있는 어머니 집으로 은밀히 이동했다. 어머니 집에서는 휴식을 취할 수 있으리라 생각했는데, 우리 생각이 순진했다. 한 시간도 되지 않아 기자들이 집 근처에 몰려들기 시작했기 때문이다. 헬레나는 자신이 사냥꾼에게 쫓기다 덫에 걸려든 짐승이 된 심정이었다고 하소연했다. 그녀는 얼마 후 밀라노에 돌아왔다.

나는 밀라노에 먼저 돌아가서 산시로에서 키에보와의 시합을 준비하고 있었다. 잠을 제대로 못 자 피곤한 상태여서 출전하지 못하고 벤치에 앉아 있었다. 로베르토 만치니 감독은 내가 경기에 집중하지 못할 거라고 판단했고, 나 역시 감독의 판단에 수긍했다. 이것저것 생각할 게 많아 마음이 어수선했다. 그라운드를 바라보다가 위쪽 관중석을 올려다보니 인터 밀란의 열혈 서포터 조직인 울트라Ultras가 관중석에 매달아놓은

341

거대한 현수막이 보였다. 바람에 나부끼는 거대한 돛처럼 보이는 현수막에는 파란색과 검은색 스프레이 페인트로 쓴 글자가 보였다. 이탈리아말로 "벤베누토 막시밀리안Benvenuto Maximilian"이라고 쓰여 있었는데 '환영한다, 막시밀리안'이라는 뜻이었다. 나는 '막시밀리안이 대체 누구야?' 하고 의아하게 여겼다. 그런 이름을 지닌 선수가 있었어?

그러다가 깨달았다. 바로 내 아들 이름이었다. 울트라 팬들이 세상에 나온 내 아이를 환영하는 중이었다. 눈물이 날 만큼 아름다운 광경이었다. 울트라 팬들은 쉽게 건드릴 수 없는 험악하고 거친 사내들이었다. 나중에 나는 저들과 치열한 싸움을 벌이게 되지만, 그 순간만큼은…… 정말 이루 말할 수 없이 뭉클했다. 이런 것이 이탈리아 축구의 장점이었다. 팬들의 축구에 대한 사랑과 아이들에 대한 사랑을 기억하고 싶어서 나는 휴대전화를 들고 사진을 찍어서 헬레나에게 보냈다. 그 이벤트만큼 그녀 마음을 크게 움직인 일도 별로 없었다. 그녀는 그 일을 얘기할 때면 아직도 눈시울을 붉힌다. 산시로 전체가 그 사랑을 우리에게 말하고 있었다.

우리는 강아지 한 마리를 새로 들였다. 스웨덴에서 유명했던 금융사건(한 기업의 자금이 계좌에서 통째로 사라져버린 트러스터 금융사건)의 명칭을 따서 그놈 이름을 '트러스터Trustor'라고 불렀다. 이제 나는 완전한 가족을 꾸렸다. 내게는 헬레나와 맥시 그리고 트러스터가 있었다.

인터 밀란 시절에 나는 엑스박스 게임을 즐겼다. 게임이라면 사족을 못 썼다. 그것은 마약과도 같았다. 멈출 수가 없었다. 나는 맥시를 무릎 위에 앉혀 놓고 게임을 하곤 했다.

첫 아이가 태어나고 우리는 아파트가 준비되는 동안 밀라노에 있는 한 호텔에서 지냈다. 호텔 주방에 전화를 걸어 음식을 주문하곤 했는데, 날이 갈수록 우리 가족한테 넌더리를 내는 듯했고, 우리도 그들 음식에 싫증이 났다. 신경이 거슬리던 차에 우리는 비아 토르토나Via Tortona에 있는 노우 호텔Hotel Nhow로 거처를 옮겼다. 먼젓번 호텔보다는 나아졌지만 우리 생활은 여전히 어수선했다.

갓 태어난 맥시에게는 모든 게 처음이었다. 그 녀석은 자주 토하느라 도무지 살이 오르지 않았다. 살이 오르기는커녕 갈수록 살이 빠졌다. 하지만 우리 두 사람은 이게 정상인지 비정상인지 구분할 수가 없었다. 갓난아기는 가끔 살이 내리는 일도 있다고 하는 사람들도 있어서 우리는 그런가 보다고 생각했다. 맥시는 튼튼해 보였다. 하지만 맥시가 젖을 먹고 나서 토한 것을 보면 걸쭉한 게 모양새가 이상해 보였다. 맥시는 툭하면 게웠다. 갓난아기는 원래 이런 건가? 우리는 가족이나 친구들에게 전화를 걸었다. 다들 별일 아니라고, 원래 그렇다고 나를 안심시켰다. 나도 아무 문제없다고 생각했다. 어쩌면 그들 말을 믿고 싶어서 나름대로 타당한 설명을 찾으려고 했는지도 모르겠다.

괜찮아. 맥시가 어떤 녀석인데. 내 아들인데 잘못될 일이 뭐가 있겠어? 하지만 걱정을 쉽게 떨쳐내지는 못했다. 음식물을 제대로 내려보내지 못하는 게 틀림없다는 생각이 들었다. 그 녀석은 계속 몸무게가 줄었다. 태어났을 때 3킬로그램이었는데 2.7킬로그램으로 떨어졌다. 이건 절대 좋은 현상이 아니라는 확신이 들었고, 더는 두고 볼 수가 없었다.

"헬레나, 아무래도 이상해!"

"내 생각도 그래"라고 그녀가 말했다.

뭐라고 설명하면 좋을까. 막연하게 의심만 하던 일이 확신으로 다가오자 머릿속이 아찔해졌다. 온몸에서 기가 빠져나가는 것 같았다. 이런 기분은 난생처음이었다. 아이가 생기기 전까지 즐라탄은 누구도 쉽게 무너뜨릴 수 없는 거친 남자였다. 성질도 부리고, 분통도 터뜨리고, 온갖 감정을 거리낌 없이 표현해보았지만 이 기분은 알 수 없었다. 여태껏 내가 발버둥치면 해결하지 못할 문제는 없었다. 그런데 지금은 내가 손쓸 수 있는 게 전혀 없었다. 속수무책이었다. 내 아이를 훈련시켜 건강하게 만들 수도 없는 노릇이었다. 할 수 있는 게 아무것도 없었다.

맥시는 점점 야위어서 한눈에 봐도 조그맣고 앙상하기까지 했다. 생명의 기운이 조금씩 빠져나가는 듯했다. 우리는 다급하게 여기저기 전화를 걸었고, 여자 의사가 호텔 방으로 올라왔다. 의사가 도착했을 때 나는 그곳에 없었다. 시합을 치러야 했다.

다행히도 그 의사는 토사물 냄새를 맡아보고 살펴보더니 증세를 곧 알아차렸고, "아기를 데리고 당장 병원에 가보세요"라고 얘기했다. 나는 그날 일이 지금도 생생하다. 그때 나는 동료 선수들과 함께 있었다. 홈구장에서 메시나전을 준비하고 있었는데, 내 휴대전화가 울렸다. 헬레나가 당황해하며 말했다. "수술을 해야 한대. 응급 상황이래." 내 아들을 잃게 되는 건가? 그런 일이 일어날 수도 있을까? 별별 불길한 생각들이 떠올라 나를 어지럽혔고, 나는 만치니 감독에게 이 문제를 얘기했다. 다른 많은 감독과 마찬가지로 그는 선수 출신이었고, 라치오 시절에 스벤 예란 에릭손 감독 밑에서 코치 생활을 시작했다. 그는 내가 처한 상황을 이해했고, 따뜻하게 위로했다.

"내 아들이 아프대요." 아마 감독은 이렇게 말하는 내 눈을 보며 내가 어떤 지옥을 경험하고 있는지 목격했을 것이다.

시합 생각만 할 수가 없었다. 맥시가 걱정이었다. 가엾은 내 아들, 내 어린 아들 생각뿐이었다. 나는 결정을 내려야 했다. 경기에 뛸 것인가, 말 것인가? 그때까지 나는 여섯 골을 넣으며 놀라운 활약을 보이고 있었다. 메시나전에서 나는 어떻게 해야 할까? 내가 병원에 가서 종일 기다리면 맥시 상태가 나아질까? 그럴 리는 없었다. 그렇다고 여기에서 내가 제대로 시합을 뛸 수는 있을까? 그것도 불확실했다. 머리가 터져버릴 것 같았다.

나는 수시로 헬레나에게서 경과를 전해 들었다. 그녀는 병원으로 달려갔다. 주변에 있는 사람들이 저마다 뭐라고 시끄럽게 떠들어대는데 영어를 하는 사람이 아무도 없었다. 헬레나는 이탈리아어를 거의 알아듣지 못했기 때문에 몹시 당황했다. 긴박한 상황인데 아무 말도 이해할 수가 없었다. 그때 의사가 어떤 서류에 서명할 것을 요구했다. 무슨 서류일까? 무슨 내용인지 전혀 짐작할 수도 없고 생각할 시간도 없었다. 그녀는 서명했다. 그런 상황에서 서명하지 않을 사람이 누가 있겠는가? 그들은 또 다른 서류를 들고 나왔고, 모두 서명을 마치고 나자 간호사가 맥시를 데려갔다. 헬레나는 마음이 찢어졌다. 어떤 심정이었을지 이해가 가고도 남는다.

무슨 일이 벌어지는지 알지 못해 당혹스럽고 막막한 심정이 아니었을까. 그녀는 낯선 세상에 동떨어져 있었고, 맥시는 점점 더 약해지고 있었다. 헬레나는 이를 악물었지만 그녀가 할 수 있는 일은 아무것도 없었다. 희망을 품고 이 상황을 꿋꿋이 버텨낼 수밖에 없었다. 여러 의사와 간호사들이 맥시를 데리고 다른 방으로 들어갔고, 헬레나는 조금씩 사정을 알게 되었다. 맥시는 위가 정상적으로 작동하지 않았고, 수술을 받아야 했다.

그때 나는 열광하는 팬들로 가득 찬 산시로 경기장에 있었다. 맥시든 경기든 어느 것에도 집중하기가 어려웠다. 하지만 나는 그냥 경기에 뛰기로 결정했고, 선발로 뛰었던 것 같다. 모르겠다. 기억이 가물가물하다. 경기를 잘하지는 못했을 것이다. 어떻게 잘 뛸 수 있겠는가? 후반전 들어 얼마쯤 후에 사이드라인에 서 있던 만치니 감독은 내게 5분 뒤에 빼주겠다는 신호를 보냈고, 나는 고개를 끄덕였다. 그래 나가자. 여기 있어도 소용이 없기는 마찬가지야.

하지만 그로부터 1분 뒤에 내가 골을 넣었다. 그러자 감독은 나를 빼낼 생각을 하지 않았고, 나는 '염병할 만치니 감독, 빨리 빼내달란 말이야!'라고 속으로 외치며 경기를 뛰었다. 우리 팀은 완승을 거뒀다. 나는 맥시에 대한 걱정과 감독에 대한 분한 마음으로 경기를 뛰었으며, 경기가 끝나자마자 달아나듯 그곳을 빠져나왔다. 라커룸에서는 한마디 말도 하지 않았다. 어떻게 차를 몰았는지도 기억이 나지 않는다. 내 심장은 마구 요동치고 있었다. 하지만 병원 특유의 냄새를 맡으며 기다란 병원 복도를 헐레벌떡 뛰어 올라가 어디로 가야 하는지 사람들에게 물어물어 갔던 일, 그리고 여러 명의 갓난아기가 인큐베이터에 누워 있는 병동에서 맥시를 찾았던 일은 기억난다. 내 아기는 더욱 왜소해져서 작은 새 한 마리처럼 축 처져 있었다. 맥시 몸과 코에는 가느다란 관이 꽂혀 있었다. 가슴이 찢어질 듯 아팠다. 나는 아기를 바라보다가 헬레나를 바라보았다. 로센고드 출신의 거칠 것 없는 남자인 내가 여기서 어떻게 했다고 생각하는가?

"사랑해. 나한테는 두 사람이 이 세상 전부야. 하지만 이 상황을 감당할 수가 없어. 미칠 것 같아. 무슨 일이 생기면 연락해"라고 말한 뒤 나는 그곳에서 빠져나왔다.

헬레나를 위한다면 그럴 수 없는 짓이었다. 그녀 혼자 아기 곁을 지켜야 했다. 하지만 나는 그 상황을 견딜 수가 없었다. 나는 어찌해야 할지 알 수 없었고, 병원에 있기가 너무나 싫었다. 그래서 호텔로 돌아갔고, 아마도 엑스박스 게임을 했을 것이다. 그런 상황에서 게임을 하면 마음이 차분해졌다. 나는 휴대전화를 머리맡에 두고 누웠는데, 잠결에 소스라치게 놀라 몇 번씩 깨어나곤 했다.

하지만 모든 일이 잘 수습되었다. 수술은 성공했고 맥시는 건강하게 잘 자라고 있다. 배에 수술 자국이 남은 것만 빼면 내 아들은 여느 건강한 아이들과 다를 게 없다. 이따금 그때 일을 떠올리는데, 그 일로 조금은 철이 들었다.

내가 인터 밀란에 들어간 첫해에 우리 팀은 리그 우승을 차지했다. 스웨덴에서는 내가 예링 상Jerring Prize 후보에 올랐다. 이 상은 심사위원단이 있어서 선정하는 상이 아니고 스웨덴 국민이 뽑는 상이었다. 1년 동안 가장 좋은 활약을 보였다고 생각하는 스웨덴 운동선수나 팀에 사람들이 던진 표에 따라 수상자가 결정되었다. 몇몇 아닌 경우도 있었지만, 이 상은 거의 팀 경기보다는 개인 종목 선수에게 돌아갔다. 알파인 스키선수인 잉게마르 스텐마르크나 육상 선수인 스테판 홀름, 골프 선수인 아니카 소렌스탐 등이 대표적이다. 축구팀으로서는 1994년에 스웨덴 국가대표팀이 이 상을 받았다. 그런데 2007년에는 개인 종목도 아닌데 팀이 아니라 나를 예링 상 후보로 선정했다. 나는 헬레나와 함께 시상식에 참여했고, 턱시도를 입고 나비넥타이도 맸다. 수상자를 발표하기 전에 참석자들과 서로 인사를 나누는데 우연히 마르틴 달린Martin Dahlin을 만났다.

마르틴 달린은 국가대표팀 선수로 뛰어난 활약을 보였던 선배다. 스웨덴 국가대표팀은 1994년 미국 월드컵에서 3위를 차지하고, 그해에 예링 상을 받은 바 있다. 마르틴은 AS 로마와 보루시아 묀헨글라트바흐 구단에서 프로 선수로 활약하며 수많은 골을 넣었다. 어느 분야나 그렇겠지만 세대 간에는 묘한 경쟁심이 있다. 구세대는 역사에 길이 남을 영웅이 되고 싶어 하고, 신세대는 새로운 영웅이 되고 싶어 한다. 우리 같은 신세대는 선배들이 득의양양하게 우리를 향해 미소 지으며, "옛날에 우리가 얼마나 죽여줬는지 너희가 직접 봤어야 하는데 말이야" 어쩌고저쩌고하면서 떠벌리는 소리는 더 이상 듣기가 싫다. 우리가 축구의 새로운 전성기를 열어가고 싶기 때문이다. 마르틴이 약간 빈정대면서 나한테 이렇게 말했던 기억이 난다.

"네가 여기 웬일이냐?"

내가 여기 오면 안 되는 이유라도 있는가?

"선배도 여기 오셨네요?" 나 역시 빈정대는 투로 대꾸했다. 다른 사람도 아닌 그가 이 자리에 있다는 게 무척 놀랍다는 듯이.

"우리 팀이 1994년에 이 상을 받았잖아."

나는 "아, 맞아요. 팀으로 수상했었죠. 저는 개인 자격으로 후보에 올랐는데" 하고 미소를 지어 보이며 말했다. 선배를 좀 놀려주고 싶었을 뿐, 악의가 있었던 건 아니다.

그런데 그렇게 말하고 나니 예링 상을 내가 꼭 받고 싶다는 강렬한 욕구가 솟구쳤다. 내 자리로 돌아온 나는 헬레나에게 "내게 행운을 빌어줘!"라고 말했다. 그런 말이 나온 건 처음이었다. 리그 우승이나 대회 우승을 두고도 누군가에게 행운을 빌어달라는 말 같은 건 해본 적이 없었다. 그런데 그런 말이 튀어나온 것이다. 그 상의 가치와 무게가 갑자기 특별하게 여겨졌다. 뭔지 모를 비장함이 느껴졌다고 할까? 그 후로 다른 상도 많이 받았지만 예링 상처럼 내게 특별한 의미로 다가오는 상은 없었다. 내가 만약 그 상을 받는다면, 천덕꾸러기로 자랐던 어린 시절과 그동안의 수많은 악동 짓을 딛고 축구 선수로서뿐 아니라 한 인간으로서 스웨덴 국민에게 인정받았다는 증명서가 될 것 같았다. 시상식을 진행하는 사람들이 무대 위에서 후보자들 이름을 하나하나 부를 때 나는 몹시 마음을 졸였다.

최종 후보에 허들 선수인 수잔나 칼루르Susanna Kallur, 스키 선수인 안야 페르손Anja Pärson 그리고 나만 남았다. 어떤 결과가 나올지 전혀 예측할 수 없었다. 굴드볼렌 같은 경우에는 사전에 수상자 정보가 나오기 때문에 김칫국 마실 일이 없었다. 하지만 예링 상은 전혀 짐작할 수가 없었다. 초침이 째깍째깍 흘러갔다. 수상자는…….

내 이름이 발표되는 순간, 눈시울이 뜨거워졌다. 참고로 나는 여간해서는 울지 않는 사람이다. 자라면서 상을 받은 적이 거의 없다 보니 어찌해야 할지 익숙지가 않았다. 나는 만감이 교차하는 심정이 되어 자리에서 일어났다. 모든 사람이 소리를 지르고 갈채를 보냈다. 내 주변에서 함성이 쏟아졌다. 마르틴 달린 선배 앞을 지나가는데 한마디하지 않을 수가 없었다.

"면목 없습니다, 마르틴 선배. 제가 올라가서 상을 받게 생겼네요."

무대 위에 오른 나는 칼 필립 왕자Prince Carl Philip에게서 상을 받았고, 마이크 앞에 섰다. 나는 수상 소감 같은 걸 미리 준비하는 사람이 아니다. 그냥 떠오르는 대로 말을 하는데, 갑자기 맥시 생각이 났고, 그 녀석과 함께했던 모든 일이 떠올랐다. 그러다가 한 가지 궁금한 게 떠올랐다. 내가 예링 상을 받은 것은 인터 밀란이 17년 만에 리그 우승컵을 차지하는 데 기여한 공로 때문이었다. 맥시 생각을 하다 보니 공교롭게도 인터 밀란이 리그 우승컵을 차지했던 해에 맥시가 태어났다는 생각이 들었다. 출생 연도는 2006년이니까 우승컵을 차지한 2007년과 일치하지는 않지만, 그 시즌에 태어난 것은 맞았다. 그런데 머릿속이 하얘졌던 나는 갑자기 생각이 나지 않아서 헬레나에게 물었다.

"맥시가 태어난 게 그 시즌이었던 게 맞아?" 나는 그녀를 쳐다보았고, 그녀는 감정을 추스르고 가까스로 고개를 끄덕였다.

그녀의 눈에는 눈물이 맺혀 있었다. 나는 그 모습을 영원히 잊지 못할 것이다.

17

시끄러워. 나는 이 두 다리로
나만의 집을 손에 넣었다고

2007년

: :

조금씩 철이 들며 어른이 되어가고 있었다. 뭐, 아닐 수도 있겠지만. 지금까지 짜릿한 재미를 찾아다니던 이야기를 많이 했지만, 나는 신 나게 기분을 풀어야만 직성이 풀리는 사람이다. 어릴 때부터 죽 그래왔고, 그래서 때로 탈선도 했다. 성인이 된 후에도 마찬가지다. 오래 알고 지낸 친구 하나가 말뫼에 피자 가게를 운영하고 있었다. 몸무게가 120킬로그램이 나가는 친구였는데, 하루는 포르쉐에 그를 태우고 말뫼에서 스웨덴 서해안에 있는 보스타드Båstad까지 달렸다. 사실을 고백하자면, 나랑 같이 차를 타고 싶어 하는 사람은 그리 많지 않다. 운전 실력이 나빠서가 아니다. 내 운전 실력은 끝내준다. 다만 내가 아드레날린이 지나치게 솟구치는 게 문제다. 그때도 나는 시속 300킬로미터로 달렸다. 그마저도 성이 차지 않아서 액셀을 더 밟았다. 301, 302, 속도계는 점점 더 올라가고, 도로는 좁아졌다. 하지만 나는 속도를 계속 높였다. 속도계가 325까지 올라가자 친구놈이 소리를 질렀다.

"즐라탄. 제발 속도 줄여. 난 가족이 있단 말이야!"

"난 어떻고? 이 뚱보 자식아, 누군 없냐?" 하고 내가 대답했다.

마지못해 그랬겠지만 어쨌든 난 속도를 줄였다. 우리는 안도의 한숨을 내쉬며 서로 얼굴을 바라보며 웃었다. 어쨌든 목숨은 소중하니까. 하지만 늘 정신 차리고 사는 건 쉽지 않았다. 나는 가끔 그런 미친 짓을 하면서 짜릿함을 맛보곤 했다. 마약에는 손대지 않았지만, 내게는 뭔가에 중독되는 기질이 있었다. 나는 늘 뭔가에 미쳐 살았다. 요즘에는 사냥에 빠져 지내는데, 인터 밀란 시절에는 엑스박스 게임에 빠져 살았다. 2006년 11월에 새 게임이 출시되었다.

기어즈 오브 워Gears of War라는 게임이었는데, 나는 이 게임에 빠져서 폐인처럼 살았다. 방 하나를 게임방으로 만들어 그곳에 죽치고 앉아 게임을 했다. 트레이닝 세션에서 정신 똑바로 차리려면 몸을 챙겨야 했는데, 잠도 자지 않고 새벽 서너 시까지 게임을 했다. 손을 놓을 수가 없었

다. 기어즈 오브 워나 콜 오브 듀티Call of Duty는 마약과도 같았다. 나는 밤낮으로 이 게임들을 즐겼다.

게임을 하면 할수록 더 하고 싶었고, 멈출 수가 없었다. 나는 하루에도 예닐곱 시간씩 잉글랜드 애들, 이탈리아 애들, 스웨덴 애들이랑 온라인상에서 게임을 즐겼다. 나도 게이머태그(온라인 게임상의 아이디—옮긴이)가 있었다. 당연히 즐라탄이라고 내 신분을 드러낼 수는 없었다. 게이머태그만 봐서는 내가 누군지 알 수 없었을 것이다.

나는 온라인에서도 게임 고수로 이름을 날렸다. 그만큼 오래 비디오 게임을 해왔고, 승부욕도 쩔었으니까. 나는 게임할 때면 집중력이 좋았다. 나랑 붙은 놈들은 하나같이 박살이 났다. 그런데 나만큼 게임을 잘하는 녀석이 하나 있었다. 그 친구도 나처럼 밤새도록 온라인에 접속해 있었다. 그의 게이머태그는 D-어쩌고저쩌고하는 이름이었는데, 이따금 그가 얘기하는 소리가 들렸다. 게임을 하는 동안 이용자들은 헤드폰을 끼고 사람들과 서로 대화를 나눈다.

나는 되도록 입을 열지 않았다. 사람들에게 내 정체가 탄로 나는 게 싫었기 때문이다. 하지만 입에 자물쇠를 채우는 게 쉬운 일은 아니었다. 하루는 사람들이 자기 차에 대해 얘기를 나누는데 끼어들고 싶은 마음이 굴뚝같았다. D는 자기가 포르쉐 911 터보를 가지고 있다고 자랑했다. 나는 입이 근질거려 참을 수가 없었다. 포르쉐 터보라면 암스테르담의 오쿠라 호텔에서 미노와 식사를 한 뒤 그에게 넘겨줬던 그 차 아닌가. 그래서 나도 놈들 얘기에 끼어들었고, 아닌 게 아니라 놈들은 즉시 눈치를 챘다. "혹시 즐라탄 아니냐? 너 목소리가 완전 즐라탄 같다"고 누군가 말했다. 나는 아니라고, 별소리 다 한다고 시치미를 뗐다. 놈들은 의심을 풀지 않고, 계속 질문 공세를 펼쳤다. 내가 꾀를 써서 무사히 질문 공세를 막아내자, 이번에는 페라리에 대해 떠들기 시작했다. 사실 페라리라면 내가 또 빠질 수 없는 주제가 아닌가.

"나도 한 대 있어. 한정판으로." 나는 참지 못하고 입을 열고 말았다.

"모델이 뭔데?"

"말해줘도 안 믿을걸"이라고 내가 말하자 D는 몹시 궁금해했다.

"야, 이러기야! 모델이 뭔데?

"엔초."

D는 말이 없었다.

"말 지어내지 마."

"뻥 아니야."

"엔초라고?"

"그래, 엔초!"

"그러면 넌 그 남자가 분명해."

"그게 누군데?" 나는 조심스럽게 물었다.

"우리가 아까 얘기했던 그 사람."

"그럴 수도 있겠지. 아닐 수도 있고"라고 나는 대답했고, 우리는 게임을 계속 즐겼다. 게임을 쉴 때는 서로 이런저런 대화를 나눴다. 나는 몇 가지 질문을 던지며 그가 주식중개인이라는 사실을 알아냈다.

그 친구와는 관심사도 비슷했고 얘기가 잘 통했다. 내가 누구인지 더 캐묻지도 않았다. 얘기하면서 그가 축구와 고성능 차를 좋아한다는 것도 알게 되었다. 그는 나처럼 막 자란 놈이 아니라 사려가 깊고 세심한 성격의 친구였다. 하루는 온라인게임방에서 시계 얘기가 한창이었다. 시계라면 나도 관심이 있는 물품이었다. D는 진짜 갖고 싶은 고급 시계 모델이 하나 있다고 했고, 얘기를 듣던 누군가가 "그 시계 사려는 대기자가 줄을 섰다"고 말했다. 나는 속으로 '일반인들이야 그렇겠지만 나라면 얘기가 다르지'라고 생각했다. 이탈리아에서 프로축구 선수로 살면 그런 게 편했다. 줄을 설 필요도 없이 할인가로 집어 올 수 있었으니까. 그래서 나는 이렇게 말했다.

"내가 싸게 하나 구해줄 수 있어."

"장난이지?"

"그럴 리가!"

"어떻게 그게 가능해?"

"내가 아는 사람한테 전화 한 통 때리면 돼"라고 내가 말했다. 생각해 보니 내가 손해 볼 일도 아니었다.

만약 D가 시계를 가지고 싶지 않다거나 허세 한번 떨어본 거라면 내가 가지면 그만이었으니까 별일 아니었다. D는 믿을 만한 녀석으로 보였다. 페라리라든가 고급 물품에 대해 이런저런 얘기를 꺼냈지만, 그게 허세나 부리려고 꺼낸 말이 아니라 애정이 있어서 그런 걸로 보였다. 그래서 내가 말했다. "곧 스톡홀름에 갈 일이 있는데, 스칸딕파크 호텔에 머물 거야."

"알았어."

"4시에 로비에 앉아 있으면 내가 시계를 가져다줄게!"

"진담이지?"

"난 진지해!"

나중에 나는 지인에게 연락해서 그 특정 모델의 시계를 손에 넣었고,

이후 내 엑스박스 계정을 통해 D에게 내가 구입한 시계의 은행 거래내역을 알리는 문자를 보냈다. 며칠 지나서 나는 스톡홀름으로 날아갔다. 대표팀은 유럽축구선수권대회 예선전을 치르고 있었고, 언제나처럼 스칸딕파크 호텔에 머물렀다. 라예르바크 감독과 나는 화해를 했고, 호텔에 도착한 뒤에 동료 선수들하고 인사를 나눴다. 내 가방에는 시계를 담은 작은 상자가 들어 있었다. 그날 오후에 나는 그 상자를 들고 D랑 약속한 장소인 로비에 내려갔다. 마음은 편했지만, 혹시 모르니까 보안요원인 얀네 함마르베크Janne Hammarbäck를 옆에 붙였다.

나는 D가 어떻게 생겼는지도 몰랐고, 어떤 사람인지도 몰랐다. 온라인상에서는 진짜 좋은 사람처럼 보였지만, 실제로는 미친 또라이일 수도 있지 않은가. 물론 그럴 리는 없다고 생각했지만, 그야 모르는 일이니까. 주위를 둘러보았는데, 내 눈에 띄는 사람은 갈색 머리에 낯을 많이 가리는 듯 보이는 호리호리한 사내뿐이었다.

"시계 받으러 왔어요?" 하고 내가 물었다.

"어, 예. 그렇습니다만⋯⋯."

그가 일어서는데 무척 당황한 얼굴이었다. 그도 어느 정도 짐작은 하고 있었겠지만, 눈앞에서 확인하니 그제야 실감이 나는 모양이었다. 그는 '진짜, 즐라탄이었네! 그럴 거라고 생각은 했는데'라고 속으로 외치고 있었을 것이다. 내 앞에서 사람들이 불편해하면 나는 스스럼없이 굴면서 분위기를 푸는 편이다. 나는 그가 하는 일이나 여가를 주로 어디서 보내는지 등등을 물었다. 결국 그도 긴장을 풀고 편하게 얘기했고, 우리는 엑스박스에 대해 얘기를 나누기 시작했다. 뭐랄까, 그 만남은 아주 유쾌하고 새로운 경험이었다.

로센고드 친구들은 길바닥에서 자란 녀석들이라 혈기는 넘치는데 가진 게 없으니 악으로 깡으로 사는 놈들이다. 그게 나쁘다는 말이 아니다. 나 역시 그렇게 자랐다. 그냥 이 친구는 달랐다. 지적이고, 점잖았다. 사고방식도 우리와 너무 달랐고, 마초랑은 거리가 멀었고, 젠체할 필요가 전혀 없는 친구였다. 나는 사람들과 거리를 두는 편이다. '나, 즐라탄하고 아는 사이야. 굉장하지?'라면서 나를 이용해먹으려고 접근하는 사람들이 적지 않다는 것을 힘들게 배웠기 때문이다.

하지만 이 친구는 보자마자 좋은 친구라는 감이 왔다. 나는 그에게 내 계좌로 돈을 입금하면 바로 가져갈 수 있게 시계를 안내 데스크에 맡겨 둔다고 말하고 일어섰다.

30분 뒤에 그는 돈을 입금했다. 우리는 그 뒤로도 연락을 주고받았다. 문자를 주고받기도 하고, 직접 통화를 하기도 했다. 밀라노에 있는 우리 집에도 놀러 왔다. D는 점잖은 집안에서 잘 자란 스웨덴 사람으로, 이를테면 "만나서 반가웠습니다"라고 꼬박꼬박 인사하는 친구였다. 로센고드 녀석들과는 맞지 않았지만, 헬레나와는 잘 어울려 지냈다. 헬레나하고 더 죽이 잘 맞는다고 할까? 어쨌거나 케밥 가판대에 폭죽 같은 것을 집어 던지지는 않을 친구니까. D는 내 인생에 들어온 새로운 친구가 되었고, 헬레나는 그를 내 온라인 애인이라고 부르곤 했다.

말뫼 구단에서 훈련할 때 달렸던 '마일' 구간을 기억하는가? 너무 길어서 버스를 타거나 자전거를 훔쳐 타며 땡땡이쳤던 달리기 구간 말이다. 따져보면 그리 옛날 일도 아니었다. 이탈리아에서 선수 생활을 할 때도 가끔 그 시절 생각이 나곤 했다. 1군 생활을 처음 했던 때이기도 하고,

내 처지가 그때랑 많이 달라져서 감회가 새롭기도 했다. 림함스베겐의 으리으리한 주택만 해도 그렇다. 거대한 성처럼 보였던 그 분홍색 저택은 물론이고, 나 같은 사람에게 그 동네 주택은 그림의 떡이었다. 무지막지하게 돈이 많은 사람들인가 보다 짐작만 할 뿐, 어떤 사람들이 저런 곳에 사는지 상상이 안 갔다.

인터 밀란에서 선수 생활을 할 때도 그 동네에 대한 생각이 크게 바뀐 것은 아니었지만, 그래도 부자들 옆에서 더는 불편함을 느끼지 않았다. 편해졌다고 할까? 하지만 내가 불평등한 조건에서 살고 있다는 사실, 그들이 사는 세상 밖에서 멸시받고 있다는 사실을 깨달았을 때 느꼈던 아픔은 잊지 못했다. 그 고통은 절대 잊히지가 않았고, 나는 늘 복수를 꿈꿨다. 그들에게 내가 더는 로센고드의 불량 청소년이 아니라는 것을 보여주고 싶었다. 그 동네에서 제일 죽이는 주택을 소유할 만큼 대단한 사람이라는 것을 보여주고 싶었다. 마침 헬레나와 나는 말뫼에 집을 마련해야 했다.

스보게르토르프에서 언제까지나 어머니와 함께 지낼 수는 없었다. 헬레나의 뱃속에서는 또 다른 생명이 자라고 있었다. 내가 설령 공놀이하다가 울타리를 망가뜨려도 야단맞지 않을 우리 집이 필요했다. 헬레나와 나는 동네를 여기저기 둘러보며 집들을 살펴보았다. 집 고르는 재미가 쏠쏠했다. 톱10 목록도 작성했는데, 어느 집이 1위였을까? 당연히 림함스베겐의 분홍색 저택이었다. 오래전부터 동경하던 집이기도 했지만, 그 집은 진짜 멋졌다. 말뫼 시에서 가장 멋진 집이었다. 다만 한 가지 문제가 있었다.

그 집에는 몇 사람이 살고 있었는데, 그들은 집을 팔 생각이 없었다.

어떻게 하겠는가? 쉽지 않은 문제였다. 하지만 우리는 포기하지 않았다. 그들이 거부하기 어려운 제안을 제시하면 어떨까? 물론 험악한 로센고드 친구들을 풀어 그들을 위협할 생각은 아니었다. 이 문제는 고상하게, 하지만 동시에 공격적으로 풀어가기로 했다. 그러던 어느 날 헬레나가 이케아에 갔다가 우연히 친구를 만났다.

얘기 도중에 그녀는 그 분홍색 저택에 대해 말하게 되었다.

"그래? 내가 아는 친구 몇이 그 동네에 살아" 하고 그녀의 친구가 말했다.

"그 주인과 만날 수 있게 주선해줄 수 있겠니? 그 사람들하고 얘기를 좀 하고 싶은데"라고 헬레나가 얘기했다.

"농담이지?"

"아니, 진담이야."

그 친구가 지인에게 전화를 걸어 상황을 설명했고, 집주인 부부는 절대로 집을 팔 생각이 없다고 말했다. 그들은 그 집에서 사는 게 좋다고 했다. 이웃들도 좋은 사람들이고, 잔디도 푸르고, 리베르스보리 Ribersborg 해변과 외레순 해협Øresund Strait이 내려다보이는 경치도 끝내주고 등등의 이유를 붙이면서. 하지만 우리는 제3자를 통해 전해 들은 얘기를 공식적인 답변으로 여기지 않을 생각이라고 그 친구를 통해 다시 전달했다. 우리가 얼마를 지불하든 그 집을 팔 생각이 없다면 우리를 직접 만난 자리에서 확실하게 말해주기를 부탁한다는 말도 전했다. 어쨌든 즐라탄과 헬레나를 만나 커피 한 잔 마시는 것도 재미있지 않겠는가? 우리를 만나는 것도 아무에게나 주어지는 기회는 아니었다.

집주인 부부도 우리를 한 번 만나보는 게 재미있겠다고 생각했던 모양이다. 나는 헬레나와 함께 그 집으로 갔다. 우리를 만나겠다는 말을 듣자마자 내가 이 협상에서 주도권을 잡았다는 생각이 스쳤다. 내가 누군가. 나는 내 방식대로 일을 처리할 생각이었고, 기필코 이 문제를 해결하리라고 다짐했다. 하지만 막상 그 집 앞에 서니 마음이 두 갈래였다. 내가 이 집 문턱을 넘을 만큼 거물이 된 듯싶으면서도 어릴 때 이 집을 바라보며 주눅 들었던 생각이 나서 위축되는 기분도 들었다. 마일을 뛰어가면서 입을 벌리고 이 집을 쳐다보았던 소년과 프로축구 스타가 된 사내가 내 안에는 함께 살고 있었다. 처음에는 헬레나와 함께 집 안을 이곳저곳 둘러보며 연신 감탄사를 내뱉었다. "정말 좋아요, 정말 멋지네요. 참 근사한 곳에 사시네요." 나는 최대한 점잖고 예의 바르게 행동했다. 하지만 커피를 마시는 내내 나를 완벽하게 감출 수는 없었다.

"우리가 이곳에 온 이유는 선생님께서 우리 집에 살고 계시기 때문입니다"라고 내가 말하자 집주인은 '참, 재미있는 친구일세'라는 표정으로 웃음을 터뜨렸다. 내 눈빛은 이글이글 타오르고 있었을 것이다. 영화 속 대사를 농담 반 진담 반으로 던진 후에 나는 말을 이었다.

"원하시면 농담으로 들으셔도 됩니다. 하지만 저는 진지합니다. 저는 이 집을 사고 싶습니다. 선생님이 기뻐하실 만한 조건을 제시할 생각이에요. 어쨌든 우리가 이 집을 살 겁니다." 그러자 집주인은 어떤 조건을 제시해도 집을 팔 생각이 없다고 말했다.

그는 꿈쩍도 하지 않았다. 아니, 그렇게 보이고 싶었을 것이다. 그때는 나도 그 정도는 알아볼 수 있는 짬밥이었다. 이적시장에서 벌어지는 협상과 비슷했다. 일종의 게임이었다. 팔 집이 아니라지만 그 집에는 그가 생각하는 가격표가 분명 붙어 있었다. 나는 그의 눈빛을 보면서, 또 오가는 대화 속에서 그 사실을 감지했다. 나는 내 생각을 솔직하게 털어놓았다. 어떻게 해야 하는지 모르는 일에 내가 나설 생각은 없다. 나는 축구 선수이지 이런 일을 협상하는 사람이 아니니 협상을 할 수 있는 사람을 대신 보내겠다고.

혹시 내 에이전트 미노를 떠올린 사람이 있을지 모르겠는데, 미노는 아니었다. 미노가 아무리 협상에 능해도 할 수 있는 게 있고 없는 게 있다. 나는 변호사를 보냈다. 내가 돈을 흥청망청 쓰는 머저리라고 생각지는 마시라. 나는 이런 일에 전략적으로 생각하고 신중하게 행동하는 사람이다. "얼마를 줘도 좋으니 그 집을 반드시 사 오세요"라고 말할 사람이 아니라는 것이다. 나는 "가능한 한 적게 주고 그 집을 사 오세요"라고 말했다. 그러고 나서 우리는 집에 앉아 기다렸다. 어찌 될지 약간 초조한 마음으로 기다리는데 전화벨이 울렸다. "3000만에 판다고 합니다." 더 이상 논할 필요가 없었다. 우리는 3000만 크로나(한화로 약 45억 원—옮긴이)에 그 집을 구입했다. 솔직히 그 정도 가격이면 그 부부가 집을 포기할 거라고 생각하고 있었다.

드디어 그 집을 손에 넣었다. 당연히 저절로 굴러들어 온 게 아니었다. 우리는 살던 사람들을 내보내기 위해 많은 돈을 지불했다. 하지만 그 집을 우리 집으로 만드는 일은 이때부터 시작이었다. 우리는 집수리에 들어갔고, 그 재미에 푹 빠졌다. 우리는 정해진 법규를 충실히 따랐다. 바깥 담장을 더 높이고 싶었는데 시의회에서 허가를 내주지 않았다. 우리가 어떻게 했을까? 팬들이나 스토커들이 밖에서 집 안을 들여다보지 못하게 하려면 꼭 담장을 높여야 했다. 그래서 우리는 반대로 땅을 깊이 파내려가서 집터 자체를 낮췄다. 우리는 가능한 방법을 찾아서 수많은 공사를 했다. 대대적인 공사였고, 그 같은 일은 사실 주변에서 환영받기가 어렵다.

그 동네 주민들은 대개 유산으로 집을 물려받은 사람들이었다. 부모 덕에 사는 사람들이 태반이고, 나처럼 빈민가 출신이 이곳에 이사 온 적은 한 번도 없었다. 다들 고상한 상류층 사람들이라 나처럼 입이 건 사람도 없었다. 내가 "죽여주는 집"이라고 말할 것 같으면, 저들은 "독보적인 집"이라거나 "출중한 집"이라고 말하곤 했다.

하지만 나 같은 사람도 자기 돈으로 이 동네에 집을 살 수 있다는 것을 보여주고 싶었다. 애당초 내게는 그게 중요했고 또 주민들이 쌍수를 들어 나를 환영하리라고는 기대하지 않았다. 예상은 하고 있었지만 그래도 주민들의 거부감이 놀랍기는 하다. 뭐? 저 부부가 이렇게 한다고? 저렇게 한다고? 주민들은 우리를 보면서 내내 궁시렁거렸다. 하지만 우리는 개의치 않았고, 우리가 원하는 방식으로 집을 수리했다.

집수리를 진행한 사람은 헬레나였다. 그녀는 놀라우리만치 철저했고, 여러 미술관 등에서 도움을 받았다. 나는 그녀처럼 집수리에 열을 내지는 않았다. 또 그런 일에는 별로 소질이 없었다. 그래도 한 가지 품목에

는 내 손길이 확실히 닿아 있다. 붉게 꾸민 전면 거실 벽에 나는 대형 사진 액자를 걸었다. 더러운 두 발을 찍은 사진이었다. 내 친구들은 우리 집에 놀러 와서 "죽여주네, 끝내주네" 하면서 감탄해 마지않았다.

"그런데 이 역겨운 발 사진은 여기서 뭐 하는 거냐? 어떻게 이런 쓰레기를 벽에 걸어둔 거야?"

"머저리 새끼들. 그 발이 아니었으면 이 집을 살 수도 없었어"라고 내가 쏘아붙였다.

18

'세계에서 가장 돈을 많이 버는 선수'라는 점에서
세간으로부터 특별한 취급을 받는 것이 분명했다

2006~2008년

: :

인터 밀란 훈련장에서 그 친구를 봤던 날이 기억난다. 기분이 무척 좋
았다. 여러 구단을 거친 지금도 그 친구랑 나랑은 뭔가 변하지 않는 끈끈
한 유대가 있다. 그래도 그냥 소리를 버럭 지르는 것밖에 내 감정을 표현
할 줄을 몰랐다.

"야! 너 내 뒤만 졸졸 따라다니는 거야, 뭐야?"

"그래야지. 네 녀석 냉장고에 콘플레이크가 떨어지지 않게 챙겨줄 사
람이 누가 있겠냐?"

"이번에는 네놈 집 방바닥에 매트리스를 깔고 눕는 일은 사양한다."

"앞가림을 잘하고 있다면야 그럴 필요가 없겠지."

인터 밀란에서 막스웰을 다시 보니 기분이 좋았다. 막스웰은 사실 나
보다 몇 달 먼저 이 팀에 들어왔지만, 무릎 부상을 당해 물리치료를 받고

있어서 한동안 보지 못했었다. 내가 보기에 그라운드에서 막스웰보다 더 우아하게 움직이는 선수는 없다. 브라질 출신의 막스웰은 투지가 넘치는 수비수인 동시에 상대 공격수를 앞에 두고도 아름다운 볼거리를 선사하는 선수다. 그가 수비하는 모습은 보기만 해도 즐거웠다. 가끔은 그 친구 실력이 언제 이렇게 좋아졌는지 깜짝 놀랄 때도 있다. 성격 좋은 친구들은 실력이 그만큼 받쳐주지 않을 때가 많다. 축구 선수는 악착같이 또 격렬하게 승리를 갈구해야 한다. 나 같은 경우는 유벤투스 시절에 그런 전투력을 익혔다. 나는 인터 밀란에서 첫 시즌을 보내며 어떤 구단에서 뛸 때보다 주도적으로 팀을 이끌며 리그 타이틀을 차지하는 데 기여했다. 시합에서 보여준 활약도 중요하지만, 기본적으로 리그 우승을 향한 나의 강한 집념에 다른 선수들도 영향을 받았다.

이쪽 끝에 브라질 선수들이 앉고, 또 저쪽 끝에 아르헨티나 선수들이 몰려 있는 머저리 같은 관행을 없앤 일부터 시작해 구단에서의 내 위상은 갈수록 높아졌다. 물론 모라티 회장도 그 사실을 인지했다. 그는 나한테 잘 대해주었고, 우리 가족이 잘 지내도록 배려했으며, 나는 그라운드에서 계속 좋은 성과를 내고 있었다. 2007-2008 시즌에도 우리는 리그 선두를 달리고 있었다. 리그 우승컵을 한 번도 만져보지 못했던 1990년대의 처참한 역사는 이제 옛날 얘기였다. 모든 게 내가 꿈꾸던 대로 이뤄졌다. 내가 들어오고 나서 인터 밀란은 활력을 얻었으며, 미노와 나는 우리가 재협상하기에 유리한 위치에 있음을 알았다.

계약을 재협상해야 할 때가 되었고, 미노보다 이 일을 더 잘할 사람은 없었다. 그는 모라티를 상대로 자신의 모든 수법을 사용했다. 두 사람 간에 대화가 어떻게 진행되었는지는 모른다. 나는 협상 자리에 없었다. 어쨌든 그 무렵 레알 마드리드에서 나를 원한다는 말이 나돌았기 때문에 미노는 그 사실을 들먹이며 모라티를 압박했다. 하지만 그렇게까지 할 필요는 없었다. 처음 계약을 맺을 때와는 상황이 전혀 달랐기 때문이다. 내가 처음에 인터 밀란과 협상할 때는 유벤투스에서 떠나고 싶은 마음이 간절했던 때여서 모라티 회장이 그 상황을 자신에게 유리하게 써먹었다. 이 업계에서는 상대의 약점을 집중 공략해야 한다. 그것은 게임의 일부다. 상대의 목에 칼을 들이대야 하는 것이다. 막판에는 조금 얘기가 달라지기도 했지만 협상 과정에서 그는 네 차례나 연봉을 낮추기도 했었다. 미노와 나는 그때의 수모를 앙갚음할 작정이었다. 내가 팀에 얼마나 중요한 존재인지를 고려할 때, 모라티 회장은 그때처럼 강경하게 나올 수 없는 처지였다. 나를 쉽게 포기할 수가 없었기 때문이다. 재협상에 들어가고 오래지 않아 그는 이렇게 말할 수밖에 없었다.

"그 친구가 원하는 것을 들어줘."

나는 굉장한 조건으로 계약을 성사시켰다. 나중에 계약 조건이 새어나가자 세간에서는 내가 세계에서 가장 많은 급여를 받는 선수라고들 했다. 하지만 재계약 당시에는 아무도 그 사실을 알지 못했다. 모라티 회장이 내건 조건 중에는 6개월인가 7개월간 협상 내용을 공개해서는 안 된다는 비밀유지 조항이 있었다. 하지만 우리가 아무리 조심해도 그 전에 계약 내용이 기사화될 것은 뻔했다. 진짜 대박은 연봉 자체가 아니라, 그로 인한 세상의 관심과 후광이었다.

세계에서 가장 높은 연봉을 받는 선수라고 알려지면 사람들이 바라보는 시선이 달라진다. 그때부터는 또 다른 조명이 따라다니는 격이다. 대중은 물론 다른 선수들, 서포터들, 후원사들도 이전까지와는 다른 시선으로 쳐다보기 시작한다. 가진 자가 더 많이 가진다는 말도 있지 않은가. 정상에 다가갈수록 계속 위로 올라가게 되어 있다. 사람의 심리가 그렇다. 모든 사람은 일인자에게 관심을 보이기 마련이다. 물론 아무 선수나 그만한 돈을 받을 수 있는 건 아니었지만, 시장이 어떻게 돌아가는지도 나는 알고 있었다. 다만 확실한 것은 내 시장가치를 확인한 만큼 두 번 다시는 아약스 시절처럼 엿 먹을 일이 없을 거라는 사실이었다. 사실 고액 연봉을 받게 되면 압박감은 그만큼 더 커진다. 그에 걸맞은 성과를 거둬야 하고, 그라운드에서는 눈부신 활약을 펼쳐야만 한다.

하지만 나는 그런 중압감도 즐기는 편이었다. 사람들이 나를 압박하면 나는 오히려 흥분된다. 2007-2008 시즌 중반까지 나는 10골을 기록했다. 어디를 가든지 "이브라, 이브라"를 외치며 내게 환호하는 팬들이 있었다. 2월까지도 우리 팀은 확실한 리그 챔피언으로 보였다. 우리를 저지할 수 있는 팀은 아무도 없다는 게 사람들의 평가였다. 하지만 그즈음 내 무릎에 이상이 생기기 시작했다. '신경 쓰지 말자. 별거 아닐 거야.' 나는 그냥 무시하려고 애썼다. 하지만 잊을 만하면 통증이 찾아왔고, 매번 더 심해졌다. 챔피언스리그 조별 리그를 조 선두로 마감하고 국내 리그뿐 아니라 유럽 대회 전망도 그 어느 때보다 밝았다.

챔피언스리그 16강전에서 우리는 리버풀을 만났다. 안필드Anfield에서 치른 1차전에서 나는 무릎 부상 때문에 몸 쓰는 게 여의치가 않았다. 우리 팀 경기력은 최악이었고, 결과는 0 대 2 패배였다. 경기 후에 나는 심각한 통증을 느꼈고, 더 이상은 통증을 무시할 수가 없었다. 의료진에게 검진을 받으러 갔다. 진단 결과, 무릎 슬개건염이었다. 슬개건은 무릎 위 근육과 넓적다리 근육을 이어주는 역할을 한다.

나는 삼프도리아와의 리그 경기에서 벤치를 지켰다. 나도 그렇고, 우리 팀도 그렇고 그 정도 경기에 빠지는 것은 아무런 문제가 없다고 생각했다. 삼프도리아는 리버풀 같은 강팀이 아니었다. 당연히 내가 없어도 이길 걸로 생각했다. 2007년에 우리는 리그에서 놀라운 연승 행진을 하면서 세리에 A 사상 최다 연승 기록까지 경신했다. 하지만 다 소용이 없었다.

삼프도리아와의 경기는 무승부로 끝났다. 이 경기는 우리 팀이 삐걱대기 시작하는 신호였다. 그것도 거의 질 뻔했던 경기를 에르난 크레스포가 종료 직전에 헤딩골을 넣어 가까스로 1 대 1 무승부로 만든 경기였다. 부진한 경기는 계속 이어졌다. 내가 부상을 당한 이후로, 그게 원인이었든 원인이 아니었든지 간에 우리는 흐름을 잃고 주춤하기 시작했다. AS 로마전에서도 1 대 1로 비겼을 뿐 아니라 나폴리전에서는 무릎을 꿇었다. 만치니 감독과 팬들은 걱정을 감추지 못했다. 나는 부상에서 빨리 회복되어 경기에 다시 뛰어야만 했다. 그동안 획득한 유리한 고지를 뺏길 수는 없었다. 나는 무릎 치료에 들어갔고, 그로부터 얼마 후인 2008년 3월 8일에 레지나전에 투입되었다.

레지나는 꼴찌에서 두 번째 팀이었다. 그런 손쉬운 팀을 상대하는 경기에 꼭 출전시켜야 했는지는 의문이다. 나는 부상에서 제대로 회복되지 않아 진통제 주사를 맞고 경기에 뛰었다. 애당초 레지나 같은 팀을 걱정하는 게 말도 안 되는 일이었지만, 팀 전체에 긴장감이 흘렀다. 내가 치료를 받느라 경기장을 떠난 사이에 선수들은 자신감을 모두 잃어버린 듯 보였다. AS 로마와 AC 밀란은 야금야금 승점을 올리며 우리 뒤를 추격해왔고 만치니 감독은 레지나전에서 확실히 이기고 싶어 하는 눈치였다.

우승 기계처럼 자신만만했던 모습은 어디론가 사라지고 이때는 리그 하위 팀들을 맞아 불안해하고 있었다. 나는 주전 선수로서, 물론 의사가 구단의 압력을 받았다고는 하지만 경기에 나가도 괜찮다고 말하는 상황에서는 더더욱 감독의 요구를 물리칠 수 없었다. 어찌 보면 내 무릎은 내 소유가 아니었다.

경영진이 내 살과 내 뼈를 소유했다고도 말할 수 있다. 나처럼 높은 연봉을 받는 축구 선수는 한편으로는 오렌지와 같은 신세다. 구단은 더 이상 즙이 나오지 않을 때까지 오렌지를 쥐어짜다가 쓸모가 없어지면 선수를 처분한다. 무자비하게 들리겠지만, 그게 세상 돌아가는 이치이고 게임의 규칙이다. 우리는 구단에서 소유한 재산이고, 우리가 이곳에 존재하는 이유는 시합에 이기기 위해서이지 건강을 챙기기 위해서가 아니다. 의사들도 선수를 어떻게 대해야 하는지 헷갈릴 때가 있다. 선수를 환자로 봐야 할까, 아니면 구단이 소유한 상품으로 봐야 할까? 선수들을 보는 의사들 역시 종합병원에 소속된 사람들이 아니라 그 구단 직원들이기 때문이다. 따라서 선수는 자기 몸을 스스로 챙길 줄 알아야 한다. 몸이 아프면 이런 몸으로 경기에 뛰는 것은 효과가 없다고 항변해야 한다. 나는 무릎 통증이 심했다. 자기 몸은 자기가 가장 잘 아는 법이다.

하지만 경기에 대한 압박이 너무 컸다. 이럴 때 선수들은 부상이야 어찌 됐든 경기에 뛰기로 결정하는 경우가 많다. 위험을 무릅쓰는 것이다. 하지만 이 경우 당장 오늘 시합에는 도움이 될지 몰라도 장기적으로는 자신에게도, 또 구단에도 불이익을 초래하게 된다. 선수들은 이럴 때 어떻게 하는 게 좋을지 끊임없이 고민한다. 누구의 말을 들어야 하는가? 조심스러운 태도를 보이는 의사의 말인가, 아니면 내일 일은 어찌 되든 오늘 시합만큼은 꼭 이겨야겠다며 나를 경기에 출전시키고 싶어 하는 감독의 말인가?

나는 레지나전에 출전했고, 단기간이지만 만치니 감독의 판단이 옳았음이 입증되었다. 나는 15호 골을 기록하며 팀을 승리로 이끌었고, 구단 측은 안도의 한숨을 내쉬었다. 그렇게 뛰고 나니 구단은 내가 계속해서 시합에 출장하기를 원했고, 나는 그 요구를 받아들였다. 달리 내가 어떻게 하겠는가? 구단에서는 알게 모르게 '이브라가 꼭 있어야 한다. 그에게 휴식을 줄 여력이 없다'는 뜻을 비췄고, 나는 주사와 진통제 양을 늘릴 수밖에 없었다. 나는 구단을 비난할 생각이 없다. 말했다시피, 나는 돌봄을 받아야 할 환자가 아니었다. 인터 밀란에 들어온 이후로 줄곧 팀을 이끌었던 공격수인 만큼 챔피언스리그 2차전에 내가 출장하는 것으로 결정이 내려졌다. 이 경기는 구단뿐 아니라 개인적으로도 중요한 시합이었다.

챔피언스리그는 이제 단순한 소망을 넘어 집착의 대상이 되었다. 나는 그 대회에서 반드시 우승하고 싶었다. 1차전에 패했기 때문에 8강에 가려면 기필코 대승을 거둬야 했고, 우리 팀은 투지를 불태우며 온갖 공격을 시도했다. 정말 죽으라고 뛰었다. 하지만 경기가 맘처럼 풀리지 않았고, 나 역시 몸 상태가 좋지 않았다. 나는 여러 번의 득점 기회를 놓쳤고, 급기야 50분에는 부르디소Burdisso가 퇴장을 당했다.

승리는 더 멀어졌다. 한 사람이 빠진 만큼 더 열심히 뛰었지만 기회는 오지 않았다. 몸이 말을 듣지 않는다는 게 느껴졌고, 통증은 점점 심해졌다. 나는 스스로 내 몸을 망가뜨리고 있었다. 그동안 주사를 맞아가며 무릎 근육을 못 살게 군 탓에 결국 나는 절뚝거리며 걸어야 했다. 나는 그 순간을 절대 잊지 못할 것이다.

371

원정팬들이 나를 향해 야유와 조소를 날렸다. 부상을 입었을 때는 머릿속이 늘 시끄럽다. 경기에 나가야 하는가, 아니면 포기해야 하는가? 이 시합을 위해 어디까지 희생할 준비가 되어 있는가? 애당초 여기에는 정답이 없다. 룰렛 게임과 비슷하기 때문이다. 승부수를 던지고 살아나기만을, 부상 악화로 남은 시즌을 통째로 날려야 하는 사태가 오지 않기만을 빌어야 한다. 나는 감독이 요구했고, 또 나도 팀을 위해 기여할 수 있다고 생각했기 때문에 그라운드에 남아 끝까지 뛰었다. 하지만 결국 무릎 부상만 더 악화되었고, 우리 팀은 0 대 1로 패했다. 나는 그날 몸을 내놓고 뛰었지만, 손에 쥔 것은 아무것도 없었다. 잉글랜드 관중은 내게 소리를 질렀다. 나는 잉글랜드 팬들이나 기자들과 사이가 좋았던 적이 없다. 이때 나는 '징징거리는 그라운드의 왕자'이자 '유럽 최고의 거품 선수'로 불렸다. 보통은 이런 비난과 야유가 내 승부욕을 자극한다.

과거 학부모들이 나를 쫓아내려고 진정서를 들고 다녔을 때도 그들에게 내 실력을 보여주려고 더 열심히 뛰었다. 하지만 이때는 맞서 싸우고 싶어도 몸이 따라주지 않았다. 나는 고통스러웠고, 팀의 분위기는 참담했다. 모든 게 달라졌다. 화기애애하던 분위기와 장밋빛 전망은 사라졌다. 인터 밀란에 문제가 생겼다는 기사들이 쏟아져 나왔다. 로베르토 만치니 감독은 챔피언스리그 2차전 참패 후에 사퇴하겠다고 선언했다. 그래놓고는 또 며칠 만에 자기 입으로 그 말을 철회했다. 사람들은 감독에 대한 신뢰를 잃기 시작했다. 도대체 무슨 꿍꿍이속이었을까? 감독이라면 그렇게 손바닥 뒤집듯 결정을 번복해서는 안 된다. 언제는 떠나겠다더니 금방 또 남겠다고 하는 것은 프로답지 못한 행동이다. 리버풀에 참패한 후 우리 팀은 리그에서도 승점을 따지 못했다.

얼마 전까지만 해도 큰 격차로 리그 선두를 달렸지만, 그 격차는 갈수록 좁혀졌다. 우리는 제노아를 상대로 1 대 1 무승부를 겨우 챙겼고, 홈구장에서는 유벤투스에 패했다. 이 두 시합도 빠지지 않고 출전했다. 그정도로 나는 바보였다. 못 나가겠다고 말을 못 했다. 하지만 이후 제대로 걷지도 못할 만큼 통증에 시달렸고, 라커룸에 들어서자 손에 닥치는 대로 때려 부수고 싶은 충동이 일었다. 나는 만치니 감독에게 고래고래 소리를 질렀다. 머리가 돌아버릴 지경이었다. 그 정도면 참을 만큼 참았다. 내게는 휴식과 물리치료가 필요했다. 리그 순위 경쟁이 어찌 되든 이제는 상관하고 싶지 않았다. 어차피 그 몸으로는 쓸모도 없었다. 내겐 선택의 여지가 없었다. 어쩔 수 없이 출전 선수 명단에서 제외되었다. 하지만 그것도 마음이 편한 일은 아니었다. 기분이 엿 같았다.

다른 선수들이 모두 그라운드에 올라 훈련하는 모습을 혼자 앉아서 지켜봐야 했다. 체육관에 들어가도 창문 밖으로 동료 선수들이 뛰고 있는 모습이 보였다. 그것은 마치 내가 어쩔 수 없이 출연하지 못한 영화를 한 편 보는 기분이었다. 마음이 아팠다. 몸으로 느끼는 고통보다도 그 좌절감이 더 컸다. 나는 이 웃기지도 않은 상황에서 벗어나고 싶어 스웨덴으로 떠났다. 때는 봄이었고, 경관은 아름다웠다. 하지만 나는 봄을 즐길 기분이 아니었다.

어서 몸을 회복해야 한다는 한 가지 생각뿐이었다. 스웨덴 국가대표팀 의사를 찾아가서 진찰을 받았다. 어떻게 이렇게 오랫동안 진통제를 맞으며 뛰게 내버려둘 수 있느냐며 의사가 깜짝 놀라던 모습이 지금도 기억난다. 스위스와 오스트리아에서 공동으로 개최하는 유로 2008이 시작되기까지는 두 달밖에 남지 않았고, 이제 그 대회 출전 여부도 불확실해

373

보였다.

무릎을 혹사한 탓에 상태가 좋지 않았고, 나는 다시 몸을 추스르기 위해 온갖 노력을 기울였다. 리카르드 다한Rickard Dahan에게 전화를 걸었다. 그는 말뫼 구단의 물리치료사였는데 내가 그 팀에서 뛰었을 때부터 서로 잘 알고 지냈다. 우리는 몸을 회복하기 위해 함께 치료에 매진했고, 그러는 중에 또 다른 의사를 소개받았다.

그 의사는 스웨덴 북부 지역인 우메오Umeå에 살고 있어서 나는 비행기를 타고 그곳까지 날아갔다. 슬개건의 일부 세포를 죽이는 주사 치료를 받고 나서 상태가 조금 나아졌다. 그래도 여전히 경기에는 뛸 수 없었고, 기량을 회복하려면 아직도 갈 길이 멀었다. 희망이 보이지 않아서 화가 났다. 짜증도 심해져서 내 옆에 있는 사람들은 아마 고역이었을 것이다. 인터 밀란도 승세를 굳히지 못하고 헤매고 있기는 마찬가지였다. 시에나 전에서 이겼다면 리그 우승을 확정 짓고 행복한 결말을 만들 수도 있었을 텐데 선수들은 기회를 놓치고 말았다. 파트리크 비에이라가 일찌감치 1 대 0을 만들었을 때, 관중은 춤을 추며 노래를 부르기 시작했다. 상대가 동점골을 만들었지만 나 대신 주전으로 출전한 신예 선수인 마리오 발로텔리Mario Balotelli가 두 번째 골을 넣은 뒤로는 모든 상황을 고려할 때 다 이긴 경기라고 모두 생각했다. 인터 밀란이 지배한 경기였고 시에나 같은 약체를 상대로 다른 결과는 생각할 수가 없었다.

그런데 시에나가 동점골까지 넣었다. 점수가 2 대 2가 되면서 경기장에는 피 말리는 긴장감이 흘렀다. 전광판 시계가 경기 종료 10분 전을 가리킬 즈음이었다. 마테라치가 상대 선수의 반칙에 넘어지며 페널티킥을 얻어낸 순간, 팬들은 너무 떨려 다리가 후들거릴 정도였다. 우리에게는 한 골이 간절했다. 그 골에 모든 것이 달려 있었다. 그 무렵에는 원래 아르헨티나 출신의 훌리오 크루스가 페널티킥을 맡았다. 그런데 마테라치가 나섰다. 니들이 뭐라고 지껄이든 오늘은 내가 페널티킥을 차겠다는 표정으로. 마테라치는 다혈질이긴 하지만 실력으로는 선수들에게 인정받고 있었다. 내가 생각하기에 다른 선수들도 마테라치의 결정에 별 불만이 없었을 것이다. 서른네 살의 마테라치는 노련한 선수였고, 자국의 월드컵 우승에 견인차 역할을 한 선수이기도 했다. 하지만 그는 형편없는 슈팅을 날렸고, 상대 골키퍼에게 막히고 말았다. 성이 난 서포터들은 비통해하며 소리를 질렀다. 당연히 그럴 만도 했다. 예상치 못한 끔찍한 재앙이었으니까. 하지만 다른 사람이라면 몰라도 마테라치라면 어떤 비난도 충분히 이겨낼 수 있을 거라고 생각했다. 마테라치로 말하자면, 나하고 비슷한 부류다. 증오심과 복수심은 그에게는 원동력이 되었다. 하지만 그 후로 전개되는 상황은 결코 그에게도 쉽지 않았다.

울트라 팬들은 분통을 터뜨리며 살벌하게 나왔고, 감독이고 선수고 누구 하나 마음에 들지 않았던 언론 역시 노골적으로 이 상황을 비난했다. 우리가 좋은 기회를 날려버리는 동안 AS 로마는 아탈란타를 꺾고 턱밑까지 우리를 쫓아왔다. AS 로마는 승세를 잡은 듯 보였고, 이제 남은 리그 시합은 한 경기뿐이었다. 우리는 지랄 맞게도 걱정을 많이 했다.

우리 손아귀에 들어온 것이나 진배없는 스쿠데토였다. 얼마 전까지만 해도 대다수 사람은 이미 승자는 정해졌다고 생각했었다. 그러다 나는 부상을 당했고, 우리 팀은 기회를 여러 차례 날리면서 9점까지 벌렸던 승점 차는 불과 1점으로 줄어들었다. 최종전에서 우리 쪽에 승산이 없다고 사람들이 생각하는 것도 당연했다. 신도 우리의 승리를 원치 않는 듯했다. 우리 팀을 둘러싸고 수많은 의혹이 양산되었고, 우리를 바라보는 세간의 시선도 불쾌했다. 인터 밀란에 도대체 무슨 일이 생겼는지, 어째서 제대로 돌아가지 않는지 사방에서 떠들어댔다.

만약 우리가 파르마전에서 지거나 비기고, AS 로마가 리그 꼴찌 팀인 카타니아를 예상대로 쉽게 꺾는다면 우리는 결승선 앞에서 넘어져 여태껏 손에 쥐었던 것을 송두리째 빼앗기는 꼴이 될 터였다. 당시 나는 밀라노에 돌아와 있었지만, 몸은 아직 회복되지 않은 상태였다. 하지만 아프다는 핑계는 소용이 없었다. '이브라가 나와서 뛰어야 한다, 이브라가 필요하다'라는 요구가 그 어느 때보다 빗발쳤다. 나에 대한 압박은 거의 광기 수준이었다. 그렇게 심한 압박감을 느껴본 것은 처음이었다. 나는 물리치료를 위해 경기장을 6주간 떠나 있었고, 시합을 뛰기에 적합한 몸 상태가 아니었다. 3월 29일 경기를 치르고 줄곧 쉬면서 치료를 받았고 이때가 5월 중순이었으니 내 경기력이 좋을 리가 없다는 것도 다들 알고 있었다.

하지만 누구도 그 점은 언급하지 않았다. 나는 지금 누굴 탓하는 게 아니다. 인터 밀란에서 나는 핵심 선수로 인정받았고, 이탈리아에서는 당연히 이런 경기를 앞두고 있다면 목숨보다 축구가 더 중요했다. 이탈리아 구단들이 마지막까지 숨죽이는 접전을 벌이기는 참으로 오랜만이었다. 게다가 밀라노(인터 밀란의 연고지)와 로마(AS 로마의 연고지)를 대표하는 구단 간의 격돌이어서 사람들의 관심사는 온통 이 두 팀의 경기 결과에 쏠려 있었다. 텔레비전만 틀면 축구 소식이 흘러나왔고, 내 이름이 끊임없이 언급되었다. 이브라, 이브라. 이브라 선수가 시합에 뛸 가능성은 전혀 없나요? 이브라 선수가 출전할 수 있을까요? 상당 기간을 구장을 떠나 있었는데 이브라 선수가 제대로 시합을 치를 수 있을까요? 그런 질문에 답할 수 있는 사람은 아무도 없었다. 사람들은 모두 그 이야기를 했고, 팬들은 위기에서 팀을 구하라고 소리치고 있었다. "이브라! 우릴 구해줘."

내 몸을 돌보며 다가오는 유로 2008 대회만을 생각하기에는 상황이 여의치 않았다. 파르마전에 대한 생각이 계속 머릿속에서 맴돌았고, 집 밖을 나서면 신문 1면마다 '팀을 위해, 그리고 이 도시를 위해 나서라'는 식의 머리기사가 눈에 띄었다. 만치니 감독도 나를 찾아왔다. 5월 18일 열리는 최후 결전을 위해 팀이 출발하기 며칠 전의 일이었다. 로베르토 만치니 감독은 과시 욕구가 있어서 호사스러운 정장에 가슴주머니에 손수건을 꽂고 다니는 패션을 즐겨 했다. 나는 그에게 아무런 반감이 없었다. 하지만 사퇴 번복 이후로 구단 내에서 그의 위상은 곤두박질쳤다. 내 말은, 떠나겠다고 했으면 떠나든가 애초에 남을 생각이었다면 그런 말을 꺼내지 말았어야 한다는 것이다. 팀을 떠나겠다고 해놓고 금방 말을 뒤집는 것은 무슨 짓인가? 감독의 경솔한 발언은 많은 이들을 짜증 나게 했다. 구단을 안정시켜야 할 사람이 코치들의 향후 거취에 대한 불안감을 조성한 것이다. 하지만 만치니 감독은 이제 진짜로 감독 생명을 놓고 싸우고 있었다. 발등에 불이 떨어진 상황인데, 당연히 그래야만 했을 것이다. 감독으로서 그의 평생에 가장 중요한 날이 다가왔고, 절대로 질 수 없는 경기였다. 당연히 그의 표정은 몹시 심각했다.

"말씀하시죠" 하고 내가 말했다.

"자네가 부상에서 완전히 회복되지 않은 것은 알아."

"예, 아직 멀었죠."

"솔직히 지금 그건 내 알 바 아니고"라고 그가 말했다.

"감독님은 당연히 그러셔야죠."

"좋아. 난 자네가 무슨 말을 하든지 자네를 파르마전에 꼭 투입할 생각이야. 선발로 뛰든, 교체 선수로 뛰든 상관없어. 어쨌든 자네를 데려가야겠네. 우린 이 경기를 무조건 잡아야 해."

"압니다. 저도 뛰고 싶어요."

경기에 뛰는 것은 무엇보다 내가 원하는 일이었다. 리그 우승이 확정되는 결정적인 순간에 밖에 남아 있고 싶지는 않았다. 그런 중요한 시합을 놓치느니 몇 주가 됐든 몇 달이 됐든 고통 속에 사는 편이 더 나았다. 하지만 내 몸 상태가 어느 정도인지는 나도 전혀 알 수가 없었다. 시합 중에 내 무릎이 어떻게 반응할지, 내가 전력을 다할 수 있을지 그건 알지 못했다. 만치니 감독은 내가 부상에 대해 걱정하고 있다는 걸 눈치채고, 혹시 내가 그의 의도를 오해하고 훈련까지 참석할까 봐 다시 사람을 보냈다.

그는 미하일로비치 코치를 보냈다. 걱정 마시라. 유벤투스 시절에 우리가 한바탕 붙었던 일은 진즉에 좋게 풀고 해결했다. 경기 중에 내가 그의 머리를 들이받는 시늉을 했다고, 혹은 박치기를 했다고 그가 내게 온갖 육두문자를 날렸던 그 일은 다 지난 얘기였다. 그라운드에서 벌어진 일은 거기서 나오는 순간 다 잊어야 하는 법이다. 나는 경기 중에 다퉜던 선수들과 친구가 되곤 한다. 나랑 닮아서 그런가? 나는 싸움꾼들과 어울리기를 좋아했고, 미하일로비치도 선수 시절 힘깨나 쓰는 덩치였다. 그는 이기기 위해 무슨 짓이든 서슴치 않았다. 이제 그는 선수 생활을 접고 만치니 감독 밑에서 보조 코치가 되었다. 솔직히 프리킥을 차는 법에 관한 한 미하일로비치 코치만큼 많은 것을 가르쳐준 사람도 없다.

그는 프리킥의 대가였다. 세리에 A에서만 프리킥으로 무려 30골을 넘게 기록했다. 그는 좋은 사람이었다. 큰 덩치에 헝클어진 머리로 나를 찾은 미하일로비치가 본론을 바로 꺼냈다.

"이브라." 그가 나를 불렀다.

"무슨 말 하려는지 압니다" 하고 내가 대답했다.

"좋아. 하지만 한 가지 알아둘 게 있어. 훈련에 참여할 필요 없어. 손가락 하나 까딱할 필요 없어. 파르마전에서 뛰기만 하면 돼. 스쿠데토를 가져오는 데 너도 한몫해야지."

"노력해보죠."

"노력하는 건 소용없어. 가져와야지." 그리고 우리는 함께 버스를 타러 떠났다.

19
이브라히모비치는 우리 투쟁의 상징이다
_마시모 모라티

2007~2008년

: :

때로 어떤 일은 오래도록 우리에게 짙은 그림자를 드리운다. 인터 밀란에도 저주처럼 따라다니는 기억이 있었다. 대표적으로 끔찍한 침체기였던 1990년대의 기억이 그렇다. 당시 팀에는 호나우두라는 걸출한 스타 선수가 있었지만 인터 밀란은 단 한 차례도 리그 우승을 차지하지 못했다. 인터 밀란은 결승선 앞에서 늘 무너졌다. 예컨대 1997–1998 시즌을 생각해 보자.

그때 나는 열예닐곱이었고, 스웨덴 애들이 열광했던 라벨리는 물론 스웨덴 대표팀에 대해서는 아는 바가 없었다. 하지만 인터 밀란에 대해, 그리고 호나우두 선수에 대해서는 환히 꿰고 있었다. 호나우두의 놀라운 발재간과 가공할 만한 돌파력을 늘 보고 연구했다. 그 시절에는 다들 그랬다. 하지만 나만큼 깊이 파고든 사람은 아무도 없었다. 나는 세부 동작 하나까지 놓치지 않았다. 호나우두가 없었다면 나는 전혀 다른 스타일의 선수가 되었을 것이다. 나는 누군가에게 쉽게 감동받는 사람이 아니다. 나는 각계각층의 사람을 많이 만났다. 바르셀로나에서 열린 어느 만찬에서는 스웨덴 국왕 옆에서 식사한 적도 있다. 물론 그때 나는 잘못된 손으로 포크를 쥐고 있는 것은 아닌지, '전하'라고 말해야 하는데 '당신'이라고 말하지는 않았는지 잠깐 걱정을 했었다. 그렇다고 호들갑을 떨지는 않았다. 될 대로 되라지. 나는 누가 뭐래도 나였다. 하지만 호나우두와 함께 있으면 얘기가 달랐다. 내가 인터 밀란에 있을 때 그는 AC 밀란에서 뛰었다. 유튜브에 올라온 동영상 중에는 내가 껌을 씹으면서 호나우두를 뚫어지게 쳐다보고 있는 영상이 있다. 영상을 보면, 그와 함께 같은 잔디를 밟고 있다는 게 도무지 믿기지가 않는다는 표정이다.

그는 그라운드에서 엄청난 존재감을 자랑했고, 경기를 읽는 눈이 탁월했다. 그의 움직임 하나하나는 보통 선수는 범접하지 못할 수준이었다. 1997-1998 시즌에 그가 이끌던 인터 밀란은 그야말로 놀라운 팀이었다. 그때 팀은 UEFA컵을 차지했고, 호나우두는 25골을 기록했으며, 2년 연속 세계 최우수선수에 선정되었다. 그는 세리에 A를 지배했다. 그런데 해가 바뀌고 이른 봄부터 호나우두의 인터 밀란은 주춤하기 시작했다. 지금 우리 팀도 그때처럼 이른 봄께부터 상승세를 잃고 파르마전까지 끌려 왔다. 1998년 4월, 인터 밀란은 토리노의 알피 경기장에서 유벤투스와 그 말 많은 일전을 치렀다. 당시 인터 밀란은 운이 지지리도 나빴고, 엿 같은 일까지 당했다. 두 팀 간의 승점 차이는 겨우 1~2점이었을 것이다. 사실상의 리그 최종전으로 경기는 팽팽한 긴장감 속에서 치러졌다. 호나우두는 왼쪽 측면 페널티 지역 안에서 드리블하며 전진했다. 그런데 수비수가 거칠게 호나우두의 진로를 방해했고, 경기장을 채운 모든 관중은 일제히 고함을 질렀다. 사람들은 흥분했고, 경기장은 들썩이기 시작했다. 하지만 주심은 휘슬을 불지 않고, 경기를 계속 진행했다. 그 바람에 유벤투스가 선취골을 넣어 1 대 0으로 승리하면서, 나중에 리그 타이틀까지 차지했다.

그 짧은 순간에 모든 운명이 결정된 것이다. 공식적으로야 어떻게 정리됐는지 몰라도 사람들은 대체로 이렇게 생각한다. 참으로 비극적인 순간이었다. 밀라노 사람들은 아직도 그때 얘기를 한다. 그것은 명백한 페널티킥 감이었다고. 하지만 아무런 조치가 취해지지 않았다. 이탈리아 전역에서 분노한 팬들의 항의가 들끓었다. 유벤투스가 심판을 매수해 주심이 편파판정을 했다고, 심판진의 부패와 무능을 비판하는 목소리가 사방에서 터져 나왔다. 특히 그때와 비슷한 시기에 비슷한 일들이 재현되고 있는 지금 상황에서, 인터 밀란의 나이 든 선수들은 1990년대의 재앙을 선명하게 떠올리고 있었다. 인터 밀란은 1996-1997 시즌에도 리그 우승을 거의 차지할 뻔했지만 라치오와 환상적인 경기를 펼치고도 무승부를 기록한 이후 후반 타이틀 경쟁에서 승기를 놓쳤고, 1998-1999 시즌에는 호나우두가 부상을 당하는 바람에 핵심 전력을 잃은 데다 모든 상황이 악화되어 리그 8위까지 추락했다. 내 생각에 역대 최악의 성적이었을 것이다.

1990년대의 재앙을 입 밖에 꺼내는 사람은 아무도 없었다. 불길한 예보를 전하고 싶은 사람은 없었으니까. 하지만 대다수 사람이 파르마전을 앞두고 그때의 일을 떠올리면서 꺼림칙한 예감에 시달렸다. 그때의 기억이 뇌리에서 떠나지 않고 있는데 때마침 마테라치가 당연히 넣어야 할 페널티킥을 실축하는 일까지 벌어졌다. 우리 선수들은 리그 타이틀을 확정 지을 수 있었던 여러 번의 기회를 번번이 날려버렸다. 사소한 불운과 실수가 늘 문제였다. 사실 1990년대의 저주니 뭐니 하는 것은 죄다 헛소리였다. 모든 선수는 결전을 앞두고 각오를 굳게 다졌고, 파르마전에서 전력을 다할 준비가 되어 있었다. 하지만 그런 얘기가 나온다는 것 자체가 문제를 일으킬 수 있었다. 대놓고 말은 안 하지만 여기저기서 조짐이 안 좋다느니 하며 쑥덕거리는 소리가 들렸다. 이는 지나친 압박감으로 이어질 수 있었고, 경기 준비에 차질을 빚을 수도 있었다. 이에 구단 경영진은 선수들이 언론의 인터뷰에 일절 응하지 못하도록 함구령을 내렸다. 시합에 앞서 늘 기자회견을 했던 만치니 감독조차 입을 굳게 달았다. 한 마디라도 한 사람은 모라티 회장뿐이었다.

모라티 회장은 시합 전날 저녁에 우리가 묵고 있던 호텔에 왔다가 진을 치고 있는 기자들을 향해 "행운을 빌어주세요. 행운이 필요해요"라는 말을 하고는 더 이상 아무 말도 하지 않았다. 파르마가 리그에 잔류하기 위해 우리를 꺾으려고 단단히 벼르고 있다는 것도 반가운 소식이 아니었다. 우리 팀도 상황이 절박했지만 상대 팀도 절박하기는 매한가지였다. 상대 팀은 우리가 손쉽게 승점을 챙기도록 내버려두지 않을 게 분명했다. 게다가 경기장을 향해 출발하기 직전에 축구협회로부터 우리 팀 서포터들은 입장을 불허한다는 공지가 전달되었다.

그것은 형평성의 문제였다. 보안상의 이유로 AS 로마 서포터들이 카타니아와의 원정 경기에 입장하지 못했으니, 우리 팀 서포터들도 파르마와의 원정 경기에 입장하지 못한다는 것이었다. 비록 뿔뿔이 흩어져 앉기는 했지만, 그래도 상당수의 서포터들은 진입에 성공했다. 구단 측에서는 경기에 앞서 사소한 것들까지 꼼꼼하게 챙치고, 의견을 나눴다. 경기 당일 잔루카 로키Gianluca Rocchi 주심이 경기를 주관한다는 소식을 접하고 만치니 감독이 화를 냈던 모습이 기억난다.

"그 염병할 자식은 늘 우리를 잡아먹고 싶어 안달이야"라며 그는 분통을 터뜨렸다. 지평선 위로 먹구름이 몰려들기 시작했다.

비가 쏟아질 듯했다. 나는 선발 출전하지 않고 벤치에서 대기하며 경기를 지켜보았다. 내가 경기를 쉰 지 오래여서 만치니 감독은 우선 발로텔리와 크루스를 선발 투톱으로 내보냈다. "하지만 준비하고 있어. 언제라도 투입할 거니까"라고 그가 말했고, 나는 고개를 끄덕였다. 선수대기석에 앉아 있는데 지붕 위로 첫 빗방울이 떨어지는 소리가 들렸다. 곧이어 후두두 비가 떨어졌다. 빗줄기가 가벼워서 시합은 계속 진행되었고, 우리 팀을 향한 관중의 야유도 계속 이어졌다. 중압감은 심했지만 우리 팀은 경기를 주도했다. 우리는 상대를 압박했고, 크루스와 마이콘은 결정적인 기회를 수차례 만들었다. 하지만 이는 골로 이어지지 않았다. 점수가 쉽게 날 것 같지 않았다. 벤치에 앉아 있는 선수들도 조마조마하게 경기를 지켜봤다. 우리도 상대 선수들에게 악담을 퍼부었고, 이기지 못할까 봐 두려워하면서도 승리를 희망하면서 우리 팀을 응원했다. 한쪽 눈으로는 경기장에 있는 거대한 전광판을 예의주시했다.

우리 경기만 있는 게 아니었다. AS 로마의 경기도 생각해야 했다. 점수는 그대로 0 대 0이었다. 다행이었다. 우리가 아직 1위였고, 이대로 가면 스쿠데토는 우리 차지가 된다. 그때 전광판이 번쩍였다. 모든 선수가 벌떡 일어나 전광판을 확인했다. 제발 AS 로마가 골을 넣은 게 아니기를!

그렇게 되면 생각만 해도 너무 끔찍하다. 시즌 내내 선두 자리를 지키기는 물론 어렵지만, 그렇다고 막판에 선두 자리를 뺏길 수는 없었다. 염병할, 이런 것은 법으로 금지시켜야 마땅하다. 전광판 점수는 1 대 0, AS 로마가 카타니아를 앞서고 있었다. 이로써 우리 팀은 리그 2위로 떨어졌다. 실감이 나지 않았다. 나는 벤치에 앉은 사람들을 둘러보았다. 1990년대부터 우리 구단에 몸담았던 물리치료사와 팀 닥터, 장비 담당자를 비롯한 모든 관계자가 그때의 악몽을 떠올렸다. 그들의 얼굴은 창백했다. 또다시 악몽이 되풀이되는 걸까? 그때의 저주가 다시 내리는 걸까?

그런 모습은 처음이었다. 구단 사람들은 얼굴이 하얗게 질렸고, 그라운드 위에 있는 선수들의 얼굴에서도 핏기가 사라졌다. 그것은 순전한 공포였다. 이런 일이 일어나다니. 끔찍한 불상사였다. 비는 그칠 기미가 보이지 않았다. 빗줄기는 거세졌고, 홈구장 서포터들은 기뻐하며 소리를 질렀다. 카타니아가 패할 경우 파르마가 리그에 잔류할 수 있었기 때문이다. 하지만 우리에게는 사망선고와도 같았다. 선수들은 갈수록 마음을 졸였다. 나는 그들의 부담감을 읽을 수 있었다. 그들은 십자가를 짊어지고 있었다. 내가 그들보다 유달리 파이팅이 넘치는 인간이라고는 말할 수 없다. 하지만 세 차례나 스쿠데토를 차지한 경험이 있었고, 과거의 저주 따위는 믿지 않았다. 그런 것에 위축되기에는 너무 젊었다. 나는 오히려 경기에 대한 집중력이 올라갔고, 당장 출전하고 싶은 마음이 들었다. 내 안에서 뜨거운 불길이 타오르는 것 같았다.

내 무릎이 아무리 아파도 그라운드에 들어가서 경기를 뒤집어놓고 싶었다. 다른 어떤 결과도 용납할 수 없었다. 전반전 점수는 0 대 0이었고, 리그 타이틀은 AS 로마의 손아귀에 넘어가 있었다. 하프타임에 감독이 몸을 풀라는 지시를 내렸다. 지금도 그 순간이 생생하다. 모든 사람이 나를 쳐다보았다. 만치니 감독, 미하일로비치 코치, 장비 담당자, 물리치료사 등 모든 구단 식구들이 나를 바라보았다. 그들이 내게 의지하고 있다는 것을 그들의 눈에서 읽을 수 있었다. 그들은 승리를 염원하는 눈빛으로 나를 바라보았고, 나는 당연히 부담감을 느낄 수밖에 없었다.

구단 식구들은 "이 상황을 해결해줘"라고 연이어 한마디씩 했다.

"그럴게요. 반드시!"

후반전이 시작되고 6분쯤 지난 후에 그라운드에 발을 들였다. 잔디는 젖어 있었다. 달리는 몸이 무겁게 느껴졌고, 시합을 치를 만한 완벽한 몸 상태는 아니라고 느껴졌다. 심리적으로 받는 압박감은 상상을 초월했다. 하지만 내 평생 그토록 전의에 불탔던 적은 없었다. 페널티 지역 밖에서도 슈팅을 시도했다.

그 공은 골대를 벗어났다. 그리고 몇 분 뒤에 또다시 슈팅을 날렸다. 그 공도 들어가지 않았다. 어쩌다 보니 별 소득 없이 같은 지점에서 계속 슈팅을 날리고 있는 듯했다. 62분께 또다시 비슷한 지점에서 기회가 찾아왔다. 나는 데얀 스탄코비치Dejan Stanković의 패스를 받았고, 상대 선수가 나를 막아섰지만 그를 살짝 제치고 골문을 향해 전진했다. 공을 툭툭 발로 건드릴 때마다 작은 물줄기가 솟구쳤다. 적당한 슈팅 지점을 찾아 힘을 빼고 중거리 슈팅을 날렸다.

공은 낮게 깔려서 골대 왼쪽 구석으로 빨려 들어갔다. 나는 폼나게 골 세리머니를 하는 대신에 그냥 가만히 서서 선수들을 기다렸다. 그라운드에 있던 선수들과 벤치에 앉아 있던 사람들이 달려왔다. 제일 먼저 달려온 선수는 파트리크 비에라였다. 그다음으로 발로텔리가 왔고, 이어서 장비 담당자와 구단 내 축구용품 판매점 친구들을 비롯해 하프타임에 간절한 눈빛으로 나를 쳐다봤던 모든 이들이 달려왔다. 모두 이제는 두려움이 씻겨 나간 얼굴이었다. 데얀 스탄코비치는 젖은 운동장에 엎드려 신께 감사의 기도를 올리는 듯 보였다. 우리 팬들은 모두 극도의 흥분 상태였고, 관중석 상단을 보니 마시모 모라티 회장도 귀빈석에서 일어나 덩실덩실 움직이며 흥겨워했다. 우리 구단 사람들은 한 사람도 빠짐없이 그 골의 기쁨을 나눴다.

우리 목을 조르던 거대한 돌덩이 하나가 떨어져 나간 듯했다. 사람들 얼굴에는 다시 혈색이 돌았다. 그 골은 우리 모두에게 의미가 컸다. 내가 넣은 골은 물에 빠져 다 죽어가는 사람들을 살린 골이나 마찬가지였다. 관중석을 바라보았다. 홈팀 서포터들의 야유 소리 너머로 간간이 우리 서포터들의 흥겨워하는 응원 소리가 들려왔다. 나는 귀에 손을 대고 그들의 목소리를 더 잘 듣고 싶다는 시늉을 해 보였다. 경기장은 한 번 더 들썩거렸고, 함성이 잦아들고 나서 경기가 재개되었다.

아직 확실하게 결정된 것은 없었다. 파르마가 한 골만 넣어도 승부는 원점으로 되돌아가기 때문에 우리는 다시 마음을 다잡았다. 더 이상 불길한 두려움에 몸을 떨지는 않았지만, 두 다리 쭉 뻗고 안심할 수 있는 사람은 아무도 없었다. 이러다가 비기거나 역전당하는 일도 축구에서는 흔히 있는 일이었다. 후분 78분경 마이콘이 오른쪽 측면을 따라 드리블하며 한 명, 두 명, 세 명의 수비수를 차례로 제치며 크로스를 올렸고, 나는 앞으로 쇄도했다. 내가 앞으로 돌진하자 상대 수비수가 막아섰지만, 나는 공에 발을 갖다 대며 발리킥을 차듯 슈팅을 날렸다. 무슨 말인지 아는가? 내가 쐐기골까지 넣은 것이다. 나는 거의 두 달간 경기장을 비웠고, 그간에 기자들은 온갖 개소리를 지껄였다.

인터 밀란 선수들은 승부근성을 잃었다는 둥 여태껏 이뤄놓은 성과가 손가락 사이로 빠져나가고 있다는 둥 즐라탄은 토티나 델 피에로처럼 실력 있는 선수가 아니었다는 둥 즐라탄은 정말로 중요한 순간에는 별 쓸모가 없었다며 헛소리를 지껄여온 그들에게 내 역량을 확실히 보여준 셈이었다. 나는 빗물에 젖은 운동장에 무릎을 꿇고 앉았다. 선수들은 다시 한 번 내게 달려와 몸을 던져 피라미드를 쌓았다. 나는 온몸에 흐르는 짜릿한 기쁨을 느낄 수 있었다. 그냥 골이 아니었다. 승부를 결정짓는 골이자 리그 우승을 확정 짓는 골이었다. 얼마 후에 종료 휘슬이 울렸고 스쿠데토는 우리 차지가 되었다.

인터 밀란은 내가 오기 전에 자그마치 17년간 우승을 맛보지 못했다. 사소한 불운과 한심한 실수와 핵심 선수의 부상이 겹쳐 기나긴 세월을 저주로 고생했다. 그런데 내가 인터 밀란에 온 후로 2년 연속 리그 타이틀을 차지했다. 우리는 구장에서, 또 라커룸에서 승리의 기쁨을 만끽했다. 팬들은 운동장 위를 뛰어다녔고, 우리를 붙들고 포옹하기도 했다. 라커룸에서도 모두 소리를 지르며 껑충껑충 뛰었다. 어느 정도 잠잠해지자 만치니 감독이 들어왔다. 예전에도 선수들에게 그리 인기가 좋은 편은 아니었는데, 챔피언스리그에서 리버풀에 완패하고 자신의 거취에 대해 경솔하게 말을 번복한 뒤로는 더욱 인기가 없었다. 그래도 이때는 리그 우승을 차지한 순간인 만큼 선수들도 그를 반겼고, 다들 그에게 다가가 차례로 악수를 나누며 "고맙습니다. 고생 많았습니다"라고 인사했다. 만치니 감독이 내게 다가오더니 승리의 기쁨에 흠뻑 취해 온갖 말로 나를 치하했다. 한 가지 기억나는 것은 나는 그에게 고맙다는 인사를 하지 않았다는 것이다. 그 대신에 나는 "고맙긴요"라고 말했고, 선수들은 역시 '이브라'답다고 생각하며 다들 웃음을 터뜨렸다. 이후 기자회견장에서 여러 기자가 이렇게 물었다.

"이번 우승의 영광을 누구에게 선사하고 싶습니까?"

"당신들에게. 나와 인터 밀란 선수들을 의심하고 씹어댔던 언론과 모든 이들에게 이 영광을 바칩니다!"라고 나는 대답했다.

나는 그런 식이다. 나를 무시하는 놈들한테는 늘 한 방 먹일 생각을 한다. 로센고드 시절부터 죽 그랬고, 내 안에 깃든 복수심은 나를 부추기는 원동력이기도 하다. 모라티 회장이 언론에 나와 했던 말은 영원히 잊지 못할 것이다.

"우리 선수들은 이탈리아 전체와 싸웠으며, 즐라탄 이브라히모비치는 우리의 외로운 투쟁을 상징하는 존재였습니다."

나는 세리에 A에서 '올해 최우수선수'에 선정되었고, 얼마 뒤에는 재계약 기사가 대서특필되면서 전 세계에서 가장 연봉이 높은 축구 선수라는 얘기가 화제에 올랐다. 사람들이 나만 보면 열광적인 반응을 보여서 거의 밖을 나갈 수가 없을 정도였다. 내가 나가면 한바탕 소동이 일어났다. 물론 사람들은 내가 파르마전 이후에 재협상을 했으리라고 생각했다. 하지만 세상에만 늦게 발표됐을 뿐 이미 7~8개월 전에 협의한 내용이었다. 내가 이렇게 환상적으로 리그를 마무리했으니, 모라티 회장으로서는 전혀 아쉬울 게 없는 계약이었다. 모든 게 다시 잘 풀리고 있었다. 짙은 먹구름은 싹 걷혔고, 나는 다시 반격할 준비가 되어 있었다. 하지만 마음 한편으로는 무릎 상태가 마음에 걸렸다. 파르마와의 시합을 끝내자마자 곧바로 감이 왔다.

아니나 다를까, 무릎이 다시 부어올랐다. 부상에서 완쾌되지 않은 상태에서 경기를 치렀기 때문이었다. 이탈리아컵 결승전 출전 명단에서 내 이름이 제외된 것을 보고 많은 이들이 충격을 받았을 것이다. 결승전에 뛰지 못한 것은 나로서도 유감이었다. 우리는 리그 타이틀과 이탈리아컵이라는 두 마리 토끼를 잡아 더블을 달성할 기회가 있었다. 하지만 내가 빠진 상태로 치른 이탈리아컵 결승전은 AS 로마의 설욕전이 되고 말았다. 유로 2008 대회가 다가왔지만 그때까지 무릎이 완치될지는 불확실했다. 이 시즌에 몸을 너무 혹사한 탓이었다.

결국 나는 몸을 혹사한 대가를 치러야 했다.

20
아침에 팬티 바람으로 시리얼을 먹는 것이
내 스타일이다

2007~2008년

: :

나는 예전처럼 밖으로 나돌지 않고, 주로 가족과 함께 집에 머물렀다. 이미 두 아이의 아빠가 되어 있었다. 2008년 봄에 빈센트가 태어났다. 빈센트는 사랑스러운 아이였다. 그 아이의 이름은 '승자'를 뜻하는 이탈리아어에서 가져왔다. 당연히 마음에 들었다. 빈센트 역시 소란스러운 가운데 태어났지만, 어디까지나 둘째 아이인 만큼 언론에서도 첫째만큼 치열하게 보도 경쟁을 벌이지는 않았다.

하지만 사내놈만 두 명이라니! 이건 장난이 아니었다. 지난날 내 어머니가 청소부 일을 하며 자식들을 키우느라 얼마나 힘들었을지 비로소 이해가 가기 시작했다. 물론 어머니 때와 내 형편은 비교되지 않는다. 헬레나와 나는 엄청나게, 염치없을 정도로 잘살고 있었으니까. 그래도 어머니가 어떻게 우리를 키우셨을지 짐작이 갔다. 어린 맥시를 데리고 한바탕 홍역을 치렀던 터라 둘째 애를 키우면서는 조그만 일에도 과민한 반응을 보이곤 했다. 저 두드러기는 뭔가요? 어째서 빈센트가 숨을 저리 깊이 쉬나요? 왜 아이 배가 저렇게 불룩하죠? 다 말하자면 끝이 없다.

우리 두 아이는 새로운 보모가 돌봐주고 있었다. 이전 보모는 우리와 함께 말뫼에서 지낼 때 시집을 가게 되었다며 갑자기 청첩장을 우리에게 건넸다. 보모를 잃게 된 우리는 당황하지 않을 수 없었다. 우리는 보모가 필요했고, 스웨덴 여자가 내 아이들을 돌봐주었으면 해서 헬레나가 인력 채용 전문업체의 외국인 부서에 전화를 걸었다. 우리가 이 문제를 어떻게 해결했을까? 말인즉슨, '즐라탄과 헬레나가 보모를 구합니다'라고 광고를 낼 수는 없었다. 그래서는 제대로 된 사람을 찾기가 어려웠다.

헬레나는 우리가 외교부 직원인 척 신분을 위장했다. '스웨덴 외교부 직원이 보모를 구합니다'라고 그녀는 광고를 냈고, 300명가량이 지원했다. 헬레나는 지원서를 모두 읽었다. 워낙 일을 철저히 하는 사람이어서 시간이 꽤 걸릴 것으로 나는 예상했다. 그런데 그녀는 서류를 읽다가 앉은자리에서 한 사람을 골랐다. 스웨덴 중부 달라르나Dalarna의 한 시골 출신 지원자였는데, 출신지가 헬레나의 마음에 들었던 것이 분명했다. 헬레나는 시골에서 자란 사람을 원했다. 그녀도 대도시 출신이 아니었기 때문이다. 또한 간호학교 교사 자격이 있었고, 헬레나처럼 여러 외국어를 구사하고 운동하는 걸 좋아했다. 헬레나한테 얘기 듣기로는 친절하고 근면한 사람이라는 인상을 받았다.

보모를 뽑는 일은 헬레나 소관이었다. 헬레나는 그 여자에게 자신의 신분을 감추고 전화를 걸었다. 헬레나는 계속 외교부 가족 행세를 했다. 그 여자는 보모 일에 관심을 보였고, 말이 잘 통하는 사람이었다. 헬레나는 "이곳에 와서 우선 일주일간 함께 지내봐요!"라고 쓴 이메일을 보냈다.

헬레나는 그 여자랑 아이들과 함께 렌터카를 타고 스톡홀름에 있는 공항으로 가서 비행기를 타고 밀라노까지 날아가기로 했다. 그 여자는 아버지와 함께 차를 타고 약속 장소인 린데스베리까지 오기로 했다. 그들이 출발하기 전에 헬레나가 여행증명서를 보냈는데 그 서류를 받아 본 여자는 의아하게 여겼다. 비행기 표에 적힌 이름을 보면, 아이들의 이름이 막시밀리안 이브라히모비치와 빈센트 이브라히모비치라는데 그게 좀 이상하다는 생각이 들었다. 물론 그런 성을 지닌 외교관 가족이 없으리란 법도 없다. 안 그런가? 스웨덴에 이브라히모비치 성을 지닌 사람들이 많을 수도 있지 않은가? 그녀로서는 모를 일이었다. 그녀는 아버지에게 물었다.

"이것 좀 보세요."

"아무래도 즐라탄 아이들의 보모가 되려는가 보구나." 아버지의 대답을 들은 그녀는 집으로 다시 돌아가고 싶은 마음이었다. 자기 좀 살려달라고 외치고 싶은 심정?

그녀는 덜컥 겁이 났다. 갑자기 보모 일이 두려워졌다. 하지만 되돌리기에는 늦은 시점이었다. 비행기 티켓도 이미 다 끊었고, 다른 준비도 끝난 뒤라 그녀와 아버지는 출발하기로 했다. 나중에 우리에게 털어놓기를 이때부터 몹시 긴장했었다고 한다. 이제 헬레나를 만날 차례였다. 헬레나에 대해 어떻게 설명해야 할까? 헬레나는 차려입고 나면 영락없는 '사치스러운대왕마녀'로 보여서 누구든 쉽게 다가서기 어려운 인상을 풍긴다. 하지만 알고 보면, 헬레나처럼 태평한 사람도 보기 드물다. 헬레나는 사람들의 마음을 편안하게 만드는 재주가 있었고, 두 여자는 함께 이동하는 시간 내내 대화를 나누며 서로에 대해 알아갔다. 사실 이동 시간은 예상보다 훨씬 오래 걸렸다.

문제는 스톡홀름 알란다Arlanda 공항에서 발생했다. 그날 밀라노행 비행기가 있는 곳은 이지젯Easyjet 항공뿐이었다. 하지만 비행기에 이상이 생겨 출발 시각이 계속 지연되었다. 한 시간, 두 시간, 세 시간, 여섯 시간, 열두 시간, 열여덟 시간. 미치고 팔짝 뛸 지경이었다. 그것은 대형 사고였다. 모든 승객이 지치고 짜증 나고 애가 탈 지경이었다. 나도 기다리다 분통이 터졌다. 도저히 참을 수가 없었다. 내가 아는 조종사에게 전화를 걸었다. 그 친구는 개인 전용기를 운행했는데 나도 이용할 수가 있었다.

"가서 아이들과 그 두 사람 좀 데려오세요"라고 내가 부탁했다.

헬레나와 그 여자는 짐을 챙겨 전용기에 몸을 실었다. 나는 기내에서 그 두 사람에게 초콜릿 딸기라든가 여자들이 즐길 만한 음식을 대접하도록 주문했다. 그 난리를 겪었으니 그만한 대접을 받을 만했다. 마침내 나는 우리 집에 도착한 그 여자와 대면했다. 내가 보기에도 여자는 긴장한 기색이 역력했다. 하지만 우리는 잘 지냈고, 그 후로 우리와 함께 지내고 있다. 그녀는 가족이나 마찬가지다. 그녀가 없는 날은 집안이 하루도 제대로 돌아가지 않는다. 아이들은 그녀를 몹시 따랐고, 헬레나는 그녀와 자매처럼 붙어 다니며 함께 운동도 하고 공부도 한다. 매일 아침 9시만 되면 두 사람은 밖에 나가 운동을 한다. 그녀가 들어오면서 우리 집에는 새로운 일과가 생겨났다.

한번은 가족들과 생 모리츠St Moritz에 스키를 타러 갔다. 내가 거기서 운동신경을 뽐내며 즐겁게 놀았을까? 절대 아니다! 나는 그때까지 스키를 한 번도 타본 적이 없었다. 나한테 어머니와 아버지를 따라 알프스 여행을 떠나는 꿈은 달나라에 가려는 꿈만큼이나 허황된 것이었다.

생 모리츠는 부자들의 놀이터였다. 거기 놀러 온 사람들은 아침을 먹으며 샴페인을 마셨다. 샴페인이라니? 나는 식탁에 앉아 시리얼이나 먹고 싶었다. 함께 간 올로프 멜베리는 내게 스키를 가르쳐주려고 노력했다. 하지만 소용이 없었다. 멜베리와 다른 일행들이 춤을 추듯 스키를 타고 내려오는 동안 나는 쪼다같이 허우적대며 이리저리 넘어지고 미끄러졌다. 나는 혹시 쪽팔릴 일이 생길까 봐 머리와 목과 얼굴을 다 덮는 방한모를 뒤집어쓰고 커다란 선글라스까지 착용했다. 그 정도면 아무도 나를 못 알아볼 거라고 생각했다. 하루는 리프트를 탔는데, 이탈리아 소년이 그의 아버지와 함께 내 곁에 앉았다. 그 꼬마 녀석은 나를 빤히 쳐다보기 시작했다. 나는 걱정하지 않았다. '이런 복장을 하고 있는데 알아볼 리가 없지. 아무렴.' 하지만 잠시 뒤에 그 꼬마 녀석이 이렇게 말했다.

"이브라?"

염병할, 내 코 때문이 분명하다. 나는 시치미를 딱 잡아뗐다. "뭐, 이브라? 그게 누군데?" 그다음에 어떻게 됐냐고? 곁에 있던 헬레나가 웃음을 터뜨리고 말았다. 헬레나는 평생 그토록 재미난 광경은 처음 본다는 듯이 웃어댔고, 그 꼬마 녀석은 "이브라 맞죠? 이브라 맞죠?" 하고 물고 늘어졌다. 결국 나는 "시si(그래), 나다"라고 인정하고 말았다. 꼬마는 순간 할 말을 잃었다. 완전 감동 먹은 듯했다. 그런데 그게 문제였다. 내가 스키 타는 꼬락서니를 보고 나면 꼬마의 감동도 시들해질 게 아닌가? 나는 이 난국을 어떻게 벗어나야 할지 골똘히 생각했다. 나는 스포츠 스타였다. 슬로프에서 한심한 모습을 보일 수는 없었다. 그런데 상황이 내가

397

우려했던 것보다 훨씬 더 심각해졌다. 내가 여기 있다는 소문이 어느새 퍼져서 한 무리의 사람들이 몰려와 내가 스키를 타는 모습을 지켜보았다. 나는 장갑에 문제가 있는 것처럼 시간을 끌었다. 손가락이 장갑에 꽉 맞는지 주의를 기울여 점검했다.

재킷 상태도 철저히 점검했고, 스키 바지와 바인딩도 꼼꼼히 확인했다. 특히 바인딩은 다른 사람들이 점검하는 모습을 자주 목격했던 터라 더 꼼꼼하게 살폈다. 사람들은 바인딩을 고정시켰다 풀었다 하며 풀림 정도를 반드시 점검했다. 다들 알고 있듯이, 나는 프로 선수였고 스키 황제인 잉게마르 스텐마르크 선수처럼 "슝!" 하고 눈 위를 달리려면 저 정도로 철저하게 준비를 해야 한다고 구경꾼들은 생각하고 있었을 터이다. 기다리는 게 짜증은 났겠지만, 내가 장비를 꼼꼼히 점검할수록 그들의 기대감은 한층 부풀어 올랐다. 즐라탄이 무슨 묘기를 부리려나 봐? 축구 하던 다리니까 엄청난 힘으로 활강하겠지?

나는 스카프와 모자 그리고 내 머리카락을 매만지며 시간을 더 벌지 않으면 안 되었다. 기다리던 무리도 마침내 지쳐버렸다. 그들은 하나둘씩 자리를 떴다. 그가 뭘 하든 이제 신경 끄겠다는 얼굴로. 내가 이브라인 것은 맞지만, 그렇다고 종일 나만 쳐다보고 있을 수야 없지 않은가. 그 결과 나는 마음의 평화를 얻었고, 완전 초짜다운 엉성한 폼으로 스키를 타고 내려왔다. 올로프 멜베리와 다른 일행들이 다가와서는 "어디에 가 있던 거야? 뭘 하다 이리 늦었어?"라고 물었다.

"뭐 좀 확인하느라고."

짧은 휴가 기간을 제외하면 대부분 고된 훈련 시간이 이어졌다. 파르마전에서 리그 두 번째 우승을 확정 짓고 나서, 여름에는 스위스와 오스트리아가 공동으로 개최하는 유로 2008 대회에 참가할 예정이었다. 무릎 상태는 안심할 만한 수준이 아니었다. 스웨덴에서는 내 부상에 관한 기사들이 계속 쏟아졌고, 나는 라예르바크 감독과 이 문제로 얘기를 나눴다. 내가 그 대회에서 100퍼센트 기량을 발휘할 수 있을지는 누구도 장담할 수 없는 일이었다. 우리 조에는 러시아와 스페인, 그리스가 있었는데 다들 만만한 상대가 아니었다. 그 무렵 나는 나이키와 광고 계약을 맺었다. 미노는 그 계약에 반대했지만, 내가 고집을 부렸다. 광고 모델로 활동하면서 무척 재미가 있었다. 재미난 영상도 많이 찍었다. 개중에는 내가 씹던 껌으로 발재간을 부리다가 그걸 다시 입속에 발로 차 넣으면, 그 장면을 보고 있던 내 아버지가 그 껌이 목에 걸릴까 봐 걱정을 하신다는 얘기도 있다. 무엇보다 뜻깊은 것은, 내가 어려서 뛰놀던 로센고드의 크론만스 베그에 즐라탄 운동장을 건립하는 데 나이키가 지원했다는 것이다.

꽝장히 기분 좋은 일이었다. 그 운동장은 오래된 운동화의 밑바닥을 활용해 만들었다. 운동장 바닥에는 질 좋은 고무 매트를 깔고 조명시설까지 갖추었다. 나는 어릴 때 날이 어두워지면 더 이상 뛰놀지 못했지만, 지금은 어둡다는 이유로 놀이를 그만둘 필요가 없었다. 우리는 그곳에 이런 글을 새겨놓았다. "나의 마음도, 나의 역사도, 나의 게임도 이곳에서 시작했다. 더 멀리 생각하라. 즐라탄." 무언가를 사회에 되돌려줄 수 있다는 것은 환상적인 경험이다. 나는 운동장 개장식에 참석했는데 무슨 일이 있었을지는 여러분도 쉽게 상상할 수 있을 것이다. 아이들은 "즐라탄, 즐라탄"을 연호했고, 동네가 발칵 뒤집어졌다. 개장식이 아니라 고향 사람들이 나를 위해 준비한 환영행사 같았다. 그날 아이들하고 저녁 늦게까지 게임을 하면서 가슴이 뭉클했다. 크론만스 베그에 살던 껄렁한 놈한테 이 같은 일이 일어나리라고는 아무도 생각하지 못했을 것이다.

유로 2008 대회가 시작되고 나는 나이키 때문에 열이 받았다. 광고 계약에는 당사와 계약을 맺은 모든 선수가 똑같은 색상의 축구화를 신어야 한다는 규정이 있었고, 당시에는 그런가 보다 하고 뭘 신든 상관없다고 생각했다. 그런데 알고 보니 자기 고유의 축구화를 신고 다닐 수 있는 선수도 있었다. 나는 그 일로 나이키에 따졌다. "어째서 그따위 말도 안 되는 허튼소리를 하는 겁니까? 언제는 모두 똑같은 축구화만 신어야 한다면서요?" 나이키 측은 그게 규정이라고 사무적인 답변을 내놓았지만, 나는 내 생각을 말하며 그들을 설득했다. 결국 그들도 생각을 바꾸었고, 나도 내가 원하는 색상의 축구화를 신을 수 있게 되었다. 하지만 기분이 하나도 좋지가 않았다. 고작 그딴 일로 사람을 찾아가 설득씩이나 해야 하는지. 나는 신던 축구화를 그대로 신었다. 어찌 보면 참 웃긴 일인데, 어쨌든 사람은 할 말은 하고 살아야 한다.

우리의 첫 번째 상대는 그리스였다. 소티리오스 키르기아코스Sotirios Kyrgiakos가 나를 전담 수비했다. 키르기아코스는 유능한 수비수였다. 그는 긴 머리카락을 끈으로 묶어 꽁지머리를 하고 뛰었다. 내가 점프를 하거나 쇄도할 때마다 그의 머리카락이 내 얼굴을 때렸다. 그놈 머리카락이 입속에 들어온 적도 있었다. 어쨌든 그는 끈질기게 나를 막아섰다. 그가 맡은 바 역할에 충실했음은 의심의 여지가 없다. 그는 나를 꽁꽁 묶어놨다. 하지만 잠깐 수비가 헐거워진 사이에 나는 기회를 잡았다. 나한테는 2~3초면 충분했다. 나는 우리 편이 스로인throw-in해준 공을 받아 골문을 향해 드리블하기 시작했다. 키르기아코스가 멀리 떨어져 있어서 나는 약간의 공간을 확보했고, 골문 위쪽 구석을 향해 힘차게 중거리 슈팅을 날렸다.

유로 2008에서 우리 팀의 첫 경기 내용은 더없이 훌륭했다. 우리는 2 대 0으로 승리를 거두었고, 경기장을 찾은 우리 가족은 내가 챙겨주지 않아도 알아서 여행을 즐겼다. 우리 식구는 독일 월드컵에서 교훈을 배웠다. 나는 축구를 해야 할 사람이지 여행 가이드를 할 사람이 아니었다. 식구들은 모두 자기 문제를 스스로 해결했고, 나는 기분이 좋았다. 하지만 무릎 근육이 부어오르고 아팠다. 우리는 다음 시합에서 스페인을 상대해야 했다. 스페인은 이번 대회의 강력한 우승 후보 중 하나였다. 그들은 첫 시합에서 러시아를 4 대 0으로 꺾었다. 모두 힘든 시합이 될 거라고 예상하는 가운데 내 부상을 걱정하는 얘기가 많았다. 경기에 뛰어야 하는가 말아야 하는가? 나는 확신이 서지 않았다. 물론 고통스러웠지만 그깟 고통쯤 감수할 마음이 있었다.

다른 대회도 아니고 유럽축구선수권대회였다. 내 다리에 칼이 꽂혀 있어도 출전하고 싶은 마음이었다. 하지만 말했다시피, 축구에서는 오늘 일만 생각하면 안 되고 내일 일도 생각할 줄 알아야 한다. 시합은 내일도 있고 모레도 있다. 자기를 희생하고 당장 전투력을 불태울 수도 있지만, 그러다가 몸이 고장 나면 선수 생활을 접어야 할지도 모른다. 스페인과 경기를 치르고 나면 러시아와 맞서야 했고, 결과가 좋으면 8강전을 치르게 된다. 진통제를 맞고 경기에 뛰는 게 어떻겠느냐는 얘기가 나왔다. 이탈리아에서도 여러 차례 했던 방식이었다. 하지만 스웨덴 국가대표팀 의사는 여기에 반대했다. '고통은 몸이 보내는 경고다. 고통을 일시적으로

401

덜어줄 수는 있지만 훨씬 심각한 피해를 입게 된다. 이 같은 짓은 도박과 같다. 부상을 두고 도박을 하려는가? 이 시합은 얼마나 중요한가? 선수의 몸 상태를 시합에 맞춰 끌어올리기 위해 어느 정도 위험을 감수해야 하는가? 어쩌면 몇 주 혹은 몇 달간 결장할 수도 있는데, 그만한 위험을 무릅쓸 가치가 있는가?' 의사들은 심사숙고했다. 스웨덴 의사들은 전통적으로 유럽의 다른 나라 의사들보다 더 신중한 편이었다. 그들은 선수를 축구 하는 기계보다는 환자로 바라보았다. 하지만 결코 단순한 문제가 아니었다. 선수는 자신을 몰아세워야 할 때가 많다. "내일 일 따위는 알 바 아니야"라고 말하고 싶을 만큼 중요하게 생각되는 시합이 있다. 나도 어떤 결과가 초래되든 상관하고 싶지 않았다. 하지만 진짜 문제는 미래는 피할 수 없고, 국가대표팀에서 뛰고 있어도 소속 구단의 의견을 고려하지 않을 수 없다는 것이었다.

구단이야말로 엄청난 연봉을 지급하고 있는 당사자이며, 그들에게 나는 막대한 투자 대상이었다. 몸이 망가져서는 안 되었다. 인터 밀란과 아무 상관도 없는 국제대회 때문에 내 몸을 희생하는 것은 허용되지 않았다. 스웨덴 대표팀 의사는 구단 담당의로부터 전화를 받았다. 그들의 대화는 치열한 논쟁으로 번질 수도 있었다. 두 사람이 몸담고 있는 각 조직의 이해관계가 부딪치기 때문이다. 구단은 선수가 리그 경기에 뛸 수 있기를 바라고, 국가대표팀은 그 선수가 유럽축구선수권대회에서 뛰기를 바란다.

게다가 프리시즌이 한 달여 앞으로 다가온 시점이었고, 나는 인터 밀란에서 제일 중요한 선수였다. 다행히 두 의사는 이성적인 사람들이었다. 두 사람은 차분하게 논의를 진행했고, 의견 일치를 보았다. 진통제를 맞고 뛰는 방안을 취소하고, 정골요법으로 장시간 치료를 받은 뒤에 스페인전에 출장하기로 결정이 내려졌다.

나와 헨리크 라르손이 투톱으로 선발 기용되었고, 왠지 느낌이 좋았다. 하지만 스페인은 선수들 모두가 개인기가 뛰어난 팀이었다. 그들은 일찌감치 코너킥을 얻어냈다. 사비가 짧게 찬 공을 다비드 비야가 받아 대각선 방향으로 후방에 있던 실바에게 보냈고, 자유롭게 서 있던 그는 페르난도 토레스를 향해 크로스를 올렸다. 페테르 한손이 토레스와 공을 두고 경합을 벌였지만 토레스가 한 걸음 앞섰고, 골문 속으로 공을 밀어 넣다시피 해서 득점을 올렸다. 1 대 0, 우리로서는 힘든 상황이었다. 스페인을 상대로 동점골을 넣기는 쉽지 않았다. 그런데 스페인 선수들은 뒤로 물러나 수비에 치중하며 8강 진출 가능성을 굳히려고 했고, 덕분에 우리는 연이어 공격 기회를 잡을 수 있었다. 나는 무릎이 아픈 것도 잊어버리고 열심히 덤벼들었다. 34분경에 프레드릭 스토르Fredrik Stoor가 올린 멋진 롱패스를 페널티 지역에서 받았다. 나는 카시야스 골키퍼와 단독으로 맞붙은 상황에서 곧바로 골문을 향해 슈팅을 시도했다. 그것은 판 바스텐이 내게 수차례 얘기했고, 카펠로 감독과 갈비아티 코치가 나를 훈련시키면서 그토록 강조했던 상황이었다. 스트라이커라면 절대 놓치지 말아야 할 상황. 하지만 발이 빗맞아 제대로 슈팅을 날리는 데 실패했다. 그리고 곧바로 라모스가 내 앞으로 달려왔다. 그는 레알 마드리드에서 눈부시게 활약하는 신예 수비수였다.

하지만 나는 결코 포기할 생각이 없었다. 라모스의 접근을 몸으로 막으며 곧바로 공을 다시 잡았고, 그에게서 조금 떨어진 순간 라모스와 또 다른 수비수 사이의 좁은 공간으로 슈팅을 날렸다. 그 공은 골문 안으로

403

빨려 들어갔고, 경기는 1 대 1로 균형을 이루며 다시 팽팽해졌다. 나는 컨디션이 좋았다. 그리스전을 훌륭하게 치렀지만, 8강 진출은 여전히 불투명했다. 주심이 전반전 종료 휘슬을 불자 흥분했던 마음이 진정되면서 다시 통증이 찾아왔다. 무릎 상태가 영 아니었다. 어떻게 해야 할까? 쉬운 결정이 아니었다. 나는 이 경기에서 빠지면 안 될 중요한 전력이지만, 앞으로의 경기를 소화할 수 있는 몸 상태도 유지해야 했다. 세 번째 경기가 남아 있었고, 우리 팀의 전망은 나빠 보이지 않았다. 그리스전에서 3점을 챙겼으니 이 경기에 지더라도 러시아전에서 잘하면 8강에 들어갈 수 있었다. 나는 라르스 라예르바크 감독에게 다가갔다.

"통증이 심합니다"라고 내가 말했다.

"젠장."

"선택을 해야만 해요."

"좋아."

"어느 경기가 더 중요해요? 남은 후반전이에요, 아니면 러시아전이에요?"

"러시아전, 그쪽이 좀 더 가능성이 더 높지."

그래서 나는 후반전에 벤치에 앉아 쉬었다. 라예르바크 감독은 나 대신 마르쿠스 로센베리를 투입했고, 나쁘지 않아 보였다. 스페인은 후반전에 많은 기회가 있었지만 우리가 잘 막아냈다. 그래도 확실히 내가 빠진 티가 났다. 우리 팀의 공격 추진력이 사라진 느낌? 그날 컨디션이 좋았기 때문에 내 무릎이 원망스러웠다. 염병할. 우리 선수들은 있는 힘을 다했고 90분이 넘어가는 막판까지 점수는 1 대 1이었다. 경기는 무승부로 마무리되는 듯 보였고, 벤치에 앉은 우리는 서로 고개를 끄덕이며 격려했다. 스페인을 상대로 무승부면 우리가 잘한 경기였다. 우리가 해낸 건가? 하지만 추가시간 2분경에 스페인 진영에서 공을 받으려는 마르쿠스 로센베리를 한 녀석이 험악하게 밀쳤고, 그 틈에 공을 차지한 스페인 선수가 우리 진영으로 공을 길게 보냈다. 라예르바크 감독은 벌떡 일어나 화를 냈다. 저런 엿 같은 주심이 있나!

감독은 명백한 프리킥 감이라고 생각했다. 하지만 주심은 경기를 지속시켰고, 선수들은 불만스러운 몸짓을 보였다. 벤치에 앉은 우리 팀 사람들은 경기 초반부터 주심의 판정에 불만을 품고 있었던 터라 거세게 항의하며 소리를 질렀지만, 곧이어 들이닥친 더 큰 재앙 앞에서 다들 할 말을 잃었다. 로센베리가 넘어지는 바람에 공을 차지하게 된 호안 캅데빌라Joan Capdevila가 길게 올린 크로스를 우리 팀 수비수인 프레드릭 스토르가 차지하려고 달렸지만, 그는 완전히 지쳐 있었다. 우리 팀 선수들은 다들 그랬다. 다비드 비야가 빠른 속도로 스토르를 앞질렀고, 페테르 한손마저 앞지르며 공을 차지했다. 그는 결국 골키퍼와 일대일 상황에서 득점에 성공해 2 대 1을 만들었다. 그리고 주심은 즉시 종료 휘슬을 불었다. 뼈아픈 패배였다.

세 번째 상대인 러시아와의 시합에서 우리는 완패했다(6월 18일에 0 대 2로 패했다―옮긴이). 나는 통증을 참으며 부지런히 뛰었지만 러시아가 모든 면에서 우리보다 나았다. 우리는 예선에서 탈락했다. 실망이 이만저만이 아니었다. 첫 경기만 좋고 나머지는 좋은 결실을 맺지 못했다. 참담한 결과였다. 늘 그렇지만 한 가지 일이 마무리되면 또 새로운 일이 시작된다. 유로 2008이 시작되기 전에 로베르토 만치니 감독이 경질되었다.

조제 무리뉴 감독이 그를 대신해 새로 사령탑을 맡을 예정이었다. 나는 그를 만나본 적이 없었다. 하지만 그는 우리 팀에 오기 전부터 나를

놀라게 만들었다. 진즉에 전화도 걸고 문자메시지도 보내면서 나와 유대
감을 형성한 것이다. 그 후로 무리뉴 감독은 내가 목숨을 바쳐 뛸 수 있
는 그런 사람이 되었다.

21
무리뉴가 '특별한 사람'이라는 사실은
알고 있었다
2008~2009년

: :

어쨌든 무리뉴 감독을 직접 대면할 기회는 아직 없었다. 물론 '스페셜 원Special One(특별한 사람)'으로 유명한 사람이었기 때문에 그에 관한 소문은 익히 들어 알고 있었다. 사람들이 하는 말에 따르면 그는 시건방지고, 기자들 앞에서 과하게 쇼맨십을 발휘하고, 자기 생각을 거침없이 내뱉는 사람이었다. 남들에게 몇 마디 주워들었을 뿐 무리뉴 감독에 대해서는 아는 게 없었다. 다만 카펠로 감독처럼 엄격하고 공격적인 지도자로 보여서 나로서는 잘된 일이라고만 생각했다. 나는 그런 범주에 속하는 감독이 좋았다. 하지만 내가 잘못 생각한 부분도 있었다. 무리뉴 감독은 포르투갈 사람이고, 항상 주목받기를 좋아한다. 그가 선수들을 장악하는 방식은 무척 독특하다. 하지만 세간의 이런 분석도 진짜 무리뉴 감독을 말해주지는 않는다.

이 사람은 과거 잉글랜드 대표팀 주장이었던 보비 롭슨 감독 밑에서 많은 것을 배웠다. 롭슨 감독이 포르투갈에서 스포르팅 구단의 감독직을 맡았을 때 통역사가 필요했는데 우연히 무리뉴가 그 일을 맡게 되었다. 무리뉴는 언어에 소질이 있었다. 하지만 롭슨 감독은 그가 다른 일에도 소질이 있음을 알아차렸다. 무리뉴는 두뇌 회전이 빨라 의견을 주고받기에 편한 상대였다. 하루는 보비 롭슨 감독이 그에게 상대 팀 전력을 분석하는 보고서를 작성하라고 시켰다. 롭슨 감독은 무엇을 기대하고 그런 일을 시켰던 것일까? 나는 이해가 안 된다. 일개 통역사가 축구에 대해 알면 얼마나 알겠는가. 하지만 무리뉴가 제출한 보고서는 최고였다.

롭슨 감독은 분석 내용을 읽고 깜짝 놀랐다. 정상급 리그에서 활약해본 적도 없는 사람이 자신이 여태껏 받아본 적 없는 뛰어난 보고서를 제출한 것이다. '어이쿠, 아무래도 내가 통역사를 과소평가했군.' 롭슨 감독은 이후 다른 구단으로 옮길 때도 무리뉴를 통역사로 데려갔다. 그렇게 무리뉴는 전술과 객관적 정보를 다루는 방법뿐 아니라 선수들의 심리를 다루는 방법을 익혔고, 결국 포르투의 사령탑을 직접 맡게 된다. 그게 2002년의 일이었다. 그때는 어디까지나 무명 감독에 지나지 않았다. 포르투 구단이 포르투갈에서 그리 수준 낮은 팀은 아니었지만, 그래도 무리뉴는 많은 사람에게 '그때 그 통역사'일 뿐이었다.

포르투는 빅클럽과는 거리가 멀었다. 2001년 리그 성적도 중간 정도였다. 그것도 포르투갈 리그에서. 그때만 해도 포르투갈에 프로 리그가 있다는 것을 모르는 사람도 많았다. 유럽의 다른 명문 구단에 비할 거리가 못 되었다. 유럽 무대에서, 특히나 챔피언스리그에서 포르투를 거들떠보는 사람은 아무도 없었다. 하지만 무리뉴는 포르투 구단에 새로운 활력을 불어넣었다. 그는 상대 팀에 관한 정보라면 세밀한 부분까지 놓치지 않는다. 그렇다는 말만 들었을 뿐, 어느 정도인지는 몰랐는데 나중에 그분 밑에 있으면서 확실히 알게 되었다. 포르투 시절 무리뉴 감독은 공격에서 수비, 또 수비에서 공격으로의 빠른 전환과 역습에 대해 강조했다.

축구에서 공격이 차단되고 수비로 전환하는 순간은 무척 중요하다. 이런 상황에서는 예상치 못한 움직임, 전술적인 작은 실수 하나가 승부를 결정지을 수 있기 때문이다. 무리뉴 감독은 다른 누구보다도 심도 있게 역습 전술을 연구했고, 포르투 선수들이 빠르게 공수 전환을 할 수 있도록 만들었다. 그 결과 포르투 선수들은 역습의 기회를 철저히 활용하는 전문가들이 되었다. 포르투 구단은 불가능한 조건을 뚫고 포르투갈 리그 타이틀을 차지했으며, 챔피언스리그에 진출했다. 포르투 구단이 맞이한 상대는 맨체스터 유나이티드나 레알 마드리드 같은 명문 구단 선수 개인의 연봉이 포르투 구단 선수들의 연봉을 다 합친 것과 맞먹는 구단들이었다. 하지만 포르투는 무리뉴 감독의 지휘 아래 이런 구단들을 다 물리치고 챔피언스리그에서도 우승컵을 차지했다.

축구계를 발칵 뒤집는 대반란을 일으키며 무리뉴는 세계에서 가장 인기 있는 감독으로 떠올랐다. 이게 2004년의 일이다. 러시아의 억만장자인 로만 아브라모비치Roman Abramovich는 첼시 구단을 사들인 후 막대한 자금을 쏟아부었는데, 그가 제일 먼저 한 일이 바로 무리뉴 감독을 영입하는 것이었다. 무리뉴 감독이 잉글랜드에 도착했을 때 잉글랜드 사람들은 환영했을까? 천만에! 무리뉴는 외국인이었다. 그것도 축구의 변방인 포르투갈 사람이었다. 축구의 종주국입네 하면서 잘난 척하는 속물들과 기자들은 그의 역량을 의심했고, 무리뉴 감독은 기자회견장에서 이렇게 말했다. "저는 어디서 불쑥 튀어나온 사람이 아닙니다. 포르투를 이끌고 챔피언스리그 우승을 차지한 사람입니다. 저는 '스페셜 원'입니다." 이 마지막 말은 사람들 마음에 깊은 인상을 심어주었다.

무리뉴 감독은 잉글랜드 언론에서 '스페셜 원'으로 통했다. 나중에야 어땠는지 몰라도 내 생각에 이 말은 처음에 그를 존중하는 표현이면서 또 그를 조롱하는 표현으로 쓰였다. 그는 사람들의 심기를 불편하게 했다. 영화에서 튀어나온 것처럼 생겨서 자기가 최고라며 거침없이 말을 내뱉고, 때로는 경쟁 팀에게 독설도 서슴지 않았다. 아스널의 아르센 벵거 감독이 기자들에게 첼시에 대해 자주 언급하자, 벵거 감독은 관음증 환자 같다고 했다. 자기 집에 앉아 망원경을 들고 이웃집 사람들이 무엇을 하는지 염탐하는 사람처럼 남의 팀만 들여다본다고 비꼰 것이다. 무리뉴 주위에서는 늘 이 같은 소란이 그치지 않았다.

하지만 그는 말만 번지르르하게 하는 사람이 아니다. 첼시는 무리뉴 감독이 오기 전에 장장 50년간 프리미어리그 우승을 맛보지 못한 팀이었다. 하지만 무리뉴의 지도 아래 첼시는 연이어 두 차례나 리그 우승을 달성했다. 무리뉴는 정말로 '스페셜 원'이었다. 그런 감독이 우리 팀으로 부임한다는 소식을 듣고 나는 여러 평판을 종합해볼 때 '처음부터 혹독하게 군기를 잡겠구나'라고 예상했다. 그런데 유로 2008 대회를 치르는 중에 무리뉴 감독이 조만간 내게 전화를 한다는 소식을 들었다. '혹시 무슨 문제가 생긴 건가?'

특별한 일은 없었다. 그는 그저 나랑 얘기를 하고 싶어 했을 뿐이다. 이를테면 "함께 일하게 되어 기쁘다" "너를 속히 만나게 되기를 기대한다" 등의 얘기였다. 그는 이탈리아어로 말했다. 나는 잘 알아들을 수가 없었다. 이탈리아에서 감독 생활을 한 적도 없는 사람이 나보다 이탈리아어를 더 잘 알았다. 사람들 말로는 3주 만에 기초를 뗐다고 하는데, 거의 초고속으로 언어를 익힌 셈이었다. 내가 그의 말을 따라가지 못하자 그가 영어로 얘기했다. 그 순간 나는 이 감독이 선수를 배려하는 사람이라는 것을 감지했다. 그가 던지는 질문은 다른 감독들과는 달랐다. 그리고 스페인전을 마친 뒤에는 문자메시지도 받았다.

수없이 많은 문자메시지가 날아드는 터라 아무 생각 없이 휴대전화를 확인했다. 그런데 다른 사람도 아닌 무리뉴 감독이 보낸 것이었다. "경기 잘 봤다"라고 쓴 뒤 그는 몇 가지 조언을 주었다. 문자메시지를 받고 나는 놀라서 그 자리에 딱 멈춰 섰다. 그런 메시지는 처음이었다. 감독이 보낸 문자메시지라니! 그러니까 무슨 말인가 하면, 나는 국가대표팀 경기를 하고 있었고, 그와는 아무 상관도 없는 경기였다. 그런데 우리 경기에 신경을 쓴 것이다. 나는 답장을 보냈고, 더 많은 문자메시지를 주고받았다. 무리뉴 감독이 나의 활약상을 주시하고 있다니 기분이 좋았고, 고마운 마음이 들었다. 무리뉴 감독이 그렇게 혹독하고 엄격한 사람이 아니라는 생각이 들었다.

물론 그가 아무 생각 없이 문자메시지를 보내지는 않았을 거라고 본다. 선수들을 따뜻하게 다독거리면서 선수들이 그에게 충성심을 품게 되기를 바랐을 것이다. 어쨌든 나는 처음부터 그가 마음에 들었다. 우리는 마음이 통했고 서로를 잘 이해했다. 전화를 받고 나는 무리뉴 감독이 굉장히 부지런하다는 사실을 바로 눈치챘다. 그는 남들보다 두 배는 더 노력한다. 하루 온종일 축구를 위해 살고, 축구만 생각하며 산다. 나는 상대 팀에 대해 무리뉴만큼 자세히 알고 있는 감독을 만나본 적이 없다. 남들 다 아는 그런 정보 수준이 아니었다. 상대 팀 선수들의 생김새, 경기 방식과 전술, 장단점은 기본이고 상대 팀에 대해 지극히 사소한 사항까지 파악하고 있었다. 예컨대 상대 팀의 3순위 골키퍼의 신발 사이즈까지 알고 있었다. 진짜 모르는 게 없었다. 우리는 무리뉴 감독이 자기 일에 얼마나 철저한지 실감할 수 있었다.

무리뉴 감독과 실제로 대면한 것은 좀 나중의 일이었다. 유로 2008 대회를 치르고 여름 휴식기를 가졌기 때문이다. 그를 만나기 전에 사실 특별한 생각은 없었다. 사진으로 많이 봤다. 그는 세련되고 자신감에 넘쳐 보였다. 하지만 실제로 만나보니 놀랍게도 의외로 키가 작고 어깨가 좁았으며, 선수들 곁에 서면 왜소해 보이기까지 했다.

그런데 그에게는 특별한 기운이 느껴졌다. 그에게는 사람들이 자기 말을 순순히 따르도록 만드는 능력이 있었다. 구단에서 하늘처럼 떠받드는 스타 선수들에게도 사정없이 호통을 쳤다. 다가가면 그 선수들의 어깨에 겨우 닿을 정도로 왜소했지만 그에게는 스타 선수들의 비위를 맞춰줄 생각이 눈곱만큼도 없었다. 그는 얼음장 같은 얼굴로 요점만 간단히 말했다. "이제부터 너는 이렇게, 이렇게 실시한다." 그런데 상상도 못 할 일이 일어났다! 모든 선수가 그의 말을 순순히 따르기 시작했다. 선수들은 바싹 긴장하며 감독이 하는 말의 의미를 완벽히 소화하려고 노력했다. 그가 두려워서 그런 게 아니다. 말했다시피, 그는 카펠로 감독이랑은 달랐다. 그는 문자메시지와 이메일 그리고 선수들의 아내나 자녀에 관한 일까지 소상히 파악하며 선수들을 챙겼다. 선수들과 친밀하게 지냈으며 쓸데없이 고함을 지르지 않았다. 선수들은 그의 말에 귀를 기울였다. 무리뉴 감독은 선수들을 준비시키기 전에 자기 자신부터 철저하게 준비하는 사람이었다. 그는 시합 전에 선수들의 투지를 다지는 작업을 한다. 그것은 한 편의 연극으로 고도의 심리 게임이었다. 선수들이 형편없이 치른 경기 영상들을 보여주며 그는 이렇게 말하기도 했다. "이것 봐! 한심할 지경이야. 구제불능이지! 저 선수들이 여기 앉아 있는 너희일 리가 없어. 쟤들은 너희 형제이거나 열등한 복제 인간일 거야." 우리는 고개를 끄덕이고 그의 말에 수긍했지만, 속으로는 몹시 부끄러웠다.

"난 오늘 저런 모습을 보고 싶지 않다." 그는 계속 말을 이었고, 우리 역시 절대로 저런 모습을 보이지 않으리라고 각오를 다졌다. "굶주린 사자처럼 나가는 거야. 검투사처럼 싸우라고." 감독의 말에 우리는 "물론입니다. 죽을 각오로 뛰겠습니다!"라고 소리를 질렀다.

"전반전에는 이런 식으로 한다……." 그는 전술을 설명하는 도중에 한쪽 손바닥을 펼쳐 보이고 다른 손은 주먹을 쥐어 손바닥을 때리면서 열변을 토했다. "그리고 후반전에는 이런 식으로 한다……."

한번은 무리뉴 감독이 작전 설명을 마침과 동시에 차트를 발로 차서 날려버렸다. 차트는 라커룸 저편으로 날아갔고, 우리는 아드레날린이 마구 솟구쳐 성난 야수처럼 그라운드를 향해 걸어 나갔다. 무리뉴 감독은 늘 이렇게 허를 찌르는 방법으로 선수들의 전의를 자극했다. 나는 그가 팀을 위해 혼신의 힘을 다한다는 사실을 실감하게 되었고, 그를 위해서라면 기꺼이 모든 것을 바치고 싶었다. 그가 감독으로서 얼마나 훌륭한지는 이것만 봐도 알 수 있다. 선수들은 그를 위해서라면 뭐든 다 할 태세였다. 그는 우리를 다정하게 감싸기도 하지만, 몇 마디 말로 사람을 다 죽여놓기도 한다. 한번은 하프타임 때 라커룸에 들어와서 싸늘한 목소리로 그가 이렇게 말했다.

"즐라탄! 오늘 넌 빵점이야, 빵점. 단 한 가지도 기여한 게 없어." 이런 상황에서 나는 한마디 대꾸도 할 수 없었다.

내가 스스로를 변호하지 못한 것은 내가 겁쟁이여서도 아니고, 그를 너무 존중해서도 아니다. 그의 말이 옳았기 때문이다. 실제 그날 나는 아무 활약도 하지 못했다. 물론 그 말은 어제 혹은 그제 내가 보여준 활약도 무리뉴 감독에게는 뭣도 아니었다는 말이 아니다. 그의 말은 오늘 일만을 염두에 두고 한 말이고, 지금 이 순간 '나가서 제대로 축구를 하라'는 뜻이다.

아탈란타와 치렀던 시합이 생각난다. 다음 날 나는 세리에 A에서 선정한 최우수 외국인 선수 상을 받기로 되어 있었고, 우리 팀은 전반전에 2 대 0으로 뒤지고 있었다. 나는 그날 그라운드에서 어디 서 있는지도 모를 만큼 존재감이 희박했다. 하프타임에 무리뉴 감독이 라커룸에 있는 내게 다가와 이렇게 말했다.

"내일 상을 받는다지?"

"예? 그렇습니다."

"그 상을 받으면 어떻게 해야 하는지 알아?"

"예? 무슨 말씀이세요?"

"부끄러운 줄 알아야 해. 그 상을 받거든 얼굴을 붉히라고. 그런 상을 받을 만한 실력을 오늘 보여주지 못했다는 것은 네가 더 잘 알 테니까. 이따위로 경기하고 상을 받는 사람은 없어. 그 상은 네 엄마에게 주든지, 아니면 그 상을 받을 만한 실력자에게 주도록 해." 나는 속으로 생각했다. '내 실력을 보여주고 말겠다. 그 상을 받을 자격이 있음을 확실히 보여주겠어. 후반전에 두고 보라고. 내가 피를 토하고 쓰러지는 한이 있어도 기필코 내 실력을 입증해 보이겠어.' 그러고 나서 나는 다시 경기를 주도하기 시작했다.

그런 일들이 많았다. 그는 나를 한없이 추켜세웠다가 또 바닥까지 떨어뜨리곤 했다. 그는 선수들의 심리를 조종할 줄 알았다. 다 마음에 드는데 딱 하나 내 마음에 들지 않는 게 있었다. 경기 중에 그가 보여주는 얼굴 표정. 내가 아무리 멋진 움직임을 보이고, 화려한 골을 넣어도 그는 얼음장처럼 차가운 표정이었다. 웃음기라고는 찾아보기 힘들었다. 눈썹도 까딱하지 않았다. 아무 일도 벌어지지 않은 듯이, 내가 그 어느 때보다 멋진 골을 넣었는데도 마치 아무 일도 일어나지 않은 또 다른 경기를 보고 있는 사람처럼 무심한 얼굴이었다. 진짜 보기 힘든 환상적인 움직임을 보였건만 무리뉴 감독은 감탄은커녕 잔뜩 풀이 죽은 얼굴이었다.

2008년 10월 4일 볼로냐와 시합할 때가 그랬다. 전반 24분경에 브라질 출신의 아드리아누가 왼쪽 측면을 따라 드리블하며 골라인까지 올라와서 크로스를 세게 올렸다. 공은 헤딩하기에는 낮았고, 발리 슈팅을 하기에는 높았다. 나는 페널티 지역 수비수들 사이에 있었다. 하지만 나는 앞으로 한 걸음 나서서, 마치 무술을 하는 사람이 발차기하듯 발뒤꿈치로 공을 차서 넣었다. 공은 곧바로 골망에 가서 꽂혔다. 진짜 끝내주는 골이었다. 그 골은 나중에 '올해의 골'에 선정되기도 했다. 관중은 넋이 나갔으며, 구단 식구들은 일어나서 비명을 지르며 갈채를 보냈다. 모든 사람이, 심지어 귀빈석에 앉아 있던 모라티 회장도 환호를 보냈다. 무리뉴 감독은 어땠냐고? 정장 차림의 그는 완전히 굳은 얼굴로 가만히 서 있었다. 저 사람 무슨 문제 있는 거 아니야? 이런 골에도 반응하지 않는

415

다면, 도대체 뭘 보여줘야 흥분시킬 수 있는 거야?

나는 그 문제로 루이 파리아Rui Faria 코치를 찾아갔다. 파리아 역시 포르투갈 사람이었다. 체력단련 코치인 그는 무리뉴 감독의 오른팔이었다. 두 사람은 구단을 옮길 때도 함께했고, 그만큼 속속들이 잘 아는 사이였다.

"한 가지만 말해주세요"라고 내가 그에게 말했다.

"물론이지!"

"도대체 어떻게 이런 골이 들어갔는지 싶은 멋진 골들을 이번 시즌에 여러 개 넣었어요. 무리뉴 감독님도 그런 골은 평생 구경도 못 했을 거라고요. 그런데 목석처럼 꿈쩍도 하지 않더군요."

"네가 참아라. 그 양반은 본래 그래. 다른 사람들처럼 반응하지 않아."

다른 사람들이랑 다를 수도 있겠지. 그렇다면 나는 기적을 만들어서라도 그의 표정에 생기를 불어넣고야 말겠다고 이를 악물었다.

어떻게 해서든 저 감독이 방방 뛰는 모습을 보고야 말겠어.

22
내가 간절히 원했던 것은
챔피언스리그의 타이틀이었다

2008~2009년

: :

나는 챔피언스리그 우승컵을 꼭 따고 싶었고, 이것은 일종의 집착이었다. 새로운 2008-2009 시즌이 시작되었고, 무릎 상태도 좋아져서 연달아 멋진 골을 넣고 있었다. 그해에도 일찌감치 스쿠데토를 차지할 것 같은 예감이었다. 하지만 솔직히 말해 이제 리그 우승은 나한테 별 의미가 없었다. 이탈리아에서는 이미 네 번이나 리그 타이틀을 땄고, 그해 시즌의 최우수선수에 선정되었다. 진짜 나한테 중요한 대회는 챔피언스리그였다. 그 대회에서는 한 번도 높이 올라가본 적이 없었다. 우리는 16강 1차전에서 맨체스터 유나이티드와 붙을 예정이었다.

맨유는 유럽 최고 구단으로 손꼽히는 팀이었다. 2008년에 챔피언스리그 우승을 차지했고 크리스티아누 호날두, 웨인 루니, 폴 스콜스, 라이언 긱스, 네마냐 비디치 같은 선수들이 있었다. 하지만 이 중에 팀을 이끌고 가는 선수는 아무도 없다. 아니, 모두가 팀을 이끌고 간다고 해야 할까? 맨유를 보면 팀이란 무엇인가를 확실히 느낄 수 있다. 맨유에서 팀보다 중요한 선수는 없다. 알렉스 퍼거슨만큼 팀플레이를 우선시한 감독도 없을 것이다. 참, 알렉스 퍼거슨 경$_{sir}$이라고 해야 하나? 알렉스 퍼거슨 경을 모르는 사람은 없다. 잉글랜드에서는 신과 같은 존재다. 그는 스타 선수들에게만 의존하는 감독이 절대 아니다. 철저히 전술에 따라 선수들을 돌려쓴다.

본래 퍼거슨 감독은 스코틀랜드의 노동자 계급 출신으로 1986년에 맨유 감독으로 부임했다. 당시 맨유에는 제대로 돌아가고 있는 게 별로 없었다. 과거 맨유의 황금기는 이미 먼 옛날의 이야기가 되고 있었다. 모든 게 엉망진창이었고, 선수들은 술에 취해 파티나 즐기러 다녔다. 그런 구단의 감독으로 부임한 것은 결코 신 나는 일이라고 볼 수 없었다. 퍼거슨 감독은 모든 것과 한판 전쟁을 벌였다. 먼저 음주와의 전쟁을 선포했고, 선수들의 기강을 바로잡았다. 그는 재임 기간 21개의 타이틀을 획득했고, 프리미어리그 우승과 FA컵 우승, 챔피언스리그 우승까지 3관왕을 달성한 1999년에는 왕실로부터 기사 작위를 받았다. 당연히 언론에서는 퍼거슨 감독과 무리뉴 감독의 대결에 주목했고, 끊임없이 기사를 쏟아 냈다.

퍼거슨 대 무리뉴, 크리스티아누 호날두 대 즐라탄의 대결이었다. 기자들은 크리스티아누 호날두와 나를 놓고 별별 얘기들을 다 했다. 그와 나는 나이키 광고에도 함께 등장했다. 우리 둘이서 여러 가지 발재간을 보이며 슈팅을 날리는 장면을 담은 영상이었는데 에리크 칸토나$_{Eric}$ $_{Cantona}$도 사회자로 찬조 출연해서 재미를 준다. 하지만 나는 그가 어떤 선수인지 알지 못했다. 각자 따로 촬영해서 서로 만난 적이 없었다. 나는 언론에서 뭐라 지껄이든 크게 개의치 않았다. 아무리 맨유라도 한번 붙어볼 만하다는 생각이 들었다. 무리뉴 감독은 그 경기에 대비해 우리를 철저히 훈련시켰고 우리도 승산 가능성이 충분히 있어 보였다. 하지만 산시로 경기장에서 치른 1차전은 실망스럽게 끝났다. 가까스로 0 대 0 무승부를 기록하는 데 그쳤고, 나 역시 변변한 활약을 보이지 못했다. 당연히 잉글랜드 언론에서도 무승부를 낸 맨유에 대해 온갖 헛소리를 지껄였다. 뭐, 그거야 그들 사정이고 우리 문제는 아니었다. 물론 2차전에 대해서도 자기네들 하고 싶은 대로 아무 말이나 막 지껄여댔지만 나는 신경 쓰지 않았다. 하지만 올드 트래포드Old Trafford에서 치를 2차전에서는 반드시 이겨서 챔피언스리그를 계속 치르고 싶었다. 챔피언스리그에 대한 욕망은 내 안에서 갈수록 커져 갔다. 올드 트래포드 그라운드 위로 올라갈 때 갈채와 야유를 동시에 받았던 생각이 난다.

경기장은 살얼음판이었다. 무리뉴 감독은 검은색 정장에 검은색 코트를 걸쳤다. 그의 표정은 심각했고, 평소처럼 자리에 가만 앉아 있지도 않았다. 그는 내내 사이드라인에 서서 전장을 지휘하는 장군처럼 경기를 주시했다. 맨유 홈팬들은 여러 차례 "앉아라, 무리뉴"를 연호했고, 그럴 때마다 그는 관중석을 향해 손을 흔들어 보였다. 무리뉴 감독은 사이드라인에서 "들어가서 이브라를 도와야지!" 하고 선수들에게 소리를 질렀다. 맨유의 수비벽은 탄탄했고, 나는 전방에서 도움을 받지 못할 때가 많았다. 나는 집중 견제를 받았다. 시즌 내내 그랬지만, 이번에도 무리뉴 감독은 나를 전방에 내세워 4-5-1 전술을 썼다. 나는 반드시 골을 넣어야 한다는 압박을 받았고, 기꺼이 그 부담감을 떠안았다. 내가 승부를 책임지고 싶었다.

하지만 맨유의 공격은 매서워졌고, 나는 수비수들에게 둘러싸여 철저하게 고립되었다. 나는 그 상황이 저주스러웠다. 최악이었던 것은 경기 시작 3분 만에 라이언 긱스가 코너킥을 올리고, 그것을 비디치가 받아 헤딩슛으로 연결시켜 1 대 0을 만들었다는 것이다. 찬물을 온몸에 뒤집어쓴 것처럼 우리는 몸이 굳었다. 올드 트래포드 관중은 모두 벌떡 일어나서 함성을 질렀다.

"조제 무리뉴, 당신은 더 이상 특별하지 않아."

특히 무리뉴 감독과 나는 심하게 야유를 받았다. 하지만 우리 선수들도 몸이 풀리기 시작했다. 사실 우리로서는 한 골만 넣으면 8강에 진출할 수 있었다. 우리가 1 대 1로 경기를 마무리 짓는다면 승리는 우리 것이었다. 나는 활발하게 기회를 만들기 시작했다. 전반 30분께 후방에서 올라온 크로스를 받아 문전에서 골라인을 보고 강하게 헤딩을 했다. 하지만 공은 골대를 강타하고 아깝게 빗나가고 말았다. 이렇게만 하면 우리가 이 경기를 잡을 수도 있겠다는 생각이 들었다. 우리는 연이어 위협적으로 맨유의 골문을 두드렸다. 후반에는 아드리아누가 감각적인 발리킥 슈팅을 날렸다. 하지만 또 골대를 맞고 빗나갔다. 그리고 얼마 후에 웨인 루니가 페널티 지역 밖에서 올린 크로스를 크리스티아누가 받아서 헤딩슛으로 연결시켜 2 대 0을 만들었다. 두 번째 골까지 먹고 나니 기분이 더러웠다. 우리는 안간힘을 다했지만, 시간은 무심하게 흐르고 만회골은 터지지 않았다. 경기 막판, 올드 트래포드 관중은 구장이 떠나가도록 "안녕! 잘 가, 무리뉴. 다 끝났어" 하고 노래를 불렀다. 나는 잔디 구장이든 뭐든 뭐라도 깨부수고 싶은 심정이었다. 라커룸에 들어갔을 때의 일이 지금도 생각난다. 무리뉴 감독은 시합 후에 이제 리그 경기에 집중하자며 우리를 다독거렸다. 그는 시합 전에도 또 시합 중에도 바위처럼 흔들림이 없었다. 가끔은 시합이 끝나고 며칠이 지난 뒤에 패배의 원인을 분석해 우리가 두 번 다시 같은 실수를 범하지 않도록 우리를 다그쳤다. 특히 이런 상황에서는 선수들을 다그쳐봤자 아무 소용이 없었다. 선수들은 머리끝까지 화가 나 있었다.

선수들은 여차하면 살인이라도 저지를 기세였다. 그때였던 것 같다. 인터 밀란에 와서 처음으로 팀을 옮기고 싶다는 생각이 고개를 내밀었다. 나는 원래 가만있으면 좀이 쑤시는 사람이고, 역마살이 끼었는지 자주 옮겨 다녔다. 어렸을 때에도 툭하면 전학을 가고, 이사를 하고, 구단을 옮겨 다녔던 터라 이제는 옮겨 다니는 게 오히려 재미있을 지경이 되었다. 가만히 앉아 내 다리를 내려다보는데 '아무래도 인터 밀란에서는 챔피언스리그 우승을 못 할 것 같다'는 의심이 들었다. 인터 밀란이 훌륭하지 못하다고 생각해서가 아니라 그냥 그런 생각이 들었다. 어쨌든 이런 생각은 시합 후에 가진 첫 인터뷰에서도 은연중에 드러났다. 보통 때 같았으면 "당연하죠. 우리가 내년에 우승할 겁니다"라고 대답했겠지만 나는 그냥 솔직히 대답했다.

"인터 밀란에서 챔피언스리그 우승을 할 수 있을까요?" 하고 기자들이 물었다.

"몰라요. 두고 봐야죠." 팬들은 이때부터 뭔가 이상하다고 나를 의심했던 것 같고, 팬들과도 분위기가 싸해지기 시작했다.

나는 미노에게 말했다. "이적하고 싶어. 스페인으로 갔으면 해." 그는 내 말뜻을 정확히 알아들었다. 스페인이라 하면, 곧 레알 마드리드나 바르셀로나를 의미했다. 마드리드가 더 매력적이었지만, 둘 다 최고의 구단이었다. 레알 마드리드는 화려한 전통과 역사를 자랑하고 호나우두, 지단, 피구, 호베르투 카를로스, 라울 같은 쟁쟁한 선수들이 거쳐 갔다. 하지만 나는 바르셀로나 쪽으로 자꾸 마음이 기울었다. 그들은 아름다운 축구를 구사했고, 리오넬 메시와 사비, 이니에스타 같은 선수들이 있었다.

하지만 어떻게 이들에게 접근해야 할까? 쉽지 않은 일이었다. "바르셀로나에서 뛰고 싶어요"라고 말할 수는 없는 노릇이었다. 인터 밀란에서의 내 평판에도 먹칠하는 셈이지만, 그것은 "한 푼도 받지 않고 뛰겠어요"라고 선언하는 것이나 진배없기 때문이었다. 그런 식으로 협상을 시작할 수는 없었다. 가고 싶다고 대놓고 말하면 상대 구단에서는 얼마든지 헐값에 데려올 수 있는 놈이라고 생각하게 된다. 따라서 구단에서 찾아오게 만들어야 한다. 경영진이 어떤 대가를 치르고서라도 영입하고 싶은 마음이 들게끔 만들어야 한다. 하지만 그들이 나를 데려가고 싶게 만드는 게 문제가 아니었다.

진짜 문제는 이탈리아에서 내가 차지하고 있는 위상과 내 몸값이었다. 나는 시장에서 너무 비싼 선수였다. 그래서 이적이 불가능한 선수로 인식되어 있었다. 예전부터 그런 얘기는 수없이 들었다. 나 말고 AC 밀란의 카카, 바르셀로나의 메시, 맨체스터 유나이티드의 크리스티아누 호날두도 마찬가지였다. 어떤 구단이라도 이런 선수들의 몸값을 감당하기는 어려울 거라는 전망이었다. 우리의 몸값은 너무나 비쌌다. 하물며 무리뉴 감독도 이렇게 얘기했다. "이브라는 남을 겁니다. 그만큼 몸값을 지불할 구단이 없어요. 수억 유로를 지불할 사람은 없지요." 하지만 말도 안 되는 소리다.

내가 너무 비싸서 팔 수 없다고? 그럼 더럽게 비싼 모나리자 그림은 영영 팔리지 않겠네? 나는 시장 상황이 어떤지 잘 몰랐다. 어쨌거나 이적 가능성에 대해 언론에서 솔직하게 속내를 비친 것은 어리석은 짓이었다. 다른 스타 선수들과 마찬가지로 나는 절대 우리 팀을 떠나지 않을 것이고 어쩌고저쩌고하면서 판에 박은 멘트를 던졌어야 했다.

하지만 나는 그렇게 하지 않았다. 거짓말을 할 수가 없었다. 미래에 어찌 될지 알 수 없는 일이고, 그래서 가능성을 열어둔 것뿐인데 결국엔 많은 사람, 특히 홈팬들의 짜증을 유발한 셈이었다. 사람들은 나를 배신자 취급까지는 안 해도 그에 상응하는 발언을 한 사람으로 간주했다. 벌써 의욕을 잃어버린 것 아니냐며 나를 염려하는 사람들도 많아졌다. 특히 내가 "새로운 것을 시도해보고 싶어요. 이탈리아에서 5년이나 있었어요. 기술축구를 좋아하는데, 스페인 축구가 그렇습니다" 어쩌고저쩌고하면서 입을 놀린 후로는 더욱 비난이 일었다. 언론에서는 당연히 추측성 발언들이 쏟아져 나왔다.

하지만 그런 말들은 내가 구단에서 나가려고 써먹은 작전도 아니고, 술수도 아니었다. 그저 솔직하게 내 생각을 말한 것뿐이었다. 하지만 나 같은 선수에게는 말 한마디도 일이 간단치 않았다. 나는 인터 밀란에서 가장 중요한 선수였고, 내가 떠나기를 원하는 사람은 아무도 없었다. 내가 그런 말을 할 때마다 세상이 시끄러워졌다. 하지만 그래봤자 내 처지에서는 시간 낭비일 뿐이었다. 그 시간에 내 몸값이 줄어든 것도 아니고 아무 제안도 받지 못했으니까. 인터 밀란을 떠나고 싶긴 했다. 하지만 그

423

마음이 내 경기에 영향을 미치지는 않았다. 나는 부상에서 완전히 회복했고, 몸 상태는 더없이 좋았다. 나는 어떻게든 무리뉴 감독이 기뻐 뛰게 만들려고 최선을 다했다.

특히 레지나전에서 활약했던 생각이 난다. 나는 거의 중앙선에서부터 드리블하면서 수비수를 세 명이나 따돌리고 골문을 향해 전진했다. 솔직히 그것만으로도 끝내줬다. 사람들은 다들 내가 강력한 슈팅을 날릴 거라 예상했을 것이다. 하지만 앞으로 성큼 나와 있는 골키퍼를 본 순간, 나는 다른 그림이 떠올랐다. 나는 왼발로 공을 툭 띄워서 골키퍼 키를 넘겼다. 흠 잡을 데가 없었다. 공은 아름다운 포물선을 그리며 골대 상단 구석으로 날아가 꽂혔다. 관중은 일제히 일어나 환호성을 질렀다. 물론 무리뉴 감독만 빼고. 회색 정장을 차려입은 그는 찌푸린 얼굴로 껌을 씹고 있었다. 다시 말해 여느 때와 똑같았다. 그 골은 내가 넣은 다른 어떤 골보다 멋졌고, 그 골로 인해 나는 득점왕 경쟁에서 볼로냐의 마르코 디 바이오Marco Di Vaio와 함께 1위 자리에 올랐다. 이탈리아에서 득점왕이 된다는 것은 큰 의미가 있었고, 나는 더욱 그 목표에 힘을 쏟기 시작했다. 그것은 내게 필요한 새로운 도전 목표였다. 나는 골문 앞에서 그 어느 때보다 공격적으로 움직였고, 이탈리아 팬들만큼 득점왕을 사랑하는 사람들도 없었다. 이탈리아에서는 골잡이가 더 많은 득점을 올리기 위해 구단을 떠나고 싶어 할 때는 아무도 미워하지 않는다. 하지만 득점을 많이 올리고 멋진 골을 넣어도 내게는 별 도움이 되지 않았다. 레지나전을 마치고 나는 이렇게 말했다.

"리그 타이틀을 차지하는 일에만 집중하고 있습니다. 다음 시즌은 두고 봐야겠지요."

이 같은 발언으로 팬들과의 갈등이 심화된 것은 말할 필요도 없었다. 이브라가 어떻게 된 거 아냐? 대체 왜 저러는 거야? 여름 휴식기까지는 아직 많은 시간이 남아 있었다. 우리는 어떤 구체적인 협상 제안도 받은 적이 없었지만, 언론에서는 벌써부터 추측성 기사를 내보냈다. 그 주인 공은 나와 크리스티아누 호날두 선수였다. 레알 마드리드에서 둘 중 하나를 영입할 것인가? 그렇다면 그럴 만한 자금은 있는가? 세간에서는 꾸준히 소문을 생산했다. 일례로 사람들은 레알 마드리드가 곤살로 이과인과 나를 맞교환하려는 계획이라고 추측했다.

그런 식으로 거래하면 구단이 많은 돈을 지불할 필요가 없었다. 이과인의 몸값으로 이적료를 상당 부분 지불할 수 있기 때문이었다. 물론 말했다시피, 그저 소문에 불과했다. 하지만 언론에서 다루면 그냥 소문으로 그치지 않았다. 아무리 터무니가 없어도 파급력이 만만치 않았다. 많은 이들은 '팀보다 더 중요한 선수는 없다'며 나를 가르치려 들었고, 팀을 버린 배은망덕한 배신자라며 나를 비난했다. 하지만 나는 마음에 두지 않았다.

나는 꾸준히 활약하며 득점왕 경쟁을 이어갔다. 피오렌티나전에서는 추가시간에 시속 109킬로미터에 달하는 멋진 프리킥을 성공시켰다. 멀리서 날아간 공은 시원하게 골망을 갈랐고, 우리 팀의 리그 우승은 확실해 보였다. 하지만 모든 일에는 양면이 있다고 했다. 좋은 일이 생기면 나쁜 일도 따라다녔다. 내가 잘하면 잘할수록 서포터들은 구단을 떠나고 싶어 하는 나 때문에 크게 술렁거렸다. 2009년 5월 2일, 라치오전을 앞두고 팬들의 불만은 폭발 직전이었다. 울트라 팬들은 "환영한다, 막시밀리안"이라는 현수막을 걸어 나를 감동시켰던 이들이다. 물론 그들은 내게 깊은 애정을 보여주었지만, 적개심을 드러내기도 했다. 상대 팀 선수들은 물론이고 자기 팀 선수라도 예외가 없었다. 나는 산시로에 들어선 순간 팬들의 적개심을 온몸으로 느낄 수 있었다. 홈팬들은 격앙되어 있었다.

언론에서는 일주일 내내 즐라탄이 이탈리아를 떠나 새 둥지를 찾고 싶어 한다는 내용을 보도했다. 그 소식을 모르는 사람은 아무도 없었다. 경기 초반부터 나는 페널티 지역에서 득점 기회를 만들려고 치열하게 몸싸움을 벌였다. 공을 차지하지는 못했지만 이럴 때 보통 팬들은 좋은 시도였다며 손뼉을 치고 응원을 보냈다. 하지만 이날은 울트라 팬들이 비아냥거리며 야유를 보냈다. 나는 기가 찼다. '여기서 열심히 뛰고 있고, 리그 선두를 달리고 있는데, 나한테 야유를 보내다니 당신네들이 팬이야 뭐야'라는 생각이 들었다. 나는 입술 위에 손가락을 갖다 대고 그들을 향해 조용히 하라는 손짓을 보냈다. 경기는 잘 풀리지 않았고, 우리 팀이 강하게 압박을 했음에도 전반전이 끝나기 직전까지 점수는 0 대 0이었다. 그러자 울트라 팬들이 팀 전체를 향해 야유를 보내기 시작했다. 그 일로 나는 뚜껑이 확 열렸다. 아니, 정확히 말해 전투력이 불타올랐다.

보란 듯이 실력을 발휘하고 싶었다. 나는 화가 나면 오히려 경기를 더 잘한다. 그러니 내가 경기 중에 열을 내더라도 걱정하지 마시라. 물론 멍청한 짓을 저질러 퇴장을 당하는 경우도 있지만 대개는 좋은 신호라고 보면 된다. 축구를 처음 시작하고부터 지금까지 세상에 한 방 먹이고 싶은 마음으로 달려온 나다. 후반전 15분쯤 페널티 지역 외곽에서 공을 받은 나는 몸을 돌려 골문을 향해 돌진하다가, 속임동작을 한 뒤에 수비수 두 명 사이로 슈팅을 날렸다. 그것은 분노가 실린 슈팅이었고, 멋진 골이었다. 하지만 사람들은 그 골에 대해 언급하지 않았다.

골보다는 내 태도가 사람들의 관심을 끌었다. 내가 아무런 골 세리머니도 하지 않았기 때문이다. 나는 우리 진영으로 되돌아가는 내내 입술에 손가락을 대고 울트라 팬들에게 조용히 하라는 시늉을 해 보였다. '닥쳐, 너희의 헛짓거리에 대한 내 대답은 이거야. 너희는 야유를 보냈고 나는 골을 넣었어'라는 뜻으로. 그날 내 행동은 큰 논란을 낳았다. "너, 그거 봤어? 그거 봤어?" 팬들과 나는 새로운 갈등 국면으로 접어들었다.

그 팀을 대표하는 스타 선수와 팬들 간에 공식적으로 전쟁이 벌어진 셈이었다. 사이드라인에는 무리뉴 감독이 서 있었다. 물론 그는 승리를 기뻐하는 어떤 표현도 하지 않았다. 당연히 기대도 안 했다. 그러나 그 상황에서 확실히 내 편을 들어줬다. '이런 염병, 자기 팀에게 야유를 보내다니. 머리에 뭐가 들었냐'라는 듯 무리뉴 감독은 자기 머리를 손가락으로 톡톡 건드렸다.

분위기는 더 험악해졌다. 관중석에서는 소요가 일어났다. 하지만 나는 동요하지 않았다. 나는 분노에 불타서 그라운드를 누볐고, 스루패스를 넣어 도움을 기록하며 2 대 0을 만들었다. 나는 경기를 지배했고, 종료 휘슬이 울리자 내심 기뻤다. 하지만 그것으로 끝난 게 아니었다. 그라운드에서 내려가자 울트라 조직의 수장들이 라커룸에서 나를 기다리고 있다는 말이 들렸다. 나는 그들이 어떻게 거기에 내려갔는지 알 수가 없었다.

라커룸으로 들어가는 통로에 일고여덟 명의 사내들이 서 있었다. "잠깐, 얘기 좀 할 수 있을까요?" 하고 점잖게 입을 열 사람들로는 절대 보이지 않았다. 나를 잡아먹을 듯이 노려보고 있는 남자들은 나처럼 길거리에서 나고 자란 인생들이었다. 내 주변에 있던 사람들은 바싹 긴장했고, 내 심장박동도 빨라졌다. 스트레스가 확 밀려왔다. 하지만 나는 스스로 다짐했다. '여기서 물러설 수야 없지. 내가 자란 곳에선 절대 굽히는 법이 없거든.' 그래서 그들에게 위협적으로 바짝 다가섰다. 그들은 잠깐 동요하는 듯했지만 '뭐야? 제기랄, 이브라가 지금 우리한테 덤비는 거야?' 하는 표정으로 나를 노려봤다.

"저 위에 사람들, 뭐 불만 있어요?" 하고 내가 물었다.

"그래. 열 받아 돌아버릴 놈들 많지."

"그럼 그 사람들한테 운동장으로 내려오라고 전해요. 거기서 한판 뜨죠!"

그렇게 말하고 나는 자리를 떴다. 심장이 요동을 쳤지만, 기분은 좋았다. 스트레스가 심했지만 나는 마음을 잘 추슬렀다. 나는 조금도 위축되지 않았고, 그 후로도 엿 같은 일은 계속되었다. 울트라 조직은 공식 미팅을 요구했다. 제기랄, 내가 왜 또 그들을 만나야 하는가? 나는 축구 선수다. 팬들이야 자기 구단에 영원히 충성을 맹세할 테고, 그것은 멋진 일이다. 하지만 축구 선수로서의 생명은 짧다. 선수는 자기 이익을 챙겨야 하고, 여러 구단을 옮겨 다닌다. 그것은 팬들도 알고 나도 아는 사실이다. 나는 그들에게 "울트라 홈페이지에 나와 우리 팀을 향해 야유하고 조롱했던 것에 대해 사과문을 올리면 기꺼이 받아들이고 없던 일로 하겠다"고 말했다. 하지만 아무것도 올라오지 않았다. 울트라 팬들은 나를 향해 응원도, 야유도 보내지 않기로 결정했다. 그들은 나를 없는 사람 취급하기로 한 것이다. 나는 잘들 해보라고 속으로 비웃었다.

그때도 그렇고, 이후에도 그렇고 그들이 아무리 못 본 척하고 싶어도 그러기가 쉽지 않았을 것이다. 내 몸 상태는 더없이 좋았고, 나에 대한 말들은 끊이지 않고 나왔다. 즐라탄 이적? 즐라탄 잔류? 즐라탄을 영입할 수 있는 구단은 어디인가? 그것은 주도권 다툼이었고, 나는 이러다가 막다른 골목에 몰릴까 봐 두려웠다. 그러니까 결국 아무 데도 못 가고 인터 밀란에 남아 잔뜩 기죽어 지내게 되는 것은 아닐지 걱정이 됐다. 이는 고도의 심리전이었다. 나는 미노에게 전화를 걸었다. "영입 제안이 들어온 곳은 없어? 아무 움직임도 없는 거야?" 아무 소식도 없었다. 설령 관심 있는 구단이 있다 해도 나를 데려간다는 것은 기록적인 이적료를 마련해야 한다는 뜻이었다. 나는 언론에서 쏟아내는 기사에 눈과 귀를 닫고 지내려고 애썼다. 하지만 그러기가 쉽지 않았다. 그 같은 상황에 있으면 더더욱. 나는 미노와 계속해서 연락을 주고받았고, 바르셀로나에 들어가고 싶다는 생각은 갈수록 커졌다. 그해 바르셀로나는 챔피언스리그 우승을 차지했다. 사무엘 에투와 메시의 활약으로 맨체스터 유나이티드를 2 대 0으로 꺾었다. '그래, 저 구단이야말로 내가 가야 할 곳이야.' 나는 미노에게 전화를 계속 걸었다.

"대체 뭘 하고 있는 거야? 낮잠이나 처자고 있는 거야?"

"엿 먹어, 이 쪼다 자식아. 널 원하는 사람이 아무도 없어! 말뫼로나 가면 다행인 줄 알아."

"너나 엿 먹어!"

하지만 그가 이 문제를 해결하기 위해 최선을 다하고 있는 것은 분명했다. 단지 내 이익을 챙기기 위해서가 아니라 우리 둘 다 오래전부터 꿈꾸던 거래였기 때문이다. 이러다가 우리 패만 다 보여주고, 울트라 팬과 경영진의 화만 엄청나게 돋우고 아무 성과 없이 주저앉을 가능성도 얼마든지 있었다. 하지만 성공한다면 엄청난 성과를 얻는 것이기 때문에 우리는 위험한 도박을 걸기로 했다.

그러는 동안에도 리그 경기는 계속되었다. 우리는 이미 스쿠데토를 확보했지만, 나는 득점왕 타이틀을 차지하고 싶었다. 카포칸노니에레 Capocannoniere(이탈리아 세리에 A 득점왕)를 차지한다는 것은 역사에 남는 것을 의미했고, 스웨덴 선수로는 1955년에 득점왕에 올랐던 군나르 노르달Gunnar Nordahl이 유일했다. 아무것도 보장된 것은 없었지만 마침내 그 기록을 달성할 기회가 생겼다. 당시 득점왕 선두는 두 명. 볼로냐의 마르코 디 바이오와 제노아의 디에고 밀리토Diego Milito가 공동 1위를 달리고 있었다. 물론 그 타이틀은 무리뉴 감독과는 아무 상관이 없었다. 그는 팀을 지도하는 감독이다. 하지만 그는 라커룸에 서서 이렇게 말했다.

"이제 우리는 이브라가 득점왕 타이틀을 차지할 수 있도록 해야 한다." 그 한마디가 영향을 미쳤다. 모든 선수가 나를 돕겠다고 공개적으로 말했다.

그전에 발로텔리 얘기부터 하고 넘어가자. 그 자식이 막바지에 치른 한 경기(2009년 5월 17일에 치른 시에나전을 말한다—옮긴이)에서 공을 잡고 페널티 지역으로 쇄도해 들어갈 때, 나도 측면에서 달려 들어갔다. 내 앞으로는 완전히 열린 공간이었다. 득점할 수 있는 완벽한 위치였다. 그런데 발로텔리는 계속해서 치고 들어갔다. 나는 그 자식을 쳐다보았다. '뭐 하고 있어? 나 안 도와줄 거야?' 나는 화가 났지만, 어쩌랴. 한참 어린 친구인 것을. 그가 득점을 올렸고, 나는 거기서 그를 욕할 수가 없었다. 그날 나뿐 아니라, 벤치에 앉은 선수들도 화를 냈다. "염병할 놈, 즐라탄이 완벽한 위치에 있었는데 공을 몰고 가서 슈팅을 하다니." 나는 '이런 식이라면 득점왕 타이틀은 물 건너가겠구나' 하고 생각했다. 참 눈물 나게 고맙다, 발로텔리. 하지만 그 일은 곧 잊어버렸다.

나는 그다음 시합에서 한 골을 넣었고, 최종전 한 경기가 남아 있는 상황이었다. 한 경기도 마음을 놓을 수 없는 득점왕 경쟁이 이어지고 있었다. 마르코 디 바이오와 나는 똑같이 23골씩 넣었고, 디에고 밀리토가 22골로 우리 뒤를 바싹 추격했다. 이게 5월 31일의 일이었다. 모든 신문이 득점왕 경쟁에 관해 썼다. 과연 누가 득점왕을 차지할 것인가?

최종전이 치러지던 날, 날씨는 무더웠다. 리그 우승은 이미 확정되었다. 우리 팀이 한참 전에 리그 우승컵을 차지했다. 하지만 경기장에는 긴장감이 넘쳐흘렀다. 행운이 따른다면, 이 경기가 이탈리아 리그에서 나의 고별전이 될 것이었다. 나는 그렇게 되기를 바랐다. 어떻게 될지는 알 수 없었다. 이 경기가 마지막 경기가 될지 안 될지는 모르지만 나는 멋진 활약을 펼치고 싶었고, 득점왕 타이틀을 차지하고 싶었다. 나는 누구랑 상을 나눠 먹는 데에는 관심이 없었다.

물론 그것은 나한테만 달린 문제가 아니었다. 디 바이오와 밀리토의 활약에 따라 결과는 바뀔 수 있었다. 그들 역시 동일한 시간대에 경기를 치르고 있었다. 볼로냐의 디 바이오는 카타니아와 경기를 치렀고, 제노아의 밀리토는 레체와 경기를 치렀다. 그 선수들은 분명히 득점을 올릴 것으로 예상되었다. 그들이 틀림없이 골을 넣을 것이기에 나 역시 전력투구할 작정이었다. 나는 골을 넣어야 했지만, 그게 마음먹은 대로 되는 일은 아니었다. 득점을 올리려고 너무 애를 쓰면 오히려 더 어려워진다.

431

스트라이커들은 모두 그 사실을 잘 알고 있다. 너무 골에만 집중하면 안된다. 몸으로 느껴야 한다. 본능적으로 반응해야 하는 것이다. 아탈란타와 시합을 치르자마자 이 경기가 멋진 이벤트가 될 거라는 감이 왔다. 경기를 시작한 지 몇 분 만에 점수는 1 대 1이 되었다.

전반 12분경에 에스테반 캄비아소Esteban Cambiasso가 우리 쪽 페널티 지역에서 밖으로 길게 공을 찼다. 나는 상대 수비수들과 나란히 서 있다가 공을 차지하려고 뛰기 시작했다. 오프사이드 경계선상에 있었는데, 상대 수비수들은 우리를 오프사이드 함정에 빠뜨리려고 나를 추격하지 않았다. 나는 번개처럼 달려갔고, 골키퍼와 단독으로 마주하게 되었다. 공이 바닥에 떨어졌다가 다시 튀어 오르는 것을 무릎으로 컨트롤해 공을 앞쪽으로 굴렸다. 곧 골키퍼와 충돌할 판이었다. 하지만 충돌하기 직전에 나는 오른쪽 넓은 공간으로 슈팅을 날렸다. 골이었다. 점수는 2 대 1이 되었고, 그 골로 나는 득점왕 경쟁에서 선두에 올라섰다. 사람들도 기뻐서 나를 향해 소리쳤다. 나는 득점왕에 대한 희망을 품기 시작했다. 하지만 다른 구장에서도 사건이 벌어지고 있었다. 사람들이 사이드라인에서 소리를 질렀다. "밀리토와 디 바이오가 득점을 올렸어." 나는 믿고 싶지 않았다. 벤치에 앉은 어떤 녀석들이 장난으로 허튼소리를 하고 있는 것만 같았다. 축구에서는 그런 일들이 많다. 선수를 짜증 나게 하거나 화를 돋우려고 터무니없는 소리를 하는 경우가 많아서 나는 개의치 않고 경기를 뛰었다. 나는 쓸데없는 말에 귀를 닫고, 한 골만 더 넣으면 충분하겠다고 생각했다. 그 시각 다른 경기장에서는 한 편의 드라마가 펼쳐지고 있었다.

디에고 밀리토는 득점왕 경쟁에서 3위였다. 그는 아르헨티나 출신으로 놀라운 득점력을 보이고 있었다. 몇 주 전에 인터 밀란행이 확정된 선수였다. 그러니까 내가 구단에서 나가지 못하면 우리는 함께 뛰게 될 운명이었다. 어쨌든 이때 레체를 상대로 경기를 치르던 밀리토의 컨디션은 매우 좋았다. 그는 단 10분 만에 두 골이나 넣어 나랑 똑같이 24골을 기록하고 있었다. 그리고 언제라도 세 번째 골이 터질 분위기였다. 밀리토만 골을 넣은 게 아니라 마르코 디 바이오 역시 골을 넣었다. 나는 그 사실을 전혀 모르고 있었다. 우리 세 선수는 공동 선두를 달렸고, 단독 1위는 어려워 보였다. 나는 공동 수상에는 관심이 없었다. 타이틀은 혼자 차지해야 했다. 상황이 어떻게 돌아가는지 확실히 알지는 못했지만, 분위기를 보아 하니 추가 득점이 필요하다는 생각이 들기 시작했다. 벤치에 앉은 우리 선수들의 얼굴이나 관중석의 열기가 그 사실을 말해주고 있었다. 시간은 흘렀고, 아무 일도 일어나지 않았다. 아무래도 공동 수상으로 끝나는 분위기였다. 경기 종료 10분을 남겨두고 점수는 3 대 3이었다. 무리뉴 감독은 에르난 크레스포를 투입해서 새 에너지를 불어넣었다.

무리뉴 감독은 팀이 계속 공격적으로 나가기를 원했고, 위로 올라가 기회를 노리라고 말하듯 손을 흔들어 보였다. 득점왕 트로피를 차지할 기회를 놓쳐버리는 것은 아닐까? 나는 두려웠다. 그래서 더욱 열심히 뛰었고, 공을 달라고 소리쳤다. 많은 선수가 지쳐 있었다. 경기는 접전이었다. 하지만 크레스포는 막 들어와서 힘이 있었다. 그는 오른쪽에서 드리블하며 전진했고, 나는 골문을 향해 달렸다. 그가 길게 크로스를 올렸고, 나는 공을 차지하기 위해 다툼을 벌였다. 한 선수를 몸싸움으로 가로막으며 골문을 등진 채 공을 차지했다. 득점 기회였다. 그런데 말했다시피 나는 골문을 등지고 서 있었다. 어떻게 해야 하겠는가? 발뒤꿈치로 차야만 했다. 나는 공을 발뒤꿈치로 골문을 향해 힘껏 찼다. 물론 선수 생활을 하면서 수없이 많은 공을 발뒤꿈치로 찼다. 유로 대회에서 이탈리아를 상대로 넣은 골이 그랬고, 볼로냐전에서 무술 동작을 연상케 한 자세로 찬 공도 그랬다. 하지만 이번 상황에서 발뒤꿈치로 골을 넣기를 바라는 것은 무리였다.

아무리 봐도 들어갈 수가 없는 골이었다. 어렸을 때 어머니 동네 축구장에서는 종종 이런 자세로 골을 넣은 적이 있지만, 이처럼 중요한 마지막 시합에서 이런 슈팅 자세로 득점왕을 차지할 수는 없을 것 같았다. 이게 들어갈 턱이 없다. 하지만 공은 골문 안으로 들어갔고, 점수는 4 대 3이 되었다. 나는 경고를 받을 걸 알면서도 유니폼 윗도리를 벗어 던지고 기쁨을 표현했다. 세상에, 이럴 수가. 엄청난 일이었다. 나는 웃통을 벗은 채 코너 깃발 부근까지 달려가 당당하게 섰다. 크레스포를 비롯한 많은 선수가 내 등 뒤로 풀쩍풀쩍 올라탔다. 그들은 내 몸 위에 올라타서 나를 깔아뭉갰다. 거의 잡아먹을 기세로 나에게 소리를 지르며 달려들었다. "네가 득점왕이야!"

차츰 흥분이 가라앉았다. 이 순간은 역사적인 순간이었고, 멸시받은 설움을 설욕한 날이었다. 이탈리아에 처음 왔을 때 사람들은 나를 보고 득점력이 별로라고 비판했었다. 하지만 이제 나는 득점왕을 차지했다. 이제 내 득점력에 대해서는 의심의 여지가 없었다. 게다가 그냥 골이 아니고 멋진 플레이까지 선보였다. 나는 우리 진영 쪽으로 천천히 돌아갔다. 그러다가 뜻밖의 광경에 깜짝 놀라 걸음을 멈추었다.

늘 목석 같은 얼굴로 눈썹 하나 깜빡이지 않던 무리뉴 감독이 깨어난 것이다. 그는 미친 사람 같았다. 어린 학생처럼 펄쩍펄쩍 뛰며 즐거워하고 있었다. 나는 미소를 지었다. 결국 내가 그를 흥분하게 만든 것이다. 좀 시간이 걸리긴 했지만.

득점왕을 차지하기 위해 발뒤꿈치로 공을 차는 묘기까지 부려야만 했다.

23

"나도 바르셀로나에 가게 됐어."
비에이라는 멍한 표정으로 "말도 안 돼"라고 말했다
2009~2010년

: :

2009년 6월 3일, 카카가 6500만 유로에 레알 마드리드로 이적했고, 7월 1일 크리스티아누 호날두가 같은 구단으로 1억 유로에 이적했다. 그 같은 가격은 지금 내가 구단을 옮기기 위해 어떤 수준의 금액을 논의하게 될 것인지에 대해 많은 것을 시사했다. 나는 모라티 회장을 찾아갔다. 모라티 회장은 멋진 사람이었다. 그는 상당히 오랫동안 회장직을 역임했고, 사업 수완이 좋은 사람이었다.

"드릴 말씀이 있어요. 최근 몇 해 동안 정말 놀라운 성과를 거뒀습니다. 이곳에 몸담고 있다는 것이 무척 기쁩니다. 맨유나 아스널 같은 팀에서 이적 제의해 오는 것에는 관심이 없습니다만, 바르셀로나에서 제의해 온다면……" 하고 내가 말했다.

"뭐라고?"

"그러면 적어도 그들하고는 대화를 나눠보셨으면 해요. 구체적으로 어떤 금액에 저를 파시라고 얘기하지는 않겠습니다. 그런 일은 회장님께서 알아서 하실 일이니까요. 하지만 협상에는 응하겠다고 약속해주세요"라고 내가 말을 덧붙였다. 그는 곱슬곱슬한 머리카락과 안경 너머로 나를 쳐다보았다. 분명 그는 나를 떠나보내기 싫은 마음과는 별개로, 높은 이적료를 챙길 수 있는 사업이라는 점을 이해했다.

"그래, 약속하지"라고 그가 말했다.

그렇게 대화를 마친 뒤에 우리는 곧 로스앤젤레스에 있는 훈련 캠프로 향했다. 프리시즌이 시작되었다. 나는 막스웰과 한방을 쓰게 되었는데 옛날 생각이 나며 기분이 좋았다. 다만 장시간 비행기를 타고 왔기에 몹시 피로했고, 몰려드는 취재진들 때문에 정신이 사나웠다. 기자들은 호텔 주변에 진을 치고 있었는데, 그날 언론에서 가장 중요한 기사는 바르셀로나가 나를 영입할 여력이 없다는 것이었다. 그 대신 그들은 다비드 비야를 데려올 계획이었는데, 이 사실은 기자들도 전혀 알지 못했다. 나는 앞날이 염려되었다. 몇 주 동안 상황은 불안하게 흘렀다. 나는 좌절감을 느꼈다. 희망을 버리지는 않았지만, 상황은 다시 한 번 안 좋게 흐르는 듯했다. 이번에는 막스웰 이 녀석이 도움이 안 되었다.

막스웰은 세상에서 제일 멋진 친구다. 하지만 이때는 그 자식 때문에 미칠 것 같았다. 우리는 암스테르담에서 처음 만난 이후로 계속해서 서로를 따라다니는 형국이었는데 이번에도 마찬가지였다. 두 사람 모두 바르셀로나로 이적하려고 한 것이다. 게다가 그가 한 걸음 더 빨랐다. 최악인 것은 그는 정말로 이적하는 중이었고, 내 앞에서 그 문이 닫힐 듯싶은 것이었다. 잠이 안 오는지 그는 계속해서 전화로 에이전트와 통화를 나눴다. "그 문제는 정리되었어요? 그래요?" 하고 말하는데 나는 신경이 거슬렸다. 바르셀로나가 이렇다느니 저렇다느니 밤낮으로 종일 떠들어댔다. 적어도 나는 그렇게 느꼈다. 내 계약에 대해서는 아무 소식도—적어도 이렇다 할 진전이 있었다는 얘기를 많이— 듣지 못하고 있는데 막스웰의 종알거림을 계속 듣고 있자니 미치지 않을 수가 없었다. 나는 미노에게 화가 났다. 염병할, 미노 이 자식이 막스웰 건은 매듭을 짓고 있으면서 내 계약은 어떻게 진행하고 있는지 알 수가 없었다. 나는 그에게 전화를 걸었다.

"막스웰 건만 챙기고 내 건은 두 손 놓고 자빠져 있는 거야?" 화가 난 내가 이렇게 따져 묻자 미노가 퉁명스럽게 쏘아붙였다.

"지랄하지 마." 오래지 않아 막스웰은 바르셀로나행이 확정되었다.

모든 협상 단계가 언론에 보도되곤 했던 나와는 다르게 막스웰은 협상 과정을 철저히 숨길 수 있었다. 그가 바르셀로나에 가게 되리라는 사실을 믿는 사람은 아무도 없었다. 막스웰의 협상이 마무리되고 라커룸에 들어갔더니 다들 둥그렇게 앉아 나와 막스웰을 기다리고 있었다. 막스웰은 진행 상황을 선수들에게 얘기했다.

"나 바르셀로나에 가게 됐어!"

선수들은 깜짝 놀랐다. "네가 간다고? 정말이야?" 선수들은 웅성거리기 시작했다. 하지만 인터 밀란 선수들은 아약스 선수들과는 달랐다. 인터 밀란 선수들은 훨씬 여유 있게 받아들였다. 그래도 바르셀로나는 챔피언스리그를 차지한 팀이었고, 세계 최고의 팀이었다. 그렇기에 질시하는 선수도 없지 않았다. 막스웰은 질시하는 선수들의 반응에 몹시 당황해하며 자신의 축구화와 물품을 챙기기 시작했다.

"내 축구화도 챙겨라. 나도 너 따라갈 테니까"라고 내가 소리쳤다. 그러자 다들 재미난 농담을 듣기라도 한 듯 한바탕 웃음을 터뜨렸다. 나 같은 경우는 몸값이 너무 비싸서 데려갈 구단이 없거나 인터 밀란에서 지내는 게 편하니 떠나지 않을 거라고 생각하고 있었기 때문이다. '아니야, 이브라는 인터 밀란에 남을 거야. 그를 영입할 수 있는 구단은 없어.' 사람들은 모두 이렇게 단정 지었다.

"자리에나 앉아! 가긴 어딜 간다고 그러셔" 하고 동료 선수들이 큰 소리로 놀렸다. 나는 그들과 어울려 농담을 주고받았다. 솔직히 나 역시 앞으로 어찌 될지 확신하지 못했다.

미노가 최선을 다하고 있는 것은 확실했고, 성공하든지 실패하든지 둘 중 하나였다. 그 무렵 첼시와 친선 경기 중에 존 테리에게 태클을 당한 적이 있었다. 그 후에 손이 아팠지만 나는 그것을 무시했다. 손이 대수이겠는가? 나는 그런 부상에는 크게 신경 쓰지 않았다. 축구는 다리로 하면 되는 것이었고, 그 외에도 신경 쓸 일이 많았다. 바르셀로나 생각이 머릿속에서 맴돌았다. 나는 계속해서 미노에게 전화를 걸었다. 속에서 천불이 나는 듯했다. 하지만 좋은 소식은 없고 전화를 걸 때마다 이를 악물어야 했다.

호안 라포르타Joan Laporta는 바르셀로나의 회장이었다. 그는 명실상부한 축구계의 거물이었다. 그가 재임하는 동안 구단은 유럽 무대를 다시 호령하기 시작했다. 나는 그가 전용 비행기를 타고 밀라노에 와서 모라티 회장 및 마르코 브랑카 단장과 함께 식사하기로 했다는 소식을 들었다. 물론 그 회동 소식에 기대감이 높아졌지만, 별다른 일은 전혀 없었다. 라포르타 회장이 들어서자 모라티 회장이 이렇게 말했다고 한다.

"즐라탄을 얻으려고 왔다면 그냥 돌아서서 집으로 가시오. 그 선수는 팔지 않아요."

나는 그 얘기를 들었을 때 화가 났다. 나와 약속을 해놓고선 그게 무슨 망발이란 말인가! 그래서 나는 브랑카 단장에게 전화를 걸어 모라티 회장이 대체 왜 그러는 것인지 따져 물었다. 브랑카 단장은 발뺌했다. 그 회동은 내 문제로 만난 것이 아니라고 해명했다. 그것은 거짓말이었다. 나는 미노에게 들어서 알고 있었다. 배신을 당한 기분이었다. 하지만 이 것은 일종의 게임이었다. "팔지 않아요"라는 말은 "비싸요"라는 말을 우회적으로 표현한 것일 수 있었다. 그러나 정말로 일이 어떻게 돌아가는 지는 전혀 알지 못했고, 염병할 기자들은 미친개처럼 내게 따라붙었다.

그들은 끊임없이 물었다. "어떻게 되어가고 있는 겁니까? 바르셀로나 행이 결정되었나요? 인터 밀란에 잔류하나요?" 나는 그들에게 해줄 말이 없었다. 나 역시 아무것도 모르기 때문이었다. 부지런히 두 구단 사이를 오가며 물밑작업을 하고 있던 미노마저 회의적인 말을 꺼내기 시작했다.

"바르셀로나가 관심을 보이고 있긴 한데, 널 여기서 데려가지는 못할 듯해"라고 그가 말했다.

나는 피가 마르는 듯했다. LA는 무덥고 시끄러웠다. 잔류하는 쪽으로 결론이 나는가 싶은 일도 몇 가지 있었다. 호나우두가 뛰었을 때 등에 달았던 번호인 10번 셔츠를 내가 다음 시즌부터 입게 될 것이라는 발표가 나온 것이다. 또한 구단 홍보나 다음 시즌 행사 명단에도 내 이름이 올랐다. 모든 상황이 불확실했고, 분위기는 어수선했다.

호안 라포르타 회장과 치키 베히리스타인 단장이 전용기에 올랐다는 말을 전해 들었다. 이번 여행은 나와는 아무 상관이 없었다. 그들은 LEFA컵을 차지해 모든 사람을 놀라게 한 FK 샤흐타르 도네츠크 FK Shakhtar Donetsk의 핵심 선수 중 하나인 드미트로 치그린스키Dmytro Chygrynskiy를 영입하려고 우크라이나에 가는 길이었다. 하지만 그들이 움직인다는 것은 의미가 있는 일이었다. 미노는 음흉한 친구다. 그는 협상을 이끄는 방법을 잘 알고 있었다. 그는 모라티 회장과 또다시 만나 대화를 나누었고, 이 모든 상황에도 협상에 응할 여지가 남아 있음을 감지했다. 그래서 라포르타 회장과 함께 비행기에 있던 치키 베히리스타인 단장에게 전화를 걸었다. 두 사람은 바르셀로나로 돌아가는 중이었다.

"그러지 말고 밀라노에 내리세요" 하고 미노가 말했다.

"왜요?"

"모라티 회장이 지금 집에 앉아 있을 테니 당신들이 가서 문을 두드리면 이브라히모비치 거래를 성사시킬 수도 있다고 생각합니다."

"좋아요, 잠깐만 기다려요. 우선 라포르타 회장과 얘기를 나눠야 하니까요."

그 짧은 시간은 무척 더디게 지나갔다. 그것은 위험한 도박이었다. 모라티 회장은 아무것도 약속하지 않았고, 누가 자기 현관을 두드릴 것이라고 기대하지도 않았다. 이렇게 모든 일이 시작되었다. 치키 베히리스타인이 다시 전화를 걸어왔다. "좋아요. 우리가 기수를 돌리겠소. 밀라노에 내려보지요." 물론 나는 즉시 그 소식을 전해 들었다.

미노가 내게 전화를 걸었다. 우리는 전화 통화와 문자메시지를 주고받았다. 전화가 쉴 새 없이 걸려왔다. 모라티 회장은 바르셀로나 경영진이 오는 중이라는 말을 전해 들었다. 그는 느닷없는 방문이라고 생각했을지도 모르겠다. 그런 사람들은 대개 미리 약속을 잡고 움직이는 사람들이니까. 물론 그는 방문객들을 문전박대하지는 않았다. 그는 품위가 있는 사람이었고 서로 얼굴 붉힐 일을 만들고 싶지 않았다. 이 같은 상황에서 나는 망설일 수가 없었다. 구단을 압박하기 위해 무슨 수라도 써야만 했다.

나는 마르코 브랑카 단장에게 문자를 보냈다. "바르셀로나 경영진이 모라티 회장을 방문하러 왔다는 사실을 압니다. 그 사람들과 협상에 응하기로 저와 약속하셨죠. 제가 그 구단에 들어가고 싶어 하는 것도 아시잖아요. 이번 일을 망치지 마세요. 그럼 저도 얌전히 있겠습니다." 그리고 답장이 오기를 한참 기다렸다. 하지만 답장은 받지 못했다. 그럴 만한 이유가 있었으리라고 생각한다. 말했다시피, 이것은 게임이었다. 하지만 이번에는 분위기를 볼 때 뭔가 진지하게 진행되고 있다는 느낌을 받았다. 사건이 벌어지고 있거나 이적의 가능성이 완전히 닫히거나 둘 중 하나였다. 시간이 흘렀다. 그들은 무슨 얘기를 나누고 있는 것일까? 알 수가 없었다.

나는 그들이 몇 시에 만났는지 알고 있었다. 회담이 끝나려면 족히 몇 시간은 걸리겠거니 생각하고 있었다. 25분밖에 지나지 않았는데 미노가 전화를 걸어왔다. 나는 깜짝 놀랐다. 무슨 일이지? 모라티 회장이 또다시 그들을 되돌려 보내기라도 한 거야? 심장이 마구 요동을 쳤다. 입이 바짝 말랐다.

"그래, 말해봐."

"끝났어."

"끝났다니, 무슨 말이야?"

"바르셀로나로 가게 되었으니 짐이나 꾸리라고."

"이런 일로 농담하지 마."

"농담 아니야."

"어떻게 그렇게 빨리 협상이 끝날 수가 있어?"

"지금 설명할 시간이 없어."

그는 전화를 끊었다. 나는 정신이 얼얼했다. 머릿속이 어지러웠다. 그때 나는 호텔에 있었는데, 어떻게 해야 할지 몰랐다. 나는 복도로 나갔다. 누군가 대화할 사람이 필요했다. 파트리크 비에이라가 서 있는 게 눈에 들어왔다. 그는 내가 신뢰할 만한 선수였다.

"나도 바르셀로나에 가게 됐어요."

그는 멍한 표정으로 나를 쳐다보더니 이렇게 말했다.

"말도 안돼."

"그러게 말이에요. 하지만 진짜예요."

"이적료가 얼마야?"

그것은 나도 몰랐다. 내가 모른다고 하니 그는 내 말을 믿지 못하는 눈치였다. 누군가 나를 영입하기에는 내 이적료가 너무 높다고 그는 생각했고, 그런 생각을 하니 나도 확신이 서지 않았다. 미노가 한 말이 정말로 사실일까? 하지만 곧 미노가 다시 전화를 걸어왔고, 궁금해하던 퍼즐의 한 조각이 맞춰지기 시작했다. 모라티 회장은 뜻밖에 협조적이었다고 한다.

그는 한 가지 조건만을 내세웠는데, 확실히 그것은 조건이라고 할 수도 없었다. 그는 AC 밀란을 염두에 두고 그들이 레알 마드리드에 카카를 이적시킨 금액보다는 높은 가격에 나를 이적시키고 싶다고 말했다. 물론 그것은 시시한 금액이 아니었다. 그것은 역사상 두 번째로 높은 이적료가 될 것이라는 뜻이었지만, 호안 라포르타 회장은 그 조건에 아무 문제를 느끼지 않는 듯했다. 그는 모라티와 곧 합의에 이르렀다. 내가 처음 이적 금액을 들었을 때 그게 얼마인지 제대로 이해하기까지 한참이 걸렸다. 아약스 때의 이적료가 8500만 크로나였는데, 그 돈은 지금 거론하는 이적료에 비하면 푼돈에 불과했다. 우리는 7억 크로나에 상당하는 금액을 거론하고 있었다.

인터 밀란은 나를 판 대가로 4600만 유로를 받고, 그와 더불어 남은 이적료 대신에 사무엘 에투를 넘겨받기로 했다. 사무엘 에투는 시시한 선수가 아니었다. 그는 전 시즌에 30골을 기록했다. 바르셀로나 역사상 득점왕을 기록한 선수 중 하나로서 2000만 유로의 가치가 있는 선수였다. 그러니까 나의 이적료는 전부 합쳐 6600만 유로였고, 이는 AC 밀란이 카카를 팔아서 받은 금액보다 100만 유로가 더 많았다. 이 소식이 세상에 알려지자 사람들은 연신 수군거렸다. 나는 여태껏 그런 일은 경험해보지 못했다.

기온이 40도에 달하는 찜통더위에도 많은 사람이 나를 쫓아다녔는데, 솔직히 그때의 기분은…… 뭐라고 설명해야 할지 나도 모르겠다. 정상적으로 사고하기조차 어려웠다. 우리는 멕시코 팀과 연습 경기를 치르고 있었다. 인터 밀란에서 준 10번 유니폼을 처음으로 건네받았는데, 더 이상 인터 밀란에서 뛸 일이 없었기에 그것이 마지막이 되었다. 인터 밀란에서 보낸 짧지 않은 여정이 마침내 끝이 났다. 그 사실이 이제야 조금씩 실감 나기 시작했다. 내가 처음 도착했을 때 인터 밀란은 지난 17년간 리그 타이틀을 한 번도 차지하지 못한 팀이었다. 이제 연이어 3회 우승을 차지했으며, 나는 득점왕 타이틀까지 획득했다. 굉장한 일이었다. 나는 무리뉴 감독을 바라보았다. 골이 터져도 목석처럼 가만히 있던 그를 기뻐 뛰게 만든 것도 나였다. 하지만 지금 그는 나의 이적 소식에 화가 나 있었다.

그는 나를 잃고 싶어 하지 않았다. 연습 경기에서 벤치를 지키고 있던 나는 또 한 가지 감정을 느꼈다. 바르셀로나에 가게 되어 매우 기뻤지만, 곧 무리뉴 감독과 헤어질 생각을 하니 울적한 기분이 들었다. 그는 무척 특별했다. 다음 해에 그가 인터 밀란을 떠나 레알 마드리드로 갔을 때, 그는 떠나는 도중에 마테라치와 작별 인사를 나눴다. 마테라치는 세계에서 가장 거친 수비수다. 그런 그가 무리뉴 감독을 껴안고 눈물을 흘리기 시작했다. 나는 그의 심정을 십분 이해할 수 있었다. 무리뉴 감독은 정서적으로 깊은 유대감을 형성하는 사람이다. 이튿날 호텔에서 그와 마주쳤던 일이 생각난다. 그는 나에게 다가와서 이렇게 말했다.

"너 못 보내!"

"죄송해요. 이 기회는 놓칠 수 없어요."

"네가 떠나면, 나도 떠난다."

맙소사. 그런 말에 어떻게 대답을 할 수 있겠는가? 그의 말에 내 심장이 쿵하고 내려갔다. '네가 떠나면, 나도 떠난다.'

"고맙습니다. 많은 것을 배웠어요."

"나도 고맙다" 하고 그가 대답했다.

우리는 조금 더 담소를 나눴다. 기분 좋은 대화였다. 하지만 무리뉴 감독은 나와 비슷한 구석이 있었다. 그는 자부심이 강하고 어떤 대가를 치르든지 이기고 싶어 했다. 물론 그도 이 상황을 어쩌지는 못했다. 그는

445

나를 은근히 놀리며 이런 말을 던졌다.

"그런데 이브라!"

"예?"

"챔피언스리그 우승하려고 바르샤에 가는 거냐?"

"아무래도, 그렇죠."

"어쩌냐? 그 우승컵은 우리가 차지할 텐데. 잊지 마. 우리가 우승할 테니까!"

그러고 나서 우리는 작별을 고했다.

나는 코펜하겐으로 비행기를 타고 날아간 뒤 림함스베겐에 있는 우리 집으로 돌아갔다. 헬레나와 아이들이 몹시 보고 싶었다. 지금까지 일어난 모든 일을 식구들과 나누며 조금이라도 마음을 가라앉힐 순간을 고대했다. 그런데 우리 집은 그 순간 포위를 당하고 있었다. 기자들과 팬들이 집 밖에서 잠을 자며 진을 치고 있었다. 그들은 현관 벨을 누르기도 했고, 밖에서 함성을 지르고 노래도 불렀다. 또 바르셀로나 깃발을 흔들어 보였다. 제정신이 아닌 극성 팬들 때문에 우리 식구는 스트레스를 받았다. 아버지와 어머니, 사넬라와 케키 그 누구도 밖에 나가볼 엄두를 내지 못했다. 사람들은 우리 식구들도 뒤쫓아 다녔다. 나는 집 안으로 급히 달려 들어갔고, 손이 아프다는 것을 느꼈지만 거기에 크게 신경 쓰지 않았다.

이적 계약이라는 건 진짜 끝날 때까지 끝난 게 아니다. 늘 어딘가에서 문제가 생기곤 했다. 계약 세부사항들을 조정 중이었는데 에투가 더 많은 연봉을 요구해 문제가 생긴 것이다. 나는 헬레나와 함께 우리가 앞으로 지내게 될 거처와 여러 가지 문제들을 논의했다. 협상이 급하게 진행된 만큼 여유를 갖고 이사를 준비하거나 이것저것 따질 겨를이 없었다. 우리는 이틀 뒤에 바르셀로나로 향했다. 그 시기에 나는 전용기를 타고 이동하는 데 익숙했다. 거만하게 들릴지는 모르지만, 일반 비행기를 타고 가는 일이 쉽지 않았다. 사람들이 몰려들었기 때문이다. 공항에서나 비행기 안에서나 난리가 났다.

하지만 이번에는 일반 비행기를 탔다. 나는 전화로 바르셀로나 측과 얘기를 나눴고, 알다시피 바르셀로나와 레알 마드리드는 서로 전쟁 중이었다. 그들은 불구대천의 원수였고, 축구는 정치와도 밀접하게 연결되었으며, 카탈루냐는 스페인 중앙정부와 대립하고 있었다. 두 구단은 추구하는 철학도 서로 달랐다. "바르셀로나에서는 유명세를 믿고 버릇없이 굴지 않도록 행동을 조심합니다. 우리는 레알처럼 행동하지 않아요. 그래서 이동할 때도 일반 비행기를 이용하지요." 그들은 내게 이렇게 말했는데 물론 합리적인 말로 들렸다. 나는 스팬에어Spanair 항공사의 비행기를 이용해 아침 5시 15분에 바르셀로나에 내렸다. 그제야 나는 우리가 성사시킨 계약이 얼마나 대단한 것인지 온몸으로 실감했다.

공항은 그야말로 난리법석이었다. 수백 명의 팬과 기자들이 나를 기다리고 있었고, 신문들은 이 소식을 여러 쪽에 걸쳐 상세히 보도했다. 사람들은 '이브라 열풍Ibramania'에 대해 얘기했다. 굉장했다. 바르셀로나 역사상 가장 비싼 선수였기 때문만이 아니었다. 새로 영입한 선수가 이토록 화제를 끌었던 적은 없었다. 그날 저녁 나는 캄프 누에서 입단식을 할 예정이었다. 그것은 구단의 오랜 전통이었다. 호나우지뉴가 2003년에 도착했을 때는 3만 명의 인파가 모여 입단식을 했다. 티에리 앙리 역시 3만

여 명 정도의 팬들이 그를 맞이했다. 그런데 이번에는 거의 두 배에 달하는 사람들이 캄프 누에서 나를 기다리고 있다는 것이었다. 나는 그 소식을 듣고 온몸에 소름이 돋았다. 우리는 공항 뒷문으로 빠져나가 보안 차량을 타고 경기장으로 재빨리 이동해야 했다.

먼저 기자회견을 할 예정이었다. 수백 명의 기자가 회견장을 가득 메우고 있었다. 빽빽이 들어선 사람들은 좀처럼 가만히 있지를 못했다. '어째서 아직도 안 오는 거야' 하고 조바심을 내고 있었겠지만, 우리는 안으로 들어갈 수가 없었다. 에투가 일을 어렵게 만들어 인터 밀란이 최종 결제를 미루고 있었고, 바르셀로나는 거래가 확정되기를 기다리는 중이었기 때문이다. 시간이 흘러갔고, 회견장에서는 짜증 섞인 말과 우려하는 말들이 나오기 시작했다. 소요라도 일어날 판이었다. 우리는 바로 그 현장에 있었기 때문에 기자들이 하는 말을 똑똑하게 들을 수 있었다. 나와 미노, 라포르타 회장과 여러 인사는 무대 뒤에 앉아서 기다리며 궁금해했다. 어떻게 돌아가고 있는 거지? 여기에 얼마나 더 앉아 있어야 하는 거야?

"더는 못 기다리겠습니다"라고 미노가 말했다.

"그래도 확정을 받아야……."

"그딴 얘기는 집어치우세요"라고 그가 말하며 참석자들을 설득했다. 결국 우리는 기자회견장으로 들어갔다. 그렇게 기자들이 많이 모여 있는 광경은 처음이었다. 그들이 던지는 질문에 대답하는 동안 시종일관 스타디움에서 흘러나오는 우렁찬 함성이 들렸다. 사람들은 모두 열광하고 있었다. 나중에 회견장에서 나와 바르셀로나 유니폼으로 갈아입었다. 호나우두가 이곳에서 활약할 때 입었던 등번호 9번 유니폼을 받았다. 나도 점점 흥분되기 시작했다. 스타디움 안은 열기로 들끓었다. 그곳에는 6만~7만 명이 들어서 있었다. 나는 몇 차례 심호흡하고는 밖으로 걸어 나왔다. 그때의 기분은 말로 설명할 수가 없을 것이다.

손에 축구공을 든 채 그들이 마련해놓은 무대 위로 올라갔다. 군중은 요란한 소리를 질렀다. 모두 내 이름을 연호하고 있었다. 스타디움 전체가 흥에 겨워 들썩거렸다. 사회자가 계속 나를 따라다니며 내게 말을 시켰다. 이를테면 "비스카 바르샤Visca Barça라고 해보세요!" 그것은 '가자, 바르샤'라는 뜻이었다. 나는 그가 시키는 대로 했다. 그리고 몇 가지 발재주를 보여주었다. 위로 공을 차서 가슴으로, 머리로, 발뒤꿈치로 받아 다시 공을 차올리는 재주를 부렸다. 관중은 더 많은 것을 원하는 듯 함성을 질렀고, 그래서 나는 내 유니폼에 있는 구단 마크에 입맞춤했다. 이 이야기는 좀 더 짚고 넘어가자. 이 행동으로 나는 많은 욕설을 들어야 했기 때문이다. 어떻게 인터 밀란을 떠나자마자 다른 구단의 마크에 입을 맞출 수 있는가? 옛날 팬들은 신경도 쓰지 않는가? 온갖 사람들이 이 일로 불평을 쏟아냈다. 텔레비전에서는 이 일을 풍자해 나를 비꼬는 프로그램도 제작했다. 하지만 그것은 사회자가 내게 시켰기 때문에 한 것뿐이었다. 그의 주문에 관중도 들떠서 "마크에 키스해, 키스해"라고 아우성이었고, 나는 어린 학생처럼 말을 들었던 것이다. 내 온몸은 흥분되어 떨리기 시작했고, 나는 라커룸에 돌아가 마음을 진정시키고 싶었다.

그날은 너무 흥분해서 몸을 주체할 수 없을 정도였다. 마침내 행사가 끝이 나고 나는 미노를 바라보았다. 그는 늘 내 가까이에 있었다. 그 순간만큼은 미노가 세상 전부로 보였다. 라커룸에 같이 들어가자 벽에 걸린 명패들이 보였다. 메시, 사비, 이니에스타, 앙리, 막스웰, 그리고 마지막으로 내 이름인 이브라히모비치가 보였다. 벌써 내 것까지 마련해둔 것이었다. 미노는 그것을 보고 깜짝 놀랐다. 나는 다시 한 번 미노를 쳐다보았다. 미노는 내 아버지라도 된 듯 뿌듯한 얼굴이었다. 우리 중 누구도 생각지 못했던 조치였다. 그것은 우리가 상상했던 것보다 훨씬 더 컸다. 그 순간 내 휴대전화기에 문자가 날아왔다. 누구지? 파트리크 비에라였다. "좋은 시간 보내. 이런 일은 아무 선수한테나 일어나는 것이 아니니까"라고 그는 썼다. 솔직히 이럴 때에는 여러 선수에게 이런저런 축하의 말들을 듣기 마련이다. 하지만 비에라 같은 선수에게 저런 문자를 받고 보니, 지금 내가 경험하고 있는 일이 엄청난 사건이라는 게 실감이 났다. 나는 자리에 앉아 심호흡을 했다.

나중에 나는 기자들에게 내가 "세상에서 제일 행복한 남자"이고, "이번 일은 내 아이들이 태어난 이래로 가장 기쁜 일"이라고 말했다. 다른 선수들도 이와 비슷한 상황에서는 그런 말들을 했을 것이다. 그들 마음이야 알 수 없지만 나는 마음 깊은 곳에서 우러나는 진심이었다. 프린세사 소피아Princesa Sofia 호텔로 돌아왔을 때, 엄청난 계약이 이뤄진 걸 알고 혹시라도 내가 로비에서 커피를 마시는 모습이라도 보기 위해 몰려든 팬들로 인산인해를 이루었다.

그날 밤 나는 잠을 이루지 못했다. 이상할 일도 아니었다. 흥분이 쉽게 가라앉지 않았고, 손이 이상하다는 느낌이 왔다. 하지만 그때는 크게 신경 쓰지 않았다. 내 머릿속은 다른 생각들로 분주했다. 다음 날 의료검진을 받을 때 문제가 생기리라고는 예상하지 못했다. 구단에 들어가면 으레 철저하게 건강검진을 받는다. 체중은 얼마인가? 키는 얼마인가? 체지방은 얼마인가? 시합을 치를 몸 상태가 되었는가?

"손이 아파요"라고 의료진에게 내가 말했더니 의사들이 엑스레이를 찍었다.

알고 보니 손에 골절상을 입었던 것이다. 골절상이라니. 그런 부상을 입고 그냥 방치했다니 정신 나간 짓이었다. 새 구단에 들어가면 가장 중요한 것이 프리시즌에 참여해 동료 선수들과 그 팀의 경기 방식을 알아가는 것이다. 그런데 그 일은 물 건너간 듯 보였다. 우리는 빨리 결정을 내려야만 했다. 나는 과르디올라 감독과 대화를 나눴다. 그는 친절해 보였고, 입단식에 참석하지 못한 것에 대해 미안하다고 말했다. 그는 팀을 이끌고 런던에 가 있었다. 다른 사람들과 마찬가지로 그는 가능한 한 빠르게 몸 상태를 정상으로 끌어올려야 한다고 말했다. 우리는 모험을 걸 수가 없었고, 그래서 즉시 수술을 받기로 했다.

두 개의 철심을 박아 골절 부위를 고정하고 회복 속도를 높일 수 있는 정형외과 수술을 받았다. 수술을 받은 날 나는 로스앤젤레스에 있는 훈련 캠프에 갔다. 얼마 전에 인터 밀란 선수들과 함께 왔던 곳인데, 손에는 두툼한 붕대를 감고 새로운 소속 선수가 되어 또 왔다는 게 좀 어이가 없다고 할까, 기분이 묘했다. 손이 회복되려면 3주는 더 있어야 했다.

24

나에게 7000만 유로의 가치가 없다고
말하는 녀석은 더 이상 없을 것이다
2009~2010년

: :

2009년 11월에 캄프 누에서 레알 마드리드와 경기를 치를 예정이었다. 나는 장딴지 근육에 문제가 생겨 15일째 경기에 출장하지 못했던 터라 이 경기에서는 선발 출전하지 못하고 우선 벤치에 앉아 대기하기로 했다. 당연히 기분이 안 좋았다. 엘 클라시코El Clasico 같은 경기는 그 어디에도 없다. 그 압박감은 어마어마하다. 한마디로 전쟁이었다. 이때는 신문사에서 60쪽 분량의 기획 기사를 내놓는다. 사람들도 다른 얘기는 하지 않는다. 엘 클라시코는 서로를 불구대천의 원수로 여기는 두 팀이 격돌하는 전쟁이었다.

구단을 옮기느라 갖은 진통을 치르고, 손에 골절상까지 입긴 했지만 2009-2010 시즌은 출발이 아주 좋았다. 다섯 번의 리그 경기를 치르며 다섯 골을 넣었다. 라 리가는 내가 있어야 할 곳이 분명했다. 레알과 바르샤, 이 두 구단은 카카와 크리스티아누 호날두 그리고 나를 데려오는 데 거의 25억 크로나에 이르는 거금을 투자했다. 세리에 A와 프리미어리그는 선수들의 몸값으로 따지면 살림이 옹색한 편이었다. 이제 환상적인 구단 생활을 보내는 일만 남은 것이라고 나는 생각했다.

석고 붕대로 손을 싸맨 채 뛰어다니던 프리시즌 때부터 나는 바르셀로나 선수들과 곧잘 어울렸다. 물론 언어 때문에 쉽지는 않았다. 티에리 앙리와 막스웰을 비롯해 영어를 구사하는 선수들과 주로 붙어 다녔지만, 다른 선수들과도 두루두루 친하게 지냈다. 메시와 사비, 이니에스타는 착실하고 좋은 친구들이었다. 경기장에서는 눈부신 스타였지만, 평소에는 스스럼없이 대할 수 있는 친구들이었다. 이를테면 "나는 잘나가는 선수다"라고 으스대는 게 전혀 없었고, 라커룸에서는 패션쇼가 벌어지지도 않았다. 이탈리아에서는 많은 선수가 지나치다 싶을 만큼 패션에 신경을 쓰곤 한다. 그런데 메시와 친구들은 사람들의 시선을 끌지 않으려고 수수한 운동복 차림으로 다녔다. 그리고 과르디올라 감독. 이 사람을 빼놓을 수는 없겠지.

그는 괜찮은 사람 같아 보였다. 그는 훈련 일과를 마치고 나면 나를 찾아 대화를 나누곤 했고, 내가 팀에 어서 동화되기를 바랐다. 바르샤에는 특별한 분위기가 있었다. 가자마자 아약스가 생각나는 게 꼭 학교에 온 것 같았다. 하지만 이곳은 세계 최고의 명문 구단인 바르샤가 아닌가. 나는 선수들이 자기 생각과 주장을 좀 더 과감하게 펼칠 것으로 기대했다. 그러나 바르샤 선수들은 모두 얌전하고 공손하고, 개인플레이보다는 팀플레이에 충실했다. 슈퍼스타라기보다는 학교 다니는 청소년들 같았다. 뭐, 그게 좋을 수도 있겠지. 내가 뭘 알겠는가? 다만 혼자서 '이 친

453

구들이 이탈리아에 있더라면 어땠을까? 사람들이 신처럼 떠받들었을 텐테' 하는 생각을 하긴 했다.

바르샤의 슈퍼스타 선수들은 펩 과르디올라의 지시에 고분고분 따랐다. 카탈루냐 사람인 과르디올라는 선수 시절에 미드필더로 활약하며, 라 리가 타이틀을 대여섯 차례 차지했고, 1997년에는 바르셀로나 팀의 주장이었다. 내가 입단했을 때는 2년째 바르샤 감독을 맡아 성공적으로 팀을 운영하고 있었다. 그는 존중받아 마땅한 감독이었고, 팀에 적응하도록 내가 노력하는 게 맞다고 생각했다. 처음 있는 일도 아니었다. 이미 여러 번 구단을 옮긴 적이 있어서 어떻게 처신해야 하는지는 알고 있었다. 처음부터 사람들에게 이래라저래라 할 수는 없었다. 나는 주변 사람들에게 "여기선 누가 대장이야?" "누가 제일 약해?" "누가 누구랑 단짝이야?" 하는 질문들을 농담처럼 던지며 선수들을 알아갔다.

신입으로서 가릴 것은 가렸지만 동시에 나는 선수로서 자부심이 있었고, 내 승부사 기질이 팀에 어떻게 기여하는지 확실한 증거도 가지고 있었다. 처음에는 분위기를 살피지만 나는 기본적으로 어딜 가든지 존재감을 빨리 찾는 편이고, 장난도 많이 치는 편이었다. 얼마 전에도 스웨덴 국가대표 선수들과 함께 훈련하던 중에 치픈 빌헬름손에게 장난 삼아 발길질한 적이 있었다. 그런데 다음 날 신문을 펼쳐 보고 내 눈을 의심했다. 사람들은 그 장난을 몹시 과격한 행위로 받아들였다. 하지만 그것은 아무것도 아니었다. 선수들끼리 흔히 하는 장난에 불과했다. 우리에게는 재미난 장난이 남들에게는 치명적인 공격으로 보이기도 했다. 다 큰 사내놈들이 붙어 다니는 시간이 워낙 길다 보니 함께 지내려면 가끔 그런 위험한 장난도 필요하다. 그 이상의 의미는 없었다. 대표팀에서는 선수들끼리 농담을 자주 했다. 하지만 바르샤에서는 지루하기 짝이 없었다. 평소대로 그라운드 위에서 호통을 치거나 화를 내지 못하고, 착한 아이처럼 지냈다.

나를 놓고 악동입네, 말썽꾼이네 떠들어대는 기사도 나를 바꾸는 데 한몫했다. 나는 그렇지 않다는 사실을 보여주고 싶었다. 하지만 너무 열심히 애를 쓰다가 내 본모습을 잃어버릴 지경에 이르렀다. 모범생으로 살려고 했던 생각은 어리석은 짓이었다. 언론의 쓰레기 같은 기사에 휘둘리면 안 되는 것이다. 그것은 프로 선수답지 못한 행동이었다. 솔직히 인정한다. 하지만 진짜 문제는 언론이 아니라 감독의 이런 말이었다.

"이곳에선 인기에 들떠 있으면 안 돼. 우리는 노동자야. 여기서 노동하고 있는 거라고. 우리는 특별한 사람들이 아니야."

언뜻 보면 평범하게 들리기도 하지만 뭔가 이상한 구석이 있었다. 나는 의아한 생각이 들기 시작했다. 어째서 과르디올라 감독은 나한테 이런 말을 했을까?

그는 내가 다른 선수들과는 다르다고 생각하는 걸까? 처음에는 뭐가 이상한지 콕 집어내지 못했지만 어쨌든 기분이 썩 좋지는 않았다. 이따금 말뫼 구단의 유소년 시절로 다시 돌아간 것만 같았다. 과르디올라 감독 역시 나를 근본도 없는 불량스런 아이로 치부했던 그런 감독과 다를 바 없는 걸까? 하지만 나는 여기 와서 아무 나쁜 짓도 하지 않았다. 동료 선수를 머리로 들이받지도 않았고, 자전거를 슬쩍하지도 않았다. 내 평생 그렇게 겁쟁이로 지냈던 적이 없다. 나는 신문에서 쏟아내는 기사와는 정반대의 모습으로 생활하고 있었다. 무슨 일이든 한 번 더 생각해보고, 매사에 조심했다. 과거의 거침없던 즐라탄은 사라졌다. 나는 과거의 그림자에 지나지 않았다.

　이런 적은 한 번도 없었다. 하지만 당장은 큰 문제로 느껴지지 않았다. 모든 게 안정되면 곧 본연의 나를 찾을 수 있다고 생각했다. 조만간 상황이 좋아지지 않을까? 내가 괜히 과민하게 반응하고 있을지도 모른다는 생각도 했다. 과르디올라 감독은 불쾌한 내색을 전혀 하지 않았다. 나를 믿고 있는 것 같았다. 내가 여러 골을 성공시키며 팀에 크게 보탬이 되는 것을 그는 분명히 지켜보았다. 하지만 내 안에 싹튼 께름칙한 느낌은 사라지지 않았다. 그는 내가 다른 선수들과는 다르다고 여기는 것일까?

　"이곳에선 인기에 들떠 있으면 안 돼!"

　내가 인기에 들떠 있는 선수라는 말인가? 알 수 없는 노릇이었다. 그 말을 털어버리려고 애썼다. '그래, 경기에 집중하자. 그 일은 잊어버리자.' 하지만 그 께름칙한 느낌은 사라지지 않았고, 의구심이 더욱 증폭되기 시작했다. 이 구단에서는 모두 똑같이 행동해야 한다는 말인가? 그것은 바람직해 보이지도 않았다. 사람은 다 다르다. 물론 본모습을 감추는 선수들도 있지만 결국에는 자기 자신과 팀에 해가 될 뿐이다. 과르디올라 감독은 성공적으로 팀을 운영하고 있다. 그의 지도 아래 구단은 여러 차례 우승을 차지했다. 나는 그 능력에 박수를 보낸다. 승리는 승리니까.

　하지만 지금에 와서 돌이켜보면, 그 승리에는 대가가 따랐다. 개성이 강한 선수들은 모두 쫓겨났다. 그가 호나우지뉴, 데쿠, 에투, 앙리 그리고 나와 같은 선수들과 지내면서 어려움을 느낀 것은 결코 우연이 아니었다. 우리는 '평범한 선수'가 아니었다. 그에게 우리 같은 선수는 위협적이었고, 그래서 제거하려고 했던 것뿐이다. 감독이 그런 짓거리를 하는 것은 질색이다. 평범하지 않은 선수를 '평범한 선수'로 만들려고 하면 안 된다. 그런 노력은 장기적 관점에서 아무에게도 득이 되지 않는다. 염병할, 내가 말뫼 구단의 평범한 스웨덴 선수처럼 되려고 했다면 절대 오늘날 이 자리에 올라서지 못했을 것이다. 사람들의 말에 귀를 기울이되 무시할 줄도 알아야 한다. 그게 내가 성공한 원인이다.

그 원칙이 모든 사람에게 통하지는 않겠지만, 나한테는 효과가 있었다. 과르디올라는 이 원칙을 전혀 이해하지 못했다. 그는 나를 바꿀 수 있다고 생각했다. 바르샤에서는 모든 선수가 사비와 이니에스타, 메시처럼 행동해야만 했다. 말했다시피, 그 친구들에게 잘못된 것은 없다. 그들은 지극히 정상이다. 그런 선수들과 한 팀을 이루는 것은 굉장한 일이었다. 훌륭한 선수들을 보면 나는 자극을 받는다. 다른 위대한 선수들을 바라볼 때도 그랬지만 나는 바르샤 선수들을 지켜보며 내가 배울 점은 없는지, 내가 더 노력할 부분은 없는지 고민했다.

하지만 그들이 성장해온 배경을 생각해보자. 사비는 열한 살 때 바르샤에 입단했다. 이니에스타는 열두 살, 메시는 열세 살에 입단했다. 그들은 구단에서 빚어낸 아이들이었다. 그들은 그런 세상에서 살아왔다. 하지만 내가 자라온 세상은 달랐다. 나는 외부 사람이고, 내 기질은 바르샤에 들어오기 전에 이미 완성되었다. 하지만 바르샤에는, 다른 사람들은 몰라도 확실히 과르디올라 감독의 비좁은 세계에는 내 기질을 받아들일 공간이 없는 듯했다. 하지만 말했다시피 11월이었고 아직은 내 안에 싹튼 막연한 느낌에 지나지 않았다. 그 당시 내 문제는 더욱 근본적인 데 있었다.

내가 경기장에 나갈 수 있을까? 그동안 오래 쉬었는데 예전처럼 날카로운 공격력을 보일 수 있을까?

캄프 누에서 치를 엘 클라시코를 준비하는 단계에서 느끼는 압박감은 대단했다. 당시 레알 마드리드의 감독은 칠레 출신의 마누엘 페예그리니Manuel Pellegrini였다. 마드리드가 경기에 지면 그가 경질당할 것이라는 소문이 돌았다. 나와 카카 그리고 크리스티아누 호날두와 메시, 페예그리니 감독과 과르디올라 감독의 대결 구도로 언론에서는 수많은 기사를 내보냈다. 바르셀로나 시민들은 기대감으로 들끓고 있었다. 나는 구단에서 제공한 아우디를 타고 경기장에 도착해 라커룸으로 갔다. 과르디올라는 티에리 앙리를 전방에 세우고, 오른쪽 윙에 메시를, 왼쪽 윙에 이니에스타를 배치했다. 경기장 밖은 어둑어둑했지만, 경기장 안은 빛으로 환하게 빛났고, 관중석 곳곳에서 카메라 플래시가 터졌다.

레알 마드리드 선수들은 승부욕에 불타서 시작부터 우리 팀보다 과감하게 밀고 나왔다. 그들은 더 많은 득점 기회를 창출했다. 전반 20분경에 카카는 우아하고 아름답게 드리블하며 거의 무방비로 놓여 있던 크리스티아누 호날두에게 공을 연결했다. 크리스티아누는 더없이 좋은 위치에서 슈팅을 날렸지만 골로 연결되지는 않았다. 빅토르 발데스 골키퍼가 발로 선방을 해냈다. 그리고 몇 분 안 지나서 레알 마드리드의 이과인이 돌파를 시도했다. 이번에는 진짜로 실점하는 줄 알았다. 레알 마드리드는 아슬아슬한 기회를 수차례 만들어냈고, 우리 팀은 정적인 경기를 펼쳤다. 패싱 게임이 잘 풀리지가 않았다. 우리 팀은 긴장하고 있었다. 홈팬들은 레알 마드리드 골문을 지키는 카시야스를 향해 특히 심하게 야유를 보냈다. 그가 골킥을 찰 때마다 시간을 끌었기 때문이다. 하지만 경기의 주도권은 마드리드가 계속해서 쥐고 있었다. 그나마 전반전을 0 대 0으로 마친 것은 우리가 운이 좋았기 때문이었다.

후반전이 시작되자 과르디올라가 내게 몸을 풀라고 지시했다. 느낌이 좋았다. 관중은 나를 격려하며 소리를 질렀다. 함성이 나를 휘감았고, 나는 손뼉을 치며 그들에게 감사한 마음을 표현했다. 51분경에 티에리 앙리가 나왔고 내가 들어갔다. 뛰고 싶어 다리가 근질근질했다. 그리 오랫동안 결장했던 것도 아닌데 마치 몇 개월은 쉰 것처럼 느껴졌다. 챔피언스리그 예선전에서 친정팀인 인터 밀란과의 시합에 빠졌기 때문일까. 경기장에 복귀한 지 몇 분 지나지 않아 브라질 출신의 다니엘 알베스 Daniel Alves가 오른쪽에서 공을 잡았다. 그는 재빠르게 공을 몰고 나가며 속공을 펼쳤다. 레알 수비진이 약간 동요하는 게 보였다. 그런 상황에서는 더 생각할 필요도 없었다. 나는 페널티 지역으로 쇄도해 들어갔고, 알베스가 크로스를 올렸다. 나는 앞으로 힘차게 달렸다.

나를 막는 선수가 없었다. 나는 날아오는 공을 왼발로 그대로 차버렸다. 공은 골망을 갈랐고, 관중은 화산이 폭발하듯 함성을 질렀다. 온몸에 전율이 흘렀다. 이제 나를 막을 수 있는 것은 아무것도 없었다. 우리 팀이 1 대 0으로 승리했다. 나는 그날 결승골을 넣은 주인공이 되었다. 내 몸값이 7억 크로나라는 것에 의문을 품는 사람은 아무도 없었다. 불이 붙은 것처럼 가슴이 뜨거웠다.

그리고 크리스마스 휴가가 왔다. 우리는 스웨덴 북부 지역으로 여행을 떠났고, 그곳에서 스노모빌을 몰며 신 나게 놀았다. 하지만 이 휴가를 보낸 후에 새로운 전환점을 맞게 된다. 새해가 시작되고 지난가을부터 나를 괴롭혔던 문제는 더 심각해졌다. 난 더 이상 내가 아니라는 생각이 들었다. 나는 혼돈에 빠진 또 다른 즐라탄이었다. 미노가 바르셀로나 경영진과 미팅을 하고 나올 때마다 나는 그에게 물었다.

"그 사람들이 나를 어떻게 생각해?"

"세계 최고의 스트라이커라고 생각하지!"

"아니, 개인적으로 말이야. 인간적으로."

나는 이전까지 그런 문제에 신경을 쓴 적이 한 번도 없었다. 그런 건 내 관심사가 아니었다. 내가 경기에 뛰고 있는 한 사람들이 무슨 말을 해도 상관없었다. 하지만 바르샤에서는 갑자기 사람들이 나를 어떻게 평가하는지가 중요하게 여겨졌다. 그것 자체가 뭔가 문제가 있다는 신호였다. 자신감이 급격하게 추락했고, 뭔가에 자꾸 구애받는 느낌이 들었다. 공을 넣고서도 맘껏 골 세리머니를 하지 않았고, 화가 나도 그것을 겉으로 나타낼 엄두를 내지 못했다. 절대 좋은 현상이 아니었다. 나는 감정을 드러내지 못하고 꾹꾹 참았다. 사실 나는 남들 시선에 예민한 사람이 아니다. 못 볼 꼴 보면서 어려서부터 험하게 자란 사람이다. 그런데 즐라탄은 이곳에 맞지 않는 사람이라느니, 즐라탄은 다르다느니 하는 남들의 시선과 평가를 날마다 접하다 보니 괴로웠다. 내가 축구 선수로 성공하기 이전 시절로 다시 거슬러 올라간 듯했다. 사실 내 신경을 거스르는 것들은 대부분 언급할 가치조차 없는 것들이었다. 그런 시선이나 논평들은 예전 같으면 신경도 쓰지 않았다. 고생도 할 만큼 하면서 자란 놈이다. 그런데 바르샤에 와서는 자꾸 신경이 쓰였다. 내가 어디서 주워 온 자식이라도 되는가? 내가 이곳에 어울리지 않는다고? 내가 도대체 무슨 큰 말썽을 피웠다고 그러는가?

나다움을 포기하고 구단에 맞추려고 그렇게 노력했건만 돌아온 것은 싸늘한 냉대였다. 설상가상으로 메시와의 문제도 있었다. 첫 번째 장에서도 말했다시피 메시는 대형 스타였다. 어찌 보면 바르셀로나는 메시의 팀이었다. 메시는 수줍음이 많고 공손한 친구였다. 나도 그를 좋아했다. 하지만 내가 오고 나서 나도 그 못지않게 경기를 주도했고, 관중으로부터 엄청난 환호를 끌어냈다.

내가 그의 보금자리를 침범한 것처럼 보였을지도 모른다. 그는 과르디올라 감독에게 가서 더는 윙어 자리에서 뛰고 싶지 않다고 말했다. 그는 중앙 자리를 원했고, 그 때문에 나는 위쪽에서 고립되어 공을 공급받기 어려워졌다. 지난가을과는 정반대의 상황이 연출되었다. 이제 내가 아니라 메시가 골을 더 많이 넣는 선수가 되었다. 문제를 느끼던 중에 이사들도 얘기를 해보라고 권유했고, 그래서 과르디올라 감독을 찾아갔다.

"감독에게 직접 얘기를 해서 문제를 해결해봐!"

어떻게 됐냐고? 침묵의 전쟁을 마주하게 되었다. 그는 내게 말을 걸지 않았다. 나를 쳐다보지도 않았다. 다른 선수들에게는 모두 인사를 건네면서도 내게는 인사조차 하지 않았다. 유감스럽게도 몹시 거북한 사이가 되었다. 옛날 같으면 그딴 것에 신경 쓰지 않았을 것이다. 선수를 왕따시키는 전략에 의존하는 감독 따위에게 왜 신경을 써야 하는가? 다른 상황이었다면 분명 깨끗이 무시했을 것이다. 하지만 그때는 내가 그만큼 강하지 않았다.

내 처지가 그랬다. 자신감도 바닥에 떨어지고 그런 일에 맞서기가 쉽지 않다. 그 정도 권위를 가진 상사가 줄곧 나를 무시하는 상황은 꽤 괴로운 일이었다. 머지않아 다른 선수들도 그 같은 사실을 알게 되었다. 그들은 의아하게 생각했다. '무슨 일이야? 뭐 때문인데?' 그들은 내게 말했다.

"감독에게 가서 얘기해봐. 이렇게 계속 지낼 수는 없잖아."

아니, 나는 그 사람에게 이미 얘기할 만큼 했다. 그에게 더는 굽실대고 싶지 않았다. 나는 이를 악물고 뛰었다. 그라운드에서 내가 배정받은 위치와 구단 내에서 겪는 끔찍한 갈등에도 나는 좋은 활약을 보였다. 내 자리가 아닌 곳에서도 대여섯 골 정도는 넣을 수 있었다. 하지만 과르디올라는 내 득점에 심드렁했다. 지금에 와서 생각해보면 당연한 일이었다.

내 경기력이 문제가 아니라 지극히 개인적인 감정의 문제였기 때문이다. 그런 사실을 몰랐던 나는 밤낮으로 별별 생각을 다 했었다. '내가 무슨 말을 잘못했나? 내가 무슨 짓을 저질렀나? 내가 이상해 보이나?' 나는 사소한 마주침까지 빠뜨리지 않고 하루 동안 있었던 일들을 하나하나 곱씹었다. 아무 잘못도 찾을 수 없었다. 나는 재미가 하나도 없을 정도로 조용하게 지냈다. 하지만 머릿속은 잠잠해지지 않았다. 이것 때문인가, 아니면 저것 때문인가? 이유를 찾을 수가 없었다. 하지만 나는 쉽게 성을 내지도 못했다.

나한테 무슨 잘못이 있는 건 아닌지 열심히 찾아다녔다. 늘 그 생각이었다. 그 사람은 관계를 회복하려고 애쓸 기미가 보이지 않았다. 나를 없는 사람 취급하는 태도는 비열할 뿐 아니라 프로답지도 못했다. 그 때문에 팀 전체가 피해를 보았고, 경영진도 이 사태를 우려했다. 과르디올라 감독은 구단이 가장 많은 돈을 들여 투자한 선수를 망가뜨리고 있었고, 중요한 챔피언스리그 경기들이 다가오고 있었다. 우리는 아스널을 상대로 원정 경기를 치를 예정이었다. 감독과 아무 교류가 없었던 터라 선수명단에서도 내 이름을 뺄 거라고 생각했다. 하지만 그렇게까지 막 나가고 싶지는 않았는지 메시와 함께 나를 전방에 내세웠다.

그가 작전 지시는 했냐고? 아니, 한마디도 없었다! 나는 알아서 골을 넣어야 했다. 에미리츠 스타디움에 도착했다. 경기장은 거대했고, 여느

462 :: 나는 즐라탄이다

때처럼 잉글랜드 관중과 언론은 나를 적대시했다. 나를 두고 잉글랜드 팀을 상대로 한 번도 골을 넣은 적이 없는 선수라며 온갖 허튼소리를 지껄여댔다. 내가 처한 여건은 좋지 않았지만 나는 기자들 앞에서 즐라탄다운 모습을 보여주려고 노력했다. "두고 보시죠. 내가 누구인지 보여줄 테니."

하지만 감독이 저렇게 나오는 상황에서는 쉽지 않은 일이었다. 시작부터 공방이 장난이 아니었다. 경기 전개 속도는 눈 깜짝할 정도로 빨랐다. 과르디올라 감독에 대한 걱정은 머릿속에서 싹 사라졌다. 마술 같았다. 내 기억에 그날처럼 좋은 경기를 펼쳤던 적도 없었다. 아스널 골키퍼 바로 앞으로 날아가는 슈팅을 차는 등 전반에 몇 번 기회를 날렸다. 그런 골은 반드시 넣었어야 했지만 그러지 못했고, 전반전은 0 대 0으로 마쳤다.

과르디올라 감독이 나를 다른 선수로 교체하겠구나 싶었다. 하지만 그는 내가 계속 뛰도록 했다. 후반전이 시작되자마자 피케가 공을 멀리 차 올리는 것을 보고는 상대 진영 깊숙이 파고들었다. 나를 저지하려고 다가오는 수비수가 있었고, 골키퍼 역시 앞으로 뛰어나왔는데, 그 순간 나는 공이 땅에 부딪히며 튀어 오르는 것을 보고 곧바로 로빙숏을 날렸다. 공은 골키퍼 키를 넘겨 골문 안으로 들어갔다. 경기는 1 대 0이 되었다. 그로부터 10분쯤 지나 사비가 멋진 패스를 찔러주었고, 나는 화살처럼 빠르게 달려 들어갔다. 이번에는 로빙숏을 날리지 않았다. 나는 한껏 힘을 실어 벼락같은 슈팅을 날렸다. 점수는 2 대 0이 되었고, 이날 경기는 우리가 승점을 챙기는 경기가 될 거라고 다들 예상했다. 나는 맹활약 중이었다. 하지만 과르디올라가 무슨 짓을 했는지 아는가? 나를 향해 손뼉이라도 쳤느냐고? 아니, 그는 나를 교체해버렸다. 퍽이나 영리한 조치였다! 그 후로 바르샤는 허물어졌고, 아스널은 마지막까지 몰아붙이며 2 대 2 동점 상황을 만들어냈다.

그 시합을 치르는 동안에는 못 느꼈는데, 시합이 끝나고 나서 장딴지 근육에 통증을 느꼈다. 통증은 차츰 심해졌다. 컨디션이 한창 좋은 상황에서 엿 같은 일이 아닐 수 없었다. 부상 때문에 홈구장에서 아스널과 치를 2차전과 봄에 있을 엘 클라시코 경기에도 뛰지 못할 판국이 되었는데, 과르디올라 감독에게서는 어떤 지원도 받지 못했다. 지원은커녕 내 사기를 꺾는 행동만 했다. 그는 내가 방에 들어서면 밖으로 나가버렸다. 지금 와서 생각해보면, 내가 근처에 있는 것조차 싫었던 모양인데 기분이 정말 더러웠다.

경영진이고 선수들이고 사태가 어떻게 돌아가는지 이해하는 사람은 아무도 없었다. 하지만 그 감독에게는 이상한 점이 있었다. 앞서도 말했지만, 나는 그가 거둔 성공을 시샘하지 않는다. 그가 형편없는 감독이라고 말하려는 것도 아니다. 하지만 그에게는 심각한 단점이 있었다. 그에게는 나 같은 선수들을 다룰 능력이 없어 보였다. 아니면 자기 권위를 잃게 될까 봐 두려워서 그랬을까? 그런 감독들이 가끔 있기는 하다. 꽤 실력이 있는 감독 중에도 개성이 강한 선수들을 다룰 능력이 안 되어 그들을 내쫓는 방법으로 문제를 해결하는 사람, 다시 말해 겁쟁이 지도자들이 있다.

어쨌든 그는 내 부상과 관련해 한 번도 안부를 묻지 않았다. 무엇이 겁이 나는지 한마디 말도 꺼내지 못했다. 챔피언스리그에서 인터 밀란과의 원정 경기를 앞두고 그가 내게 말을 걸기는 했다. 하지만 그는 이상하게 행동했고, 일이 완전히 꼬여버렸다. 무리뉴 감독 말대로 챔피언스리그 우승은 우리가 아니라 그가 차지했다. 이후 과르디올라는 그 시합에 진 것이 꼭 내 탓인 양 행동했고, 그때부터 내 안에도 거대한 불길이 치솟기 시작했다.

그동안 꾹꾹 눌러왔던 감정을 전부 쏟아내버려야겠다는 기분이 들었을 때, 나는 한편으로는 두렵기까지 했다. 그나마 티에리 앙리가 있어서 다행이었다. 그는 내 기분을 알아주었고, 함께 농담을 주고받곤 했다. 앙리와 조금이라도 대화를 나누다 보면 압박감이 조금은 줄어들었다. 정확히 기억나지는 않지만 언제부턴가 스스로를 괴롭히는 짓은 그만하기로 했다. 달리 방법이 없었다. 내 인생에서 처음으로 축구가 우선순위에서 밀려났다. 나는 맥시와 빈센트, 헬레나에게 집중했다. 감독과 갈등을 벌이던 시기에 나는 가족과 더 가깝게 지낼 수 있었다. 그 점에 대해서는 그 감독에게 고맙게 생각한다. 아이들은 내게 이 세상 전부나 마찬가지였다. 아니, 이 세상 전부였다.

하지만 감독이 조성하는 냉담한 분위기를 가볍게 무시하기는 어려웠다. 내 안에서 질식할 듯 쌓인 분노가 마침내 터져 나왔다. 비야레알과의 경기를 마친 뒤 라커룸에서 나는 과르디올라에게 고함을 쳤다. 그에게 배알도 없는 인간이라고, 무리뉴 감독 앞에서는 피라미밖에 안 된다고 소리를 질렀다. 이후로 어찌 되었을지는 쉽게 상상이 될 것이다. 나와 감독 간의 본격적인 전쟁이었다. 쓸데없이 생각이 많은 과르디올라 감독은 겁이 나서 내 눈을 똑바로 보지도 못했고, 인사조차 건네지 못했다. 그리고 그토록 오랜 기간 얌전하게 지냈던 나는 마침내 폭발해 예전의 모습을 되찾았다.

이것은 절대 좋게 끝날 일이 아니었다. 다른 환경에서 다른 사람과 이런 일이 벌어졌더라면 이렇게까지 악화되지는 않았을 것이다. 저 정도 화를 폭발하는 것은 내가 화를 내는 처지에 있든, 아니면 남에게 당하는 경우에 있든 간에 사실 내게는 큰일도 아니었다. 어릴 때부터 밥 먹듯이 경험한 일이고, 의외로 좋은 결말로 이어지는 경우도 많았다. 한바탕 묵힌 감정을 쏟아내고 나면 분위기가 정리된다고 할까? 비에이라만 해도 한바탕 다투고 나서 친구가 되었다. 하지만 과르디올라 감독은 아니었다. 싸우고 나서 친해질 사람이 아니라는 것을 바로 알 수 있었다.

그는 이런 문제를 다룰 능력이 없었다. 그는 나를 철저히 피했다. 어쩌다 이 지경이 되었는지 뜬눈으로 밤을 지새운 적도 많았다. 이제 무슨 일이 벌어질까? 내가 어떻게 해야 할까? 한 가지는 분명했다. 말뫼 유소년 팀에 있을 때와 똑같은 상황이라는 것. 그때 나는 별종 취급을 받았고, 그런 여건에서는 더욱 뛰어난 선수가 되지 않으면 안 되었다. 마찬가지로 과르디올라 감독이 나를 벤치에 앉힐 수 없을 만큼 대단한 활약을 보여야만 했다. 나는 더는 내 성질을 죽이고 범생이처럼 얌전하게 굴고 싶은 마음이 없었다. "바르샤에서는 이렇게 행동해. 여기서는 모두 평범한 사람들이야." 웃기는 소리였다. 나는 그 같은 말이 얼마나 미성숙한 발언인지 여실히 깨달았다. 제대로 된 감독이라면 기질이 다른 선수들을 다룰 수 있어야 한다. 그것이 감독이 할 일이다. 다양한 종류의 사람들이 함께 어울려 협력하는 것이 팀이다. 팀에는 거칠고 공격적인 사람들도 있고, 막스웰이나 메시와 그의 친구들처럼 순종적인 사람들도 있다.

그런데 과르디올라 감독은 그것을 모르고 내게 앙갚음을 하고 싶어 했다. 돌아가는 분위기에서 그 사실을 감지할 수 있었다. 확실히 그는 그 일로 구단에 수백만 달러의 손실이 생기더라도 상관하지 않을 태세였다.

리그 최종전을 앞두고 있었는데, 아니나 다를까 그는 나를 선발에서 제외했다. 그러고는 갑자기 나와 대화를 하고 싶어 했다. 그는 자기 사무실로 나를 호출했다. 아침이었다. 사무실 벽에는 자기 사진과 유니폼 등이 걸려 있었다. 분위기는 냉랭했다. 내가 분노를 표출한 이후로 우리는 한 마디도 나누지 않았다. 그 역시 긴장했다. 그의 시선은 내 눈을 향하지 못하고 방 안을 배회했다.

그 사람에게는 자연스러운 권위나 카리스마가 없었다. 그가 세계 최고의 팀을 맡고 있는 감독인 줄 모르는 사람이 봤다면 그저 평범한 직원으로 착각할 정도였다. 그는 자기 사무실에서 안절부절못했다. 그는 내가 먼저 무슨 말이든 꺼내기를 기다렸다. 나는 아무 말도 않고 그냥 기다렸다.

"그러니까" 하고 그가 말문을 열었다.

그는 내 눈을 바라보지 못했다.

"다음 시즌에 자네와 무엇을 할 수 있을지 정말 모르겠네."

"그렇군요."

"어떻게 되느냐는 자네와 미노에게 달렸어. 그러니까, 자넨 이브라히모비치야. 두 경기 쉬고 한 경기에 출전하는 걸로 만족할 선수가 아니란 말이지, 그렇지 않은가?"

그는 내가 무슨 말이라도 하기를 바라는 눈치였다. 하지만 나는 바보가 아니었다. 이런 상황에서는 말을 많이 한 사람이 더 안 좋은 상황에 빠지기 마련이다. 그래서 나는 입을 다물었다. 나는 미동도 보이지 않고, 가만히 앉아 있었다. 무슨 말인지는 모르지만, 내가 이해한 바로는 그는 내게 분명 하고 싶은 말이 있었다. 나를 제거하고 싶어 하는 것처럼 들리기는 했는데, 그것이라면 보통 문제가 아니었다. 나는 구단 역사상 가장 많은 돈을 들여 데려온 선수였기 때문이다. 나는 계속 침묵하고 있었다. 아무 짓도 하지 않았다. 그러자 그가 재차 말했다.

"자네와 무엇을 할 수 있을지 모르겠네. 그 점에 대해 할 말이 없나? 자네 의견은 어떤가?"

거기에 대해 할 말은 없었다.

"말씀 다하셨습니까?"라고 나는 물었다.

"그래. 하지만……."

"감사합니다. 그럼, 이만." 나는 이렇게 말하고 사무실에서 나왔다.

아마도 내가 냉담하고, 다루기 만만치 않은 사람으로 느껴졌을 것이다. 나는 그렇게 보이기를 바랐다. 하지만 속에서는 열불이 났다. 밖에 나오자마자 미노에게 전화를 걸었다.

25

다시 한 번 말할까요?
그건 레알 마드리드예요
2010~2011년

: :

    때로 나는 사람들에게 심하게 화를 낸다. 이유는 잘 모른다. 아주 어릴 때부터 그랬다. 아버지는 술에 취하면 성난 곰처럼 성질을 부렸고, 식구들은 모두 겁에 질려 밖으로 피난을 가곤 했다. 하지만 나는 아버지에게 맞섰다. 사내답게 맞서 소리를 질렀다. "술 좀 끊어요!" 그러면 아버지는 "빌어먹을 자식이. 여긴 내 집이야. 내 맘이라고. 내 이놈의 자식을 쫓아내고 말아야지!" 하고 역정을 냈다.

    이따금 공동주택 전체가 들썩들썩할 정도로 난장판이 되었다. 그래도 아버지랑 주먹다짐까지 간 적은 한 번도 없었다. 아버지는 마음만은 따뜻했다. 나를 위해서라면 목숨도 버릴 분이었다. 하지만 나는 언제라도 아버지랑 맞서 싸울 각오를 했었다.

    나는 아버지를 위해 뭐라도 할 각오가 되어 있었다. 아무 소득도 없이 언성만 높이고 격분하는 경우도 있었다. 내가 잔소리를 하면 좋은 방향으로 나아가기보다는 오히려 정반대로 관계가 틀어졌다. 어쨌든 나는 아무리 무서워도 싸움을 회피하지 않았고, 그런 태도는 지금도 마찬가지다. 내가 우리 식구 중에서 가장 힘이 셌다고 자랑삼아 하는 말이 아니라, 사실이 그렇다는 얘기다.

그것이 내가 일찌감치 습득한 기질이었다. 나는 맞서 싸우지 도망가는 사람이 아니었다. 아버지를 상대할 때도 마찬가지였다. 이런 싸움은 내게 일상이었다. 어려서부터 내 주변에는 살짝만 건드려도 폭발하는 사람들뿐이었다. 어머니도 그랬고, 누나들도 그랬고, 동네 친구들도 그랬다. 그래서 나는 늘 경계를 세우고 살았다. '무슨 일이지? 누가 싸움을 거는 거지?' 내 몸은 늘 전투태세였다.

그것이 내가 선택한 길이었다. 다른 식구들은 나와는 맡은 역할이 달랐다. 사넬라는 감정적인 문제를 잘 다뤘고, 나는 싸움꾼이었다. 누군가 나를 엿 먹이면, 나는 그들에게 고스란히 되갚아주었다. 그것이 내가 생존한 방식이었다. 입에 발린 말은 할 줄 몰랐다. 하고 싶은 말은 직설적으로 말했다. "넌 좋은 사람이야. 대단해. 하지만……" 하고 우회적으로 표현하지 않았다. 단도직입적으로 "염병할, 조심하는 게 좋을 거야"라고 말했다. 그런 다음에 어떤 결과가 따르든지 받아들였다. 늘 그런 식이었다. 나는 그렇게 생겨먹었다. 그래도 바르셀로나로 옮길 즈음에는 많이 변한 것도 사실이다. 헬레나를 만나 두 아이를 얻은 뒤로 조금은 차분해졌고 "버터 좀 이리 줄래" 하고 다정하게 말을 건네기도 했다. 하지만 내 성질은 내 안에 그대로 남아 있었다. 나는 두 주먹을 불끈 쥐고 내 원칙을 지킬 준비가 되어 있었다. 그때가 2010년 늦은 봄에서 초여름 사이의

471

일이었다. 남아공 월드컵이 다가왔고, 호안 라포르타 회장이 바르샤에서 물러나기 직전이었다.

바르셀로나 구단은 회장 선거를 치르고 있었는데, 수장이 바뀔 때면 늘 혼란이 초래되고 사람들은 불안해하기 마련이다. 산드로 로셀Sandro Rosell이라는 사람이 신임 회장에 선출되었다. 로셀은 2005년까지 부회장직을 역임했고, 라포르타와는 친구였다. 그런데 어떤 일이 있었는지는 모르지만, 이제는 앙숙 관계가 되었다고 한다. 그러니 사람들은 걱정이 많았다. 로셀 신임 회장이 옛 동료들을 제거할 것인가? 그거야 모를 일이었다. 치키 베히리스타인 단장은 로셀 회장이 그를 해고하기 전에 스스로 사임했다. 물론 나는 이 같은 사태가 나와 과르디올라 감독의 갈등과 관련해 어떤 영향을 미칠지가 궁금했다.

라포르타 회장은 천문학적인 금액을 들여 나를 영입한 사람이었다. 그러니까 나를 영입한 것이 멍청한 투자였음을 입증함으로써 신임 회장이 전임 회장에게 한 방 먹일 가능성도 다분했다. 그런 점에서 로셀 회장의 첫 임무가 나를 팔아치우는 것이 되리라고 예견한 신문들도 적지 않았다. 기자들은 나와 과르디올라 감독 사이에 무슨 일이 벌어지고 있는지 전혀 알지 못했다. 솔직히 나 역시 과르디올라 감독이 왜 그러는지 다는 몰랐다. 어쨌든 기자들도 이유는 모르지만 뭔가 이상하게 돌아가고 있다는 것을 눈치챘다. 사실 그런 일은 축구 전문가가 아니어도 알 수 있는 일이다. 나는 풀이 죽어 다녔고, 그라운드에서는 평소처럼 반응하지 않았다. 과르디올라가 나를 망쳐놓았다. 미노가 신임 회장과 통화했던 일이 생각난다. 신임 회장은 미노에게 과르디올라가 미팅에서 한 얘기를 전해주었다.

"도대체 그 사람이 하고 싶은 얘기가 뭡니까?"라고 미노가 물었다. "즐라탄을 내보내고 싶다는 겁니까?"

"아닙니다. 아녜요." 로셀 회장이 대답했다. "과르디올라 감독은 즐라탄을 믿고 있어요."

"그런데 왜 그런 말을 한답니까?"

로셀은 대답하지 못했다. 그는 신임 회장이었고, 과르디올라 감독의 속내를 아는 사람은 아무도 없는 모양이었다. 상황은 불확실했다. 우리 팀은 리그 우승을 차지했고, 휴식기에 들어갔다. 나는 그 어느 때보다 휴가가 필요했다. 멀리 떨어져 기분을 전환할 필요가 있었다. 헬레나와 나는 LA와 라스베이거스 등지를 여행했고, 그때쯤 월드컵이 시작됐다. 나는 월드컵 경기를 거의 보지 않았다. 스웨덴 팀이 본선에 진출하지 못한 사실에 실망한 탓도 있지만 축구를 떠올리기가 싫었기 때문이다. 나는 바르샤와 관련한 온갖 일들을 생각하지 않으려고 노력했다. 물론 영원히 그렇게 지낼 수는 없었다. 휴가는 끝났고 나는 되돌아가야 했다. 아무리 밀어내려고 애써도 다시 고민이 시작될 것이다. '앞으로 어떤 일이 일어날까? 내가 어떻게 해야 하는가?' 내 머릿속은 분주했다. 물론 확실한 해결책은 딱 하나가 있었다. 내가 떠나면 될 일이었다. 하지만 내가 꿈에 그리던 구단을 그렇게 쉽게 포기하고 싶지는 않았다. 절대로. 결코. 나는 훈련에도 열심히 참여하고 더 나은 활약을 펼치기 위해 노력하기로 결심했다.

아무도 나를 무너뜨리지는 못할 것이다. 내가 모든 사람에게 실력을 입증해 보이겠어. 그랬는데 무슨 일이 일어났는지 아는가? 나는 새로운 내 결심을 입증할 기회조차 얻지 못했다. 과르디올라가 나를 불렀을 때 나는 축구화도 신지 않은 상태였다. 그때가 7월 19일이었다. 다른 선수들은 대부분 월드컵에서 아직 복귀하지 못했을 때였다. 우리 주변은 조용했고, 과르디올라는 짧게나마 대화를 시도했다. 분명 그에게는 한 가지 용건이 있었다. 그는 나를 의식하며 긴장했다. 그래도 처음에는 유쾌하게 대화를 나누려고 애썼다.

"휴가는 잘 보냈나?"

"아주, 좋았어요!"

"새 시즌을 앞두고 기분이 어떤가?"

"좋아요. 새 시즌이 기대됩니다. 전심전력을 다할 생각이에요."

"그런데 말이야……."

"예."

"벤치에 앉을 마음의 준비를 해야 할 거야." 그는 이렇게 말했다. 내가 말했듯이, 그날은 첫날이었다. 프리시즌은 아직 시작조차 하지 않았다. 과르디올라는 내가 경기에 뛰는 것을 일분일초도 아직 보지 않은 상태였다. 나는 그가 하는 말을 나에 대한 공격이라고 해석할 수밖에 없었다.

"좋아요" 하고 대답했다.

"그리고 자네도 알다시피 우리는 발렌시아에서 다비드 비야를 영입했어."

다비드 비야는 뛰어난 인재였고, 그것은 의심할 여지가 없었다. 당시 월드컵 우승을 향해 질주하고 있는 스페인 국가대표팀에서도 손꼽히는 선수 중 하나였다. 하지만 그는 윙어였고, 나는 중앙 공격수니까 그 선수가 온다 한들 나와는 크게 상관이 없었다.

"거기에 대해 무슨 할 말이 없나?"라고 그가 계속 말했다.

'처음에는 축하하는 말 외에 무슨 할 말이 더 있을까'라고 생각했다. 그러다가 과르디올라 감독의 의중을 시험해보자는 생각이 들었다.

이 일이 축구와 관련이 있는지, 아니면 그냥 나를 구단에서 내보내고 싶어 하는 짓인지 알아보지 못할 것도 없었다.

"거기에 대해 무슨 할 말이 없냐고요?"라고 말을 꺼냈다.

"그래."

"저는 더 열심히 뛸 겁니다. 이 팀에서 제 자리를 확보하기 위해 미친 듯이 노력할 생각이에요. 제가 매우 훌륭하다는 것을 보여드리죠." 솔직히 내 입으로 말해놓고도 믿기지가 않았다.

예전에는 그런 식으로 감독의 비위를 맞추려고 했던 적이 없었다. 항상 말이 아닌 경기 내용으로 입증하자는 것이 내 신조였다. 전심전력을 다하겠다고 말하는 것은 우습기 짝이 없는 짓이었다. 우리는 애초에 전심전력을 다하기로 하고 돈을 받는 선수들이기 때문이다. 그러나 이렇게 말한 것은 감독의 의중을 헤아리기 위한 나의 전략이었다. 나는 그가 무슨 말을 하는지 듣고 싶었다. 만약 그가 "좋아, 네가 약속을 지키는지 두고 보지"라고 말했다면 의미가 있는 일이었다. 하지만 그는 나를 가만히 쳐다보았다.

"그건 나도 알아. 하지만 어떻게 우리가 함께 지낼 수 있겠나?"

"말씀드렸듯이, 열심히 뛰겠어요. 감독님이 제가 좋은 선수라고 생각하시면, 저는 감독님이 원하는 포지션에서 뛰겠어요. 전방에 서든 메시 뒤에 서든 상관없어요. 결정만 하세요."

"그건 나도 알아. 하지만 어떻게 우리가 함께 지낼 수 있겠나?"

그는 같은 말만 반복했다. 과르디올라 감독은 알아들을 수 있는 말을 한 적이 없다. 그는 소통에는 도무지 소질이 없다. 사실 바르샤에서는 그런 소질이 필요하지도 않았다. 감이 왔다. 이 문제는 내가 팀 내에서 자리를 차지할 만한 능력이 있느냐 없느냐의 문제가 아니었다. 이것은 지극히 사적인 문제였다. 과르디올라는 그냥 내가 마음에 들지 않는다고 솔직히 말하지 못하고 말을 뱅글뱅글 돌리고 있는 것이었다.

"어떻게 우리가 함께 지낼 수 있겠나?"

"다른 선수들처럼 노력할 겁니다. 메시를 위해 뛰도록 하지요"라고 내가 말했다.

"알겠네. 하지만 어떻게 우리가 함께 지낼 수 있겠나?"

정말 한심한 대화였다. 그는 내가 분통이 터져서 "말도 안 되는 소리 하지 마십시오. 난 이 구단을 떠나겠어요!"라고 버럭 소리를 질렀으면 하고 바랐던 것 같다. 그러면 그는 밖으로 나가서 "즐라탄이 구단을 떠나고 싶어 합니다. 그것은 제 결정이 아니랍니다" 하고 말하고 싶은 것이다. 내가 사람들과 자주 대립하는 과격한 사내인 것은 맞다. 그러나 절제해야할 때는 절제할 줄도 알았다. 내가 내 입으로 팀을 떠나겠다고 선언해서 얻을 것이 없었다. 그래서 말씀 잘 들었다고 차분하게 말하고는 자리를 떴다.

물론 나는 분통이 터졌다. 이가 갈렸다. 그래도 그 만남이 전혀 무익한 시간은 아니었다. 나는 상황이 어떻게 돌아가는지 감을 잡았다. 그는 나한테 하늘을 나는 재주가 있다 해도 경기에 뛰도록 허락할 생각이 없었다. 그러므로 진짜 중요한 문제는 이것이었다. '날마다 훈련에 참여하러 가서 그 사람이 내 앞에 서 있는 모습을 참을 수 있겠는가? 그 같은 상황을 감당할 수 있겠는가?' 나는 자신이 없었다. 아무래도 작전을 변경해야 할 듯싶었다. 나는 이 일을 어떻게 할지 밤낮으로 고민했다.

우리는 한국과 중국으로 프리시즌 훈련을 떠났고, 그곳에서 몇 경기에 출전하기도 했다. 하지만 큰 의미는 없었다. 주요 선수들은 아직 월드컵에서 복귀도 하지 않은 상황이었다. 과르디올라 감독은 여전히 나를 이단자 취급하며 거리를 두었다. 그는 원하는 것이 있으면 직접 내게 말하지 않고 다른 사람을 보내 전달했다. 여름 동안 고삐 풀린 언론은 추측성 기사를 마구 쏟아내기 시작했다. '즐라탄에게 무슨 일이 일어나고 있는 것인가? 그는 이적할 것인가? 잔류할 것인가?' 기자들은 계속해서 내 뒤를 추적했다. 그들은 과르디올라 감독도 따라다녔다. 그는 항상 그 문제로 질문 공세를 받았다. 그가 기자들에게 뭐라고 말했을 것 같은가? "저는 즐라탄이 싫어요. 그 친구를 내보낼 생각입니다"라고 직설적으로 말했을 성싶은가? 절대로 그렇지 않다. 그는 불편한 기색을 보이면서 애매한 말을 던졌다.

"즐라탄은 자기 미래를 스스로 결정할 겁니다."

무슨 쓰레기 같은 말인가. 내 안에서는 시한폭탄이 째깍거리기 시작했다. 나는 공격을 받는 느낌이었고, 성질이 뻗쳤다. 뭐라도 확 터뜨리고 싶었다. 하지만 그 순간 뭔가 새로운 생각이 떠올랐다. 상황은 이제 새로운 국면에 접어들고 있었다. 이제 단순히 개인적인 전쟁이 아니었다. 이적시장에서의 싸움이 시작된 것이다. 나는 그 같은 게임이라면 마다치 않았다. 그런 문제라면 내게는 최고의 인재가 있었다. 바로 미노다. 나는 그와 얘기를 나누면서, 저들을 철저하게 괴롭혀주기로 결심했다. 과르디올라는 그런 대접을 받아도 쌌다.

한국에서 나는 바르셀로나 구단의 신임 부회장인 조셉 마리아 바르토

메우Josep Maria Bartomeu와 회동을 가졌다. 호텔에 앉아 대화를 나눴는데, 적어도 그 사람은 말이 명쾌했다.

"즐라탄, 어디서 제의가 들어오거든 고려해보도록 하게"라고 그가 말했다.

"저는 어디에도 가지 않습니다. 저는 바르셀로나 선수이고, 바르셀로나에서 뛸 겁니다."

조셉 마리아 바르토메우는 놀란 표정이었다.

"그러면 이 문제를 어떻게 해결하나?"

"나한테 생각이 있어요."

"그래?"

"레알 마드리드에 전화를 걸어보세요."

"내가 왜 그 사람들에게 전화를 걸어야 하나?"

"내가 바르샤를 떠나야 한다면 레알 마드리드로 가고 싶거든요. 그 팀에 이적시키면 됩니다."

조셉 마리아 바르토메우는 깜짝 놀랐다.

"농담하지 말게"라고 그가 말했다.

나는 몹시 진지한 표정을 지어 보이고는 이렇게 말했다.

"아니요. 우리에겐 문제가 있습니다. 내가 이곳에 있는 것이 싫다고 솔직하게 말할 배짱도 없는 감독이 있어요. 나는 이곳에 남고 싶어요. 하지만 그 사람이 나를 팔아치우고 싶다면 당당히 앞으로 나서서 알아들을 수 있게 말해야 합니다. 그리고 내가 옮기고 싶은 구단은 이미 말했다시피 레알 마드리드입니다."

나는 어떤 소란도 피우지 않고 가만히 방에서 나왔다. 게임이 시작된 것이다. 나는 레알 마드리드라고 말했다. 물론 그것은 게임의 시작이고, 상대를 도발하는 말이자 전략적인 허풍에 지나지 않았다. 실제로 우리는 맨체스터 시티나 AC 밀란과 접촉하는 중이었다.

아랍에미리트연합에서 온 사람들이 맨시티를 인수한 뒤로 엄청난 돈을 투자하면서 놀라운 일들이 벌어지고 있다는 사실을 잘 알고 있었다. 몇 년 안에 맨시티는 빅클럽이 될 수 있을 것으로 보였다. 하지만 나는 곧 29세가 된다. 나는 장기적인 계획을 세울 여유가 없었고, 돈은 중요한 사안이 아니었다. 지금 당장 좋은 성적을 낼 수 있는 팀에 가고 싶었고, AC 밀란은 역사도 깊은 구단이었다.

"AC 밀란으로 가자고." 내가 미노에게 말했다.

인제 와서 돌이켜보니 정말 놀라운 일이었다. 과르디올라 감독이 나를 불러놓고, 앞으로는 벤치에 앉아 있을 날이 많을 것이라고 말한 그날 이후로 우리는 힘든 게임을 했다. 물론 우리가 과르디올라와 경영진을 압박했다. 우리는 철저하게 계획대로 움직였다. 그 사람들이 당황해서 나를 헐값에 내놓아야만 하는 상황에 부딪히는 것이 우리가 바라는 바였다. 그렇게 되면 우리가 개인적으로 좋은 계약을 따내는 데는 더 유리했다. 우리는 신임 회장에 선출된 산드로 로셀과 만났다. 그가 매우 어려운 상황에 부닥쳐 있음을 한눈에 알 수 있었다.

회장은 나와 과르디올라 사이에 정확히 무슨 문제가 있는지 이해하지 못했다. 다만 그 상황은 이제 손쓸 수가 없고, 어떤 손해를 감수하고라도 나를 팔든지, 아니면 감독을 해임하든지 둘 중 하나를 선택해야만 한다는 것을 알고 있었다. 감독을 해임할 수는 없었다. 그가 구단에 가져온 엄청난 성공을 생각하면 그럴 수 없었다. 따라서 로셀 회장에게는 선택의 여지가 없었다. 그는 좋든 싫든 간에 나를 내보내야만 했다.

"일이 이렇게 되어 유감이네." 그가 말문을 열었다. "하지만 상황이 이렇다 보니, 특별히 이적하고 싶은 구단이 있나?"

미노와 나는 우리가 바르토메우 부회장을 상대로 했던 말을 반복했다.

"예, 사실 가고 싶은 데가 있습니다."

"좋아, 잘됐군." 산드로 로셀 회장은 얼굴에 화색이 돌았다. "어느 구단인가?"

"레알 마드리드입니다."

그는 금세 얼굴이 창백해졌다. 바르샤의 스타 선수를 레알 마드리드에 넘기는 행위는 구단을 배신하는 행위나 다르지 않았다.

"불가능하네. 다른 구단은 몰라도 그 구단은 안 돼."

그가 크게 동요하고 있음을 미노와 나는 알 수 있었다. 이제 게임은 우리 손에 있었다. 나는 침착하게 말을 이었다.

"물어보시니 대답한 것뿐입니다. 그리고 기꺼이 다시 말씀드리지만, 제가 이적하고 싶은 구단은 레알 마드리드뿐입니다. 저는 무리뉴 감독을 좋아합니다. 회장님이 그쪽에 전화를 걸어 협상을 진행해보세요. 괜찮으시겠죠?"

전혀 괜찮지 않았다. 세상에서 이렇게 괜찮지 않은 일도 없었다. 물론 우리도 그 사실을 잘 알았다. 산드로 로셀 회장은 당황하기 시작했다. 구단은 나를 영입하려고 스웨덴 화폐로 7억 크로나에 상당한 돈을 지불했다. 그는 그 돈을 회수해야 하는 압박을 받고 있었지만, 무리뉴가 신임 감독으로 들어간 레알 마드리드에 나를 판다면 홈팬들에게 무슨 해코지를 당할지 알 수 없는 일이었다. 절대 쉽지 않은 문제였다. 감독 때문에 나를 데리고 있을 수도 없었고, 팬들 때문에 불구대천의 원수에게 나를 팔아치울 수도 없었다. 그는 불리한 처지에 놓였고, 우리는 이 점을 이용해 압박을 가했다.

"일이 얼마나 순조롭게 진행될지 생각해보세요. 무리뉴 감독도 직접 나를 간절히 원한다고 말했잖아요."

물론 우리가 알기로 무리뉴 감독은 그런 말을 한 적이 없었다. 하지만 작전상 그렇게 밀어붙이기로 했다.

"그건 안 돼."

"정말, 유감이군요! 우리가 이적하려는 구단은 레알 마드리드밖에 없습니다."

우리는 방을 나서며 미소를 지었다. 우리는 계속해서 레알 마드리드 얘기를 꺼냈다. 그것이 우리의 공식적인 방침이었다. 하지만 우리는 AC 밀란과 접촉하고 있었다. 로셀 회장이 아쉬운 처지에 놓이면 그것은 바르샤에게는 불리하고 AC 밀란에게는 이로운 일이었다. 로셀 회장이 반드시 나를 팔아야만 하는 아쉬운 처지에 놓일수록 내 몸값은 떨어질 수밖에 없었다. 그 같은 상황은 결국 우리에게 이롭게 작용했다. 그것은 일종의 게임이었다. 이적시장에서는 공개적으로 진행하는 게임이 있고, 배후에서 진행하는 게임이 있었다. 시간은 계속 흘러갔다. 이적시장은 8월 31일이면 닫힐 예정이었다. 그리고 26일에 우리는 다른 팀도 아닌 AC 밀란과 캄프 누에서 친선 경기를 가질 예정이었다. 아무것도 확정되지 않았다. 하지만 언론에서는 내가 구단을 옮긴다는 얘기를 기정사실처럼 보도했다. 곳곳에서 추측성 얘기들이 떠돌았고, AC 밀란의 갈리아니 부

부회장은 이브라히모비치 없이는 바르셀로나를 떠나지 않겠노라고 선언했다.

경기장 안에서는 서포터들이 "떠나지 마요, 이브라!"라고 적힌 깃발을 흔들어 보였다. 물론 나에 대한 관심을 표현하는 사람들이 적지 않았지만, 그 시합은 기본적으로 호나우지뉴가 주인공이었다. 호나우지뉴는 바르셀로나에서 신적인 존재였다. 그는 AC 밀란에서 뛰고 있지만, 전에 바르샤에서 활약했으며, 2004년과 2005년 연이어 두 차례나 FIFA 올해의 선수 상을 받았다. 경기를 시작하기에 앞서 구단은 대형 화면에 호나우지뉴의 활약상을 담은 영상을 상영하고, 경기장 트랙에서 호나우지뉴의 공적을 기리는 기념식을 진행할 예정이었다. 그런데 호나우지뉴는 그전에 자기가 하고 싶은 일이 하나 있었다.

우리는 라커룸에 앉아 운동장으로 뛰어나갈 준비를 하고 있었다. 마지막 경기가 될지도 모른다고 생각하니 기분이 묘했다. 라커룸 밖에서 사람들의 함성이 들려왔다. 과르디올라 감독은 내 얼굴을 살피지 않았다. 나는 이 시합이 바르샤에서 뛰는 마지막 시합이 될지, 앞으로 어떻게 될지 생각에 잠겨 있었다. 그때 모든 선수가 일어섰다. 호나우지뉴가 문을 열고 안을 들여다본 것이다. 호나우지뉴는 카리스마가 있었다. 그는 위대한 선수 중 한 명이었다. 모든 선수가 그를 쳐다보았다.

"이브라." 호나우지뉴가 미소를 활짝 지으며 소리쳤다.

"네?" 내가 대답했다.

"짐은 다 꾸렸어? 널 밀라노에 데려가려고 왔어!" 그가 말했다. 우리 라커룸 안을 엿보며 던지는 호나우지뉴 특유의 익살스러운 말에 다들 웃음을 터뜨렸고, 다들 내 얼굴을 바라보았다.

물론 선수들은 내가 떠날 거라고 짐작은 하고 있었지만 내 이적에 관한 얘기를 직접 들은 선수는 아무도 없었다. 이제 사람들은 여기저기서 그 얘기를 거론하기 시작했다. 나는 이 경기에 선발로 출장했다. 이 시합 자체는 큰 의미가 없었지만, 경기를 시작하기 직전에 호나우지뉴는 나한테 화났느냐고 물으며 농담을 건넸다. 나중에 운동장 위에서 웃고 있는 우리 두 사람의 모습을 담은 사진들이 곳곳에 등장했다. 하지만 정말 소름 돋는 순간은 하프타임 뒤에 운동장으로 나가는 터널에 있을 때였다. 거기서 피를로, 가투소, 네스타, 마시모 암브로시니 같은 걸출한 선수들이 다들 내게 말을 걸었던 것이다.

"이브라, 꼭 와야 해! 우린 네가 필요해."

AC 밀란은 최근 여러 해 동안 힘든 시기를 보내고 있었다. 인터 밀란이 이탈리아 리그를 지배했고, AC 밀란 선수들은 모두 인터 밀란을 끌어내리고 영광스러운 새 시대를 열고 싶어 했다. 지금에서야 알게 된 일이지만 많은 선수, 특히 가투소가 구단 경영진을 압박했다고 한다.

"이브라를 꼭 데려오세요. 우리 팀에는 그런 승부사가 필요해요."

하지만 그렇게 간단한 문제가 아니었다. 과거와 달리 AC 밀란은 충분한 자금력이 없었다. 상황이 절박하긴 해도 산드로 로셀 회장은 되도록 내 몸값을 많이 받아내려고 애썼다. 그는 4000만~5000만 유로를 원했다. 미노는 계속해서 강경하게 나갔다.

"한 푼도 못 받을 겁니다. 이브라는 레알 마드리드로 갈 테니까요. AC 밀란으로 갈 생각이 없다니까요."

"3000만 유로는 어떻소?"

시간은 계속 흘러갔다. 로셀 회장은 계속해서 가격을 낮췄다. 따라서

AC 밀란이 영입할 가능성은 점차 높아졌다. 갈리아니 부회장이 언덕배기에 있는 우리 집을 방문해 헬레나와 내가 맞이했다. 갈리아니는 축구계에서 내로라하는 거물이었고, 베를루스코니 구단주의 동업자이자 오랜 친구였다. 그는 더럽게 술수에 능한 협상가였다.

나는 그전에 그와 거래를 해본 적이 있었다. 내가 유벤투스를 떠나려고 할 때였는데, 그때는 그가 이렇게 말했다. "이 조건을 받든지, 아니면 없던 얘기로 합시다!" 당시에 유벤투스는 위기에 처해 있었고, 그는 유리한 입장이었다. 이제 처지가 뒤바뀌었다. 그는 압박을 받고 있었다. 그는 나를 반드시 데려가야만 했다. 공개적으로 선언한 약속도 있고, 선수들과 팬들의 압박도 있기 때문에 나를 두고 떠날 수가 없었다. 게다가 우리는 그를 물심양면으로 돕지 않았던가. 우리는 이적료를 낮추도록 힘을 썼다. 그는 헐값에 나를 영입하는 것이었다.

"제 조건입니다. 이 조건을 받든지, 아니면 없던 일로 하세요." 이렇게 말한 뒤 나는 그가 그 서류를 살펴보며 진땀을 흘리는 모습을 지켜보았다.

그들이 받아들이기에 만만한 조건이 아니었다.

"받아들이죠" 하고 그가 말했다.

"그럼, 좋습니다."

우리는 악수를 나눴다. 이제 남은 것은 이적료 협상이었지만 그것은 구단 간의 일이고, 사실 내가 더 이상 신경 쓸 일이 아니었다. 어쨌든 한 편의 드라마처럼 협상이 체결되었다. 이 드라마를 완성하면서 여러 가지 도움을 받았다. 우선, 시간의 도움을 받았다. 이적 마감시한이 다가오고 있었다. 둘째, 팔아야 하는 측이 더 초조한 입장이었다. 셋째, 과르디올라 감독이 나를 감당하지 못하고 있었다. 따라서 시간이 흐를수록 내 이적료는 떨어졌고, 산드로 로셀 회장은 조바심이 났다. 마침내 2000만 유로에 낙찰되었다. 2000만 유로라니! 한 사람 덕분에 내 몸값이 5000만 유로나 떨어져버린 것이었다.

과르디올라 개인의 문제 때문에 구단은 최악의 거래를 맺지 않을 수가 없었다. 미친 짓이었다. 나는 이 사실을 산드로 로셀 회장에게도 말했다. 사실 말할 필요도 없었다. 그도 잘 알고 있었고, 분명 그 같은 상황이 원통해서 밤에 잠도 이루지 못했을 터이다. 내 말인즉슨, 나는 바르셀로나에서 시즌을 보내는 동안 22골을 넣고 도움 15개를 기록했다. 그럼에도 내 몸값을 거의 70퍼센트나 손해 본 것이었다. 누구의 잘못이겠는가? 산드로 로셀도 그 사실을 잘 알았다. 캄프 누의 사무실에 모여 있었던 날이 아직도 기억에 생생하다. 로셀 회장과 미노, 나, 갈리아니 부회장, 내 변호사와 조셉 마리아 바르토메우 부회장이 있었다. 계약서가 우리 앞에 놓여 있었다. 남은 일은 그 서류에 서명하고, 감사하다는 말과 함께 작별 인사를 나누는 것뿐이었다.

"자네가 알았으면 하는데……"라고 로셀 회장이 운을 뗐다.

"말씀하시죠."

"이 계약은 내 평생 최악의 거래였어. 이브라, 자네를 엄청나게 헐값에 팔았다네."

"썩어빠진 지도자가 얼마나 비싼 대가를 치르게 만드는지 이제 아셨을 겁니다."

"그 문제를 잘 처리하지 못했다는 것은 나도 아네." 이렇게 말하고는 그는 계약서에 서명했다.

이제 내가 서명할 차례였다. 내가 펜을 들자 모두 나를 쳐다보았고, 나는 무슨 말이라도 해야만 할 것 같은 느낌이 들었다. 하지만 곧 그러지 않는 편이 낫겠다는 생각이 들었다. 그러나 가슴에 쌓아둔 말을 몇 마디라도 훌훌 털어버리고 싶었다.

"과르디올라 감독에게 전할 말이 있어요." 내가 입을 열자 모든 사람이 긴장했다. 인제 와서 무슨 일이지? 말다툼은 충분히 하지 않았나? 그냥 서명하면 안 되나?

"꼭 그래야만 하나?"

"그래요. 그 사람에게 전해주셨으면 해요." 그렇게 나는 그 감독에게 전해주었으면 하는 얘기를 기어코 했다.

방 안에 있던 사람들은 모두 마른침을 삼켰다. 그들이 무슨 생각을 하는지 느낄 수 있었다. '인제 와서 이런 얘기를 꺼내면 어쩌자는 건가?' 하지만 정말이지 나는 가슴에 담았던 말을 털어내야만 했다. 그러고 나자 머릿속이 개운해지면서 다시 의욕이 솟아났다. 드디어 내가 잘하는 일을 할 수 있게 되었다는 생각에 힘이 났다. 정말이다.

내가 서류에 서명하고 마음에 담아두었던 말을 마치고 나자 나는 원래의 나로 돌아왔다. 끔찍한 악몽에서 깨어난 기분이었다. 그라운드에 올라 어서 뛰고 싶어 몸이 근질거렸다. 한때 선수 생활을 접으려고까지 했던 생각은 온데간데없어졌고, 이제는 즐거운 마음으로 경기에 뛸 수 있을 것 같았다. 아니, 순전한 기쁨과 순전한 분노로 경기에 뛸 수 있는 상태가 되었다. 바르샤에서 벗어났다는 기쁨과 한 사람이 내 꿈을 짓밟아버린 것에 대한 분노였다.

마치 오랫동안 갇혀 있다가 자유의 몸이 된 것만 같았다. 이제는 모든 게 이해가 됐다. 내가 그 속에 갇혀 있을 때에는 낙담하지 않으려고 애를 많이 썼다. '상황이 그렇게 나쁜 것만은 아니야. 다시 회복할 수 있을 거야. 내 실력을 입증해 보이겠어' 하고 다짐하며 늘 자신을 다독였다. 그런데 모든 게 끝나고 보니 내가 무척이나 힘겹고 고달픈 시간을 견뎌냈다는 사실을 알게 되었다. 축구 선수인 내게 가장 중요한 자리를 차지하는 감독이 나를 싸늘하게 무시했다. 그것은 내가 여태껏 겪은 일 중에서도 최악이었다. 엄청난 이적료를 받고 들어간 만큼 사방에서 받는 압박감이 심했고, 그 같은 상황에서는 더욱더 감독이 필요했다.

하지만 내가 어떤 대우를 받았던가? 그 사람은 나를 피했다. 그 사람은 아예 나를 없는 사람 취급했다. 나는 스타 선수 대접을 받아야 했다. 그런데 그곳에서는 찬밥 신세였다. 참 염병할 노릇 아닌가? 나는 세상에서 제일 엄격하다는 무리뉴 감독 밑에서도 있었고 카펠로 감독 밑에서도 있었다. 하지만 두 분과 지내는 동안 아무 문제도 겪지 않았다. 그런데 이 과르디올라 감독은…… 그때 일은 생각만 해도 치가 떨린다. 미노와 나눴던 이야기는 절대 잊지 못할 것이다.

"그 사람이 모든 것을 망쳤어."

"즐라탄" 하고 그가 얘기했다.

"왜?"

"꿈이 이루어지면 행복하겠지?"

"그래."

"하지만 꿈이 이루어지면 그것이 널 망가뜨릴 수도 있어." 맞는 말이었다. 내 꿈은 바르샤에서 이루어졌고, 또 무너졌다. 나는 계단 아래로 내려갔다. 밖에는 기자들이 인산인해를 이루고 있었다. 그때 한 가지 생각이 들었다. 나는 그 감독 이름을 입에 올리고 싶지 않았다. 뭔가 다른 명

칭이 필요했는데, 그가 온갖 허튼소리들을 나불거리던 모습이 떠올랐고, 캄프 누 밖으로 나오자 좋은 단어가 떠올랐다. 철학가_{Philosopher}!

그래서 나는 그를 '철학가'라고 부르게 되었다.

나에 대한 자부심과 그를 향한 분노의 마음으로 나는 이렇게 말했다. "무슨 문제가 있었는지는 그 철학가에게 물어보십시오."

26

AC 밀란에서 또다시
눈부신 시대가 시작되려고 했다

2010년

: :

한바탕 거대한 소동이 지나갔다. AC 밀란에 가고 나서 나중에 맥시가 했던 말이 하나 생각난다. 아니, 두 가지인가? 첫 번째는 기분 좋은 일이었다. 아들이 이렇게 물었다. "왜 다들 아빠 얼굴만 쳐다봐요?" 나는 그 상황을 이렇게 설명해주었다. "아빠는 축구를 하는데 사람들은 텔레비전에 나온 아빠를 보고는 아빠가 좋은 선수라고 생각한단다." 아빠가 멋지다고 하는 아들 말에 나는 뿌듯했다. 하지만 두 번째 일은 별로 기분이 좋지가 않았다. 이것은 우리 보모가 말해줘서 알게 된 사실이다.

맥시는 어째서 사람들이 다 자기를 쳐다보는지 이유를 물었다. 물론 그 시절에 특히 나와 함께 밀라노에 도착했을 때 수없이 그런 경험을 했기 때문이다. 게다가 이렇게 덧붙여 말했다고 한다. "사람들이 저렇게 나를 쳐다보는 게 싫어요." 나는 그런 문제에는 민감했다. 아들이 이제 자신을 남들과 다르다고 느끼기 시작한 것일까? 내 유년기가 떠오르기도 했고, 나는 내 아이들이 별종 취급을 받는 게 싫었다. "즐라탄은 여기에 어울리지 않는 애야. 그 아이는 이런 애야. 그 아이는 저런 애야." 그런 말들은 아직도 내 기억에 남아 있다.

나는 그 시절에 맥시랑 빈센트와 시간을 많이 보내려고 노력했다. 진짜 사랑스럽고 끝내주는 녀석들이었지만, 아이들과 시간을 보내는 일은 쉽지 않았다. 상황이 정신없이 흘러갔다. 캄프 누 경기장 밖에서 기자들 인터뷰에 응한 뒤에 나는 헬레나에게 갔다.

헬레나는 그렇게 빨리 다시 이사하게 될 줄은 몰랐을 것이다. 십중팔구 그녀는 바르셀로나에 그대로 머물고 싶은 마음이었다. 하지만 내가 그라운드에서 일이 잘 풀리지 않으면 비뚤어진다는 것을 누구보다 잘 알았다. 그러면 가족 모두에게 악영향을 미치게 된다. 그래서 나는 갈리아니에게 말했다. "저는 가족들을 전부 데리고 밀라노에 가고 싶습니다." 그러자 갈리아니는 고개를 끄덕이며 "그래요, 좋아요. 모두 데려오세요!"라고 했다. 그는 정말 특별한 환영식을 준비했고, 우리 가족은 구단 전용기를 타고 바르셀로나를 떠났다. 밀라노의 리나테Linate 공항에 착륙했을 때가 생각난다. 그것은 오바마 대통령이나 국빈들을 맞이하는 환영식을 연상케 했다. 여덟 대의 검은색 아우디가 우리 앞에 줄을 서서 기다렸고, 레드 카펫이 펼쳐져 있었다. 나는 빈센트를 안고 비행기에서 내렸다.

밀라노 채널Milan Channel과 스카이Sky를 비롯한 일부 언론사의 대표 기자들이 몇 분 동안 나를 인터뷰했고, 다른 편 철책 너머에서는 수백 명의 팬이 모여 소리를 질렀다. 굉장한 광경이었다. 사람들이 내게 열광하고 있는 것을 느낄 수 있었다. 구단은 이 순간을 오랫동안 기다렸던 것이다. 5년 전 베를루스코니 구단주가 잔니노Giannio 레스토랑에 식사를 예약했을 때, 구단 쪽에서는 이적을 확실시하고 온갖 환영 준비도 마쳤었다고 한다. 웹사이트에 올릴 환영 인사 페이지도 마련했단다. 처음에 화면이 깜깜해졌다가 가운데에서 환한 빛이 나고, "쾅, 쾅" 하는 음향효과와 함께 '이브라히모비치'라는 내 이름이 번개처럼 떠오른 뒤, "마침내 우리 품으로"라는 문구가 등장하는 게시물이었다.

멋진 인사였다. 그들은 그 게시물을 이제야 올리게 되었고, 그만한 관심을 기울여 환영식을 마련한 선수는 내가 처음이었다. 웹사이트는 사람들이 폭주했고, 먹통이 되었다. 공항 철책 쪽으로 걸어갔던 일도 생각난다. 주변에 서 있던 수많은 팬이 내 이름을 연호했다. "이브라, 이브라!"

나는 아우디 차량에 올라타고 도심으로 들어갔다. 완전 난리가 아니었다. 즐라탄이 도착했다는 소식이 퍼졌다. 수많은 차량과 스쿠터, 텔레비전 카메라들이 우리 뒤를 쫓았다. 물론 나는 그 상황을 즐겼다. 몸에서 아드레날린이 솟구쳤다. 바르셀로나에 사는 동안 내가 일종의 블랙홀에 빠져 있었던 것을 뒤늦게 깨달았다. 그동안 감방 아닌 감방에 갇혀 지내다가 이제야 감방 너머에서 벌어진 축제에 참여한 기분이었다. 하나는 분명했다. 이곳 사람들은 오래전부터 나를 기다리고 있었고, 그들은 내가 리그 우승을 책임져주기를 바라고 있다는 것이다. 나는 다시 한 번 그들에게 우승 트로피를 가져다주고 싶었다. 솔직히 이곳이 마음에 들었다.

우리가 묵게 될 보스콜로Boscolo 호텔 바깥 도로는 통행이 통제되었다.

밀라노 주민들은 모두 함성을 지르고 손을 흔들어 보였다. 호텔 안에서는 경영진이 나와 일렬로 서서 우리에게 인사를 했다. 이탈리아에서 축구 선수는 신과 같은 존재였기에 우리가 묵는 방도 특급 객실로 배정되었다. 우리는 AC 밀란에서 만반의 대비를 갖췄다는 것을 단번에 알 수 있었다. 오랜 전통이 있는 구단다웠다. 솔직히 온몸에서 짜릿한 전류가 흘렀고, 나는 당장에라도 나가서 축구를 하고 싶었다. 그날 AC 밀란은 레체를 상대로 세리에 A 개막전을 시작했다. 나는 갈리아니 부회장에게 내가 경기에 뛰어도 되겠느냐고 물었다.

돌아온 답변은 불가능하다는 것이었다. 내 서류 수속이 마무리되지 않았기 때문이었다. 하지만 나는 경기장으로 갔다. 하프타임에 경기장에서 사람들에게 인사를 했다. 그때 기분은 영원히 잊지 못할 것이다. 나는 라커룸에 들어가고 싶지 않았다. 선수들이 전술을 얘기하며 후반전을 준비하는 시간을 방해하고 싶지는 않았다. 라커룸 옆에 라운지가 있었다. 나는 그곳에서 베를루스코니 구단주와 갈리아니 부회장을 비롯한 여러 인사와 함께했다.

"자네를 보니 옛날에 우리 구단에 있었던 한 선수가 생각나는군." 베를루스코니가 말했다.

물론 그가 누구를 말하는지 짐작이 갔지만 나는 최대한 정중하게 처신하려고 했다.

"그게 누굽니까?"

"제 앞가림을 잘하던 친구였지."

그는 판 바스텐을 얘기하고 있었다. "만나게 되어 영광이네" 하고 그는 구단에 들어온 나를 환영해주었고, 우리는 함께 관중석으로 올라갔다.

정치적인 이유 등을 고려해 나는 그에게서 좀 떨어져 앉았다. 그 주변에서는 항상 많은 일이 일어났다. 그래도 나중에 일어난 사태에 비하면 그때는 조용한 편이었다. 두 달 뒤에 미성년자와 성관계를 맺은 혐의로 기소되어 이탈리아를 발칵 뒤집은 사건이 벌어진다. 하지만 이때 그는 경기장에 앉아 즐거운 시간을 보내고 있었고, 나는 AC 밀란 관중의 축구 열기를 몸으로 느끼고 있었다. 사람들은 다시 내 이름을 연호했고, 나는 운동장으로 내려갔다. 진행 요원들이 레드 카펫을 펼치고 아래 작은 무대를 세웠다. 나는 사이드라인에서 한참을 서서 기다렸다. 실제로는 시간이 얼마나 흘렀는지 모르지만 내게는 그렇게 느껴졌다. 경기장은 열기로 들끓었다. 산시로 경기장은 8월 휴가철임에도 수용 인원을 가득 채운 듯 보였다. 나는 그라운드 안으로 들어섰다. 내 주위에서 함성이 터졌고, 나는 다시 어린 소년으로 돌아간 기분이었다. 캄프 누에서 입단식을 치렀던 게 엊그제 일처럼 느껴졌다. 나는 관중의 격려와 갈채를 받으며 앞으로 나아갔고, 레드 카펫 양편에는 나를 환영하는 아이들이 줄지어 서 있었다. 나는 서 있는 아이들과 하이파이브를 나누면서 무대 위로 올라갔다.

"이제 우리가 모든 승리를 차지할 겁니다." 내가 이탈리아어로 말하자 함성은 더욱 커졌다.

경기장이 들썩였다. 그러고 나서 유니폼을 받았다. 거기에는 내 이름이 적혀 있었고 번호는 없었다. 아직 번호를 배정받지 못했다. 선택할 수 있는 번호들이 몇 가지 있었지만, 썩 마음에 들지 않았다. 나는 11번을 염두에 두고 있었다. 지금은 클라스얀 훈텔라르Klaas-Jan Huntelaar가 달고 있지만, 이적 선수 명단에 올라가 있기 때문에 가능성이 있었다. 하지만 아직은 기다려야만 했다. 어쨌든 이제 시작이었다. 나는 AC 밀란이 7년 만에 다시 스쿠데토를 차지하도록 만들어야만 했다. 영광스러운 새 시대가 열리고 있었다. 나는 새 시대를 열겠다고 약속했다.

나와 헬레나에게는 각각 경호원이 있었다. 사람들은 그게 무슨 사치스러운 생활이냐고 생각할지도 모른다. 하지만 우리에게는 사치가 아니다. 이탈리아에서 뛰는 유명 축구 선수들은 광적인 팬들에게 노출되고, 중압감도 심하게 받고, 때로 사고가 발생하기도 한다. 토리노에서 우리 집 현관 쪽에 누군가 불을 놓았던 사건도 그런 일이다. 인터 밀란 시절, 산시로에서 시합을 치를 때 사넬라 누나가 우리를 찾아왔었다. 누나와 헬레나는 메르세데스를 타고 경기장에 갔다. 경기장 밖은 완전히 혼잡했고 교통체증이 심했다. 헬레나는 거북이가 기어가듯이 차를 몰지 않을 수 없었고, 그 주위에 있던 사람들은 여유롭게 차 안을 들여다보며 안에 누가 있는지 살필 수가 있었다. 그런데 베스파 스쿠터를 탄 한 친구가 빠른 속도로 근접해서 지나가는 바람에 헬레나 차의 사이드미러가 접힌 일이 있었다.

헬레나는 그 행동이 의도적인 것인지 아닌지 분간할 수가 없었다. "뭐야, 무슨 짓이야" 하고 짜증을 내고 말뿐이었다. 헬레나는 사이드미러를 똑바로 조정하려고 창문을 열었다. 그때 뭔가 눈에 들어왔다. 자전거 헬멧을 쓴 또 다른 남자가 그녀를 향해 달려오고 있었다. 낌새가 이상했다. 함정이라는 생각이 들어 창문을 닫으려고 했지만 그 차량은 신형이라 조작에 익숙지 않아 제때 창문을 닫지 못했다. 사내는 다가오더니 헬레나 얼굴을 가격했다.

거친 실랑이가 벌어졌고, 그 와중에 메르세데스는 앞 차량과 추돌했다. 그 사내는 창문 밖으로 헬레나를 끄집어내려고 했다. 하지만 다행히 사넬라 누나가 옆에 있었다. 누나는 헬레나의 몸을 붙들고 누나 옆으로 끌어당겼다. 말도 안 되는 일이 벌어진 것이다. 그것은 생사가 달린 줄다리기였다. 헬레나와 누나는 생명의 위협을 느꼈다. 사넬라가 헬레나를 차 안으로 끌어당기고 나서 헬레나는 겨우 몸의 방향을 틀 수 있었다.

헬레나는 어려운 각도에서 그 개자식의 얼굴을 발로 차버렸다. 당연히 그녀는 아찔한 높이의 하이힐을 신고 있었고, 몹시 아팠을 그놈은 달아나버렸다. 사람들이 차량 주위에 모여들어 북새통을 이루었다. 헬레나는 타박상을 입었다.

끔찍한 사고로 이어질 뻔했던 사건이었다. 불행히도 우리 가족에게는 그런 일들이 이따금 발생한다. 그래서 우리는 보호받을 필요가 있다. 어쨌든 첫날 내 경호원이 와서 나를 밀라넬로Milanello 훈련장에 데려다주었다.

거기서 통상적인 의료검진을 받았다. 밀라넬로는 밀라노에서 차로 한 시간가량 떨어진 곳에 있었다. 우리가 정문을 통과할 때에도 그 주변에는 팬들이 기다리고 있었다. 첫날 나는 곳곳에서 AC 밀란의 역사와 전통을 느낄 수 있었다. 밀란의 전설적인 선수들과도 인사를 나눴다. 잠브로타, 네스타, 암브로시니, 가투소, 인자기, 피를로, 아비아티, 세도르프, 그리고 브라질 출신의 신예 선수 알렉산더 파투와 칼리아리 구단에서 새로 부임해 온 알레그리Allegri 감독을 만났다. 알레그리 감독은 경험은 많지 않아 보였지만 좋은 사람인 듯했다. 어느 조직이든 새로 들어가게 되면 자신의 가치를 재평가받게 된다. 이를테면 "네가 여기서도 스타인 줄 알아?"라는 질문이 들어오고 서열을 새로 정비하는 싸움이 일어난다. 하지만 이곳에서는 선수들이 나를 존중하고 있다는 것을 바로 느낄 수 있었다. 내 입으로 이런 말 하기는 뭣하지만, 나중에 "네가 온 후로 팀 전력이 20퍼센트 정도 향상되었고, 우리 팀이 마침내 빛을 보게 되었다"고 말한 선수들도 적지 않았다. AC 밀란은 지난 몇 해 동안 이탈리아 리그에서도 힘을 못 썼고, 또 지역 라이벌전에서도 오랫동안 좋은 모습을 보이지 못했다.

이탈리아 리그는 인터 밀란이 지배하고 있었다. 인터 밀란은 내가 활약했던 2006년 이후로 승부사 정신으로 무장하고 리그를 호령하고 있었다. 내가 인터 밀란 시절 발휘했던 승부사 정신은 카펠로 감독 밑에서 익힌 것이었다. 카펠로 감독은 연습 경기도 실제 경기와 똑같이 중요하다고 말했다. "훈련이라도 살살 하면 안 되고 공격적으로 뛰어야 해. 매 순간 전투를 치르듯 하란 말이야. 안 그랬다가는 내가 가만두지 않겠다." 나는 AC 밀란에서 선수들과 농담을 주고받으며 그들의 사기를 북돋으려고 노력했다. 바르셀로나 구단만 빼고 나는 어딜 가든 자연스럽게 어울리며 그런 역할을 주도했다. 인터 밀란 시절 초창기 때가 생각났다. AC 밀란 선수들은 나에게 "우리 팀을 이끌어줘, 이끌어줘"라고 말하고 있는 듯했고, 나는 '그렇다면 다시 한 번 팀을 흔들어볼까?' 하는 생각이 들었다. 나는 매 훈련에서 투지를 불태웠고, 바르셀로나에 들어가기 전처럼 선수들에게 소리를 질렀다. 나는 선수들에게 기운을 불어넣기도 하고 호통을 치기도 했다. 실수한 친구들은 비웃어주었다. 그러자 사람들은 이렇게 말했다. "어찌 된 일이야? 이 선수들이 이렇게 투지가 넘치던 적이 없었는데?"

팀에는 나 말고 새로 들어온 선수가 또 있었다. 그의 이름은 호브송 데 소자Robson de Souza, 사람들은 간단히 호비뉴라고 불렀다. 호비뉴의 AC 밀란행에는 내 입김도 좀 들어갔다. 갈리아니 부회장은 내가 아직 바르셀로나에 있을 때 이렇게 물었다. "호비뉴라는 친구를 어떻게 생각하나? 그 친구와 함께 뛸 수 있겠나?"

"굉장한 선수죠. 데려오기만 하세요. 나머지는 저절로 해결될 테니까요."

구단에서는 비교적 저렴한 1800만 유로를 지불하고 그를 데려왔다. 갈리아니는 그 계약을 성사시킨 덕분에 큰 명성을 얻었다. 그는 예상보다 훨씬 저렴한 값에 나와 호비뉴를 모두 영입했다. 얼마 전만 해도 맨체스터 시티는 호비뉴를 영입하려고 그 가격의 두 배가 넘는 거액을 지불했었다. 그러나 맨시티와 호비뉴의 관계는 원만하지 않았다. 그곳에서 호비뉴는 길 잃고 방황하는 축구 천재였다. 브라질에는 펠레보다 위대한 축구 선수는 없다. 펠레는 신이었다. 1990년대에 펠레는 산토스 유소년 조직을 맡았다. 산토스 클럽은 펠레의 친정팀으로 오랜 세월 팀을 재정비하고 있었다. 사람들은 펠레가 제2의 펠레를 발굴하기를 기대했다. 하지만 진짜로 그런 신동이 나오리라고 믿는 이들은 별로 없었다. 새로운 펠레! 새로운 호나우두! 그 정도 슈퍼스타는 100년에 한두 번 나올까 말까 한 선수다. 그런데 첫 번째 훈련을 지켜보던 펠레는 놀라서 입이 떡 벌어졌다. 전하는 바에 따르면, 펠레는 훈련을 잠시 중단시켰다. 그는 운동장에 서 있는 비쩍 말라서 영양 부족으로 보이는 한 소년에게 다가갔다.

"눈물이 다 나오는구나. 너를 보니 내 생각이 난다." 펠레가 말했다.

그 아이가 바로 호비뉴였다. 그는 성장해서 스타 선수가 되었고, 초창기에는 많은 사람이 그의 모습을 보려고 줄을 섰다. 레알 마드리드에서 뛰었고, 이어서 맨체스터 시티로 옮겼는데, 그즈음에는 부정적인 평판을 많이 들었다. 감독과의 불화 등 많은 이야기가 돌고 있었다. 우리는 AC 밀란에서 가까운 사이가 되었다. 둘 다 성장 과정이 불우했고, 살면서 비슷한 일도 많이 겪었다. 드리블을 너무 많이 한다고 동료들에게 불평을 들은 것도 똑같았다. 나는 호비뉴의 개인기를 좋아했다. 하지만 그는 경기 중에 다소 산만했고 터치라인 부근에서 발재간을 너무 자주 부렸다.

나는 그 문제로 그에게 잔소리를 많이 했다. 호비뉴뿐 아니라 팀 내의 모든 선수에게 필요하면 잔소리를 했다. 2010년 9월 11일, 체세나와의 데뷔전을 앞두고 나는 기운이 넘쳐흘렀다. 흥분한 내 모습을 쉽게 상상할 수 있을 것이다. 신문에서는 여러 장에 걸쳐 내가 치를 데뷔전에 대한 기사를 쏟아내고 있었다. 나는 새로운 보금자리에서 얼마나 중요한 존재인지 입증할 생각이었다.

호비뉴는 벤치에 대기했고 전방에는 나와 파투, 호나우지뉴가 나섰다. 무척 강력한 공격 조합으로 보였다. 하지만 효과가 없었다. 나는 아약스에서 보낸 초창기에 그랬던 것처럼 의욕이 너무 앞서 있었다. 너무 많은 것을 보여주려고 하다가 아무것도 보여주지 못한 것이다. 전반전에 우리는 체세나에 2 대 0으로 뒤졌다. AC 밀란인데 체세나 따위에게 지고 있다니! 말도 안 되는 일이었다. 나는 화가 나서 그야말로 미친 듯이 그라운드 위를 뛰어다녔다. 염병할, 아무 소용이 없었다. 나는 죽어라 뛰었고 막판에 페널티킥을 얻어냈다. 혹시 아는가? 이것을 계기로 상황을 뒤집을 수 있을지? 나는 페널티킥을 차려고 앞으로 나서 슈팅을 날렸다. 하지만 골대를 맞히고 말았다. 우리는 그날 경기에서 졌다. 내 기분이 어땠을 것 같은가? 시합을 마친 뒤에 약물검사를 해야 했는데, 화가 치민 나머지 검사실에 들어가서 탁자를 부숴버렸다. 약물검사를 집행하던 사내는 완전히 겁을 먹고는 이렇게 말했다.

"진정해요, 진정해."

"나한테 이래라저래라 하지 마쇼. 안 그러면 그쪽도 저 탁자 꼴 난다고." 내가 퉁명스럽게 쏘아붙였다.

칭찬받을 일은 아니었다. 그는 경기 결과와는 아무 상관도 없는 약물검사관이었으니까. 하지만 나는 우리 팀이 경기에 지면 화가 불 일 듯 일었고, 그같이 승부에 집착하는 태도를 AC 밀란에 불어넣었다. 그럴 때면 내가 물건을 부수더라도 가만히 놔둬야 한다. 분노로 들끓던 나는 이튿날 신문에서 나를 혹평하는 기사를 보자 기분이 풀렸다. 그런 평가를 받아도 할 말이 없을 정도로 나는 형편없었다. 나는 주먹을 불끈 쥐었다. 하지만 1 대 1로 비긴 다음 경기 카타니아전에서도 상황이 좀처럼 나아지지 않았다. 그다음 경기인 라치오전에서는 비록 내가 첫 골을 넣기는 했지만 역시 마찬가지였다. 라치오전은 우리가 이길 것처럼 보였지만, 종료 직전에 동점골을 허용하고 말았다. 그날은 약물검사를 받지 않았다.

나는 곧바로 라커룸으로 들어갔고, 감독이 그날 전술을 설명할 때 사용한 화이트보드가 눈에 들어왔다. 나는 그것을 힘껏 발로 차버렸다. 화이트보드는 미사일처럼 날아가 한 선수 몸에 부딪혔다.

"괜히 불난 사람 붙잡고 시비 붙이지 마. 위험하니까." 내가 으르렁거리며 말하자 라커룸은 조용해졌다. 다들 내가 하고 싶은 말을 이해한 듯 보였다. 우리는 반드시 경기에 이겨야만 했다. 승리가 아니라면 다 쓸데

없었다. 막판에 가서 그따위로 골을 허용하는 것은 절대 있어서는 안 되는 일이었다. 그런 자세로 경기를 운영해서는 안 되었다.

네 경기나 치렀지만 승점은 고작 5점을 챙겼을 뿐이고, 인터 밀란은 여느 때처럼 리그 선두에 올라섰다. 나는 점점 더 어깨가 무거워졌다. 우리는 이때까지도 보스콜로 호텔에 머물며 밀라노 생활에 적응하고 있었다. 대중의 눈에서 벗어나 있던 헬레나가 처음으로 인터뷰에 응했다. 〈엘르〉 잡지였는데 그 인터뷰가 나간 뒤 한바탕 쇼가 벌어졌다. 우리에 관한 온갖 말들이 헤드라인을 장식했다. "헬레나를 만난 뒤로는 미트볼과 면 요리를 덜 먹습니다"라고 별 의미 없이 던진 말도 헬레나를 향한 극진한 사랑의 선언으로 둔갑했다. 나도 시간이 갈수록 다른 사람이 되고 있었다. 예전에는 사람들의 이목을 집중시키는 일을 즐겼지만 이제는 사람들의 이목을 피해 다니기 시작했다.

사람들이 내 주변에 북적대는 게 싫어서 우리 가족은 조용하게 지냈다. 주로 호텔 안에 머물렀고, 몇 개월 뒤에 구단에서 마련해준 아파트로 이사했다. 물론 멋진 곳이었지만 우리가 쓰던 가구나 살림이 없어서 정이 안 갔다. 아침이면 현관에 경호원이 나를 데리러 왔고, 우리는 밀라넬로 훈련장으로 차를 몰았다. 그곳에서 아침을 먹고, 훈련한 뒤에 점심을 먹고, 그런 다음에는 사진 촬영 등 구단 홍보를 위한 각종 행사에 참여했다. 이탈리아에서는 항상 그랬지만 가족과 떨어져 보내는 시간이 많았다. 선수들은 원정 경기에 앞서 호텔에 모여 숙박했고, 홈경기에 앞서 밀라넬로 훈련장에서 기거했다. AC 밀란에 온 뒤로는 가족과 너무 떨어져 살고 있다는 생각이 들기 시작했다.

나는 집에서 보내는 시간이 적었다. 빈센트는 무럭무럭 자라서 말이 갈수록 늘었다. 굉장히 멋진 일이었다. 맥시와 빈센트는 스웨덴어와 이탈리아어, 영어, 이렇게 세 가지 언어를 자유롭게 구사하며 돌아다녔다.

우리 생활은 새로운 국면에 접어들고 있었다. 그 무렵 나는 은퇴하고 나서의 생활을 곧잘 생각했다. '나는 무엇을 할까? 헬레나는 다시 일을 시작할까?' 때로는 축구를 그만둔 뒤의 삶이 기대되었지만, 때로는 두려웠다.

그렇다고 리그 우승에 대한 열망이 줄어든 것은 아니었다. 경기장에서도 상황이 호전되었다. 나는 연속으로 일고여덟 경기를 승리로 이끌었고, 사람들은 다시 옛날처럼 열광적으로 나를 환호했다. 여기저기서 "이브라, 이브라!" 하는 함성이 들렸다. 이때 신문사에서 게재했던 사진 한 장이 생각난다. 사진을 보면 아래에 내가 있고 그 위로 나머지 다른 선수들이 배치되어 있어 마치 내가 AC 밀란 선수들을 짊어지고 있는 것 같은 형상이다. 사람들도 그 비슷한 얘기를 많이 했다. 내 인기는 점점 더 치솟았다.

하지만 이제 나도 한 가지는 확실하게 알고 있었다. 축구판에서는 신처럼 대접을 받다가도 하루아침에 쓰레기 취급을 받을 수도 있다는 사실 말이다. 가을에는 가장 중요한 리그 경기, 그러니까 인터 밀란과의 더비전이 산시로에서 열릴 예정이었다. 울트라 팬들이 나를 증오하고 있다는 것은 불 보듯 뻔했다. 그것까지 생각하니 부담감이 갈수록 커졌다. 가장 큰 문제는 팀 내에 한 선수와 갈등이 있었다는 것이다. 그의 이름은 오구치 오니예우Oguchi Onyewu였다. 그는 미국인으로 덩치가 집채만 한 선수였다. 나는 한 동료 선수에게 이렇게 얘기한 적이 있다.

"진짜 크게 한번 터질 것 같아. 느낌이 와."

27
어떤 길을 택하든지
자기 주관대로 나아가라

2010~2011년

: :

사람들은 오구치가 더할 나위 없이 다정한 사람이라고 얘기했다. 오구치 오니예우는 헤비급 권투 선수를 연상케 했다. 키는 195센티미터에 육박하고 체중은 100킬로그램에 달했다. 비록 주전 자리를 얻지는 못했지만, 벨기에 1부 리그에서 최우수 외국인 선수에 선정된 적이 있고, 미국에서 최우수선수에 선정된 이력이 있었다. 하지만 그는 나를 감당하지 못하고, 나를 공격하려고 했다.

"난 다른 수비수들과는 달라" 하고 그가 말했다.

"잘됐네!"

"네가 아무리 쓰레기 같은 말로 나를 모욕해도 나는 열 받지 않아. 넌 그 입을 가만두지 않겠지만."

"무슨 소릴 하는 거야?"

"네가 시합에서 뛰는 모습을 봤어. 상대를 도발하는 욕지거리밖에 잘하는 게 없더군." 그의 계속되는 이야기에 나는 짜증이 났다.

나를 도발하려 드는 수비수들이라면 보기만 해도 진저리가 나지만, 그것 때문만은 아니었다. 나는 경기장에서 욕지거리로 상대를 도발하고 모욕하는 선수가 아니기 때문이었다. 나는 그라운드 위에서 말이 아니라 몸으로 복수하는 사람이다. 선수 생활을 하는 내내 온갖 개소리를 많이 들었다. '빌어먹을 집시놈'이라느니 내 어머니에 대한 욕설까지. 그 중 최악인 것은 "시합 끝나면 두고 보자"라는 말이었다. 대체 그게 무슨 엿 같은 소리인가? 주차장에서 한판 뜨자는 얘기인가? 기도 안 차는 소리였다. 유벤투스의 중앙 수비수였던 조르조 키엘리니Giorgio Chiellini가 생각난다. 우리는 한솥밥을 먹었던 동료였지만 나중에 내가 인터 밀란으로 이적하자 적이 되어 그라운드에서 만났다. 그는 계속해서 "덤벼봐. 어때, 예전 같지 않지?"라고 말했다. 그는 나를 도발하려고 했고, 그러다가 뒤에서 내게 태클을 걸었다. 그것은 몹시 비겁한 짓이었다. 상대가 덤비는 것을 보지 못했기 때문에 나는 무방비로 당했고, 많이 고통스러웠다. 하지만 나는 한마디도 하지 않았다. 그런 상황에서는 아무 말도 하지 않는다. 대신 속으로 생각한다. '다음번에 마주치면 되갚아주겠어. 기회가 오면 한동안 일어나지 못할 만큼 세게 되갚아주지.' 그러니까 나는 치사하게 말로 상대를 도발하는 선수가 아니다. 대신에 태클을 확 걸어버린다. 나한테 엿 먹인 선수들과 만나면 나는 폭탄처럼 터지곤 한다. 그런데 키엘리니 선수의 경우 복수할 기회를 잡지 못하고 경기가 끝나고 말았고, 그래서 나는 그에게 다가가서 머리를 부여잡고는 말 안 듣는 개를 끌고 가듯 질질 끌었다. 물론 키엘리니는 잔뜩 겁을 먹었다.

"싸우고 싶은 거 아니었어? 어디 한번 해봐" 하고 한마디 쏘아붙인 뒤에 라커룸으로 가버렸다.

나는 보복을 하려면 몸으로 하지 말로 하지 않는다. 오구치 오니예우에게도 그렇게 말했다. 하지만 그는 허튼소리를 멈추지 않았다. 한번은 운동장에서 내가 "그건 프리킥이 아니야!"라고 소리를 지르자 그 자식이 손가락으로 조용히 하라는 시늉을 해 보였다. "거봐, 내 말이 맞지? 나를 도발하고 있잖아"라고 말하는 것 같았다. 나는 속으로 생각했다. 이만하면 참을 만큼 참았다.

"야, 패스해"라고 내가 말했다.

그는 또다시 조용히 하라는 시늉을 해 보였고, 나는 분통이 터졌다. 하지만 아무 말도 하지 않았다. 단 한마디도. 그 개자식은 내가 어떤 더러운 말로 자기를 모욕하는지 증명하고 싶었을 것이다. 나중에 그가 다시 공을 잡자 나는 그에게 달려갔고, 발을 들어 펄쩍 뛰어오르면서 축구화 바닥의 징이 드러나 보이게 몸을 날렸다. 가장 거친 태클이었다. 하지만 그는 달려드는 나를 보고 몸을 피해 뛰었다. 우리 두 사람은 충돌하며 땅에 쓰러졌다. 그때 처음 든 생각은 '이런 염병할, 놓쳤군'이었다. '다음번엔 확실히 절단을 내주리라' 생각하며 몸을 일으켜 돌아서서 걸어가는데 그 자식이 내 어깨를 가격했다. 오구치 오니예우, 잘못 생각했어.

나는 머리로 그를 확 들이받아 버렸다. 그리고 우리는 서로를 향해 몸을 날렸다. 타박상 입는 정도의 몸싸움을 얘기하고 있는 게 아니다. 우리는 서로의 사지를 찢어버릴 듯 사납게 덤볐다. 험악한 육박전이 벌어진 것이다. 체중이 90킬로그램이 넘는 사내 두 명이 주먹을 휘두르고, 무릎으로 찍고, 뒤엉켜서 굴렀다. 당연히 선수들이 모두 몰려와서 우리를 떼어놓으려고 애를 썼지만, 전혀 쉬운 일이 아니었다. 분노에 휩싸인 우리는 미친 듯이 싸웠다. 선수들은 혈기가 넘쳐서 이따금 몸싸움을 벌이기도 한다. 하지만 이 싸움은 그런 몸싸움이 아니었다. 우리는 살인이라도 할 태세로 덤벼들었다. 그런데 조금 있다가 몹시 기이한 일이 벌어졌다.

오구치 오니예우가 눈물을 글썽이며 신에게 기도를 드리기 시작한 것이다. 그가 성호를 긋는 모습을 보고 있자니, '이게 또 뭐하는 짓인가' 하는 생각이 들었다. 나를 도발하려는 행위로 보여 화가 더욱 치밀었다. 그때 알레그리 감독이 다가와서 "진정해, 이브라" 하고 말했지만, 소용이 없었다. 나는 감독을 지나쳐서 오구치를 향해 다시 달려들었다. 하지만 동료 선수들에게 제지를 당했고, 그 순간 이 정도에서 수습하는 것이 낫겠다는 생각이 들었다. 그렇지 않으면 훨씬 끔찍한 결말로 이어질 수도 있었다. 나중에 알레그리 감독이 우리 두 사람을 소환했다. 우리는 사과의 말을 하고 악수를 나누었다. 하지만 오구치는 나를 차갑게 대했다. 상관없었다. 그가 차갑게 대하면 나 역시 차갑게 대하면 그만이었다. 나중에 나는 집으로 돌아갔고, 갈리아니 부회장에게 전화를 걸었다. 한 가지 알아두어야 할 것이 있는데, 나는 책임을 남에게 전가하는 사람이 아니다. 그것은 사내답지 못한 모습이다. 특히 자신이 리더 역할을 맡고 있는 팀에서 그런 추접스런 짓을 할 수는 없었다.

"할 말이 있습니다. 훈련 중에 불미스러운 일이 좀 있었습니다. 제 잘못이에요. 제가 책임지겠습니다. 죄송합니다. 어떤 처벌이든 달게 받겠습니다."

"이브라, 여기는 밀란이야. 우린 그런 식으로 일하지 않아. 사과했으면 됐어. 이제 다 잊고 지내면 되는 거야."

하지만 사건은 그것으로 끝나지 않았다. 그날 훈련장 사이드라인에는 서포터들이 구경하고 있었고, 그 사건은 모든 신문에 실렸다. 어떤 배경에서 일어난 사건인지를 아는 사람은 아무도 없었다. 어쨌든 몸싸움이 일어났다는 사실은 만천하에 공개되었다. 우리를 뜯어말리는 데 10명이나 필요했다고 신문들은 자극적으로 보도했다. 선수들 사이에 불만의 목소리가 터져 나왔느니, 이브라는 악동이라느니 판에 박힌 기사들이 쏟아져 나왔다. 나는 상관하지 않았다. 마음대로 지껄여보라지! 그런데 가슴 쪽에 통증이 느껴졌다. 검진을 받으러 갔다. 싸우는 중에 갈비뼈 하나가 부러졌고, 부러진 갈비뼈는 달리 조치할 게 없었다. 의사들은 그냥 내 몸에 붕대를 감아주었다.

부상을 입다니 좋은 소식이 아니었다. 인터 밀란과의 더비전 준비에 박차를 가할 시점이었다. 우리 팀에서는 파투와 인자기도 부상 중이었다. 신문에서는 더비전을 앞두고 여러 지면에 걸쳐 기사를 썼다. 나와 마테라치의 대결에 대해서도 촉각을 곤두세웠다. 이 두 사람의 대결이 몹시 치열할 것이라고 기자들은 내다봤다. 마테라치는 거친 선수였고, 과거 내가 그와 한 팀에서 뛸 때 서로 다툰 적도 있었기 때문이다. 게다가 마테라치는 내가 캄프 누에서 유니폼에 달린 바르샤 휘장에 입을 맞춘 행동을 조롱한 전력이 있었다. 이렇다느니, 저렇다느니 언론에서는 각종 추측성 얘기들을 뿌렸다. 한 가지만은 분명했다. 마테라치가 나를 따라다니며 지독히 괴롭힐 것이라는 사실. 하긴 그게 마테라치의 임무였다. 인터 밀란은 나를 저지하는 것이 중요했고, 그런 상황에서 대응할 길은 하나뿐이다. 받은 만큼 강하게 되갚아주는 것이다. 그러지 않으면 부상을 입을 위험이 있고, 경기를 치르는 데 우위를 점할 수가 없다.

507

인터 밀란의 울트라보다 더 거친 서포터들은 없다. 그들은 배신자를 절대 용서하는 사람들이 아니다. 그들에게 나는 공공의 적 1호였다. 라치오 전에서 우리가 다퉜던 일을 잊은 사람은 아무도 없었다. 온갖 욕설과 야유를 듣게 될 것은 분명했다. 빌어먹을 일이지만, 그것도 축구의 한 부분이다.

인터 밀란에 몸담았다가 AC 밀란으로 이적한 선수가 내가 처음은 아니었다. 호나우두에 비교하면 나는 걱정할 필요도 없었다. 호나우두는 2007년에 AC 밀란에 이적했는데, 그때 인터 밀란 팬들은 휘파람 소리를 요란하게 내며 호나우두가 제대로 경기에 집중하지 못하게 방해했다. '더비 델라 마돈니나Derby della Madonnina'라고 하는 인터 밀란과 AC 밀란의 더비전은 늘 사람들의 감정을 격하게 흔들어놓는다. 두 도시의 대결에는 지저분한 정치적 요인도 개입해서 몹시 과열되었다.

스페인에서는 레알 마드리드와 바르샤의 대결이 이와 비슷하다. 경기 장에 입장한 선수들의 모습이 기억에 생생하다. 그들의 표정만 보아도 이 경기가 얼마나 중요한지 알 수 있었다. 그때 우리는 리그 선두를 달리고 있었지만, 이 한 경기의 승부는 많은 것을 의미할 수 있었다. AC 밀란은 여러 해 동안 더비전에서 이기지 못했다. 그에 비해 인터 밀란은 챔피언스리그 우승까지 거머쥐었다. 다시 말해 모든 전적에서 인터 밀란이 우위에 있었다. 그런데 만약 우리가 이긴다면, 그것은 권력 교체의 신호가 될 수 있었다. 경기장을 가득 채운 관중의 함성과 스피커에서 나오는 요란한 음악 소리가 들렸다. 축제의 장 속에서 서로를 향한 적개심이 느껴졌다. 하지만 나는 긴장하지 않았다.

그저 전투력을 불태웠다. 라커룸에 앉아 있을 때부터 어서 들어가 싸우고 싶은 생각뿐이었다. 하지만 아드레날린이 마구 솟구친다고 좋은 결과가 나는 것은 아니다. 그 에너지가 경기에 활용되지 못하고 소득 없이 경기를 끝마칠 수도 있다. 결과는 어찌 될지 아무도 모를 일이었다. 나는 경기가 시작되었을 때의 순간과 산시로 경기장에 울려 퍼진 함성을 생생하게 기억한다. 언제라도 폭발할 것만 같은 분위기였다. 세도르프는 거의 시작과 함께 헤딩으로 골문을 위협했다. 우리는 주거니 받거니 공방전을 펼쳤다.

전반 5분경 오른쪽에서 패스가 날아왔다. 나는 공을 드리블하며 페널티 지역으로 쇄도해 들어갔고, 마테라치가 나를 상대하려고 쫓아왔다. 물론 마테라치는 절대 자기 손아귀를 벗어날 수 없다는 듯이 나를 저지하려고 했지만 그는 실수를 범했다. 그가 태클을 걸었고 나는 땅에 쓰러졌다. 이것은 명백히 반칙이라고 생각했다. '당연히 페널티킥이겠지?'

페널티킥이 선언되어야 마땅했다. 하지만 아직 알 수가 없었다. 관중석에서는 아우성이 났고, 인터 밀란 선수들은 왜 이러느냐는 얼굴로 두 팔을 들었다. 하지만 주심은 페널티킥 지점을 표시한 곳으로 달려가서 섰다. 나는 심호흡을 하며 마음을 가다듬었다. 페널티킥은 내가 차기로 했다. 상상해보시라. 내 뒤에는 우리 선수들이 서 있었다. 그들이 무슨 생각을 하고 있을지는 생각할 필요도 없었다. '제발 실축하지 마, 이브라! 이번만은 절대로 실축하지 마!'

내 앞에는 골문이 있고, 그곳을 지키는 골키퍼가 서 있었다. 골문 뒤쪽 관중석에는 인터 밀란의 울트라 팬들이 서 있었다. 그들은 미친 사람들 같았다. 온갖 욕설과 야유가 쏟아졌다. 어떻게든 나를 방해하려고 별짓을 다 했다. 레이저포인터로 빛을 쏘는 사람들도 있었다. 녹색 불빛이 내 얼굴에 와 닿았다. 잠브로타가 화를 내며 주심에게 다가갔다.

"염병할, 저 사람들이 이브라를 방해하고 있어요. 시야를 교란하고 있다고요!"

하지만 심판인들 어떻게 하겠는가? 관중석을 죄다 뒤져 범인을 잡아낼 수도 없는 노릇이었다. 나는 정신을 집중했다. 레이저포인터가 아니라 거대한 헤드라이트나 스포트라이트를 나를 향해 쏴도 나는 제대로 슈팅을 날릴 생각이었다. 이번에는 공을 어디로 찰 것인지 확실히 결정했다. 공은 골키퍼의 오른쪽 구석으로 날아갈 것이다. 나는 몇 초간 가만히 서 있었다. 온몸에 전율이 흐르는 것 같았다. 반드시 득점을 올려야 했다. 시즌 초에 나는 페널티킥을 실축한 적이 있었다. 그런 일이 다시 생겨서는 안 되었다. 그런 생각조차 하지 말아야 했다. 그라운드에서는 생각을 많이 해서는 안 된다. 경기에 충실해야 한다. 나는 달려가서 슈팅을 날렸다.

미리 상상했던 대로 정확히 슈팅을 날렸고, 공은 골문 안으로 들어갔다. 나는 두 팔을 번쩍 들고 울트라 팬들을 똑바로 쳐다보았다. "너희의 비열한 수작은 소용이 없다. 난 그보다 훨씬 강하지"라고 말해주고 싶었다. 경기장 전체가 들썩이며 함성이 터져 나왔고, 나는 거대한 전광판에 "인터 밀란 : AC 밀란, 0 : 1, 이브라히모비치"라는 글자가 떠오르는 것을 보았다. 기분이 좋았다. 마침내 공격 본능이 되살아난 것이다.

선취점을 올리긴 했지만, 경기는 아직 한참이나 남아 있었다. 싸움은 치열해졌다. 60분경에 우리 팀의 아바테Abate가 퇴장을 당했다. 10명으로 인터 밀란을 상대하는 것은 괴로운 일이었다. 우리는 개 발에 땀 나듯 열심히 뛰었다. 마테라치는 찰거머리처럼 내게 붙어 다녔다. 아바테가 퇴장당하고 몇 분 뒤에 나는 공을 차지하려고 달려들다가 마테라치와 부딪히며 그를 땅에 쓰러뜨렸다. 물론 고의적인 반칙이 아니었다. 하지만 그는 일어나지 않고 땅에 누워 있었고, 의사와 인터 밀란 선수들이 달려왔다. 마테라치가 들것에 실려 나가자 나를 향한 울트라 팬들의 증오심은 더욱 커졌다.

경기 종료 20여 분을 남겨두고 인터 밀란은 파상공격을 펼쳤다. 나는 지칠 대로 지쳤고, 탈진해서 구역질이 날 정도였다. 하지만 우리는 해냈다. 선취골을 지켜내고 승리한 것이다. 이튿날 나는 스웨덴에서 다섯 번째 굴드볼렌을 수상할 예정이었다. 수상 소식을 미리 들었고, 머리가 어지러울 정도로 시합을 치른 뒤라서 가능한 한 일찍 잠자리에 들고 싶었다. 하지만 우리는 카발리Cavalli 나이트클럽에 가서 파티를 즐기기로 했다. 헬레나도 따라왔다. 그녀와 나는 조용한 구석진 자리에 가투소와 앉아 있었고, 피를로와 암브로시니를 비롯한 다른 선수들은 미친 듯이 파티를 즐겼다. 선수들은 긴장을 풀고 미친 듯이 즐겼고, 우리는 새벽 4시가 넘어서야 집으로 돌아갔다.

2010년 12월에 AC 밀란은 안토니오 카사노를 영입했다. 카사노는 나와 마찬가지로 악동이라는 평판을 달고 다녔다. 그는 자신이 뛰어난 선수로 비치기를 원했고, 자신의 능력을 자부하는 말들을 서슴없이 내뱉었다. AS 로마의 카펠로 감독을 포함해 카사노는 다른 선수들이나 감독들과 자주 갈등을 겪었다. 심지어 카펠로 감독은 정신 나간 미치광이라는 뜻으로 카사나타Cassanata라는 신조어를 만들어내기도 했다. 어쨌든 카사노는 실력은 좋았다. 나는 그가 정말 마음에 들었고, 그가 가세함으로써 우리 팀은 전력이 더욱 강화되었다.

그런데 문제가 생겼다. 내 안에 에너지가 하나도 남아 있지 않다는 느낌이 들기 시작했다. 나는 매 경기에 전력을 다하는 중이었다. 리그 우승에 대한 압박감을 이토록 크게 느꼈던 적은 없었다. 내가 그동안 겪은 일들을 생각해보면 이상하게 들릴지도 모르겠다. 나는 바르셀로나에 있을 때에도 힘이 들었고, 인터 밀란에서 뛸 때도 쉽지 않았다. 하지만 AC 밀란에서는 그 어느 때보다 경기에 대한 압박감이 컸다. 리그 타이틀을 반드시 차지해야 한다는 것, 그리고 그 승리를 이끌어야 할 사람은 나라는 사실이 무겁게 다가왔다. 사실상 나는 매 경기를 월드컵 결승전 치르듯 안간힘을 다해서 치렀고, 이제 그 대가를 치르고 있었다. 탈진 지경에 이른 것이다.

결국 내가 떠올린 이미지나 생각대로 동작을 구현해내지 못하는 시점에 이르렀다. 몸이 한 박자 늦게 반응을 했다. 한두 경기 쉬어야 했는데 쉬지를 못했다. 알레그리는 신임 감독이었고, 어떤 대가를 치르더라도 이기고 싶어 했다. 그는 즐라탄이 필요했고, 내게서 마지막 한 방울까지 짜내려고 했다. 그를 비난하려는 것이 아니다.

그는 자기 역할에 충실했고, 나 역시 억지로 경기에 나간 게 아니었다. 흐름을 찾은 만큼 계속 그 흐름을 타고 싶었기 때문이다. 축구는 리듬을 탄다. 이럴 때 선수라면 다리가 부러졌어도 뛰고 싶은 마음이 든다. 게다가 알레그리 감독은 나의 투지를 자극했다. 우리는 서로를 존중했다. 어쨌든 이제 그 대가를 치르고 있었고, 나도 예전처럼 한창나이가 아니었다.

나는 덩치가 거대했다. 유벤투스에서 두 번째 시즌에 음식 조절에 실패해 군살이 붙은 적이 있었는데 그렇게 살이 쪘다는 말이 아니다. 정크푸드도 먹지 않았고, 과체중도 없었다. 음식 조절을 하고 있었고, 내 몸은 온통 근육이었다. 하지만 나이가 들었고 처음 축구를 시작했을 때와는 다른 선수가 되었다. 더 이상 아약스 시절처럼 드리블이나 개인기에 치중하는 선수가 아니었다. 거구의 몸에서 나오는 힘을 이용하는 공격수였고, 따라서 끝까지 시합을 소화하려면 경기를 영리하게 운영할 필요가 있었다. 2월 들어 부쩍 피로감을 느끼기 시작했다.

그 사실은 구단 내에서는 비밀이었지만 언론에 곧 흘러들어 갔고 많은 말이 나왔다. 즐라탄은 리그를 끝까지 소화할 수 있는가? 그가 이 문제를 극복할 수 있을까? 우리 팀은 적지 않은 경기에서 경기 후반에 실점을 허용하기 시작했다. 점수 차를 더 벌리지 못하고 불필요하게 많은 실점을 허용했다. 나는 한 달 동안 한 골도 넣지 못했다. 내 공격은 파괴력을 상실했다. 2월 15일에 열린 챔피언스리그 16강전에서 우리는 토트넘에 패해 탈락했다. 우리가 더 뛰어난 팀이라고 생각했던 만큼 쓰라린 패배였다. 이탈리아 리그전에서도 주도권을 잃기 시작했고, 인터 밀란이 다시 승세를 잡았다.

인터 밀란에게 따라잡히는 것일까? 리그 우위를 잃게 되는가? 불안한 전망이 나오기 시작했다. 언론에서는 온갖 시나리오를 써내기 시작했고, 내가 퇴장을 당한 것도 도움이 되지 않았다. 첫 번째 퇴장은 리그 최하위 팀인 바리와의 시합에서였다. 우리 팀은 0 대 1로 뒤지고 있었다. 페널티 지역에 있을 때 한 수비수가 나를 막는데 꼼짝없이 덫에 갇힌 기분이었다. 나는 본능적으로 팔을 휘둘러 그 수비수의 배를 가격했고 수비수는 쓰러졌다. 머저리 같은 짓이었다. 솔직히 인정한다.

하지만 그것은 순간적으로 나온 반응이었을 뿐 악의는 없었다. 그때도 상황을 잘 설명했다면 좋았겠지만 그러지 못했다. 축구는 싸움이다.

공격을 받으면 반격을 해야 하는데 이따금 까닭 없이 선을 넘을 때가 있다. 나는 그런 짓을 적잖이 저질렀다. 선수 생활을 오래 하면서 많은 교훈을 얻었고, 더 이상 말뫼 구단에서 놀던 삐딱한 청소년도 아니지만, 가끔 터져 나오는 성질은 앞으로도 어쩔 수 없을 듯하다. 내 승부욕에는 부정적인 면도 있다. 가끔 경기가 안 풀리면 저런 짓을 저지른다. 바리전에서 나는 퇴장을 당했다. 레드카드를 보면 누구나 흥분하지만, 나는 한마디도 대꾸하지 않고 그라운드에서 내려왔다. 카사노가 몇 분 뒤에 동점을 터뜨렸는데 그나마 다행이었다. 하지만 나는 출장정지 징계를 받았다. 지랄 맞게도 팔레르모와의 다음 경기뿐 아니라 인터 밀란과의 더비전까지 출전하지 못하게 되었다.

AC 밀란 경영진은 그 같은 결정에 이의를 제기했고, 한동안 이 문제로 시끌시끌했다. 수치스러운 일이었다. 그래도 개인적으로는 옛날보다 훨씬 무난하게 그런 상황을 견뎌낼 수 있었다. 가족이 위안이 되었다. 예전처럼 기분이 심하게 침체되는 일은 없었다. 아이들과 시간을 보내야 했기 때문이다. 하지만 내 분노는 쉬이 사그라지지 않았다. 징계 뒤의 복귀전인 만큼 피오렌티나전에서는 얌전하게 행동할 것으로 다들 예상했다. 우리 팀이 이기고 있었고, 몇 분만 지나면 경기도 곧 끝날 상황이었다. 그런데 부심이 내가 드리블하던 공이 선을 나갔다며 스로인을 선언하는 것이다. 나는 화가 나서 부심을 향해 "바판쿨로Vaffanculo"라고 외쳤다. '꺼져, 머저리야' 정도의 뜻이었다. 바리전에서 퇴장당한 일을 생각한다면 미련한 짓이었다. 하지만 왜들 이러시나. 다들 축구장 안 가봤는가? 선수들은 '바판쿨로' 같은 욕쯤은 입에 달고 다닌다. 그런 말을 했다고 퇴장을 당하지는 않는다. 그걸로 여러 경기 출장정지를 당하는 경우는 더

더욱 없다. 심판들은 대개 그런 소리는 흘려듣고 만다.

선수들은 운동장에서 경기 내내 험한 말을 달고 산다. 그러나 나는 이 브라였고, 우리 팀은 AC 밀란이었다. 리그 선두를 달리고 있는 구단이었다. 거기에는 정치적 이해관계가 작용했다. 우리를 밀어낼 기회를 포착한 것이다. 나는 그렇게 생각한다. 그 일로 세 경기 출장정지 처분을 받았다. 내 어리석은 실수 때문에 우리 팀이 스쿠데토를 놓칠지도 모를 위기에 빠졌다. 구단은 이 상황을 수습하려고 온 힘을 기울였다. 경영진은 그럴싸한 해명을 내놓았다. 그 욕은 부심이 아니라 자기 자신을 향해 한 말이고, 분발하려는 의미로 스스로를 질책한 것이라고 말이다.

"그는 그라운드에서 실수를 했고, 자기 자신에게 화가 나서 욕을 했다."

하지만 솔직히 말해 그것은 헛소리다. 그렇게 말했던 것은 죄송하다! 그래도 징계는 터무니없이 가혹했다. 바판쿨로? 그런 말을 내뱉은 내가 멍청했다. 하지만 그 말은 별것도 아니었다. '바판쿨로' 같은 욕은 심한 축에 끼지도 못한다. 나는 그보다 더 심한 욕설도 많이 들었다. 어쨌든 상황은 바뀌지 않았다. 조롱을 당하든 비난을 받든 내가 참아야만 했다. 나는 타피로 도로Tapiro d'Oro, 즉 '황금 맥' 상이라고 한 텔레비전 방송에서 성적이 안 좋은 선수나 감독을 조롱하는 의미로 주는 상을 받기도 했다. 축구란 그런 것이다. 사람들은 나를 추켜세우다가도 금세 헐뜯고 비난한다. 나는 거기에 익숙해졌다.

한편 나폴리는 리그 2위로 올라서며 인터 밀란을 앞섰다. 마라도나가 활약했던 1980년대에 영광의 시절을 구가했던 나폴리는 파산과 강등 등 심각한 위기를 겪었지만 다시 상승세를 타기 시작했다.

우리는 승점 3점 차로 리그 선두였지만, 아직 여섯 경기나 남아 있었고, 그중 세 경기에 내가 출전하지 못하게 되었다. 엿 같은 일이었다. 하지만 휴식을 취하며 인생을 돌아볼 시간을 얻었다. 그 무렵 나는 이 책을 집필하고 있었다. 덕분에 지나온 일을 돌아보게 되었는데, 그러면서 한 가지 깨달은 게 있다. 나는 늘 착하게 살지도 않았고, 늘 옳은 말만 하고 살지도 않았다는 것이다. 물론 그로 인한 결과는 모두 내가 책임을 졌다. 나는 다른 사람을 탓하는 놈이 아니다.

세상에는 나와 같은 이들이 많다. 남들과 다르다는 이유로 지금도 야단을 듣는 청소년들이 참 많다. 물론 야단을 맞아야 할 때도 있다. 규율은 필요하다고 생각한다. 하지만 자기 스스로 역경을 헤치고 정상에 올라보지도 않은 수많은 선생이 "이렇게 해야 돼. 다른 길은 없어!"라고 확신에 차서 하는 소리를 들을 때마다 화가 치민다. 그것은 편협한 소리이고, 몹시 어리석은 짓이다.

정상에 오르는 길은 수천 가지나 된다. 남들이 걷는 길과 달라 보이거나 조금 이상해 보이는 길이 가장 좋은 길일 때도 많다. 튄다는 이유로 누군가를 비난하는 것을 나는 싫어한다. 다른 이들과 똑같았다면 나는 이곳에 올라서지 못했을 것이다. "나처럼 살아라. 즐라탄처럼 행동해라!" 이런 말을 하려는 것은 결코 아니다. 어떤 길을 택하든지 자기 주관대로 나아가라고 말하고 싶은 것뿐이다. 그렇게 살아가려는 사람을 단지 그들이 남들과 다르다는 이유로 비난하며 진정서 따위를 돌리거나 무시해서는 안 되는 것이다.

물론 구단에 리그 우승을 약속해놓고는 성질을 못 이겨 팀을 위기에 빠뜨리는 것은 어리석은 짓이었다.

28

이건 한바탕 꿈같은 이야기다.
즐라탄 이브라히모비치라는 남자의······

2010~2011년

::

　로마에 있는 스타디오 올림피코Stadio Olimpico에 앉아 있는 아드리아노 갈리아니 부회장은 눈을 감고 있었다. 제발 우리 팀이 승리하게 해달라고 부지런히 기도를 올리지 않았을까? 그의 심정이 어땠는지는 이해가 가고도 남는다. 2011년 5월 7일의 일이다. 시간은 10시 반을 지나고 있었다. 시간이 왜 이렇게 더디게 지나는지, 알레그리 감독과 스태프들은 의자에 앉아 안절부절못했다. 신을 믿든, 안 믿든 그 순간만큼은 누구라도 기도를 드릴 만했다. 우리는 AS 로마를 상대하고 있었고, 승점 1점만 챙겨도 스쿠데토는 우리 차지였다. 그러니까 7년 만에 리그 우승을 달성할 수 있는 순간이었다.

　나는 그라운드에 올랐다. 기분이 굉장히 좋았다! 출장정지 처분 탓에 한동안 그라운드를 떠나 있었다. 이제 그라운드에 복귀했고 리그 타이틀을 내 손으로 가져올 생각이었다. 물론 쉽지 않은 일이었다. AC 밀란도, AS 로마도 각자의 전쟁을 치러야 했다. 두 도시가 서로 앙숙 관계이기도 했지만 그 시합은 양 팀 모두에게 중요했기 때문이다.

우리는 리그 우승을 위해 싸웠고, AS 로마는 리그 4위 자리를 차지하려고 싸웠다. 4위 자리는 상당히 큰 의미가 있다. 챔피언스리그 출전 자격을 얻을 수 있고, 막대한 TV 중계권료를 챙길 수 있기 때문이었다. 이탈리아 축구 역사에서 1989년은 잊을 수 없는 해였다. 1989년에 일어난 한 사건은 지금까지 이탈리아 사람들의 뇌리에 남아 있다. 호나우두가 명백한 페널티킥 반칙을 얻었는데도 주심이 이를 무시해 심판 매수니 뭐니 이탈리아 전역이 떠들썩했던 사건도 있었지만, 내가 지금 말하려는 사건은 이보다 훨씬 심각한 사건이었다. 안토니오 데 팔키Antonio De Falchi라는 AS 로마 서포터가 희생된 사건이다. 그 청년은 AC 밀란과의 원정 경기를 관람하려고 밀라노에 갔다. 그의 어머니는 걱정되어 아들에게 "빨간색과 황금색이 있는 옷은 입지 마라. 네가 로마 서포터인 것을 드러내면 안 돼"라고 주의를 주었고, 그 청년은 어머니 말씀을 따랐다.

그는 시선을 끌 만한 옷을 입지 않았다. 겉으로 보면 어느 구단의 팬인지 알 수 없었다. 그런데 AC 밀란의 극렬한 서포터 하나가 다가가서 그에게 담배가 있는지 물었고, 청년의 억양을 들은 그 사내는 그 청년이 어느 지역 출신인지 한눈에 알아챘다. 아마도 "너 로마 팬이지, 이 개자식아?" 이렇게 말했을 것이다. 그 청년은 극성 팬들에게 둘러싸여 발길질을 당한 끝에 목숨을 잃었다. 끔찍한 비극이었다. 이날 관중은 그 청년을 기리기 위한 티포tifo(카드 섹션)를 시합 전에 펼쳤다.

관중석에서는 고인을 애도하는 마음으로 노란색과 빨간색 불빛으로 안토니오 데 팔키라는 이름을 표시했다. 뜻깊은 행사였지만 이는 경기장 내의 분위기에도 영향을 미쳤다. 그날 경기는 특히 중요한 일전이었고, 경기장에서는 긴장감이 돌았다. AS 로마에는 토티라는 스타 선수가 있었다. 토티는 13세에 입단한 뒤로 줄곧 AS 로마에서 뛰었다. 그 도시에서 토티는 신과 같은 존재였다. 그는 월드컵 우승은 물론 카포칸노니에레와 유러피언 골든슈를 비롯해 온갖 타이틀을 차지했다. 나이가 들긴했지만 그 무렵 컨디션이 한창 좋다는 평가를 받고 있었다. 곳곳에 토티의 포스터가 붙어 있었고, AS 로마의 상징들이 보였다. AC 밀란과 이브라를 응원하는 깃발들도 눈에 띄었다. 리그 우승을 확정 짓기를 바라는 마음으로 원정 경기장을 찾은 팬들이 많았다. 관중석 여기저기서 터진 폭죽 때문에 연기가 피어올랐다.

시합은 평소대로 9시 15분 전에 시작되었다. 전방에는 호비뉴와 내가 나섰다. 카사노와 파투는 벤치에서 대기했다. 우리 팀은 초반에 순조롭게 경기를 풀어갔다. 하지만 14분경에 부치니치Vučinić가 우리 수비진을 뚫고 골대를 향해 슛을 날렸다. 다행히 우리 팀의 아비아티 골키퍼가 놀라운 순발력을 발휘해 막아냈다. 팽팽한 긴장감이 감돌기 시작했다. 지난번에 산시로 경기장에서 AS 로마가 경기 막바지에 우리를 무너뜨린 전적이 있었기 때문에 우리는 더욱 열심히 뛰었다. 우리는 공을 뺏으려고 우리 진영까지 올라갔다. 나는 여러 번의 골 찬스를 만들었고 호비뉴가 날린 공은 아쉽게도 골대를 맞고 튀어나왔다. 프린스 보아텡Prince Boateng 이 좋은 위치에 있었지만 득점을 올리지는 못했고, 시간은 계속 흘러갔다. 우리는 0 대 0으로 비기기만 해도 충분했다. 시간은 계속 흘렀고, 마침내 90분이 지났다. 경기는 끝났어야 했다.

그런데 빌어먹을 대기심이 추가시간 5분이 적힌 표지판을 들어 보였다. 우리는 5분간 줄기차게 뛰어다녔다. 그 5분간 갈리아니 부회장 말고도 틀림없이 많은 사람이 기도를 드리고 있었을 것이다. AC 밀란 같은 팀에게 스쿠데토 없이 보낸 7년은 너무나 긴 세월이었다. 이제 승리가 코앞에 다가왔다. 내가 우리 팀이 승리할 것이라고 약속했던 것을 기억하는가? 그 약속은 내가 산시로 경기장에서 환영식을 치를 때 제일 먼저 했던 말이다. 물론 운동선수들은 별의별 말을 다 한다. 얼토당토않은 약속을 하는 선수들도 있다. 하지만 무하마드 알리처럼 약속을 지키는 선수들도 있다. 나는 그런 사람 중 하나가 되고 싶었다. 나는 말뿐만 아니라 행동으로도 보여주고 싶었다. 나는 승리를 향한 강한 집념을 품고 AC 밀란에 왔고, 우승을 약속했고, 이를 쟁취하려고 열심히 싸웠다. 초침이 마지막 순간을 향해 다가갔다. 10, 9, 8, 7…… 경기는 마침내 끝났다.

주심이 휘슬을 불었고 우승은 우리 차지가 되었다. 모든 사람이 운동장으로 뛰어나왔고, 경기장에서는 폭죽 연기가 피어올랐다. 사람들은 소리를 지르고 노래를 불렀다. 아름다운 흥분의 도가니였다. 그야말로 환상적인 모습이었다. 선수들은 알레그리 감독을 붙들어 헹가래를 쳤고, 가투소는 커다란 샴페인 병을 들고 뛰어다니며 주변 사람들에게 마구 뿌렸다. 카사노는 한 텔레비전 방송사의 인터뷰에 응하고 있었고, 내 주변 사람들은 모두 미친 듯이 열광했다. 많은 사람이 다가와서 "고마워, 이브라. 약속을 지켜줘서" 하고 말했다. 물론 다소 미친 짓을 저지르는 사람들도 있었다.

우리는 모두 짜릿한 감격을 맛봤다. 카사노는 멋진 친구였지만 아무래도 한 대 맞을 필요가 있었다. 나는 방송사 기자와 그의 곁을 지나가다가

휙 하고 발로 카사노의 머리를 찼다. 물론 강하게 차지는 않았지만 그렇다고 아예 시늉만 한 것은 아니었다. 카사노는 움찔했다.

"방금 왜 그런 거죠?" 하고 기자가 물었다.

"미쳤거든요."

"아무래도 그런 것 같군요!"

"그렇지만 우리 팀에게 리그 우승을 안겨준 사람이니 무슨 짓을 해도 괜찮아요"라고 카사노가 웃으며 말했다.

말이야 그렇게 했지만 그의 몸은 괜찮지가 않았다. 그는 얼음 주머니를 머리에 대고 돌아다녀야 했다. 한바탕 야단법석을 떨고 나서 축하 파티가 시작되었다. 그날 저녁에는 욕조에 뻗어 잠이 들도록 술에 취하지는 않았지만 그래도 맘껏 기쁨을 발산하며 놀았다. 솔직히 생각해보니 내가 이룬 일이 굉장했다. 이탈리아에서 6년을 보내는 동안 해마다 스쿠데토를 차지한 것이다. 나 말고 그 같은 위업을 달성한 선수가 또 있었는지 생각해봤지만 떠오르지 않았다. 우리 팀은 리그 우승만 차지한 게 아니었다. 리그 우승팀과 이탈리아컵 우승팀이 맞붙는 수페르코파 Supercopa에서도 승리했다. 우리는 이 시합을 치르기 위해 중국으로 갔다. 그곳에서도 어딜 가든 내 주변은 난리가 났다. 나는 득점을 올리고 그날 최우수선수로 선정되었다. 그날 받은 우승컵은 내 인생에서 18번째 우승컵이었다. 정말로 기뻤다.

또 다른 변화도 생겼다. 가족이 생긴 후로는 더 이상 축구가 인생의 전부가 아니라고 생각해서 스웨덴 국가대표팀의 부름에 응하지 않고 있었다. 라르스 라예르바크 감독을 좋아하긴 했지만, 예테보리에서 일어났던 일은 잊히지 않았다. 나는 뒤끝이 긴 사람이다. 헬레나와 아이들과 더 많은 시간을 보내고 싶었다. 그래서 한동안 스웨덴 대표팀에서 뛰지 않았다. 바르샤에서 팀에 적응하지 못하고, 빈민가 출신의 별난 외계인 취급을 받으면서 심적으로 힘들 때 가끔 대표팀 생각이 나기는 했다.

그해 여름에 바르셀로나의 선수들은 대부분 월드컵에 출전했고, 우승을 차지했다. 그것을 보며 월드컵 대회가 그리워졌다. 그렇다고 대표팀에 들어가고 싶은 것은 아니었다. 대표팀에서 뛰려면 너무 많은 시간을 투자해야 했고 집에서 아이들과 보내는 시간을 낼 수가 없게 된다. 자라나는 아이들과 함께할 소중한 기회를 놓치게 되는 것이다. 하지만 그 무렵에 라르스 라예르바크 감독이 사임하고, 에릭 함렌Erik Hamrén이 스웨덴 대표팀의 사령탑을 새로 맡았다. 신임 감독이 내게 전화를 걸었다.

"잘 지냈나? 나는 신임 감독일세."

"솔직히 말씀드리지요" 하고 내가 대답했다. "대표팀에 복귀할 계획이 전혀 없습니다."

"응?"

"사람들한테서 어떤 말을 들으셨는지는 모르지만, 헛된 희망은 품지 마세요. 저는 대표팀에서 뛰지 않습니다."

"이봐, 즐라탄. 실망스럽게 왜 이러나? 그리고 사람들한테 무슨 얘기 들은 적은 없네." 신임 감독은 고집불통이었다. 나는 고집불통들을 좋아한다. 그는 계속해서 말을 이었다. 이번 대회는 끝내줄 것이고, 굉장한 의미가 있다는 등등의 말들을 내게 했다. 나는 그를 말뫼에 있는 우리 집으로 초대했다. 시원시원한 성격의 소유자임을 한눈에 알 수 있었다. 우리는 죽이 잘 맞았다. 그는 여느 평범한 스웨덴 출신 감독과는 달랐다.

때로는 선을 기꺼이 넘을 줄 아는 사람이었다. 그런 사람들이 최고의 인재들이다. 알다시피, 나는 규칙을 엄격히 따지는 치들을 믿지 않는다. 이따금 규칙을 어길 줄도 알아야 한다. 그렇게 해서 사람은 발전하는 법이다. 말뫼 유소년팀에서 늘 모범적으로 행동했던 친구들은 어떻게 살고 있는가? 그러니까 내 말은, 그 친구들에 대해 쓴 책이 세상에 한 권이라도 있느냐는 말이다.

나는 대표팀 합류를 승낙하고 말았다. 우리는 몇 가지 사안에 동의했다. 그는 나를 주장으로 삼았고, 나는 대표팀에서도 리더가 되었다. 주장이 된 것도 마음에 들었지만, 특히 우리 팀이 졌을 때 내가 주장으로서 언론의 허튼소리를 감당할 수 있다는 게 흡족했다. 대표팀 주장이 된다는 것은 나를 흥분시켰다. 선수들은 아마도 이게 다 무슨 일인가 싶었을 것이다. 보통 말뫼 훈련장을 찾는 팬들은 소수에 불과하지만, 이때는 6000명이나 몰려왔으니까. 나는 침착하게 선수들을 향해 이렇게 말했다.

"내가 사는 세상에 들어온 것을 환영한다."

말뫼를 방문하는 일은 늘 특별하다. 물론 말뫼는 내 고향이니까 나는 말뫼에 자주 간다. 하지만 보통은 집에만 머문다. 말뫼 구장에서 경기하는 것은 또 다른 일이다. 그곳에 가면 기억이 되살아난다. 스쿠데토와 수페르코파를 차지한 뒤, 말뫼 구단과 AC 밀란은 여름에 친선 경기를 치렀다. 이 친선 경기를 성사시키려고 두 구단과 후원사들은 꽤 오래전부터 협상했다. 일단 입장권을 판매하기 시작하자 사람들이 물밀 듯이 밀려들었다. 비가 내렸다는 말을 들었다. 사람들은 우산을 들고 줄을 섰고, 입장권은 20분 만에 매진되었다. 입장권을 구하려는 사람들은 아우성이었고 인파는 필담 공원까지 구불구불 늘어졌다.

나는 말뫼 구단 사람들을 자주 헐뜯는다. 하세 보리 단장이나 벵트 마드센 회장이 내게 한 짓은 절대 잊을 수가 없다. 하지만 구단 자체는 사랑한다. 그날 우리가 말뫼에 도착했을 때의 광경은 영원히 잊지 못할 것이다. 전 시민이 나를 환영했다. 축제가 벌어지는 기분이었다. 도로는 통제되었고, 도시는 환영 인파로 혼잡하기 이를 데 없었다. 사람들은 나를 보고 펄쩍펄쩍 뛰거나 손을 흔들며 소리를 질렀다. 잠깐이라도 나를 보려고 몇 시간 전부터 도로에 나와 서 있는 사람들도 많았다. 말뫼 시민들은 모두가 파티를 즐기고 있었다. 나는 환영 인파를 뒤로하고 엄청난 함성이 울려 퍼지는 경기장 안으로 들어갔다. 이날 나는 과거와 현재가 공존하는 특별한 경험을 했다.

경기장을 가득 채운 사람들이 내 이름을 연호하고 노래를 불렀다. 지난날의 삶이 한 편의 영화처럼 머릿속에서 흘러갔다. 오래전 찍었던 다큐멘터리인 〈블로도라르〉에는 내가 기차에 앉아 딱히 누구에게 들으라고 한 말은 아니지만 이렇게 얘기하는 장면이 있다.

"결심한 게 있어요. 보라색 디아블로를 살 거예요. 디아블로 차 말이에요. 람보르기니 제품이죠. 그리고 번호판에는 영어로 '토이스TOYS'라고 적을 거예요."

유치하기 그지없는 생각이었다. 그때는 어렸다. 열여덟 살이었으니까. 어린 내게는 끝내주는 차를 소유하는 게 세상에서 가장 근사한 일이었던 것이다. 그런데 내가 한 말은 사람들 사이에서 회자되었다. "야, 그 시건방진 애송이가 뭐라고 했는지 들었어? 보라색 디아블로를 갖겠다네?" 그것은 정말 오래전 일이었다. 한참 오래된 얘기인데, 이 순간만큼은 그리 먼 옛날처럼 느껴지지도 않았다. 그날 말뫼 경기장을 찾은 팬들은 관중석 정면으로 거대한 현수막을 달았다. 나는 현수막을 쳐다보았다. 그것을 이해하는 데는 1초도 걸리지 않았다. 그것은 TOYS라고 적힌 번호판이 달린 차량 옆에 내가 서 있는 한 폭의 그림이었다.

"즐라탄, 돌아와요. 우리가 꿈의 차를 드리겠어요"라는 글도 눈에 들어왔다.

가슴이 뭉클했다. 내 친구의 말을 빌리자면, 내 인생은 빈민촌 아이가 자기 꿈을 이루기까지의 여정을 담은 한 편의 동화였다. 이 얼마 전에 누군가 내게 사진 한 장을 보낸 적이 있었다. 그것은 아넬룬드Annelund 다리 사진이었다. 그 다리는 로센고드 외곽에 있는데, 누군가 그 다리에 이런 글귀를 적어놓은 것이다. "로센고드에서 한 친구를 데려갈 수는 있어도 그 친구에게서 로센고드를 빼앗을 수는 없다." 그 글 아래에는 내가 한 말을 인용한 것이라고 밝혀두었다.

나는 그런 사실에 대해서는 전혀 모르고 있었다. 처음 듣는 얘기였다. 다리에 부상이 있어서 며칠간 물리치료를 받으며 쉬려고 말뫼에 있는 집으로 갔다. 나는 밀라노에서 물리치료사를 데리고 왔는데, 하루는 그 인용된 글을 확인하려고 그 다리로 향했다. 기분이 묘했다. 때는 여름이었고, 날은 따뜻했다. 나는 차에서 내려 그 글을 확인했다. 뭔가 울컥한 것이 치고 올라왔다. 사실 그 장소는 특별한 의미가 있었다.

바로 저 다리 아래서 아버지가 강도를 당해 폐를 심하게 다쳤었다. 거기서 멀지 않은 곳에는 터널이 있었다. 크론만스 베그에 있는 어머니 집까지 가려면 밤에는 칠흑처럼 깜깜한 그 터널을 지나야 했고, 터널 끝에 보이는 가로등 불빛을 길잡이 삼아 두려움에 떨며 부리나케 터널 속을 달리곤 했었다. 이곳은 내가 유년 시절을 보낸 동네였다. 모든 것이 이 동

525

ROSENGÅRD

"MAN KAN TA EN KILLE FRÅN ROSENGÅRD
MEN MAN KAN INTE TA ROSENGÅRD FRÅN EN KILLE"

CITAT ZLATAN

네에서 시작되었다. 뭐라고 설명할까? 거대한 세계와 왜소한 세계가 만나는 기분이었다.

나는 영웅이 되어 돌아왔다. 축구 스타가 되었지만, 터널을 보니 다시 옛날의 겁먹은 아이로 돌아갔다. 부리나케 달려가면 아무 일 없을 거라고 주문을 외며 터널 속을 달리던 어린아이. 별안간 수많은 추억이 물밀듯 밀려왔다.

작업복 차림에 헤드폰을 쓰고 계시던 아버지, 텅 빈 냉장고와 여기저기 뒹굴던 맥주 캔, 내 침대를 등에 짊어지고 우리 집까지 머나먼 길을 걸어가시던 아버지의 뒷모습, 병원에 실려 온 나를 걱정스럽게 바라보시던 아버지의 얼굴. 청소 일을 마치고 집에 돌아오신 어머니의 얼굴. 우리가 한일 월드컵을 향해 출발하기 전에 나를 포옹해주시던 일. 토마토와 채소를 팔던 매장 옆에서 할인가로 팔던 축구화를 59크로나를 주고 난생처음으로 장만했던 일. 만능 축구 선수가 되고 싶었던 내 꿈까지 모든 게 떠올랐다. 그리고 결국 그 꿈을 이뤘다는 생각이 들었다. 나와 함께했던 뛰어난 선수들과 감독들 없이는 불가능한 일이었다. 나는 그들에게 감사한 마음이 들었다. 저기 로센고드가 보이고, 그 터널이 보였다. 다리 위로 저 멀리 기차가 지나가는 소리가 들렸다. 그때 누군가 나를 손으로 가리키고 있었다.

스카프를 두른 한 여자가 다가오더니 나와 사진을 찍고 싶어 했다. 나는 그녀를 바라보며 웃었다. 사람들이 하나둘 내 주위로 몰려들었다. 그것은 한 편의 동화 같았고, 거기에 있는 나는 즐라탄 이브라히모비치였다.

주요 경력 및 기록

1999년
말뫼 구단 1군에 합류.
알스벤스칸(1부) 리그에 데뷔, 첫 골.
말뫼 구단이 수페레탄(2부) 리그로 강등.

2000~2001년
수페레탄(2부) 리그에서 12골 기록.
스웨덴 국가대표팀에 발탁되어 데뷔전을
   치름.
아약스로 이적.
말뫼 구단이 알스벤스칸(1부) 리그에 복귀,
   3골 기록.

2001~2002년
아약스에서 데뷔전을 치름, 1부 리그에서
   6골 기록.
UEFA 컵(유로파리그)에서 2골 기록.
네덜란드 컵에서 1골 기록.
아약스의 리그 타이틀 획득.
아약스의 네덜란드 컵 우승.
한일 월드컵 16강 진출.

2002~2003년
아약스의 슈퍼컵 우승.
1부 리그에서 13골 기록.
챔피언스리그에서 5골 기록.
네덜란드 컵에서 3골 기록.

2003~2004년
1부 리그에서 13골 기록.
챔피언스리그 예선에서 1골 기록.
챔피언스리그 본선에서 1골 기록.
아약스의 리그 타이틀 획득.
유로 2004에서 8강 진출

2004~2005년
1부 리그에서 3골 기록.
〈유로스포츠〉 시청자가 선정한 올해의 골
   기록.
유벤투스로 이적.
1부 리그에서 16골 기록.
유벤투스의 스쿠데토 획득.
유벤투스에서 올해의 선수에 선정.
이탈리아 리그에서 최우수 외국인 선수에
   선정.
스웨덴에서 최우수 공격수에 선정.
스웨덴의 굴드볼렌 상을 수상.

2005~2006년
유벤투스에서 뛰며 1부 리그에서 7골 기록.
챔피언스리그에서 3골 기록.
유벤투스의 스쿠데토 획득.
독일 월드컵 16강 진출.

2006~2007년
인터 밀란으로 이적.
인터 밀란의 수페르코파 우승.

1부 리그에서 15골 기록.
인터 밀란의 스쿠데토 획득.
스웨덴에서 최우수 공격수에 선정.
스웨덴의 굴드볼렌 수상.

2007~2008년
1부 리그에서 17골 기록.
챔피언스리그에서 5골 기록.
인터 밀란의 스쿠데토 획득.
UEFA 팀에 발탁됨.
이탈리아 리그에서 최우수 외국인 선수에
 선정.
이탈리아 리그에서 올해의 선수에 선정.
스웨덴에서 올해의 남성 스포츠 인물에 선정.
스웨덴에서 예링상 수상.
스웨덴에서 최우수 공격수에 선정.
스웨덴의 굴드볼렌 수상.

2008~2009년
인터 밀란의 수페르코파 우승.
1부 리그에서 25골 기록.
챔피언스리그에서 1골 기록.
이탈리아 컵에서 3골 기록.
인터 밀란의 스쿠데토 획득.
이탈리아 리그 득점왕 획득.
이탈리아 리그에서 올해 최고의 골에 선정.
이탈리아 리그에서 올해의 선수에 선정.
스웨덴에서 최우수 공격수에 선정.
스웨덴의 굴드볼렌 수상.

2009~2010년
바르셀로나로 이적.
바르셀로나의 수페르코파 우승.
UEFA 슈퍼컵 우승.
바르셀로나의 클럽 월드컵 우승
1부 리그에서 16골 기록.
챔피언스리그에서 4골 기록.
국왕컵에서 1골 기록.
바르셀로나의 리그 우승.
UEFA 팀에 발탁.
스웨덴의 올해의 남성 스포츠인에 선정.
스웨덴에서 최우수 공격수에 선정.
스웨덴의 굴드볼렌 수상.

2010~2011년
수페르코파에서 1골 기록 및 대회 우승.
AC 밀란으로 이적.
1부 리그에서 14골 기록.
챔피언스리그에서 4골 기록.
이탈리아 컵에서 3골 기록.
AC 밀란의 스쿠데토 획득.
2011년 8월 수페르코파에서 1골 기록 및 대
 회 우승.

2011~2012년
28골로 이탈리아 리그 득점왕.
이탈리아 리그 올해의 외국인 선수.
이탈리아 리그 베스트 팀의 일원으로 선정.
챔피언스리그에서 5골 기록.

이탈리아컵에서 1골 기록.
유로 2012 베스트 팀의 일원으로 선정.
스웨덴 굴드볼렌 수상.

로 올라섬. 종전 기록은 1932년 스벤 리델이 기록했던 A매치 49골.

2012~2013년
파리 생제르맹으로 이적.
프랑스 리그 우승.
30골로 프랑스 리그 득점왕.
챔피언스리그에서 3골 기록.
프랑스 리그 올해의 선수.
프랑스 리그 베스트 팀의 일원으로 선정.
UEFA 베스트 팀의 일원으로 선정.
스웨덴 굴드볼렌 수상.
골든 풋 수상.

2013~2014년
프랑스 리그 우승.
프랑스 리그컵 우승.
프랑스 슈퍼컵 우승.
26골로 프랑스 리그 득점왕.
챔피언스리그에서 10골로 득점 2위.
프랑스 리그 올해의 선수.
프랑스 리그 베스트 팀의 일원으로 선정.

스웨덴 국가대표팀
100경기 출전 50골.
스웨덴 역사상 역대 10번째로 센츄리 클럽(A
　　매치 100회) 가입.
스웨덴 국가대표 역대 최다 골 기록 보유자

나는
즐라탄이다

1판 1쇄 발행 | 2014년 9월 29일
2판 2쇄 발행 | 2024년 9월 5일

지은이 즐라탄 이브라히모비치, 다비드 라게르크란츠
옮긴이 이주만
감   수 한준희
펴낸이 김기옥

실용본부장 박재성
마케터 서지운
지원 고광현, 김형식

디자인 푸른나무디자인
인쇄·제본 대원문화사

펴낸곳 한스미디어(한즈미디어(주))
주소 121-839 서울특별시 마포구 양화로 11길 13(서교동, 강원빌딩 5층)
전화 02-707-0337 | 팩스 02-707-0198 | 홈페이지 www.hansmedia.com
출판신고번호 제 313-2003-227호 | 신고일자 2003년 6월 25일

ISBN 979-11-6007-883-1   03690